KB069686

파 이 데 이 아

- 고대 그리스의 교육사상 -

오 인 탁 지음

(주) 학지사

www.hakjisa.co.kr

머 리 말

　인류 교육의 역사를 회고해 보면, 인간과 세계에 대한 이해가 전혀 다르고, 교육에 대한 이해와 형식도 전혀 다른 두 큰 흐름들이 맥맥이 흘러오다가 서로 만나고 섞이어 하나로 합쳐지는 것을 발견하게 된다. 큰 두 흐름의 하나는 그리스적 흐름이며 또 하나는 히브리적 흐름이다. 이 두 흐름이 만나서 새롭게 첫 꽃을 피운 것이 스콜라 철학이요, 타율에 의한 연구와 교육을 거부하고 자율의 정신으로 또 다시 새로운 꽃을 피운 것이 인문주의이다. 그 후에 종교 개혁과 바로크시대를 거쳐서 계몽시대와 신인문주의를 거쳐 현대에 이른다.

　그래서 고대 그리스와 고대 히브리는 교육과 교육사상의 역사와 철학이 그 곳에서부터 성장하여 꽃피어난 두 개의 큰 원천이요 뿌리이다. 오늘날 우리가 대하는 교육과 교육학의 여러 이념과 사상, 제도와 형식, 과정과 방법은 모두 서양에서 고대 그리스와 고대 히브리가 만나 다양한 꽃을 피우고 열매를 맺은 서구의 교육사상들이 들어와서 성장한 것이다. 그러므로 현재 연구하며 실천하고 있는 교육과 교육학을 깊이 있게 이해하고 쇄신과 개혁의 문제를 근본적으로 해결하기 위하여 우리는 고대의 두 큰 원천에 대한 연구를 아무리 강조해도 지나치지 않다. 교육과 교육학의 기본 개념과 사상의 깊고 바른 이해는 이 두 큰 뿌리들의 천착으로부터 가능하기 때문이다.

　고대의 교육사상에 대한 이해는 교육철학뿐만 아니라, 교육학을 전반적으로 깊이 이해하기 위한 기초이다. 그러나 사람들은 고대의 교육학이 담고 있는 학문의 크기에 비추어 고대의 교육학의 의미와 중요성을 너무나 모르고 있고 소홀히 다루고 있다. 한국의 교육학계에서도 고대의 교육사상은 주로 석사와 박사 학위 논문의 주제로 다루어졌으며 극소수의 교육학자들에 의하여 간헐적으로 연구되어 왔다. 나는 평소에 늘 이 분야의 연구와 소개의 필요성을 절감하고 있었다. 그래서 학부에서 플라톤의 『폴리테이아』를 매년마다 강독하고 대학원에서 고대의 교육사상을 주제로 한 세미나를 몇 년마다 한 번씩 열고는 하였다. 이 책은 그러한 생각과 다년간의 연구 결과이다. 이 책이 다만 고대의 교육사상에 관심을 갖고 있는 사람들뿐만이 아니라, 모든 교육학도들에게 교육의 철학적 기초를 다지는 좋은 안내서로 애독될 수 있기를 바란다.

　나는 저술하면서 다음과 같은 특징들에 유의하였다. 첫째, 나는 이 책이 『고대 그리스의 교육사상』을 철저하게 소개한 본격적인 저서라는 말을 들을 수 있도록 노력하였다. 나는 이 책에서 다루는 사상가들의 글들을 직접 읽고 인용하고 해석했으며, 이 분야의 권위 있는 연구문헌들을 광범위하게 인용하였고, 국내에서 출판된 잘 알려진 번역이나 해석의 오류를 밝혔다. 둘째, 나는 이 책에서 독일의 학계에서 출판된 권위 있는 연구문헌들을 광범위하게 수집하여 참고하였으며, 몇 가지 새로운 해석도 시도하였다.

그 예를 들면, 나는 소크라테스를 교육의 철학으로 철학의 길을
연 사람으로 새롭게 해석하고, 이러한 관점에서 그의 교육사상을
심도 있게 서술하였으며, 플라톤을 다만 관념적 이상주의자가 아
닌 교육의 관점 아래서 현실을 합리적으로 재구성하고 닫힌 사회
를 여는 시도를 한 구체적 교육학적 사유의 철인으로 해석하였
다. 셋째, 이 책에서 특히 무게 있게 다루어진 고대 그리스의 교
육사상은 소피스트들과 이소크라테스와 플라톤의 교육사상이다.
이 셋은 고대 그리스의 교육사상의 서로 다른, 그러면서도 각자
가 자신의 고유한 교육의 개념과 형식을 가지고 있는, 오늘날에
이르기까지 교육의 관점과 개념을 밝혀주고 있는, 현실적으로 의
미 있는 꽃들이다. 나는 이 셋을 자세히 소개하되, 이들의 교육활
동과 사상을 그들의 눈으로 보려는 노력을 하였다. 끝으로 나는
독자들이 이 책을 용이하게 이해할 수 있고 재미있게 읽을 수 있
도록, 최선을 다하여 문장을 쉽고 아름답게 다듬었다.

　이 책은 1994년에 종로서적에서 『고대 그리스의 교육사상』이라
는 제목으로 출판되었으나, 종로서적이 출판업을 정리하였기 때
문에 책이 절판되었다. 나는 절판된 책을 전체적으로 새로 다듬
고 보완하였다. 책의 처음부터 끝까지 자세히 읽고 문장을 다듬
었다. 특히 스파르타의 국가 중심의 교육제도를 자세히 서술하였
으며, 이소크라테스의 장에서는 고대 수사학의 구조를 새로 삽입
하였으며, 아리스토텔레스를 전체적으로 새로 썼다. 그리고 국내

외에서 출판된 새로운 문헌을 보완하였다.

언제나 책을 쓰고 나면 그렇듯이, 충분히 만족할 만하게 다루지 못한 주제들이 여전히 많고, 충분히 소화되지 못한 선행 연구 문헌들도 여전히 많이 있다. 그리고 다른 시각에서 보면 다르게 해석할 수 있고 평가할 수 있는 내용들도 많이 있을 것이다. 이러한 문제들은 모두 열려져 있다. 저자는 존경하는 여러 동학들의 질책과 지적을 통하여 이 문제들을 계속하여 보완해 가려고 한다.

순수한 학술적 저서가 갖고 있는 분명한 경제성의 한계에도 불구하고 이 책을 치밀하게 편집하여 출판해 준 학지사와 김진환 사장님에게 진정으로 감사드린다.

2001년 7월에 용재관에서
오인탁

차) 례)

제1장 서 론　11

1. 접근의 테두리 / 11
2. 고대 그리스 / 13
3. 문화라는 도야재 / 17
4. 역사적 인식의 관심 / 20

제2장 고 대　23

1. 고대의 교육학 개관 / 23
2. 고대의 개념 / 26

제3장 고대 그리스의 교육　31

1. 폴리스의 이념 / 32
2. 호머의 교육 : 미와 선의 조화 / 42
3. 폴리티케 아레테 / 53
4. 스파르타와 아테네 / 56

제4장 소피스트들의 교육활동　73

1. 소피스트의 교육사상사적 의미 / 73
2. 파이데이아의 개념 / 82
3. 엔키클리오스 파이데이아 / 86
4. 소피스트 교육학의 혁명적 성격 / 95

제5장 교육철학의 탄생 : 소크라테스　105

1. 생애와 의미 / 105
   1) 소크라테스의 문제 / 105
   2) 크산티페 / 109
   3) 용기있는 사람 / 112
   4) 실레노스의 얼굴 / 115
   5) 소크라테스의 학교 / 121
2. 교육의 철학으로 철학의 길을 열다 / 123
3. 영혼을 위한 염려로서의 교육 / 130
4. 반어법의 범례 「라케스」 / 138
5. 교육적 사랑 / 146

제6장 폴리테이아의 교육철학 : 플라톤　153

1. 인간과 국가 / 153
   1) 생애와 작품 / 153
   2) 인간 안에 있는 국가 / 161
   3) 도야의 척도 / 177
2. 파이데이아의 철학 : 「동굴의 비유」에 대한 교육학적 해석 / 184
   1) 동굴의 비유 / 184
   2) 텍스트 / 191
   3) 이데아와 그 기능 / 196
   4) 두 세계의 이론 / 208
   5) 파이데이아의 특징 / 215

6) 파이데이아의 걸음걸이 / 226

3. 폴리테이아의 교육이념 : 정의 / 234

1) '정의'의 이해와 '인식의 인식' / 234

2) 국가 안에서의 정의의 탐구 / 243

3) 의로운 행동 / 254

4) 에이도스로서의 정의 / 261

5) 맺는 말 / 271

4. 폴리테이아의 교육과정 / 273

1) 국가의 탄생 / 273

2) 방위자의 음악 교육 / 280

3) 방위자의 체육 교육 / 295

4) 국가의 네 가지 기본 덕 / 302

5) 여성과 자녀의 공동체 / 309

6) 철인 통치의 타당성 / 319

7) 철인의 교육과정 / 329

8) 닫힌 사회를 여는 교육의 이론 / 348

제7장 수사학적 도야 이론 : 이소크라테스   357

1. 철학과 수사학 / 357

2. 생애와 학파 / 363

3. 수사학적 인본주의 / 374

4. 수사학적 도야 / 389

5. 균형과 평형의 유지 / 401

6. 고대 수사학의 구조 / 411

제8장 아리스토텔레스의 교육사상   419

1. 파이데이아의 인간학 / 419
2. 교육의 기본 구조 / 432
3. 에토스와 로고스 / 441

제9장 고대 그리스의 유산   453

1. 교육개념의 쇄신과 확대 / 453
2. 파이데이아의 개념 / 456
3. 생활의 에토스 / 458
4. 바위와 거울 / 461

■ 참고문헌 / 467
■ 찾아보기 / 473

서 론

1. 접근의 테두리

　인간은 역사적 존재이다. 바로 이점에서 인간은 동물임에도 불구하고 다른 동물들과 구별된다. 동물들은 처음부터 본능으로 주어져 있는 존재의 설계도에 따라서 태어나고 번식하며 생존한다. 그러므로 동물은 생명의 주기를 끊임없이 반복하고 있는 일생을 살 뿐이다. 인간처럼 체험한 삶을 기억하고 이를 언어적이고 상징적인 기록으로 다양하게 남기어 후손에게 전달함으로써 역사를 만들어가지 않는다. 물론 동물의 세계에도 경험의 기억과 전달이 있다. 그러나 그 내용과 차원이 인간과는 비교할 수 없는 단순한 것이어서 역사성으로는 확인되지 않는다. 이렇게 동물의 삶이 동일한 삶의 반복인 것에 반하여, 인간의 삶은 고유하고 일회적이다. 인간만이 역사적 존재이다.

　교육은 삶의 원현상(Urphänomen)이기 때문에, 인간의 삶의 역사에서 교육의 역사만큼 본원적이고 오래된 것은 없다. 그 중에서도 '고전 고대(古典 古代, klassische Antike)'로 불리우는 고대 그

리스의 교육의 역사만큼 중요한 시기도 없다. 왜냐하면 고대 그
리스는 고대 히브리와 함께 인간의 교육에 대한 사상과 형식의
직접적인 두 원천에 속하기 때문이다.

『고대 그리스의 교육사상』은 현재 집필 중에 있는 『고대 히브
리의 교육사상』과 함께 내가 오랫동안 관심을 가지고 연구해 온
영역이다. 나는 다음과 같은 몇 가지 관심을 가지고 이 책을 저
술하였다.

첫째, 인간과 세계에 대한 이해의 심화와 확대에 따라 교육의
개념과 형식도 심화와 확대의 길을 걸어왔다. 교육사상의 역사는
인간 이해의 역사요 문화의 역사이다. 그러므로 시대와 사상가에
따라서 인간의 이해가 어떻게 심화되고 변천되었으며, 이에 따라
서 교육의 이론과 실천도 어떻게 전개되었는가를 고찰한다.

둘째, 구체적인 한 인간의 교육사상은, 물리학이나 생물학에서
보듯이, 단지 과학적 연구의 결과가 아니라, 그 인간의 고유한 삶
에 대한 개인적 주관적 반성의 결과이다. 보편 타당한 교육사상
이란 존재하지 않으며, 존재한다고 해도 의미가 없다. 모든 교육
사상은 역사적이다. 그래서 나는 다음과 같은 인식관심을 가지고
교육사상가들의 교육사상을 고찰하였다. 그는 왜 그가 되었는가?
소크라테스는 왜 소크라테스가 되었는가? 플라톤은 왜 플라톤이
되었는가? 이소크라테스는 왜 이소크라테스가 되었는가? 소크라
테스는 델포이의 신탁이라는 특별한 체험으로부터 끊임없이 질문
을 던지는 실존적 삶을 살기 시작하였으며, 교육을 유용한 지식
의 전달활동이 아니라 잠자는 영혼을 깨우는 활동으로 이해하였
다. 이와 같이 교육사상가들은 각자의 고유한 동기와 체험으로부
터 교육에 대한 생각을 키웠다. 그래서 플라톤은 철학을, 이소크
라테스는 수사학을 교육의 본질로 파악하였다. 결코 보편타당하

지 않지만, 간주관적으로 지극히 권위 있는 다양한 교육사상들의 전개를 역사적 해석학적으로 고찰함으로써, 교육의 본질에 대한 이해의 심화를 도모하였다.

셋째, 인간은 문화특수적 존재이기 때문에, 교육에 대한 생각도 시간과 공간의 제약 아래서 이루어지기 마련이다. 다시 말하면 아무리 위대한 교육사상가라 하더라도 그는 어느 정도 앞서 갈 수는 있으나, 그가 살았던 문화와 시대를 초월하여 교육의 개념을 정립하고 형식을 창출할 수는 없다. 이는 다음과 같은 사실을 의미한다. 과거의 어떤 교육사상가의 교육철학을 철저히 이해하기 위하여 우리는 먼저 그의 시대와 문화로 돌아가서 그를 이해하고, 그리고 다시 현재의 시점으로 돌아와서 현재로부터 그를 따져보고 사상사적 의미를 밝혀보아야 한다.

2. 고대 그리스

고대 그리스는 문학, 철학, 과학이 아직 없었던 시대에 이것들을 만들었으며 탁월한 수준으로 끌어올렸다. 그리하여 서구의 문명이 그 위에서 계속하여 성장할 수 있는 기초를 제공하였다. 문학의 영역에서 그리스는 서사시, 드라마, 그리고 역사 서술을 창출하였다. 서사시에서 9세기와 8세기에 호머에 의하여 쓰여진 『일리아스』와 『오딧세이』는 인류 문화의 불후의 고전이 되었다. 드라마와 역사 서술은 5세기에 꽃피어났다. 드라마는 아테네가 디오니소스 신을 숭배하는 축제에서 공연했던 합창으로부터 서서히 발전하였다. 애쉬로스(Äschylos), 소포클레스(Sophokles), 유리피데스(Euripides)가 4세기에 그 당시에 널리 알려져 있던 신화들을 창조적으로 해설하는 예술의 형식으로 드라마를 사용하였다.[1] 드라마는 인간의 운명과 인간과 신들의 관계를 묘사하는 주요 형식이었다. 주전 400년경에 대단히 유명한 희극을 쓴 아리스토파네스(Aristophanes)는 그의 동시대인들이 가졌던 신들에 대한 관념을 해학의 소재로 삼았다. 이 시대로부터 드라마는 서구의 문화에서 문학의 중심 장르로 자리잡게 되었다.

고대 그리스에서 역사 서술은 헤로도트(Herodot)와 투키디데스(Thukydidies)의 두 위대한 이름과 연결되어 있다. 헤로도트는 소아시아의 할리카르나소스에서 아테네로 왔으며, 페르시아 전쟁의 역사를 서술하였다. 그는 그리스 전역과 중동지방을 오랫동안 여행하면서 수많은 구두적 전승들과 목격자들의 목격담들, 풍부한 문서와 사료들을 수집하였다. 그는 이를 면밀히 분석하여 과거를 기술함으로써 "역사 서술의 아버지"라는 평가를 받고 있다. 투키디데스는 그 자신이 아테네의 장군으로 참여하였던 펠로폰네소스 전쟁의 역사를 서술하였다. 그는 그 시대의 사람으로, 사건의 참여자로서 사건을 서술하되, 주관적이 아닌 객관적으로 서술하는 역사 서술의 새로운 척도를 만들어서 이 척도를 통하여 과학적 정확성이 드러나도록 노력하였다. 그는 중요한 사건을 중요하지 않은 사건과 구별하였고, 사건의 원인을 탐구하였으며, 철학적이고 드라마적인 관점으로 인간의 본성과 역사의 전개에 대한 인간의 영향과 역할을 고찰하였다. 그리하여 리비우스(Livius), 타키투스(Tacitus), 기본(Gibbon)과 같은 역사 서술의 위대한 후학들의 본이 되었다.

---

1) 소포클레스(496-406)는 아테네의 위대한 드라마 작가로서 『안티고네』, 『외디프스 렉스』(Ödipus Rex) 같은 비극들을 썼다.

고대 그리스의 문학은 드라마와 역사 서술에서만 그 고전적 가
치가 드러난 것이 아니다. 핀다르(Pindar)가 그리스 전체의 경기에
서 우승한 자를 노래한 뛰어난 작품인 송시(頌時, Ode) 같은 서정
시(Lyrische Dichtung), 리시아스(Lysias), 이소크라테스(Isocrates), 데
모스테네스(Demosthenes) 같은 아테네의 수사가들에 의하여 이루
어진 뛰어난 연설들과 변론들 그리고 플라톤의 대화편들 같은 탁
월한 철학적 작품들이 모두 고대 그리스의 문학을 예술의 형식으
로 끌어올렸으며, 서구 문학의 고전과 원천이 되었다.

철학은 문학보다 훨씬 더 광범위하게 서구 문화에 영향을 주
었다. 숱한 소피스트들을 제쳐놓더라도, 소크라테스와 플라톤과
아리스토텔레스로 인하여 고대 그리스는 서구의 철학적 기원이
되었다. 알렉산더 대왕에 의하여 헬라[2]의 문화와 이방의 문화들
이 혼융되어 헬레니즘을 이루자, 스토아, 에피쿠어, 스켑티커 같
은 철학의 큰 학파들이 일어났다. 그 중에서도 스토아 학파가 유
명했다. 스토아 학파는 온 인류가 한 가족이요 형제임을 강조하
고, 인류를 지배하고 다스리는, 모든 것을 알고 있는 하나의 최고
존재가 있으며, 이 최고 존재가 만물의 근원이라고 주장하였다.
스토아 학파의 윤리학은 신의 의지에 따라 살아갈 때에 인간은

---

2) 고대 그리스는 그리스인들에 의하여 헬라스(Hellas)라고 불리웠다. 그리스
라는 말은 라틴어 Graecia 또는 Graeci에서 왔다. 로마인들이 그리스를 그
렇게 칭했어도, 그리스인들은 한 번도 그들의 나라를 그래치아라고 부른
적이 없다. 그리고 그리스는 한 번도 하나의 국가로 통일된 적이 없다.
알렉산더 대왕도 그리스 전체를 다스리진 못하였다. 따라서 이 책에서 고
대 그리스를 일반적으로 잘 알려진 라틴어의 영어화인 그리스로 칭하였
으나 경우에 따라서 헬라로 칭하기도 하였다. 그리스라는 이름은 따라서
구체적인 하나의 통일된 고대의 민족과 국가가 아니라, 숱한 독자적인 도
시국가들로 이루어진 그리스 민족들의 고대 세계 전체를 칭하는 일종의
추상 개념이다.

가장 덕스럽고 가장 행복할 수 있다고 가르침으로써 기독교의 발전에 큰 영향을 주었다.

그리스는 또한 과학의 영역에서 위대한 업적을 이룩했다. 히포크라테스와 그의 학파는 코스(Kos)라는 섬에 의사를 양성하는 학교를 세우고, 치료술의 과학화에 힘썼다. 아리스토텔레스는 자료들의 세심한 수집이 사물의 확실한 이해를 위한 필수 불가결한 전제라는 기본 원리를 제시함으로써 생물학의 초석을 놓았다. 헬레니즘의 시대에 고대 그리스의 과학은 특히 눈부시게 발전하였다. 키레네의 에라토스테네스(Eratosthenes)는 땅의 크기를 350km 정도까지 정확히 측정하는 방법을 찾아냈으며, 사모스의 아리스타크(Aristarch)는 별들과 지구가 태양의 주위를 돌고 있으며, 태양이 지구보다 본질적으로 훨씬 더 크다는 것을 그의 관찰한 바를 토대로 주장하였다. 수학의 영역에서 시라큐스의 알키메데스(Archimedes)는 π를 계산해 냈다. 기술의 영역에서도 물의 압력, 공기의 압력, 수증기의 힘의 원리 등을 발견하고 이를 응용하여 톱니바퀴와 나사 같은 도구를 만들었다. 또한 이미 당시의 사람들이 태양과 별들의 운행을 연중으로 표시하는 천문학 시계를 만들어 사용하고 있었던 사실도 유물을 통하여 고고학자들이 밝혀냈다.

고대 그리스는 예술, 건축, 국가 경영의 기술에서 탁월한 능력을 보여주었다. 이 시대에 서구의 예술사에서 최초로 자연주의적 조각과 회화가 창출되었다. 파르테논 신전의 석상들이나 고대 그리스의 화병에 그려진 그림들은 시대를 뛰어넘어 인류가 이룩한 최고의 심미적 예술품들로 평가되고 있다. 건축술에 있어서 고대 그리스는 건축 양식의 고전적 척도들과 원형들을 창조하였다. 고대 그리스의 건축 양식은 초대 교회와 중세시대의 로마인들은 물론이고 문예부흥과 바로크시대와 신고전주의시대에 이르기까지 건축 양식의 방향을 결정하는 규범으로 작용하였다. 고대 그리스의 정치는 도시국가의 시민 전체가 또는 시민 대다수가 정치적 결정에 함께 참여하여야 한다는 관념에 의하여 주도되었다. 그래서 서구의 정치사에서 고대 그리스가 없었더라면 정치학은 탄생하지 못하였을 것이다. 고대 그리스의 민주주의의 본질은 모든 시민은 잠재적 정치가들이며 통치하는 일은 공공적 관심이라는 견해에 근거하고 있다. 이러한 공감대 위에서 플라톤과 아리스토텔레스는 인간과 정치와 교육의 본질을 탐구하고 이상적 국가에 관한 글들을 썼다.

3. 문화라는 도야재

문화는 도야재(陶冶材)이다. 사람들은 문화를 이중적 개념으로 파악한다. 문화는 한편으로 형태론적 개념이며 다른 한편으로는 가치론적 개념이다. 문화를 형태론적으로 파악하면 문화는 역사적으로 존재하였거나 현재 존재하고 있는 어떤 민족의 집단적 현존 형식의 모든 유형들을 포괄하는 개념이 된다. 문화는 따라서 가연과학적이요 인류학적으로 서술되어져야 하는 대상이 된다. 민족마다 생활의 형식이 다르기 때문에 이 형식을 형태론적으로 서술하고 구별하여 그 가치를 상대화하여 이해하는 연구가 이러한 문화 개념 아래서 많이 이루어졌다. 형태론적 문화 개념 아래서는 하나의 통일된 역사적 문화의 원형을 생각할 수 없다. 스팽글러의 유명한 책, 『서구의 몰락』3)은 이러한 문화 개념 아래서 서술되었다.

---

3) Oswald Spengler, *Der Untergang des Abendlandes*. 2 Bände. München 1979.

19세기 말에 이러한 문화 이해가 학자들을 지배하였다.

스프랑거의 유명한 논문, 『정신과학들의 현 위치와 학교』[4]에서
도 우리는 이와 같은 문화 개념의 영향을 확인하게 된다. 스프랑
거는 이 논문에서 교육철학의 관점에서 신인문주의의 가능성을
설명하면서 오늘날 사람들은 더 이상 단 하나의 문화 아래 서 있
지 않고 여러 문화들의 다양성 아래 서 있다고 하였다. 독일의
교육사에서 그렇게나 중요한 위치를 차지하고 있는, 인문주의와
문예부흥과 독일의 신인문주의에서 절대적이고 고전적인 가치를
가지고 있는 것은 고대 문화이며, 이러한 고대 문화에 버금가는
문화를 우리는 오늘날 찾아볼 수 없다. 그러므로 고대 문화에 관
한 지식은 모든 인문주의의 정형(定型, Formel)이다.[5] 문화는 숱한
민족들이 유구한 세월을 거쳐오면서 한없이 다양하고 개성적인
생활 양식들과 현존 형식들을 가꾸어 온 내용의 전체이다. 교육
의 관점 아래서 보면, 문화의 전개의 역사에는 언제나 문화의 찬
란한 꽃을 피웠던 절정들이 있었으며, 이 절정들이 인간을 도야
하는 형태와 가치를 이루고 있었다. 그리고 우리는 이러한 찬란
한 문화의 꽃을 피웠던 시대에서 바로 문화를 창조하는 정신의
전체와 이상을 발견할 수 있다. 그리고 고대 그리스는 이러한 관
점에서 인류의 영원한 고전(古典)으로 남아 있다.

문화는 형태론적 개념일 뿐만 아니라, 가치론적 개념이다. 한
인간과 가족과 부족과 민족의 모든 정신적 노력이 지향하고 있는
최종적 목표가 문화이다. 이러한 문화 이해의 관점 아래서 문화
를 파악하면, 문화는 곧 인본성(Humanität)의 개념이요 교육과 도

---

4) Eduard Spranger, (1922). In: *Geist der Erziehung*. Heidelberg 1969 (Gesammelte
   Schriften 1), S.20-69.
5) Eduard Spranger, a.a.O., S.24.

야의 개념이 된다.6) 그러므로 고대 문화는, 특히 고전 고대의 그리스 문화는 서구의 여러 민족들과 국가들을 거쳐서 오늘 우리나라에까지 도도하게 흐르는 문화라는 강의 역사적 원천이다. 이 원천으로부터 인류는 정신 생활의 풍요한 가치를 향유하고 창출하여 왔다. 이러한 문화와 교육을 인간 생활의 최고 유산으로 보는 시각은 서구의 정신사를 지배하여 온 시각이기도 한데, 저자는 바로 이 시대의 교육사상을 정리하였다.

고대 그리스에서 '파이데이아(paideia)'는 사람들이 의식적으로 도야의 이념을 표현한 말로, 처음에는 인본성(humanitas) 또는 도야된 존재(cultura animi)의 이념과 같은 의미였다. 이 도야의 이념 아래서 사람들은 개인이 환경과의 교호 과정 아래서 자아를 실현해 가는 주관적 도야의 과정뿐만 아니라, 인간 개개인이 문화의 객관적 형식과 권위를 통하여 그 문화가 담고 있고 강조하고 있는 높은 가치로 형성되어 가는 객관적 도야의 내용까지 포괄하여 파악하였다. 이러한 도야의 내용은 고대 그리스와 로마에서 문화의 역사적 전승과 같은 의미로 수용되었다. 한 민족이 만들어 낸 문화의 역사적 전승은 문학과 예술의 작품 세계에 응축되어져 있다. 작품 세계에는 주관적 현상에서 객관적 현상으로, 내면적 세계에서 외부로 표현된 인간의 위대한 정신적 유산이 가득 차있다. 이러한 객관적, 외적 개념의 창출은 역사의 흐름과 더불어 계속되었다. 그리하여 도야되어야 할 주체를 위한 도야재의 공통적인 명칭이 사라져 버리고 다만 거대한 도야재로서의 문화와 도야되어야 할 인간만이 남게 되었다. 그리하여 "도야된 자는 도대체

---

6) Werner Jaeger, *Platos Stellung im Aufbau der griechischen Bildung.* Berlin 1928, S.9.

도야의 전체로부터 무엇을 알아야 하는가?"라는 해석학적 물음이
제기되었다. 본래 도야와 문화는 하나의 같은 개념이었으나, 문화
개념의 역사적 확대와 변형과 더불어 문화는 정신의 객관적 내용
전체를 표현하는 개념으로, 도야는 정신의 주관적 형성 과정 전
체를 표현하는 개념으로 정리되었다.

　문화가 교육의 내용이요 목적이 되면서, 문화는 민족과 국가의
모든 가치와 형상의 전체 개념이 되었다. 그리하여 우리는 여러
상이한 민족들의 문화를 언급하게 되었다. 그리하여 고유 문화와
외래 문화의 구분이 사유(思惟)의 한 형식으로 정착되었다.

4. 역사적 인식의 관심

　철학은 일상적인 것에 대하여 눈을 번쩍 뜨고 놀라워하는
(staunen) 마음과 더불어 시작되었다. 우리가 고전 고대에서, 그 중
에서도 특히 플라톤으로부터 철학의 큰 흐름의 기원을 찾는 관행
의 근거가 바로 여기에 있다. 플라톤은 그의 스승 소크라테스처럼
일상적인 것에 대하여 놀랐고, 그 놀란 내용을 대화의 형식으로
정리하였다. 놀라워하고 놀라게 하는 것은 고대 사회의 원초적 활
동이었다. 이 놀라워하고 놀라게 하는 것을 현대적 언어로 표현하
면, 이는 문제 의식을 갖게 되고 갖도록 일깨우며, 이렇게 하여
형성된 문제 의식을 고양시키는 활동을 말한다. 따라서 고전 고대
의 교육사상을 탐구하는 것은 곧 현대의 교육과 교육사상에 담겨
있는 "문제 의식의 각성과 고양"7)을 도모하는 것이 된다.

---

7) R. Bubner, *Antike Themen und ihre moderne Verwandlung*. Suhrkamp 1992, S.7.

문제는 일상 세계와 사회를 이해하려는 가장 기초적(elementar) 활동이다. 일상에 있어서 우리들의 가장 기초적인 이해함과 이해시킴의 표현이 곧 문제인 것이다. 문제들에는 해결하여야 할 과제들과 극복하여야 할 난관들 그리고 넘어서야 할 장애들이 언제나 이미 내포되어 있다. 그리고 문제들에는 이러한 과제의 해결과 난관의 극복과 장애 돌파의 방향과 전망이 언제나 함께 진술되어 있다. 이러한 문제는 흔히 비난과 더불어 탄생한다. 비난은 독일어로 vorwurf라고 하는데, 이는 앞에(vor) 던지다(werfen)에서 온 합성어로, 누구의 앞길에 돌을 놓아서, 그가 계속하여 길을 걸어가는 것을 어렵게 하거나 불가능하게 만드는 행위를 의미한다. 그래서 비난에 직면하면, 비난이 난무하는 상황에서 계속하여 길을 걸어갈 수 없게 되었으므로, 새로운 길을 개척하던가, 길을 돌아가던가, 아니면 길에 놓인 돌을 치우고 가던가, 넘어가야 한다. 그래서 비난은 이를 적극적으로 수용하는 사람에게 있어서, 주제가 되고 문제가 되며 테마가 된다. 이러한 길이 막힌 상황(die aporetische Lage)과 여기서 생기는 문제가 고대 그리스에서 사유의 테마였으며 철학을 한다는 것의 본질적 특성을 이루고 있었다.

고전 고대의 교육사상을 다루는 것은 전승의 조각들을 가지고 작품을 만드는 일에 해당한다. 이는 호머, 소피스트들, 플라톤, 이소크라테스, 아리스토텔레스 등과 같은 전승의 조각들을 모아서 하나의 그림을 만들고, 이 조각들이 담고 있는 역사적 의미와 논리를, 대화와 대립의 논쟁과 구조를 투시적으로 만들어서, 교육과 교육학 자체를 현재화하고 대립적 입장에 서있는 흐름들과 개념들을 부각시키며 해명하는 일이다. 모든 미래 지향적이고 목적 지향적인 걸음걸이의 실현 가능성은 과거에 근거하고 있다. 따라서 우리는 우리가 몸담고 있는 현재를 인식하는 관점에 서서 미래를 전망하면서 과거를 탐구하는, 다시 말하면, 미래를 향하여 과거를 해석하는 것이다. 이렇게 역사적 인식 관심의 끈으로 전승의 조각들을 묶는 작업이기 때문에, 역사의 연구는 의미가 있다. 그렇지 않고 어떤 무역사적이고 순수하게 조직적인 인식 관심에 의하여 동반되는 역사 연구는, 그러한 연구가 있다면, 무의미한 우연과 황량한 사실의 나열에 그치고 말게 될 것이다. 그러므로 역사를 연구하여 과거를 현재로 불러들이는 것이 정확히 말하면, 과거를 현재의 시점에서 다시 새롭게 만드는 것 자체가 우리의 관심(Interesse)이다. 이를 부브너의 말을 빌어서 표현하면, "로고스에로의 소명은 사유의 후퇴가 아니라, 사유의 폭발을 의미한다."[8] 고대 그리스의 교육사상을 연구하는 의미가 바로 여기에 근거하고 있다. 우리는 고대 그리스의 교육사상을 천착함으로써 모든 교육의 이론과 실천의 현재에서 교육철학적 사유를 새롭게 폭발시킬 수 있을 것이다.

---

8) R. Bubner, a.a.O., S.19.

고 대

1. 고대의 교육학 개관

서양의 역사 서술에서 일반적으로 통용되고 있는 시대 구분의
형식에 따르면, 서양의 역사는 고대(古代, Antike / Altertum), 중세
(中世, Mittelalter), 근세(近世, Neuzeit), 현대(現代, Gegenwart)로 나
누어진다. 이러한 시대 구분은 고대가 단지(중세가 4, 5세기부터 시
작된다고 사람들이 일반적으로 말하고 있듯이), 중세 이전의 시기를
칭하는 것이 아니라는 사실을 말해 주고 있다. 고대는 말의 의미
가 이미 드러내고 있듯이, 근세에 와서 사람들이 근세를 새로운
시대로 보고, 근세와 비교하여 볼 때에 드러나는 시대적 특징을
통하여 지나간 옛 시대를 표현한 말이다. 그래서 우리는 고대라
는 말에서 우선 현대적이 아니라는, modern하지 않다는 뜻을 발
견하게 된다. 뿐만 아니라, 옛 시대로서의 고대는 새로운 시대인
근세의 예술과 학문에, 사유와 표현에 방향을 제시해 주고 바탕
을 제공해 준 시대이다. 인류는 지금도 고대로부터 창조적 성취
의 단물을 받아 마시고 있다. 이러한 의미에서 고대는 사유와 창

조적 성취의 지속적인 원천(Quelle)이다. 그래서 고대는 단지 시대 구분 이상의 의미가 있는 말이다. 고대는 방향의 제시요 발전의 전제 조건이다. 교육의 역사에서 확인되는 새로운 교육의 실현은 고대 교육의 기초 위에서 비로소 가능하였다. 엄격한 의미에서 교육에 관한 새로운 이해의 획득은 고대의 교육에 관한 이해가 없이는 불가능하다. 이러한 고대는 교육학의 영역에서 호머, 소크라테스, 플라톤, 아리스토텔레스, 키케로, 버질 등과 같은 인류의 정신사에 길이 남아있는 높은 봉우리들을 통하여 계속하여 빛나고 있다.

고대는 신화의 시대이다. 고대의 민족과 국가들은 모두 예외없이 그들 자신의 고유한 신들과 민족의 역사를 이야기의 형식으로 가지고 있었다. 그래서 '고대의 역사' 자체는 없고, 다만 고대의 여러 부족들과 민족들의 역사가 구전되어져 내려오는 이야기로 또는 신화로 있을 뿐이다. 따라서 이러한 역사는 고대의 어느 한 부족이나 민족의 고유한, 일회적인, 그들 자신의 역사이다. 우리가 '고대'라는 개념 아래서 연상하게 되는 민족과 국가들인 에집트, 그리스, 히브리, 시리아, 그리고 로마 등은 모두 그들 자신의 고유한 역사를 가지고 있다. 이 독특한 역사들이 다양하게 서구의 세계를 살찌웠으며 다양한 통로를 거쳐서 한국까지 살찌우고 있다.

이러한 역사의 물줄기는 거대한 흐름으로 우리 앞에 다가선다. 이는 마치 우리가 배를 타고 대서양에서 태평양으로, 그리고 태평양에서 다시 극동의 바다로 항해하면서 시야가 가는 곳으로 한없이 펼쳐지고 있는 지평을 조망하는 것과도 같다. 둥글게 둥글게 펼쳐져 있는 세계를 우리는 모두 볼 수는 없다. 그래서 우리는 우리의 관심이 우리의 시각을 붙잡아주는 대로, 보고싶은 것들만을 보고, 그것이 좋아져서 다시 보며 그리고 다른 삶의 상황과 역사적 조건 아래서 새롭게 보고는 한다. 여기서 바다도, 배도, 배를 타고 항해하는 사람도 모두 그 자신의 역사를 가지고 있으므로, 이렇게 다시 보는 일 자체가 보는 자를 보기 전 보다 더 풍부하게 만들어 준다.

고대는 다만 고대의 역사일 뿐만 아니라, 동시에 상이한 역사의 시작이다. 고대는 생활 형식들의 다양성과 풍부성으로 우리 앞에 다가온다. 고대의 주류를 확인하는 시각에 따라서 고대는 상이한 역사를 우리에게 펼쳐 놓는다. 에집트는 나일강을 중심으로 농경과 태양신 숭배의 역사를, 그리스는 도시국가(Polis)를 중심으로 정복과 지배의 역사를, 히브리는 유랑하고 흩어지면서 신을 체험하는 디아스포라의 역사를 우리에게 펼쳐서 보여 주고 있다. 그러므로 우리는 고대를 말할 때에, 그 때의 그 시대와 자연을 살아간 인간들이 실제로 체험하였던, 그들 자신의 삶의 역사의 시작과 근원들에 관하여 말하고 있다. 뿐만 아니라, 우리에게 지금 의미를 주고 우리들의 삶의 모델(Muster)로 작용하고 있는 것들 즉 의미 형식들과 그림들의 거대한 덩어리 중에서 인류의 문화적 유산(遺産, Erbschaft)이라고 간주되는 것들에 관하여 말하고 있는 것이다. 이러한 유산을 호흡하고 소화하면서 인류는 발전하여 왔다. 이렇게 볼 때에 우리는 서양의 문화 민족들이 아테네와 로마, 예루살렘과 알렉산드리아를 양부모로 삼았다고 말할 수 있다. 서양의 여러 민족들은 고대에 활짝 꽃핀 여러 민족들의 문화적 성취를 탐구하여 새롭게 재구성하였으며, 망각의 상태에서 찾아내어 영원한 기억의 상태로 회복시켰다. 그리하여 문화 민족이 되었다. 따라서 고대를 다루는 일은 처방(Rezeption)의 문제요, 추후적인 탐구의 문제요, 탐구라는 그리스어 historia가 역사의 어원인 사실에서 확인할 수 있듯이, 또한 역사의 문제이며, 연구자의 연구 관심과 정열에 따른 선택의 문제이다.

2. 고대의 개념

서양의 역사 서술에서 '고대'라는 시대는 인류의 생활에 관한 문서들이 최초로 나타나기 시작한 시기로부터 5세기경 서로마 제국이 멸망하기까지를 말한다. 그러므로 고대는 종교적 전통과 상형 문자의 사용으로 유명한 고대 에집트의 문화, 알파벳을 최초로 사용한 페니키아, 구약과 신약시대의 유대 문화, 주로 소크라테스, 플라톤, 아리스토텔레스로 대표되는 파이데이아 시기의 고대 그리스와 알렉산더 대왕에 의하여 이룩된 코스모폴리스적인 희랍 문화(Hellenism), 그리고 키케로, 퀸틸리안, 세네카의 사상들에 담겨있는 윤리적 · 정치적 국가 시민 교육으로 대표되는 고대 로마에 이르기까지 펼쳐져 있다.

그러나 교육의 역사와 철학에서 고대라고 할 때에는 고대 그리스와 고대 로마가 주로 다루어진다. 고대 그리스와 고대 로마의 교육에서 드러나는 포괄적인 특징은 다음과 같다. 첫째, 교육은 정치와 종교에 밀접한 관련을 갖고 얽혀져 있었다. 둘째, 자유시민 계층으로 교육은 제한되어 있었다. 다시 말하면 자유 시민만이 교육의 대상으로 인식되었다. 노예는 시장의 상품으로 간주되었다. 그리스 문화적으로 각인된 초대 기독교시대에 이르러서야 비로소 노예도 인간으로서 그 인격의 존엄성에 있어서 인정받기 시작하였으며 교육의 대상으로 강조되기 시작하였다.

인류의 존재 형식의 원초적인 현상은 기성 세대가 성장 세대

에게 삶의 기본 질서와 형성 모형을 매개하여주는 일과 문화의
전수와 보존을 위하여 필수 불가결한 읽기, 쓰기, 셈하기와 같은
문화 기술(Kulturtechniken)들을 가르쳐주는 일이었다. 이러한 두
측면들은 인류의 역사가 시작되는 곳에서는 어디서든 확인되고
있다. 그래서 나는 무엇인가? 무엇일 수 있는가? 그리고 무엇이
어야 하는가? 라는 세 가지 물음이 인간의 본질적인 물음으로 언
제나 제기되어 왔으며, 사회적인 제도로서의 학교 교육은 읽기,
쓰기, 셈하기의 3R로 시작되어 왔다.

읽기, 쓰기, 셈하기 그 자체는 지식이 아닌, 다시 말하면 아무
앎도 담고 있지는 않지만 그러한 능력을 획득하지 않고는 결코
앎의 세계로 들어갈 수 없는 기술이다. 그래서 이 세 가지는 문
화 기술이다. 따라서 끊임없이 반복하는 연습을 통하여 자기 자
신의 것으로 만들어야 한다. 이 과정은 매우 힘들지만, 그러나 일
단 자기 자신의 것이 된 후에는, 마치 나의 피와 살처럼, 내가 의
식하면서 읽고, 쓰고, 셈하는 것이 아니라, 저절로 읽고, 쓰고, 셈
하게 되며, 그러면서 문화를 이루고 있는 지식을 학습하게 된다.
인류가 교육을 시작한 이래로 지금까지 고수하고 있는 학교의 시
작이 이러한 문화 기술의 연습 과정과 이를 통하여 학생들을 전
승되어온 삶의 가치와 형식들 안으로 훈련하고 인도해 들이는 일
로 이루어지고 있다. 이러한 현상은 대단히 의미 있는 사실이다.

그래서 인류 생활의 역사는 인류 교육의 역사이다. 다시 말하
면, 인류의 역사가 종교, 정치, 경제, 학문, 예술 등, 다양한 삶의
현상들에서 시작되기 이전에 이미 교육의 역사가 일어나고 있었
다.[1] 우리는 이렇게 말할 수 있다. 태초에 교육이 있었다. 왜냐하

---

1) 오인탁. **현대교육철학**. 서광사 1990, 18면 이하 참조.

면 우리가 오늘날 추적 가능한 태고적 문화의 자취들은 인류가
삶의 일정한 형식들과 양식들을 가꾸어 가고, 이러한 삶의 행동
들이 습관이 되어버린 현상들이기 때문이며, 이러한 고대 부족
사회의 고정적인 삶의 형식들의 탄생과 더불어 교육 역시 함께
탄생하고 있기 때문이다. 그리고 고대에 있었던 대표적 교육의
탄생들이 고대 그리스와 고대 히브리이며, 이들에서 우리는 교육
의 원형들과 만나게 된다. 바로 이와 같은 의미에서 우리는 교육
의 탄생에 대한 역사적 전형인 고대 그리스 문화를 단순히 "고
대"라고 부르지 않고, "고전 고대(古典 古代, Klassische Antike)"라
고 부르는 것이다.

고대 그리스의 문화는 서양의 교육 발전의 역사에서 대단히
중요한 위치를 점유하고 있다. 고대 그리스의 교육개혁들, 교육내
용들과 교육형식들, 학교의 설립들, 교육이론들과 교육이념들은
서양의 교육이론과 실천의 기초를 이루고 있다. 고대 그리스의
고귀한 교육의 가치들은 오늘에 이르기까지 다양한 시대와 문화
의 전개 과정을 통하여 점증적으로 교육정신의 확고 부동한 유산
이 되어왔다.2) 그리하여 우리가 고대의 교육사상을 말할 때에 언
제나 고대 그리스의 교육이념과 교육형식이 언어의 중심을 차지
하고 있다. 그러나 우리는 여기서 서구 교육의 역사를 지배하여
온 또 하나의 원천인 고대 히브리의 교육사상과 교육형식에 대한
관심을 간과해서는 안될 것이다.

서양을 비롯하여 오늘날 전세계가 하나의 독립 과학으로 교육
학을 연구하고 교수하며, 교육의 이론과 실천을 추구하는 그 근

---

2) H. I. Marrou, *Geschichte der Erziehung im klassischen Altertum*. München 1977;
E. Lichtenstein, *Der Ursprung der Pädagogik im griechischen Denken*. Hannover
1970.

본 원천들에는, 비록 학자들마다 상이한 주장이 있겠으나, 필자의
견해로는 네 가지가 있다. 그것은 고대 그리스, 고대 히브리, 이
둘이 혼융하여 하나의 조화를 이룬, 그러나 고유한 사상으로 탄
생한 인본주의(Humanism) 그리고 민족주의(Nationalism)이다. 이
네 가지는 서양의 교육사상의 4대 원천들이다. 그러므로 교육의
역사와 철학에서 고대 그리스와 고대 히브리를 중점적으로 다루
면서, 근세의 인본주의와 민족주의를 다루는 일은 교육철학과 교
육사학의 보편타당한 기초를 천착하는 일로 그 중요성을 아무리
강조해도 부족한 것이다.

고대 그리스의 교육

　고대 그리스는 일반적으로 호머의 일리아드와 오딧세이로 확인되는 신화의 시대로부터 알렉산더 대왕에 의하여 천하가 통일되고 그리스의 문화와 이웃 나라들의 문화들이 혼융되어 탄생한 헬레니즘의 시대까지를 말한다. 고대 그리스는 헤라클레스 같은 영웅과 무사의 시대, 프로타고라스 같은 소피스트의 시대, 소크라테스와 플라톤과 아리스토텔레스로 집약되는 위대한 철인들의 시대, 그리고 헬레니즘의 시대, 이렇게 크게 넷으로 나누어진다. 고대 그리스에서 고대에 속하는 영웅과 무사의 시대의 교육은 글자 그대로 귀족적인 영웅으로의 교육이었다. 교육의 기본 형식은 훈련이었다. 그리스가 생활과 방위의 공동체인 여러 도시국가들로 발전하면서 무사(Hoplit)는 도시국가의 이상적 시민상으로 대두되었다. 그리하여 무사의 교육이 이루어졌다. 이 시대의 교육은 사회적·종교적 단일성의 강조와 체육 교육과 음악 교육의 조화로 특징지어진다. 이러한 교육을 통하여 무사는 국가 시민이요 종교인으로서의 정신과 능력을 갖추었으며, 육체적 힘과 기술이 정신적-심미적 차원의 가치에 의하여 조화롭게 떠받쳐졌다.

1. 폴리스의 이념

그리스어로 '폴리스(polis)'라고 불렸던 도시국가는 그리스에서
주전 약 6세기경부터 나타났다. 폴리스는 모든 도시국가를 칭하
는 말이었으나, 특히 시민이 자연적으로 구성원이 된 정치적 공
동체, 군주 지배 체제나 귀족 지배 체제가 시민 중심적인 민주
지배 체제로 전환된 모습에서 폴리스라는 말의 힘이 드러났다.
그래서 폴리스는 신성하게 여겨졌으며, 폴리스의 법정은 신(神)들
까지도 동원하여, 폴리스의 신성성(神聖性)을 강조하였다. 그러나
주전 4세기경부터 폴리스의 신성한 위상은 차츰 흔들리기 시작하
였다. 그리하여 폴리스는 소피스트들의 시대에 이미 정치적 목적
에 의하여 존속되는 정치 공동체로서 이익, 관심, 권력, 그리고
당파적 투쟁의 무대로 변모되어 있었다.

폴리스는 원래는 성(城, Burg)을 의미하였다.[1] 그리곤 성을 중
심으로하여 정치적 보호 아래 있는 거주 지역을 폴리스라고 하였
다. 폴리스는 동시에 시의회의 의사당이요 시민 의회와 시의회가
열리는 공동 회의 장소로서 정치적 중심이었다. 이러한 폴리스가
발전하여 작은 도시가 정치적 중심지가 되어 형성된 도시국가 자
체를 칭하는 말이 되었다. 폴리스의 구성원인 폴리스의 시민을
폴리타이(politai)라고 불렀으며, 다른 폴리스들과 구별할 수 있도
록 하기 위하여, 거주자들의 이름으로 폴리스를 칭했다. 그래서
아테네, 스파르타, 데살로니카와 같은 폴리스의 이름들이 탄생하

---

1) polis, 복수로 poleis는 성, 성 밖에 있는 거주지인 마을, 도시국가를 의미
하며, 폴리스에 속한 시민을 politai라고 하였다. 여기서 시민인 사람들이
모인 정치적 단위요, 시민권, 정부, 헌법, 통치 형식을 의미하는, 그리고
국가를 의미하는 politeia라는 말이 형성되었다.

였다.

폴리스는 고대 그리스의 이해에 의하면 거주 시민의 전체를 의미할 뿐이므로, 도시국가 자체의 이름이 거주자들을 통칭하는 말이 되었다. 그래서 아테네는 아덴 사람들이라는 뜻이었다.[2] 모든 폴리스가 정치적으로 독자적인 것은 아니었다. 많은 폴리스들이 폭군 또는 독재 지배 체제이었거나 이방 민족의 지배 아래에 있었다. 그럼에도 불구하고 폴리스는 고대 그리스의 고전적 문화를 결정해 준 대표적 국가 형태였다. 그리스인들은 너무나 폴리스와 그들 자신을 동일시하였기 때문에 인간을 폴리스 이데올로기 안에서 파악하였다. 다시 말하면 개인으로서의 인간 이해는 없었으며 폴리스를 중심으로, 폴리스로부터 인간을 이해하였다. 우리는 이렇게 말할 수 있다. 고대의 그리스인들은 국가의 이론에서 폴리스만을 인식의 대상으로 삼았다.

고대 그리스의 정신 문화의 다양성과 풍부성은 폴리스에 의하여 이룩되었다. 고대 그리스의 고대는 호머(Homer)의 작품들에 잘 서술되어 있다. 이 시대에는 귀족의 생활 질서가 곧 정치적 질서였다. 이 시대에 영웅적인 인간형들이 양육되었다. 영웅적 인간형은 용맹스러움과 남성다운 힘과 무술에 있어서, 명예와 존경에 있어서, 고상한 기개와 윤리 도덕에 있어서 당대의 사람들이 생각할 수 있었던 이상적 인간상의 완전한 수준에 도달한 자였다. 이러한 영웅의 교육에서 고대 그리스 세계의 교육 전통을 특징적으로 규정하는 고유한 본질이 정립되었다. 따라서 영웅의 교육에 대한 이해로부터 고대 그리스의 교육은 이해되어야 한다.

2) *dtv-Lexikon der Antike*. Geschichte, Band 3, München 1971, S.90; E. Kristen, *Die griechischen Poleis als historisch-geographisches Problem des Mittelmeerraumes*. 1956.

그리스의 문화는 원초적으로 그와 같은 전쟁 귀족의 특권 문화였
다.3) 이러한 "귀족 정치적-기사적 근본"4)으로부터 고대의 모든
교육적 특징들이 형성되어져 나왔다.

고대 그리스는 시민 개개인을 도시국가인 폴리스라는 전체적
단일 공동체 안으로 용해시켜서 파악하였다. 그리하여 폴리스는
자체적으로 유일하고 일회적인, 국가다움의 모든 이상적 모습으
로 재구성된, 하나의 인격으로 승화된, 생존을 위한 지고의 공동
체가 되었다. 폴리스는 따라서 모든 시민의 생활을 통제하고 형
성하였다. 이러한 폴리스의 존재 형식은 서로 지극히 모순되어
조화를 이룰 수 없는 사회 생활을 정치적 경제적 구조로 강제로
묶어 여러 부분과 여러 계층으로 구성된 이질적 행정의 구조물을
이루고 있는 현대의 국가와는 전혀 다른 다이나믹한 구조를 가지
고 있었다. 여기서 폴리스의 본질적 특징을 몇 가지로 나누어 정
리해 보면 다음과 같다.

첫째, 폴리스에서 국가와 사회는 하나의 단일성(Einheit)을 이
루고 있었다. 국가의 정치 공동체와 시민의 생활 공동체는 동일
하고 같은 단위였다. 그래서 공동체 의식과 공동의 인생관이 곧
국가 의식을 이루고 있었다. 그러므로 가정과 사회에서 교육받
고 훈련된 시민(Demos)은 정치적으로 국가 중심으로 사회화된
시민이었다. 뿐만 아니라 정치적 시민 공동체는 동시에 종교적
의식 공동체였다. 예를 들면, 아테네는 아테네 여신의 공동체이
며, 도시며, 국가였다. 아테네 여신은 아테네 시민들이 공유하고
있는 것들의 대표적 상징이었으며, 아테네 공동체의 신비적 체

---

3) H. I. Marrou, 앞의 책, 37면.
4) 같은 책, 42면.

화(體化, Verkörperung)였다. 슐라이에르마허는 공동체를 구성하고 있는 인간의 큰 윤리적 가치를 정치, 종교, 교제, 문화의 네 가지로 보고, 정치적 국가 공동체, 종교적 교회 공동체, 자유로운 교제의 사회 공동체, 그리고 언어적·정신적 이해시킴과 이해함의 문화 공동체를 공동체의 네 가지 윤리적 고유 특성으로 강조하였다. 폴리스는 이 네 가지 공동체의 고유 특성들을 모두 가지고 있는 하나의 전체적 생활 형식으로, 인간의 공동 생활을 내적으로 성취시킨 객관적이고 윤리적인 질서였다.5)

둘째, 폴리스는 생활권을 완전히 그리고 다면적으로 개관할 수 있는 크기의 국가였다. 오늘날의 국가는 서로 그 크기에 있어서 차이는 있겠으나, 일반적으로 이미 개관 가능한 크기를 넘어서 있다. 그러나 지리적으로 작은 공간을 차지하고 있었으며 인구의 구성도 복잡하지 않았던 도시국가에서는 도시와 농촌의 구별이라든지, 시민과 농민의 차별 같은 것이 없었다. 도시국가는 작았으나, 작다고 해서 영토의 확장을 정치적 문제로 삼지 않았다. 도시국가는 제도화된 권력의 모습이 아니라, 공개적 대가족의 모습이나 공유 가치를 추구하는 사회 단체의 모습을 가지고 있었다. 플라톤은 그래서 시민 만 명으로 구성된 폴리스를 크기에 있어서 이상적 폴리스의 예로 들었다. 그러한 폴리스에서는 거의 모든 시민들이 서로가 서로를 잘 알 수 있으며 공동의 관심사를 처리하기 위하여 함께 숙의하고 협력할 수 있다. 이를 우리는 전통적인 모습을 간직하고 있는 농어촌의 취락 구조에서 오늘날에도 용이하게 볼 수 있다.

---

5) Ernst Lichtenstein, *Der Ursprung der Pädagogik im griechischen Denken*. Hannover 1970, S.20.

폴리스마다 아고라(Agora)라고 하는 시민들이 모이는 장소가 있었다. 아고라는 시민들의 장터요 정치의 마당이요 국가의 중심이었다. 아고라에서 시민들은 시민의 총회를 열고 공개적 견해를 수렴하였으며 직접 선거를 통하여 대표를 뽑아 통치자로 삼았으며, 크고 작은 재판을 하였다. 아고라는 국가의 시민들이 벌일 수 있는 모든 지적 유희를 함께 벌이고 즐기는 공간이었다. 그래서 폴리스는 구체적 생존 공동체로서 시민들의 언어 구사 능력의 한계 안에서 통치되고 관리되었다. 그러므로 탁월한 수사(修辭) 능력의 소유자는 용이하게 통치자의 반열에 들어설 수 있었다. 시민의 마음을 사로잡을 수 있는 뛰어난 웅변가와 날카로운 변론가가 국가를 지배할 수 있었다. 이러한 공동체는 본질적으로 생동적일 수밖에 없었다. 그리하여 개체의 살아있는 정신들과 관심들이 서로 표현되고 나누어져서 전체로 체험되곤 하였다. 그러한 공동체 안에서 인간의 다양하고 특수한 정신적 능력들이 상품화되는 것은 어려운 일도 이상한 일도 아니다. 그래서 웅변술과 논쟁술을 비롯하여 연극과 합창, 악기의 연주, 시와 산문의 창작을 거쳐서 씨름에 이르기까지 인간이 발휘할 수 있는 모든 고양된 능력들이 공개적 시민 생활의 형식으로 발전하였다. 이러한 폴리스의 내적 통일성이 교육과 도야를 사회의 공개적이고 공유적인 관심사로 만들었다. 교육은 다만 국가 안에서 이루어졌을 뿐만 아니라, 국가를 통하여 국가의 위임을 받아서 이루어졌다.

셋째, 폴리스의 윤리이다. 폴리스는 자유와 구속의 관계를, 시민 개개인과 공동체 전체와의 관계를 새롭게 만들어 주었다. 고대 그리스에서 인간 개개인에 내재하고 있는 정신과 인격에 대한 의식이 폴리스라는 도시국가의 정신과 질서의 성립과 거의 비슷하게 형성된 것은 결코 우연이 아니다. 이 시대에 소피스트들의

여러 학파들, 다양한 종교적 종파들, 여러 정치적 당파들이 활약
하였다. 이러한 현상은 폴리스 공동체를 이룩하고 보존한 자유로
운 정신이었으며 이 정신이 교육을 만들어 냈다. 그래서 전승되
어 온 숱한 관습들이 시민들에 의하여 토론되고 평가되었으며,
좋은 관습들은 수렴되고 침전되었다. 이렇게 하여 선택된 관습들
이 법(Nomos)으로 정리되었다. 그리고 그들이 공유하고 있는 관
습이라는 법의 세계를 시민 각자가 합리적으로 소유하고 행사하
여야 할 척도로 삼는 동등권(Isonomie)의 개념이 형성되었다. 따
라서 폴리스에서 비로소 헤시오드가 최고의 선으로 묘사한 정의
(Dike)의 개념이 실현되었다. 폴리스의 정신적 생활의 내용은 구
체적 윤리 도덕이었다. 구체적 윤리는 바른 것, 즉 정의로운 질서
에 근거한, 따라서 의로운 생활에 근거하고 있는 윤리이다. 법에
순종하는 일은 다른 인간의 의지에 자신을 복종시키는 일이 아니
라, 폴리스라는 초개인적 인격 아래 자신을 두는 것이다. 그래서
국가적인 것은 공유적인 것이라고 생각하였다. 그러므로 모두가
공유하고 있는 가치는, 그것이 비록 나의 주관적 판단에 따르면
의롭지 못하고 옳지 않은 가치 또는 사이비 지식이라 하더라도,
모두가 공유하고 있기 때문에 폴리스의 정신이 되어버린 가치는
폴리스의 구성원이 존중하고 따라야 하는 것으로 인정되었다.

이를 우리는 소크라테스에게서 대표적으로 그 예를 본다. 소크
라테스가 그에 대한 '부당한' 판결을 존중하고 독약을 마셨을 때
에, 그는 폴리스의 의인화된 정신에 순종한 것이다.[6] 이렇게 볼
때에 폴리스의 법은 인간의 가장 내면적인 것 자체요, 너무 분명

6) 에우튀프론, 소크라테스의 변명, 크리톤, 파이돈, 향연: 플라톤의 대화. 최
명관 옮김. 종로서적 1980, 39-85. 특히 79쪽 이하; 박갑성 역, G. 마르틴,
소크라테스 평전. 삼성문화문고 1981, 250쪽 이하.

하여 거부할 수 없는 로고스 그 자체이다. 이는 교육의 새로운
차원으로 폴리스의 시민이 갖추어야 할 정치적 덕의 표현이었다.
그래서 플라톤은 『법』에서 파이데이아의 참된 본질로 인간이 완
전한 시민이 되기 위하여 법에 따라서 지배하고 지배받을 수 있
는 능력으로서의 '아레테(arete)'로의 교육을 들었다.[7]

국가와 사회의 하나됨, 폴리스의 개관 가능한 크기, 그리고 폴
리스의 윤리라는 폴리스의 세 가지 특징은 정치와 교육의 상호
엇갈린 관계를 잘 드러내어 주고 있다. 정치적 사상과 교육적 사
상은 고대 그리스의 정신 세계에서 인간의 아레테, 다시 말하면
인간의 인간다움 자체를 다루고 있으며, 인간의 내면적 본질을
깊이 파고들고 있다. 인간의 고유한 것, 그것 때문에 인간이 다른
동물로부터 구별되는 것은 그리스인들에게 있어서 정치적 인간성
으로 파악되었다. 그래서 예거는 말하였다. 국가관의 역사에서
"이후에(이보다) 더 높은 척도로 국가가 인간의 품위와 가치와 동
일시 된 적은 한 번도 없었다."[8]

인간은 정치적 존재이기 때문에 정치적 인간만이 자기 자신의
고유한 삶을 살 수 있다. 그리스어 폴리테우에스타이(politeuesthai)
는 "일반적 제도에 참여하는"이라는 뜻으로, 국가시민으로서의
"생활"을 의미하였다.[9] 객관화된 공개적이고 사회적인 제도에 참
여하는 것과 산다는 것은, 다시 말하면 정치와 생활은 하나요 같
은 것이었다. 그래서 그리스적 개념으로 자유는 국가법의 개념이
될 수 있었다. 자유란 모든 얽힘과 관련으로부터의 해방이나 그
러한 얽힘의 소멸을 의미하는 것이 아니라, 자유의 객관적 내용

---

7) Platon, *Nomos*, 15b.
8) Werner Jaeger, *Paideia*. I, S.157.
9) 같은 책 같은 쪽.

과 형식을 의미하는 것이다. 고대 그리스에서 시민들에 의하여 다양하게 즐겨 회자되었던 "자기 자신의 주인인 자는 자유롭다" 라는 표현은 어떤 낯선 대상에 자신을 복종시키고 그 대상 아래 서 있는 자가 아니라 자신의 고유한 법 아래 서 있는 자라는 것을 의미하였으며, 노예나 시민권이 없는 시민(Beisasse)이나 정치권을 갖지 못한 외국인 거주자(Metoikos) 처럼 공동의 제도에 단지 얽매여서 사는 것이 아니라, 이 제도에 시민으로 참여하는 것을, 그리하여 국가의 법을 만들고 수행하며 정당화하는 것을 의미하였다.

자기 자신의 생활을 위하여 현존하는 차원을 넘어선 고차적인 생활 형식을 소유한 자만이 인격자이다. 따라서 도야는 항상 자유의 교육으로, 자유인에 알맞은 것으로의 교육으로, 다시 말하면 고대 그리스적 맥락에서 일반적 교양 교육으로 이해될 수 있다. 여기에 고대 그리스의 폴리스의 이념이 이후에 서양교육사에 끼친 결정적인 의미가 있다. 아리스토텔레스는 인간을 이성적 존재(zoon logon echon)가 아니라, 아주 구체적으로 국가를 이루고 살고 있는 국가적 존재(zoon politikon)로 규정하였다. "인간은 본성에 있어서 국가적 존재이다. 국가 없이 사는 자는… 동물이나 신처럼 인간보다 훨씬 더 나쁘거나 훨씬 더 좋다."10)

아리스토텔레스의 인용문은 이중적 의미를 갖고 있다. 한편으로 인간은 국가를 자신의 필요에 따라서 의도적으로 세운다. 인간은 본능에 따라서 자신을 내면적 욕망이 끌어가는 대로 맡겨두면 혼돈의 상태로 추락하여 파멸될 수밖에 없는 존재이다. 그렇기 때문에 인간은 훈련과 교화를 필요로 한다. 인간은 동물과 달

---

10) Aristoteles, *Politik*, I, 2.

라서 교육제도를 통하여 도야되어야 하며 도야되어지는 존재이
다. 그래서 국가와 같은 질서의 큰 힘이 인간에게 의미 있고 잘
정돈된 삶을 비로소 가능하게 한다. 인간은 그의 완전한 자아 실
현의 상태에 있어서 모든 생물 가운데서 가장 완전한 생물이지
만, 법과 정의가 없는 상태에 있어서는 모든 생물 가운데 가장
저질의 생물이다. 다른 한편으로 국가는 인간을 계획적으로 재형
성한다. 국가는 최고로 발전한 사회적 제도로서 가정이나 마을의
생활 공동체를 훨씬 초월하여 있다. 인간 내면의 욕구들을 가정
이나 부락은 부분적으로 충족시켜 줄 수 있다. 그러나 국가는 인
간의 삶을 완전하게 실현 가능하도록 만들어 준다. 왜냐하면 인
간의 자족성(Autarkie)을 충족시켜 주는 것이 국가의 본질이요 목
적이기 때문이다. 이는 다만 안전, 노동, 경제적 소유 등의 보장
을 의미할 뿐만 아니라, 이를 넘어서서 인간 개개인이 자신의 분
수에 따라서 인간으로서 품위있는 생활을 영위함을 보장해 주는
것을 의미한다. 가치를 추구하고 성취할 수 있게 하는 여가 또는
정신과 도야와 문화의 다양한 자유로운 내용들을 향유 가능하게
하는 형식들이 여기에 속한다. 그러므로 국가는 자유의 생활 공
간이요 인간의 인간다움이 완전하게 꽃피어날 수 있는 토양이다.
국가의 교육적 과제는 인간다움과 국가다움 즉, 다시 말하면 인
간의 아레테와 국가의 아레테와 같은 상호 교호적 엇물림에 근거
하고 있다.

   고대 그리스의 폴리스는 두 가지 교육적 기능을 수행하고 있
었다.11) 한편으로 폴리스의 생활 공동체가 이룩해 낸 법과 정의
의 정신을 통하여 인간을 도야하는 힘이 성장하였으며 새롭게 구

---

11) W. Jaeger, *Paideia*. I, S.148ff.

넘되었다. 예를 들면 임전무퇴의 용기는 처음엔 단순히 죽음을 두려워하지 않는 영웅적 기개에 불과하였으나, 폴리스 정신을 통하여 조국을 위하여 자신의 목숨을 희생하는 행동으로 승화하였으며, 법이 이를 시민에게 강요하고 이를 이행하지 않을 때에는 처벌하는 것이 정의가 되었다. 그래서 국가의 존속을 위하여 개인의 삶을 희생하는 정신과 행동은 인간이 국가를 통하여 새롭게 획득한 능력이 되었다. 또한 정의는 개인의 좋은 습관이나 만족스러운 행동을 의미하는 것이었으나, 여기서 더 나아가서 법을 존중하고 실천하며 법에 따라서 모범적으로 생활하는 것으로, 시민 개개인이 자기 자신에게 알맞은 덕들을 실현한 것이 국가 전체에 알맞은 최고의 덕들로 확인되도록 교육하고 관리하는 것으로 이해되었다. 이러한 아레테들은 호머시대의 영웅의 아레테들에서 발전한 인간 능력의 새로운 차원들이다.

다른 한편으로 국가는 그 자체의 고유한 정신적 존재가 되어서, 인간 현존의 모든 고차적인 가치들과 지식들을 흡수하여 인간들에게 각자의 분수에 따라서 다시 분배하여 주는 기관이 되었다. 플라톤의 『국가』에서 보듯이, 국가는 인간의 최고의 아레테요 덕들인 절제, 용기, 지혜, 정의를 교육을 통하여 인간에게 다시 분배하여주고 있다. 아리스토텔레스는 『니코마코스 윤리학』에서 플라톤이 제시한 네 가지 아레테들을 보다 세분화하여 늘려놓고 있다. 예를 들면 정의는 모든 윤리적이고 정치적인 규범들을 포괄하고 있으며 그것들의 전체요 그것들이 그 안에서 흘러나오는 보편적 정의와 법이 정해놓은 한계 안에서 확인되는 율법적 정의로 세분화되었다.

교육은 폴리스에서 이미 소수의 귀족 신분이 누리던 특권에서 시민 전체의 생활의 표현으로 새롭게 변모되었다. 교육은 사회적

합의이거나 전승되어져 내려온 경직된 관행이 아니라, 인간의 존재 규범의 실현이요 삶의 법칙의 자연스러운 반영이며 인간의 도야 그 자체가 되었다. 다음 장에서 자세히 다룬 호머의 미선성의 개념에서 분명히 드러나듯이, 교육은 폴리스에서 또한 '영웅'이라는 이상적 인간상으로의 교육의 성격에서 '시민'이라는 국가 시민으로의 교육의 성격으로 정리되었다. 호머시대의 교육이 고대 그리스가 아직 수많은 폴리스들로 정착되기 이전의 사회에서, 다시 말하면 전 폴리스 사회에서 거친 자연 생활에 젖어있던 시대의 인간 도야의 전형이라면, 폴리스의 교육은 이미 인간 개개인의 자아 실현에의 욕구를 국가 자체의 자아 보존에의 요청으로 억제한 것이었으며, 부분에 대한 전체의 선위성을 강조한 것이었다. 그리하여 이미 고대 그리스의 폴리스에서 교육에 대한 국가의 전권이 불가침적 자명성으로 확인되고 있다. 교육은 그 본질에 있어서 "국가적 현존을 윤리적으로 형성하는 작용"12)이 되었다. 플라톤에서뿐만 아니라 이소크라테스와 아리스토텔레스에서 거듭 확인되듯이, 인간 개개인은 국가 전체의 법의 에토스 안에서 교육되어야 하는 존재로 파악되었다.

2. 호머의 교육 : 미와 선의 조화

"호머의 교육"은 한마디로 표현하면 영웅과 무사에로의 교육이다. 호머는 전승되어져 내려온 그리스의 신화를 서사시로 집대성하여 일리아스(Ilias)와 오딧세이(Odyssee)라는 유명한 신화집으로

---

12) E. Lichtenstein, a.a.O., S.23.

펴냈다. 이 호머의 작품에서는 고대 그리스의 이상적 교육의 내
용과 형식이 종합적으로 묘사되었다. 그래서 당대의 지식인들은
호머의 『일리아스』와 『오딧세이』를 거의 절대적 권위를 가진 유
일무이한 교과서로 읽었다. 그래서 알렉산더 대왕도 전쟁터에서
도 늘 호머의 『일리아스』와 『오딧세이』를 갖고 다니며 읽었다.
니코라토스(Nikoratos)는 크세노폰의 심포지온에서 이렇게 말하고
있다. "내가 온전한 사람이 되기를 원하였던 나의 아버지는 나에
게 호머의 『일리아스』와 『오딧세이』를 모두 철저히 배우도록 강
요하였다네. 그래서 나는 오늘날에도 일리아스와 오딧세이를 깡
그리 외울 수 있다네."13)

앞에서 언급한 바와 같이 일리아스와 오딧세이는 호머의 창작
품은 아니다. 고대 그리스의 문화권에서 전승되어져 내려온 숱한
시대적 신화들을 수집하고 호머의 독특한 시문학적 창작력과 세
계관으로 인류의 역사가 계속되는 한 영원히 사라지지 않을 위대
한 서사시의 세계를 만들어 냈다.14) 호머는 역사적으로 실재한
인물이었다. 그는 이오니아 사람이었으며 주전 8세기에 활동하였
다. 그는 천재적인 시인이었으며, 그는 일정한 인생관, 세계관, 역
사관을 가지고 그의 작품 세계를 재구성하여, 그 이후의 서양사

---

13) Xenophon, *Symposion*, 3,5. 온전한 사람이라는 그리스 말 aner agathos는,
직역하면, 선한 사람이라는 의미이다.
14) Werner Jaeger, a.a.O., S.38. 일리아스와 오딧세이가 호머에 의하여 만들
어진 작품은 아니지만, 구전되어 내려온, 호머에 의하여 집대성되고, 호
머의 독특한 시문학적 창작력과 세계관으로 재구성된 작품임은 분명하
다. 그래서 저자 호머를 둘러싼 문제는 끊임없이 학자들의 관심이 되어
왔다. 이 문제를 다룬 대표적인 문헌을 예로 들면 다음의 논문이 있다:
Wolfgnag Schadewaldt, Homer und die Homersche Frage. in: ders., *Von
Homers Welt und Werk*. Leipzig 1944, S.9-35.

에 결정적인 영향을 준 역사적 대작을 만들었다. 그는 전승되어 내려온 옛 신화의 세계를 단순하게 서사시로 묘사하는 것으로 그치지 않고 그 자신의 독특한 시문학적 재능으로 전혀 새로운 작품으로 만들었다. 그가 수집할 수 있었던, 엄청난 양으로 끊임없이 그에게 몰려오는 숱한 재료들, 언어들, 형식들, 그림들, 동기들을 그는 하나로 용해시켜서 그 자신의 거대한 드라마로 만들었다. 그의 작품에서 전승되어 온 세계와 그리스의 험준한 산과 바다로 이루어진 자연과 그리스 민족의 정신이 하나로 종합되었다. 그리하여 그는 "그리스인들의 이상이요 인격"[15]이 되었다. 그래서 그리스인들은 호머를 단순히 "시인"이라고 불렀다. 일리아스와 오딧세이는 기원전 14세기에서 12세기에 이르는 시기에 일어난 고대 그리스의 큰 이야기들을 읊은 서사시이다. 오딧세이는 일리아스보다 훨씬 후의 문화를 이야기하고 있다.

  호머의 시대는 삶의 정치적 정형들이 아직 형성되고 정착되지 않은 방어와 공격의 능력이 뛰어난 영웅과 무사가 지배자가 되는 시대였다. 그래서 호머의 교육은 기술적 교육과 윤리적 교육의 두 부분으로 이루어져 있다. 기술적 교육은 어린이를 인간으로서 갖추어야 할 생존과 번영을 위하여 필요한 일정한 삶의 형식들 안으로 인도하여 들이는 영역으로, 무기 다루기, 기사적 스포츠와 경기, 노래하기, 춤추기, 칠현금을 타면서 시짓기 같은 음악적 기예들, 후에 수사학으로 발전한 말 잘하기와 세계를 익숙하게 알기, 지혜롭고 멋진 생활방법을 연습하기가 여기에 속하였다. 이러한 기술적 교육은 스파르타에서는 교육의 전체를 이루고 있었으며, 스파르타를 제외한 고대 그리스의 모든 폴리스에서는 윤리적

---

15) Wolfgang Schadewaldt, a.a.O., S.35.

2. 호머의 교육 : 미와 선의 조화 45

교육과의 조화로운 균형을 유지하면서 이루어졌다. 이러한 기술적이고 윤리적인 교육을 받은 결과로 탁월한 수준에까지 자아를 실현한 자는 영웅이요 귀족으로 인정받았다.

귀족 문화의 전제 조건은 정착성, 토지의 소유, 그리고 전통이다.16) 인류의 역사를 살펴보면 사냥이나 목축이 아니라 농업에 종사하는 사람들이 생존의 조건 때문에 최초의 정착부족이 된다. 그리고 그들 중에서 열심히 땅을 경작하여 풍성한 수확을 거둔 소수가 소유에 눈뜬다. 소유에 눈뜬 그들은 잉여 농산물을 더 많은 땅을 소유하기 위한 무기로 사용하며, 넓은 땅을 직접 농사짓는 대신에, 노예를 두어 농사를 짓게 하고, 노예를 감독하고 관리하는 지식을 갖게된다. 이렇게 하여 노동으로부터 해방된 그들은 여가를 삶의 의미를 탐구하고 삶의 흥미를 추구하는 생활로 채운다. 그들은 그들 자신의 고유한 삶의 가치들과 형식들을 가꾸고 나눈다. 그래서 귀족계급이 탄생한다.

이렇게 생존의 조건들이 삶의 고정적 형식들을 탄생시켰으며, 이 형식들에 일정한 의미와 가치가 부여되었다. 생활 형식의 정형화는 문화를 이루었다. 이 문화는 기성 세대가 가꾸고 보존하여 성장 세대에 물려주는 가장 귀중한 가치가 되었다. 그러나 보존과 전승은 자연스럽게 이루어지지 않았기 때문에 효과적 보존과 전승을 위하여 의도적인 훈련이 등장하게 되었다. 지속적인 훈련, 훈계, 교화로 인간의 성격을 형성해 가는 훈련은 동서고금을 막론하고 모든 시대와 민족의 귀족들에게서 확인되는 전형적 특징이었다. 귀족들은 그들의 자녀들이 식물처럼 자연스럽게 관습과 풍속 안으로 성장해 들어오는 데에 만족하지 않는다. 그들

16) Werner Jaeger, a.a.O., S.45.

은 일찍부터 그들의 사회에서 넓게 인정받고 높게 평가되는 고상하고 이상적인 인간상을 각인하고 훈련하는 데에 관심을 쏟았다. 이렇게 하여 인간의 확고부동한 전형, 이상적이고 규범적 전형에 따른 인간전체의 형성이라는 교육의 개념이 만들어졌다.

『오딧세이』에서 남성다움의 최고 가치를 재는 척도는 전투 능력의 이상(Ideal)이다. 그러나 이와 나란히 이미 오딧세이에서 탁월한 전투 능력뿐만 아니라, 평범한 시민들과는 차이가 나는 정신적이고 사회적인 덕들의 소유가 대단히 높게 평가되고 있다. 영웅은 어떤 상황에 처해서도 적절한 언어를 구사할 수 있으며 적절한 조언을 줄 수 있는 능력의 소유자로 나온다. 예를 들면 메넬라오스는 신체와 정신에 있어서 어떤 결함도 발견할 수 없는 완벽한 영웅으로 그의 부인에 의하여 묘사되고 있다.

여기서 우리는 고대 그리스에서 여성의 교육적 의미가 어떻게 이해되어졌는가에 관하여 일별하고 지나갈 필요가 있다. 남성이 그의 신체적 정신적 탁월성에 의하여 평가되었듯이, 여성은 그의 신체적 정신적 아름다움에 의하여 평가되었다. 여성의 고유한 아레테는 아름다움(美)이라고 간주되었다. 이러한 관점은 기사도 문화가 중심을 이루고 있는 서구의 모든 궁정(宮庭) 문화에서도 확인되고 있다. 그러나 우리는 이미 『오딧세이』에 나오는 유명한 여성 영웅들인 헬레나나 페넬로페에서 알 수 있듯이, 여성이 남성의 사랑의 대상일 뿐만 아니라, 동시에 손님을 접대하고 가정을 관리하는 여주인으로서의 사회적 위치를 차지하고 있었음에 주목하여야 한다. 여주인에게 요청되는 덕은 가정을 관리하는 슬기와 인간을 훈련하는 능력이다. 페넬로페의 현숙함과 가정 주부로서의 솜씨를 호머는 높이 찬양하였다. 파리스의 부인 헬레나의 경우에도 트로이의 비극을 불러온 아름다움만이 찬양되고 있는 것이 아니라,17) 고상하고 품위있는 여성으로, 그 시대의 현숙한 귀부인의 전형으로 묘사되고 있다.

여성의 사회적 위치가 고대 그리스에서 호머시대처럼 높았던 적은 일찌기 없었다. 오딧세우스는 파이아켄(Phaiaken)의 도움으로 이타카의 고향으로 돌아가기 위하여 왕이 아니라 여왕에게 무릎을 꿇고 간청하고 있다.18) 왜냐하면 여왕의 자애로움만이 귀향의 보장이 되었기 때문이다. 페넬로페도 외롭게 남겨진 상태에서 거칠게 날뛰는 숱한 구혼자들에게 둘러싸여서 그들의 인격도 존중하고 자신의 여성으로서의 품위도 유지하기 위하여 슬기롭고 용기있게 대처하는 여성의 모습을 보여주고 있다. 여성은 헤시오드의 글에서처럼 농가에서 농사일을 돕는 일손으로, 또는 후세에 그리스의 시민 문화에서처럼 어린이를 잉태하고 양육하는 어머니로서 뿐만 아니라, 고상한 관습과 전통의 담지자요 보호자로서 높게 평가되고 있다.

윤리적 교육은 단순히 일정한 법칙에 따른 도덕적 생활뿐만 아니라, 일정한 삶의 이상을, 즉 인간의 이상형(Idealtyp)의 실현을 목적하였다. 무사적 윤리가 그리스의 이상적 인간상의 중심을 이루고 있었다. 호머는 무사적 윤리의 탁월한 해설가였다. 따라서

---

17) 분쟁의 여신 에리스가 던진 사과 때문에 파리스는 스파르타의 왕 메넬라오스의 아름다운 부인 헬레나의 사랑을 얻을 수 있었다. 그리하여 트로이의 전쟁이 일어났다.

18) 파이아켄은 쉐리에(Scherie)라는 섬에서 바다를 항해하며 살고 있는 민족이다. 전설에 의하면, 파이아켄은 포세이돈의 아들인 나우시토스(Nausithoos)가 세운 국가이다. 나우시토스의 둘째 아들 알키노스(Alkinoos)가 왕이었을 때에 오디세우스는 파이아켄의 해안에 표류하여 구조되었으며, 알키노스의 현숙한 부인 아레테(Arete)의 도움을 받아서 항해를 계속할 수 있었다.

호머는 고대 그리스의 세계에서 곧 교육의 출발점이었다. 호머가 그의 신화에서 묘사하고 있는 영웅은 삶과 죽음에 있어서 아레테 (arete, 德)[19]를 상징하는 일정한 삶의 방법과 형식을, 일정한 이상을 구체적으로 보여준 자이다.[20] 그래서 무사가 전사하면, 아레테의 무사적 의미에 있어서 "그는 용감한 영웅으로서 자기 자신을 보여주고 죽었다" 라고 말하였으며, 이러한 말이 죽은 자에 대한 찬사로 유행하였다. 이러한 무사적 윤리 교육은 호머에 의하여 다음과 같은 교육목표로 다듬어져서 제시되었다. "언제나 첫째가 되라, 그리고 남들 보다 뛰어나라!"[21] 고대 그리스의 무사적 윤리는 교육의 역사에서 민족과 국가의 수호와 왕에 대한 충성이 중요한 교육의 목적으로 강조되어 내려오면서 중세기에 기사도 정신과 교육으로 활짝 꽃피어나고 있다.

이러한 최고가 되고져 하는 교육적 이상은 자애(自愛, philautia/Eigenliebe)로 표현되고 강조되었다. 자애는 나에 대한 이기적 사랑이 아니다. 자애는 자아에 대한, 절대적 미와 선에 대한, 완전한 가치에 대한 사랑이다. 영웅은 그의 영웅적 생애에서 이 자애를 구현하는 자라고 보았다. 영웅은 경기와 전투에서는 승리를 보여주고, 전쟁시에 무리들 가운데서 맨 앞에 서는 자요, 평화시에도 삶의 자세에 있어서 살아있는 자들 가운데서 제일 앞에 서는 자며, 심지어는 죽은자들의 세계에서도 앞에 서기 위하여 살고 죽는 자이다. 이러한 명예의 윤리가 올림픽 경기를 탄생시켰

---

19) 지혜와 정의를 실현하는 인간 개개인의 특수한 자질을 아레테라고 한다. 일반적으로 덕(德)으로 번역하고 있다.

20) H. I. Marrou, 앞의 책, 47면.

21) Homer, *Ilias*, 6, 208. Übertragen von Hans Rupe mit Urtext, Anhang und Registern. München: Artemis 1989, S.205.

다. 그 시대에 명예를 위하여 무조건적인 죽음을 불사하는 경기였던, 죽음에 이르기까지 싸웠던 아곤(Agon, 투쟁)의 절정을 우리는 여러 곳에서, 특히 올림피아에서, 피티아(Pythia)에서, 그리고 네메이(Nemei)와 이스트미(Isthmi)에서 4년마다 열렸던 올림픽 경기들에서 본다. 플라톤은 그의 "국가"에서 이러한 무사적 윤리와 덕을 국가의 보존과 발전에 으뜸이 되는 네 가지 덕(國家의 四元德) 중의 하나인 '용기'로, 그리고 명예 지배 체제라는 통치 체제로 서술함으로써 명예의 깊은 의미와 높은 가치를 일찌감치 자리를 매겼다.

그리스인들은 이러한 모든 힘들의 원천을 아레테에서 보았다. 아레테는 그리스인들에게는 인간의 천부적인 본질을 의미하는 것으로서, 인간은 교육을 통하여 그러한 본질의 탁월한 성취에 도달할 수 있다고 간주되었다. 아레테는 고대 그리스의 역사에서 호머의 영웅들로부터 소크라테스와 플라톤의 이상적 인간상에 이르기까지 교육의 보편적 목표로 끊임없이 확인되고 있다. 아레테는 신체와 정신의 도야를 통하여 추구되었다. 신체와 정신의 도야는 체육과 음악을 통하여, 무기를 자유자재로 지배할 수 있는 능력을 통하여, 기사적 투쟁 경기를 통하여 그리고 음악과 시작(詩作)과 춤을 통하여 이루어졌다. 그리고 이러한 도야는 인간의 삶이 제사 의식의 행위와 얽혀짐을 통하여, 예배와 축제 놀이와 제사 행렬을 통하여 종교적 차원으로 고양되었다.

호머의 교육이념은 아름다움과 선함의 조화로운 합일인 미선성(美善性)[22]이다. 미선성은 잘 다듬어진 육체의 아름다움이 잘

---

22) 미선성이란 희랍어 Kalokagathia는 kalos(아름다운)와 agathos(선한)의 합성어이며 인간이 자아를 실현할 수 있는 최선의 상태를 의미한다.

도야된 정신의 선함과 윤리적 고귀성으로 합일된 상태이다. 미
선성은 체육과 음악의 조화로운 연관이요 이상적인 현상이다.
우리는 호머의 일리아스와 오딧세이에서 언제나 다시금 이러한
미선성의 이념을 구체적으로 보여주는 인간상들과 만난다. 트로
이의 왕자 헥토르(Hektor)와 그의 부인 안드로마헤(Andromache)
를 예로 들어보자.23) 호머는 여기서 인간의 삶에서 부인과 어머
니로서 가정을 이끄는 여성의 현존과 남편과 무사로서 국가를
수호하는 남성의 현존이라는 인간현존의 두 원초적 영역들을 묘
사하고 있다. 다시 말하면 안드로마헤의 부인의 직업과 헥토르
의 남성적 영웅의 직업을 묘사하고 있다. 헥토르는 트로이의 유
일한 희망이요 수호자로서 최후의 일전을 앞두고 부인을 만나고
있다. 그는 조국을 지키기 위하여 피할 수 없는 죽음을 사나이
답게 맞이하기 직전에, 죽음을 앞두고 마지막으로 부인을 만나
기 위하여 궁전으로 달려왔으며, 안드로마헤는 남편의 영웅다운
죽음을 봄으로써 그와 이별하기 위하여 아들을 데리고 망루로
나갔다. 그리고 그들은 서로 어긋난 길을 되돌려 다시 망루로
그리고 궁전으로 되돌아오는 길에서 만났으며, 죽음을 앞둔 이
별을 나누고 있다. 이러한 이별은 그러나 호머에게서 그저 슬픈
이별로 끝나지 않고, 저 세상에서의 재회로 연장된 이별로 묘사
되고 있으며, 영원에 빗대어 삶과 죽음을 초연하게 하고 있다.
그리하여 헥토르와 안드로마헤는 삶과 죽음을 넘어서서 사랑이
라는 신비한 영혼의 힘에 의하여 들어올려지고 있다. 이를 쉴러

---

23) Homer, *Illias*. a.a.O., S.194-221: "Sechster Gesang. Die Begegnung Hektors
und Andromaches"; Wolfgang Schadewaldt, Hektor und Andromache. in;
ders., a.a.O., S.135-161.

는 다음과 같이 읊었다.[24]

> 내가 보는 모든 것, 내가 생각하는 모든 것을
> 저 검은 레테[25]의 물결이 삼켜버릴지라도
> 나의 사랑만은!
> 헥토르의 사랑은 레테 안에서 결코 죽지 않으리!

칼로카가티아의 이념은 특히 고대 아테네 사람들의 교육이념으로 문학적이기 보다는 예술적인, 그리고 지적이기 보다는 스포츠적인 교육이념이다.[26] 미선성의 교육은 실천적 교육이 결코 아니었으며, 귀족적 생활과 여가에 오리엔테이션이 되어 있는 교육이었다. 선은 본질적으로 도덕적 측면을 강조하며, 사회적 인간과 세계 시민적 인간의 뉘앙스를 띠고 있다. 그리고 미는 신체적 아름다움을 의미하였으며, 에로틱한 아우라(Aura)를 불가피하게 머금고 있다.[27] 여기서 우리는 고대 아테네의 미선성의 교육이념을 종족의 순수성과 심미성, 예술의 최고의 완전성, 그리고 사변적 사고의 최고의 비상 사이의 조화로운 종합을 추구한 현대의 히틀

---

24) a.a.O., S.161. 레테(Lethe)는 희랍의 신화에 나오는 지하 세계의 강의 이름으로, 죽은 자가 레테의 물을 마시면 지상의 모든 것을 망각하게 된다고 한다. 플라톤도 그의 『폴리테이아』 제10권에서 레테를 말하고 있다.

25) 레테(lethe)는 그리스어로 망각을 의미한다. 그리스의 신화에서 레테는 죽은 자가 지상의 세계에서 지하의 세계로 들어갈 때에 건너가지 않으면 안 되는 강의 이름이다. 죽은 자는 누구나 하나도 빠짐없이 레테의 강을 지나가면서 말할 수 없는 갈증으로 이 강물을 마시게 된다. 레테의 강물을 마신자는 모두 지상의 세계에서의 삶의 내용을 망각하게 된다.

26) H. I. Marrou, 앞의 책, 101면.

27) Aura는 라틴어로 공기, 공기의 냄새, 공기의 향기를 의미하며, 한 인간을 둘러싸고 있는 신비한 광채의 현상, 또는 한 인간으로부터 나오는 정서적 정신적 작용과 영향의 전체를 의미한다.

러적 민족사회주의(Natioanalsozialismus)의 이념과 비교할 수 있다. 최고의 완전한 수준으로 완성된 신체 안에 완전히 계발된 정신이 깃들어 있는 인간을 민족의 이상적 인간상으로 추구하였던 고대와 현대의 이상을 우리는 여기서 동시에 확인하게 된다. 그리고 이러한 이상이 공존적일 때와 배타적일 때에 그 다이나믹이 얼마나 철저하게 생산적으로 또는 파괴적으로 작용하는지를 생각하게 된다. 고대 그리스에서는 폴리스에 따라서 2년 또는 4년마다 열어온 오늘날의 올림픽 경기에 해당하는 체육 대회를 통하여 미선성의 이념을 지극히 생산적 다이나믹으로 가꾸었으며, 현대 독일은 미선성의 이념을 게르만 민족의 순수성과 우수성으로 포장하여 타민족, 특히 유태 민족을 적대적으로 몰아감으로써 인류가 민족과 국가의 단위로 실현할 수 있는 극단적 광기와 파괴의 다이나믹을 연출하였다.

   미선성의 높은 목표는 절제(sophrosynae)이다. 절제는 절도 없음에 빠져버리든가 경직된 절도의 틀 안에 갇혀버리는 상태가 아니라, 본능적 추동(orexis)이 이성(logos)과 합음을 이루어 무절제와 비관용의 중간을 지속할 수 있는 능력이다. 이러한 절제는 여러 가지 일들을 결정하고 여러 가지 어려운 상황들을 헤쳐 나감에 있어서, 현명과 분별의 능력 같은 척도를 지키는 덕성을 잃지 않음을 통하여 달성될 수 있다고 여겨졌다. 그래서 아테네의 법을 제정한 사람이요 통치자적 지혜로 높이 평가되어지는 솔론(Solon)은 그 자신의 좌우명으로 "어떤 것도 지나치지 않게"라는 표어를 내걸었으며, 아리스토텔레스는 중간(mesothes)의 에토스를 파이데이아의 과제로 강조하였다.

3. 폴리티케 아레테

법치국가와 민주 지배 체제는 국가가 다만 권력과 지배의 질서일 뿐만 아니라 시민의 공동체라는 이해를 그 기본 사상으로 삼고 있다. 이러한 기본 사상에는 이미 윤리적 정치적 도야의 이념이 담겨 있으며, 직업으로서의 교육이 강조되어 있다. 오늘날 우리는 법치국가의 시민으로 생활하면서 자유민주주의의 정치이념과 체제에 익숙해 있다. 그러나 근세에서도 19세기로 접어들 때까지만 해도 이러한 시민 중심의 시민에 의한 지배 체제를 갖고 있는 국가, 시민의 대표들이 의회를 열어 논의하고 결정한 법에 의하여 통치되는 국가는 개념적으로 존재하고 있을 뿐, 현실적으론 지구상의 거의 모든 국가가 군주 또는 소수 지배 체제였으며, 권력중심의 법제정과 법치가 이루어지고 있었다. 따라서 고대 그리스에서 이러한 법치와 민주 지배의 사상이 싹텄을 뿐만 아니라, 아테네 같은 그리스 문화권의 대표적 도시국가가 이를 실천하였다는 사실은 대단히 놀라운 일이다. 그리고 이러한 민주 지배체제의 법치국가를 만들어내고 이끌어 가는 힘은 교육이었다. 서구에서 국가 중심의 교육사상은 고대 그리스의 이와 같은 교육이해로부터 나왔다. 서구가 오늘날의 서구로 발달할 수 있었던 것은 직업으로서의 교육이 다만 인간의 성장 발달에 관심을 개인적 차원에서 쏟지 않고 언제나 국가 중심으로, 국가 안에서의 개인의 교육과 도야라는 기본적 교육관을 가지고 쏟고 있었던 덕분이다. 독일의 정치 철학, 자연법 사상, 국가 교육학 이론, 민족 교육론, 홉스에서 헤겔에 이르는 인간과 시민에 대한 근세적·민족 중심적 이해, 그리고 현대에 이르기까지 서구의 교육학의 역사에서 맥맥히 흐르고 있는 민족과 국가 중심의 인간 도야

이론은 플라톤의 『폴리테이아』와 아리스토텔레스의 『정치학』과 스토아의 철학을 통하여 매개되었으며, 고대 그리스의 사람들이 헬레네적 도시국가의 생활 현실과 인생관을 교육공간으로 삼고 있었던 데에 근거하고 있다. 그래서 리히텐슈타인은 이렇게 말하였다. "그리스는 정치적인 것의 카테고리를 찾아냈으며 이를 서구에 유산으로 물려주었다."[28] 국가의 이념은 윤리적 관습의 생활 공동체가 가꾸어 낸 객관적이고 역사적이며 구체적인 질서의 형식으로 로마를 통하여 서구에 유산이자 과제로 전수되었다. 프랑스의 문화 개념을 오늘날까지 결정하고 있는 문명(Zivilisation)의 개념도 윤리 도덕의 사회적 결정(結晶)의 표현인 것이다.

고대 그리스의 폴리스 철학에서 우리는 서구 정신의 도야를 위한 헬레니즘의 기초적이고 지속적인 성취를 본다. 파이데이아는 언제나 이미 인간의 공동 생활과 관련되어 있다. 일상적 생활 언어는 시민 개개인이 모여서 만든 폴리스가 아니라, 폴리스라는 전체의 부분으로 있는 시민의 폴리스라는, 전체로서의 폴리스의 정신 아래서 가꾸어졌다. 그리하여 대화의 능력은 폴리스 중심으로, 폴리스로부터의 인간과 세계 이해로 도야되어졌다. 따라서 폴리스의 등장은 정신의 새로운 차원을 의미한다. 이미 주전 7세기에 그리스인들은 국가 중심의 분명한 역사 의식을 형성하고 있었다. 이 역사 의식에 공동 생활의 새로운 질서가 근거하고 있었다. 폴리스의 정신은 동방의 폭력 지배(Despotie)에 대한 대립 정신이요 세계 개방적 정신이었다. 주전 612년에 당시의 육언 절구 시인으로 이름이 있었던 밀레네의 포킬리데스(Phokylides)는 니느웨(Ninives)의 몰락을 이렇게 다음과 같이 노래하였다. "자신의 바위

---

28) Ernst Lichtenstein, a.a.O., S.18.

위에서 훈련과 질서 안에서 사는 도시는 작다. 그러나 자신의 무지 속에 있는 니느웨 보다는 더 좋다."29) 여기서 "더 좋다" 라는 가치 부여에 우리는 주목할 필요가 있다. 그리스의 도시국가는 처음부터 권력의 물음에 대한 대답으로가 아니라, 바른 생활의 물음에 대한 대답으로 이해되었다. 국가는 인간이 실현하고 향유할 수 있는 최선의 생활 형식인 아레테를 찬양하기 위한 경쟁으로부터 그리고 페르시아의 전쟁 이후로 서구와 아시아, 헬레니즘과 야만 문화의 대립으로부터 등장하였다. 도시국가는 그리하여 통찰의 능력으로 합리적 척도를 정립하고 이 척도에 따라서 잘 정리되어진 존재 질서 안에서 거주하기(kata kosmon oikousa) 위한 집단의 선발과 가치 부여로 이해되었다. 동등한 권리의 요구가 최고의 목적이었으며 정의(dike)보다 더 중요한 단어는 없었다.30) 도시국가에서의 정의는 인간의 덕의 최고요 포괄적인 수준으로 강조되었다.

여기서 우리는 교육의 개념을 정치적 덕의 실천으로 파악하였던 역사와 만나게 된다. 아티카의 첫 시인이었던 솔론은 주전 594, 593년에 법제자로서 아테네의 교육자가 되었으며 첫 통치자(Archon)가 되었다.31) 그는 정의와 번영은 사회적 우주의 내적 법칙에 근거하고 있으며 이 내적 법칙에 의하여 개개 인간은 관리되고 있다고 보았다. 존재의 법칙에 인간의 생활 규범이 근거하고 있다. 정치적・윤리적 책임을 수행하는 자는 이와 같은 실

---

29) 같은 책 같은 쪽.
30) Werner Jaeger, *Paideia*, S.146.
31) Solon(약 640-560)은 아테네 출신으로 그리스의 정치가이며, 시인(Elegiker)이다. 五言絶句(Pentameter)와 六言絶句(Hexameter)가 교차되는 시(Distichen)를 엘레기(Elegie)라고 하였으며, 솔론은 그러한 시를 썼다. 그는 고대 그리스의 첫번째 정치적 교육자였다.

제적 본질 인식을 소유하고 있어야 한다. 그러한 인식에는 공동
체 안에서 개개인과 집단이 사유와 행위를 바르게 하도록 하는
객관적 통찰의 능력을 가지고 있는 사람이 이러한 통찰 능력으로
부터 형성된 오성(gnome)으로 획득한 정의를 통하여 비로소 도달
가능하다. 따라서 법제와 통치는 정의를 찾아내어 이로써 백성을
교육하는 직업이 된다. 법제자는 그의 고유한 과제 수행에 있어
서 교육자이다. 그러므로 공동체의 이상적 보존과 실현은 인간의
책임이다. 솔론은 이렇게 말하였다. "나의 감각이 나에게 아테네
사람들을 교육하라고 한다."[32] 아테네 시민은 솔론을 일곱 명의
지혜자들 가운데 한 사람으로 뽑았으며 그들의 대표로 삼았다.
지혜자들은 탁월한 인생의 통찰과 합리적인 정치적 판단력의 표
상으로, 이론적 이성이 아니라, 실천적 이성의 대가로, "결코 너
무 많지 않게", "척도가 최선이다", "모든 것은 미리 생각해서",
"끝을 보라"와 같은 경구들에서 확인되는 보편적 판단 능력으로,
다시 말하면 일반적 교양으로 백성들을 교육하는 교사였다.

4. 스파르타와 아테네

교육사상사에서 고대 그리스의 폴리스 교육은 그 이념과 형식
에 있어서 서로 판이하게 다르며 독특할 뿐만 아니라 고대 그리
스의 대표적 도시국가였던 스파르타와 아테네를 상호 비교하고
비판하는 작업을 통하여 보다 심도 있게 이해되어 왔다. 두 도시
의 비교에서 스파르타의 교육제도는 전체적 국가 교육의 과격한

---

32) Lichtenstein, S.19.

전형으로 강조되고는 하였으며, 이와 대조적으로 아테네의 교육
제도는 민주주의의 전형으로 이상화되고는 하였다. 그리하여 사
람들은 아테네의 몰락을 이상적인 민주 지배 체제의 몰락으로 아
쉬워하였다. 사람들은 아테네의 민주주의를 국가에 의하여 조직
된 그리고 법적으로 규범화한 청소년 교육의 이상적 유형에, 다
시 말하면 플라톤이 『폴리테이아』에서 그린 국가 중심의 인간 교
육의 이상에 비추어서 이해하였다. 이러한 해석에서 스파르타의
세계는 아테네의 세계 보다 현대적인 의미에서 미성숙한 세계로,
국가 중심의 교육제도가, 국가중심으로 미선성의 조화로운 실현
을 추구한 아테네에서 보듯이, 철저하게 국가적으로 실현되지 못
하고 덜 국가적으로 실현된 나머지 국가의 몰락을 가져온 세계로
서술되었다. 스파르타에서 우리는 전사(戰士) 공동체의 원시적인
모형을, 남성들의 야영 사회가 절대적으로 폐쇄적인 정치적 지배
체제로 굳어져 전형화된 모습을 발견하게 된다.

　플루타크는 스파르타의 교육을 이렇게 묘사하였다.[33] "스파르
타 사람들의 교육은 성인이 될 때까지 계속되는 것이었다. 어느
누구도 그가 원하는 대로 자유롭게 살수는 없었다. 모두가 마치
야영장에서처럼 국가에서 규정하고 그에게 확실하게 부여한 생활
형식과 공동체의 최선을 위한 그 자신의 일거리를 가지고 있었
다. 누구나, 그가 어떤 연령에 있든지, 독자적인 인간이 아니라
조국에 속한 인간임을 의식하고 있었다. 모두가 마치 일벌처럼
전체의 부분이 되어서 지배자의 주위를 둘러싸고 있었다. 그리하
여 마치 사랑에 흠뻑 빠진 부부처럼 자아로부터 해방되어 전적으

---

33) Plutarch, *Vergleichende Lebensbeschreibungen: Lykurg*, C.24, C.25. E. Lichtenstein,
　　1970, S.24f에서 재인용.

로 조국에만 속해있기를 원하였다."

플루타크가 묘사하고 있는 이러한 내용은 우리에게 잘 알려져 있는 스파르타의 엄격한 신생아 선별과 군사 훈련을 통하여 다시 확인되고 있다. 스파르타의 교육은 그리스어로 군사의 훈련을 의미하는 말인 아고게(ágogé)였다. 아고게를 받는다는 것은 주어진 규율에 따라서 교육을 받는 것을 의미하였으며, 이러한 엄격한 훈련 교육은 시민의 권리를 수행하기 위한 필수적 전제조건이었다.

아고게는 이미 탄생 전부터 시작되었다. 스파르타는 직역하여 '좋은 탄생주의(Eugenismus)'라고 하는 신생아 선별 정책을 국가적으로 철저히 수행하였다. 아들은 아버지의 사유재산이 아니라 국가의 공동재산이기 때문에 최상의 혈통에서 뛰어난 아들을 얻는 것만이 중요했다. 그래서 흔히 공개적으로 남편은 아름답고 건강한 아내에게 자기보다 더 남자다운 청년을 소개해 주어 그의 아이를 갖도록 하였다. 이렇게 자녀는 태어나기 전부터 국가의 소유였다. 아이가 태어나면 부모는 아이를 레스케(Lesche)라는 일정한 장소에 안고 가서, 거기서 국가가 임명한 노련한 유아검사관에 의하여 검사를 받았다. 아이가 건강하고 정상적이면 검사관은 아이를 부모에게 주어 양육하도록 하였으며, 허약하고 불구이면 아포테타에(Apothetae)라고 하는 골짜기에 갖다 버리거나 노예로 길렀다.

아이는 7세가 될 때까지 집에서 부모가 기르도록 하였다. 이는 아고게가 7세부터 시작됨을 말한다. 그때까지는 교육이 아니라 "신체적 탁월함과 자제력 있는 용기"[34]를 갖도록 엄격하게

---

34) 윌리암 바클레이 저, 유재덕 역. **고대 세계의 교육사상**. 기독교문서선교
회 1993, 79쪽.

훈련하는 양육(anatrophe)이 있을 뿐이다. 스파르타의 어머니들은 어린이의 양육에는 전문가였다. 그래서 고대 그리스에서 뛰어난 보모로 명성이 높았다. 특히 아테네에선 스파르타의 보모들(die lakonischen Ammen)이 시장에서 비싼 값으로 거래되었다. 7세가 되면 아이는 파이도노모스(Paidonómos)라고 하는 국가가 임명한 훈련 교사의 직접적 지도 아래로 들어갔다. 그리하여 아이는 20세가 될 때까지 그리고 엄격한 의미에서 죽을 때까지 그의 직접적 지도와 감독 아래 놓이게 된다.

아고게는 13년 간 계속되었으며, 3단계로 구성되어 있었다.[35] 1단계는 8세부터 11세까지의 4년으로, "작은 소년(promikkizomenos)"이라 하였으며, 2단계는 12세부터 15세까지의 4년으로, "소년(pampais)"이라 하였고, 3단계는 16세부터 20세까지의 5년으로, "청년(eirhen)"이라 하였다. 8세부터 20세까지의 학생들은 다시 나이로 구분되었으며, 매 연령마다 부르는 칭호가 있었다. 8세는 rhobidas(뜻은 알려져 있지 않음), 9세는 작은 소년과 전단계를 뜻하는 promikkizomenos, 10세는 작은 소년을 뜻하는 mikkizo menos, 11세는 소년과 전단계를 뜻하는 propais라 했으며, 이상이 아고게의 1단계에 속한다. 12세는 온전한 소년의 첫번째 해를 뜻하는 pratopampais, 13세는 온전한 소년의 두번째 해를 뜻하는 atropampais, 14세는 미래의 청년을 뜻하는 melleirhen, 15세는 미래의 청년 두번째 해로 역시 melleirhen이라 했으며, 이상이 아고게의 2단계에 속한다. 16세는 청년의 첫번째 해로 eirhen 또는 sideunas, 17세는 청년의 두번째 해로 eirhen, 18세는 청년의 세

---

35) Henri Irenee Marrou, *Geschichte der Erziehung im klassischen Altertum.* dtv München 1976, S.62f.

번째 해로 eirhen 또는 triteirhen, 19세는 청년의 네번째 해로
eirhen, 20세는 청년의 지도자를 뜻하는 proteirhas라 했으며, 이
상이 아고게의 마지막 단계인 3단계에 속한다.

아고게의 1단계에 속하는 어린이들은 주로 신체적 단련과 전
쟁 놀이로 구성된 교육을 받을 때에는 부모의 집을 나와서 군대
의 연병장과 같은 기능을 갖춘 학교에 갔다. 그러나 2단계부터는
소년은 군대의 막사 같은 학교의 기숙사에서 전적으로 생활하며
교육을 받았다. 아고게의 3단계가 끝난 후에도 청년들은 30세가
될 때까지 계속하여 병영과 같은 학교에서 생활을 하였으며 엄격
한 훈련을 받았다. 따라서 스파르타의 청소년은 12세부터 30세까
지 부모의 집을 떠나서 집단적 공동체 생활을 하였다. 30세 이전
에 결혼한 청년도 30세가 될 때까지는 교육공동체의 일원으로 생
활하였다. 그러므로 스파르타의 국가 중심 교육은 공동체 교육의
성격과 형식을 갖춘 것이었다.

20세가 된 청년은 앞에서 언급한 바와 같이 지도자(proteirhas)
라 칭하였다. 아고게의 모든 단계에 있는 소년과 청년은 6명씩으
로 구성된 bouai라는 조로 조직되었으며, proteirhas는 각 조에
한 명씩 배치되어서 조장(bouagos)으로 각 조의 실질적 교육지도
자 역할을 하였다. 스파르타 시민들이 누리는 생활은 아테네 시
민들의 생활과 비교하여 볼 때에 전혀 다른 어떤 것이었다. 스파
르타의 시민들은 아테네 시민들처럼 연극을 감상하기 위하여 희
극이나 비극을 공연하고 있는 극장에 가는 대신에, 서로 때리고
치고 받는 권투 경기를 보기 위하여 경기장으로 갔다. "스파르타
인들(die Lakedaimonier)은 그들의 어린이가 음악이나 문학을 공부
하지 않는 것을 좋게 여겼다.

이에 반하여 아테네인들(die Ionier)은 이런 모든 것들을 모른다

는 사실에 대단히 분노하였다."36) 이렇게 스파르타의 모든 남자들은 군대의 병영같은 공동 숙소에서 살면서 매일 매일 신체를 엄격하게 단련하였다.

스파르타의 여자들도 신체 단련에 있어서 남자들과 마찬가지로 열심이었다. 스파르타가 있는 지역은 그리스에서 가장 더운 지역에 속하였다. 그래서 스파르타의 여자들은 신체를 단련할 때에는 벌거벗었다.37) 여성들은 남성처럼 근육이 잘 발달된 힘찬 체격을 자랑하곤 하였다. 그들은 달리기와 씨름하기뿐만 아니라, 남자들과 마찬가지로 승마와 권투를 배웠으며, 창던지기와 원반던지기 경기를 하였다. 그리고 이 모든 체육 경기들을 벌거벗고 하였다. 그들의 음식은 조악하였다. 그들은 짐승의 피와 기름으로 만든 검은 죽을 주로 먹었다. 스파르타 사람들은 음악도 즐겼다. 그러나 그들은 아테네 사람들처럼 음악 자체를 즐긴 것이 아니라, 음악을 전투의 한 형식으로 즐겼다. 이러한 스파르타적 생활 구조는 부인들과 처녀들이 공동 생활에서 다른 도시국가의 여자들보다 훨씬 더 많은 책임을 수행하도록 만들었다. 전쟁이 있을 경우에, 몇달 동안이나 스파르타의 모든 남자들이 출전을 하고 없는 동안에 스파르타의 여자들은 홀로 노예들을 관리하고 감독하지 않으면 안되었다.

그러나 스파르타와 아테네의 교육제도와 형식을 우리는 질서와 자유 또는 전체주의와 민주주의로 단순하게 이원적 형식으로

---

36) Dissoi Lokoi 2,10. Henri I. Marrou, 앞의 책, 63쪽에서 재인용.
37) Maria Regina Kaiser, *Xanthippe, schöne Braut des Sokrates*. Roman. Hamburg 1992, S.120ff. 플라톤은 그의 'politeia'에서 군사 훈련에서 남성과 여성의 구별을 두지 말 것과 여성도 벌거벗고 훈련을 받는 것이 합리적이라고 강조하고 있다. 이 책 5장 4절 "폴리테이아의 교육과정"을 참조하시오.

처리해선 안 된다. 물론 고대 그리스의 교육을 구성하고 있는 큰
두 영역들인 음악과 체육 중에서 스파르타는 체육에 모든 의미를
부여하는 교육을 하였다. 그리고 음악을 다시 시문학과 음악으로
세분하면, 읽기와 쓰기를 배우는 것을 스파르타인들은 나쁘게 여
겼으며, 음악은 영웅과 용사를 찬양하는 합창과 기민하고 치밀한
싸움의 통합적 체계화인 춤으로 짜여져 있었다. 그래서 스파르
타의 합창단은 당시에 유명하였다. 스파르타인들에게 체육은 국
가를 위하여 목숨을 바치는 좋은 병사가 되기 위한 운동일 뿐이
었다. 그들은 올림픽 경기에서 우승하기 위하여 체육을 하지 않
았다. 그럼에도 불구하고 주전 720년에서 576년 사이에 치루어
진 올림픽 경기의 우승자 81명 가운데 46명이 스파르타인들이었
다.38) 상대방을 이기기 위하여서가 아니라, 스스로 더욱 더 훌륭
한 사람이 되기 위하여 순수하게 운동을 즐긴 스파르타의 체육
정신을 우리는 높이 평가하여야 할 것이다.

　　그러나 여기서는 소피스트의 교육활동 이후에 소크라테스와
플라톤과 아리스토텔레스에 의하여 전개된 새로운 교육사상과
관련하여 이 시대의 교육현실의 기본 구조를 파악하는 것이 목
적이다. 그래서 플라톤이 "옛 교육(archaia paideia)"이라고 표현
한,39) 그래서 근대적인 새로운 교육과 대결한 아테네의 교육의 기
본 구조와 특징에 초점을 맞추었다.

---

38) 윌리암 바클레이, 앞의 책, 76쪽.
39) 아리스토파네스(445-386 v. Chr.)는 그의 희곡 "구름"에서 음악적-체육적
　　옛 교육과 소피스트적-주지주의적 새 교육 사이를 문화비판적으로 묘사
　　하고 있다. 플라톤은 아리스토파네스가 사용한 옛 교육(archaia paideia)이
　　라는 표현을 그의 『폴리테이아』 제2권 17장에서 수용하여, 시대비판적
　　의식으로 이 "옛 교육"이라는 표현에 새로운 의미를 부여하고 그의 전
　　체적 교육이론에 수용하였다.

아테네의 교육의 특징을 리히텐슈타인은 스파르타와 비교하여 "자유로운 힘의 유희의 원리"라고 표현하였다.40) 이는 인간 개개인이 지니고 있는 신체적, 정서적. 지적 능력이 자유롭게 발휘되고 이를 즐기는 교육을 말하며, 이러한 교육에 국가의 권위는 국가생활의 윤리적이고 사회적인 기초로서 영향을 줄뿐이다. 이를 플루타크는 솔론의 법으로 설명하였다. 만약에 어떤 아버지가 자신의 아들이 아무런 기술이나 솜씨도 배우도록 하지 않았다면, 그 아들은 아버지를 노년에 부양할 책임이 없다. 여기서 부모의 책임은 종교적·사회적 관습이 내포하고 있는 그 내적 권리와 합리적·윤리적 근거가 자녀를 사회적 생활 능력이 있도록 교육할 국가의 요청과 관련하여 다루어지고 있음을 본다. 솔론의 법은 어린이와 청소년의 도덕적 건강(sophrosyne)을 관리하는 것을 사회적 청소년 보호 규정의 첫째로 삼았다. 솔론은 청소년들의 야간 출입을 금하였고, 청소년 체육 대회에 성인들이 참관하는 것을 금하였다. 솔론은 청소년들을 유혹하는 행위를 사형과 높은 벌금형으로 엄하게 처벌하였다. 이러한 조치는 스파르타에서 남색 행위(Päderastie)가 일반적으로 국가의 장려 사항에 속하였음과 비교하여 볼 때에 아테네의 전혀 다른 이해와 개념, 즉 사회 생활에서 청소년의 오용과 남색의 확대를 국가발전의 장애 요인으로 보고 금하는 정책을 폈음을 알 수 있다.

플라톤에 의하면 음악적 체육적 교육은 국가의 의무였다.41) 그러나 사람들은 이를 법률로 제정하여 강요하거나 국가적으로 통제하려고 하지 않았다. 경기장(Palästre)에서 신체를 단련하고 경기를

---

40) E. Lichtenstein, a.a.O., S.25. "das Prinzip des freien Kräftespiels".
41) *Kriton*, 50d.

벌이며, 국가의 제사 의식 같은 종교적 축제에서 윤무에 참여하는
것 등은 모두 국가적으로 높게 평가되는 명예스럽고 시민의 의무
에 속하는 자명한 활동이었을 뿐이다. 그래서 플라톤은 이렇게 말
하였다.[42] "가수와 무용수로서 합창대에서 자신의 자리를 가지고
있지 않은 자는 도야되지 않은 자이다(achoreutos apaideutos)."

여기에 국방의 의무가 부가되었다. 청소년들을 학교에 보내서
문법 교사(Grammatist)에게서 문법을, 음악 교사(Kitharist)에게서
음악을, 체육 교사(Paidotriebes)에게서 체육을 배우도록 하는 것은
부모의 자유로운 자녀 교육열에 속하는 것이었으며 이에 따르는
비용도 당연히 부모가 부담하였다. 바로 이와 같은 청소년 교육
을 부모의 의지와 경제 수준에 맡기는 관례는 후에 교육개혁을
부르짖는 사람들에 의하여 날카로운 비판의 관점이 되었다. 교육
개혁론자들은 스파르타의 엄격한 교육정신을 아테네도 도입하여
국가적 교육 정책의 법제화를 도모하여야 한다고 강조하였다.[43]

자유로운 교육제도는 아테네의 자랑이었다. 아테네의 자유로운
교육제도의 발전은 주전 7세기와 6세기에 있었던 시민의 정치 투
쟁까지 거슬러 올라간다. 문자 해독의 능력이 일찍이 넓게 퍼진
아테네에서는 이미 페르시아 전쟁 이래로 자유로운 시민 정신의
바탕 위에서 기초적 교양과 지식을 가르치는 초등학교가 시작되
었다. 귀족 문화로부터 싹튼 음악적 체육적 도야는 이오니아적
세계 개방성으로부터 일어난 오성에 따른 실제적 도야의 내용들
과 연결되어 정신적 도야의 내용으로 종합되었다. 그래서 페리클
레스는 펠로폰네소스 전쟁에서 전사한 무사들을 애도하는 연설에

---

42) *Nomoi*, II, 654ab.
43) Platon, *Alkibiades*, I, 122b. E. Lichtenstein, a.a.O., S.26에서 재인용.

서 스파르타와 비교하면서 아테네를 다음과 같이 찬양하였다.[44)]
이미 어린 아이의 다리가 거의 발달하지 않은 어린 시절부터 남
성다움의 본질을 혹독한 금욕적 연습을 통하여 부여하려고 시도
하였던 스파르타에 비하여 "우리는 정의의 척도에 있어서 아름다
움의 친구들이요, 유연성에 빠져들지 않는 지혜의 친구들이다. …
나는 모든 것을 종합하여 이렇게 요약하겠다. 우리의 국가는 전체
적으로 그리스 전체를 위한 고등학교이며(tes Hellados paideusis),
개체적으로 우리들 모두가 모든 행위에 있어서 완전하며, 확실하
게 각자의 인간다움의 품위를 증명한다." 아테네의 국가적 교육
책임은 펠로폰네소스 전쟁으로 인한 고아의 교육과 더불어 비로
소 시작되었다.[45)] 일종의 국립 교육기관도 4세기에 이르러 설립
되어서, 플라톤의 요청에 따라서 주전 338년부터 국가 수호의 의
무를 알아야 할 청소년들의 연령에 속하는 에페보스(Ephebos)에
한하여 교육을 베풀었다.

우리는 플라톤의 대화편 『프로타고라스』에서 주전 5세기에 아
테네에서 청소년들의 생활에 있어서 교육과 도야가 차지하고 있
었던 역할을 구체적으로 확인하게 된다.[46)] "태어나자마자 바로
어린이의 교육과 훈육은 시작되어서, 그들이 삶을 마칠 때까지
계속된다. 어린이가 말을 이해하게 되면 즉시 유모, 어머니, 교사
(Paidagogos) 그리고 아버지는 아이를 가능하면 교양있는 아이로
키우려는 경쟁을 시작한다. 어린이가 행동하고 말하는 모든 것을
그들은 지적하고 가르친다. 이건 옳고 저건 옳지 않다. 이건 좋고

---

44) Peloponn. *Krieg* IIc, 40f. E. Lichtenstein, a.a.O., S.26.
45) Thukydides, a.a.O., IIc, 46. "그들의 아들들을 그러나 폴리스는 국가의 재
   정으로 지금부터 성인의 년령에 이르기까지 교육할 것이요".
46) *Protagoras*, C15, 325c-326e.

저건 나쁘다. 이건 경건한 행동이고 저건 경박한 행동이다. 너는 이렇게 행동하여야 하며, 그런 짓은 해서는 안 된다. 어린이가 자의적으로 따르면 좋지만, 그렇지 않으면 그들은 어린이를 협박과 매질로, 마치 굽은 나뭇가지를 바로 펴듯이, 바로 잡으려고 한다. 어린이가 학교에 가게 되면, 부모는 교사에게 어린이의 좋은 생활 태도(eukosmia)에 관심을 기울여 줄 것을 당부하고 읽기와 쓰기와 현악기 연주에서 어린이가 얼마나 빨리 진보하는지를 주목한다. 교사는 어린이가 철자를 배우고 글자를 말하는 것처럼 이해하게 되면, 훌륭한 시인들의 작품을 그들에게 주어서 완전히 암기하도록 한다. 작품 속에는 많은 좋은 경구들, 지나간 시대의 훌륭한 남자들에 관한 많은 묘사들, 경배와 찬양들이 들어있다. 어린이는 그들을 전력으로 모방하고 그들과 같은 남자가 되기 위하여 노력하여야 한다. 음악 교사도 어린이들에게 절도와 교양 (sophrosyne)을 심어주고 나쁜 짓을 하지 않도록 지도한다. 어린이가 현악기 연주를 배운 다음에는, 교사는 그들에게 좋은 서정 시인의 작품을 펼쳐놓는다. 어린이는 서정시를 현악기로 타고 리듬과 화음에 익숙해지며, 이를 통하여 부드럽고 절제 있으며 조화롭게, 그리하여 언행이 절도 있게 되도록 지도받는다. 왜냐하면 인생의 전체가 잘 균형잡히고 조화로운 형태를(eurhythmia und euharmostia) 필요로 하기 때문이다. 그 외에도 부모는 어린이를 체육 교사에게 보내어 신체적으로 강건하고 고상한 감각을 연마하며, 전투에 임하여서나 다른 사건에 직면하여 신체적 허약성 때문에 실패하지 않도록 훈련시킨다. 그들은 어린이가 이러한 교육을 제대로 학습하고 성취할 수 있을 만큼 성장하기도 전에, 다시 말하면 부자들과 그들의 아들들은 대단히 어린 나이에 학교수업을 시작하여 대단히 늦은 나이에 그만두는데, 이와 같은 교육에 대단히 큰 가치를 둔다. 그들이 학교를 마치게 되면, 국가는 그들을 법을 준수하고 법에 따라 생활하며 제멋대로 행동하지 않도록 가르친다. 마치 기초 교사가 석필로 칠판에 선을 그리고 어린이가 이 선을 그대로 모방하도록 가르치듯이, 국가는 어린이들에게 길잡이의 역할로서 법과 존경받는 옛 법제자들의 정신적 유산을 주어서, 이에 따라서 지배하고 지배받도록 강요하며, 이에 따르지 않는 자들을 처벌한다. … 덕을 위한 이와 같은 포괄적인 개인적이고 국가적인 배려를 보면, 언제까지나 덕을 가르칠 수 있는가? 라고 물으면서 의심할 수 있겠는가? 그렇지 않다. 만약에 덕을 가르칠 수 없다면, 우리는 이것을 더욱 신비롭게 여겨야 할 것이다."

프로타고라스가 묘사하는 이와 같은 아테네 교육은 소피스트들이 교육운동을 일으켜서 폴리스의 교육개념을 그 기초로부터 뒤흔들어 놓기 이전의 모습이다. 여기서 교육은 전적으로 교화(Sittigung)를 목적하고 있었다. 교육의 목표라고 할 수 있는 시민의 덕은 사회적-도덕적 인격의 형성이었다. 서구의 교육사에서 고대 그리스의 아테네에서 확인되는 이러한 교육관은 그 후에 기사적 사회의 세계 시민적이고 심미적인 가치로 침전되었다. 건강한 사고(sophrosyne)의 정신적 규범은 한편으로 아이도스(aidos)에서, 다시 말하면 갈등과 장애의 내면화를 통한 정신적-심리적 훈련으로서의 질서와 교양(eukosmia)에서 표현되었다. 사회적 훈련의 내용으로는 걸음걸이와 태도의 방정함, 거리에서나 식탁에서 조용하게 대화함, 겸손과 양보, 노인에 대한 존경, 고상한 취미의 추구, 균형의 유지, 신체와 정신의 전체적 태도(Habitus)의 절도있고 조화로운 리듬의 유지 등이 강조되었다. 그와 같은 태도에로의 교육수단으로 표상을 통한 습관화, 연습, 일치, 그리고 감흥

등이 동원되었다. 자녀의 훈련권은 아버지에게 그리고 아버지가
아들의 훈련을 위임한 교육자(Pädagoge)에게만 있었다.

교육의 핵심은 체육적 음악적 도야였다. 플라톤은 이 교육을
"옛 교육"으로 높이 평가하였다.[47] "그 교육이란 어떤 것인가?
오랜 세월을 거쳐서 찾아낸 이 교육보다 더 훌륭한 교육을 찾아
내기란 어려운 일인가? 그리고 이 교육은 신체를 위하여 체육일
것이요, 영혼을 위하여 음악일걸세." 아테네에 사립 체육 학교 또
는 체육관인 팔레스트라와 시민이 국가에 기증하여 공립의 성격
을 갖게 된 체육 시설인 김나지움이 있었다. 자신의 팔레스트라
에서 체육 교사는 어린이들에게 포괄적인 신체 교육을 베풀었다.
신체적 도야는 건강 교육이요 방법과 단계가 엄정한 체계적 신체
훈련이며, 심미적 신체 문화요 동시에 도덕적 교화였다. 신체적
도야는 신체를 최고의 탁월성에로 끌어올리는 것을 목적하고 있
었다. 플라톤도 『고르기아스』에서 "나는 체육 교사다. 나의 주업
은 사람들을 신체적으로 아름답고 강하게 만드는 것이다"라고 말
하였다.[48] 이러한 과제는 방어 능력의 고양을 꾀하는 군사 교육
의 영역에서 머무는 것이 아니라, 전인적 능력의 고양을 꾀하는
전체 교육의 성격을 띤 것이었다.

이와 마찬가지로 음악적 도야는 소피스트의 시대까지 내려오
면서 정신적 영적 교육의 전체를 이루고 있었다. 음악적 도야는
한편으로 구체적으로 신체적 도야와 함께 하나의 통일된 전체를
이루고 있었다. 그리스인들은 인간의 모든 정신 활동들이 불가
분리적으로 신체와 연관되어 작용하고 있다고 이해하였다. 이러

---

47) *Politeia*, 2, 376e.
48) *Gorgias*, 452b.

한 신체와 정신의 직접적 연관성은 자명한 사실에 속하는 것이었다. 표현에서 드러나는 감정이나, 운동의 형태에서 드러나는 태도나, 음성에 담겨진 말, 그리고 춤추는 동작과 리듬이 모두 하나의 구체성이었다. 이러한 이해는 후에 아리스토텔레스에 의하여 인간의 영혼은 신체의 형상이라는 명제로 정리되었다.

음악적 도야는 다른 한편으로 현대적 의미로 음악적인 것을 훨씬 넘어선 것이었다. 그리스의 신화에서 제우스의 아홉 딸들을 무사(Mousa)라고 했는데, 이들은 단순히 음악의 여신들이었을 뿐만 아니라 예술과 학문의 여신들이었다. 이들은 특히 기억력이 뛰어난 신들이었다. 기억의 능력이 강조된 데에서 우리는 음악적 도야가 도덕적 교육정신에 의하여 추구되었다는 사실을 알 수 있다. 그래서 법(nomos)과 에토스의 도덕적 기본 규정은 일찍부터 음악의 소리와 가사로 매개되었다. 그리스인들은 음악에서 구체적으로 그리고 확신을 가지고 심미적 윤리적 인간 형성의 일원성을 보았다. 이를 우리는 이미 칼로카가티아의 영웅 교육의 이념에서 확인하게 된다.

음악적 도야의 과제는 정신을 치료하고 인도하는 일이다. 음악적 도야는 인간의 본능적인 생활 능력과 정서적이고 정신적인 생활을 순수하게 정련하고 그 내적 질서를 다지는 것이다. 그래서 아리스토파네스는 농담 반 진담 반으로 법정에서 어떤 도둑이 아직 오현금(Zither)을 연주하지 못한다고 해서 그 도둑에게 가벼운 벌을 주자고 변론하고 있다. 그러므로 음악적 도야의 본질적 과제는 형성하고 도야하며 정련하고 각성시키며 계몽하는 성격의 것이다. 인간의 정신에 조화와 리듬을 심어주어서 아름다움과 선함을 비롯하여 모든 정신적인 것과 고상한 것을 받아들이고 가꾸기에 적합한 능력을 갖도록 하는 것이다. 그래서 음악 교사의 과

제는 실제적인 음악의 기예를 터득하게 하는 것과 함께 시인적 자질을 갖게 하는 것이었다.[49]

읽기와 쓰기를 가르치는 교육술에서 시를 짓는 일이 살아있는 말을 다루는 능력으로 높이 평가되었다. 위대한 시인의 작품을 음미하고 공감하며 작품 안으로 몰입하여 이를 내면화하는 일이 강조되었다. 그래서 호머를 비롯하여 헤시오드(Hesiod), 포키리데스(Phokylides), 시모니데스(Simonides), 솔론, 테오그니스(Theognis) 등의 시를 암기하게 하고 체화하도록 하였다. 말이 깊은 맛이 있도록 하기 위하여 말은 기억되어야 한다. 소리의 색깔과 말함의 멜로디는 리듬을 타고 연설을 힘있고 생동적으로 만들어 준다. 모방의 내면화를 통하여 인간의 정신은 형태를 이루고 운동을 하며, 의미와 내용을 직접적으로 체험하고, 위대성과 심미성을 획득하게 되고, 내용과 형식, 생활과 의미, 지식과 활동력에 있어서 이상적 범례를 추구하게 된다. 그래서 예거에 의하면, "이해는 영혼과 영혼의 자아 묘사, 통일화, 접촉의 모습을 갖게 되었다. 그리스의 도야의 과정은 우리에게 있어서 형성이라는 말이 의미하는 것보다 훨씬 더 많은 것을 의미한다."

이와 같은 폴리스에서 성장하는 시민에 가하여지는 도야하고 형성하는 힘은 본래적으로 학습과 경청으로부터 시작된 것이었다. 아테네의 정신 생활은 본질적으로 거리와 광장이 일상적 사회 생활의 중심으로 활짝 열려져 있었다. 아테네 시민들은 거리와 광장에서 벌어지는 연설, 낭독, 보고, 이야기 등을 늘 함께 나누며 살았다. 그러나 이러한 삶은 모든 사람들에게 주어져 있는

---

49) 고대 그리스에서 본래 문법(Grammatik)은 음악(Musik)의 한 부분인 운율학(Metrik)에 속하였다.

것이 아니라, 생존을 위한 노동으로부터 자유로워진 시민들에게
만 가능하도록 주어진 일종의 특권이었다. 그리하여 노동으로부
터 자유로워진 사람들이 향유하는 여가로부터 정치와 예술에 대
한 지적 탐구가 시작되었다. 여가와 더불어 벌어지는 자유로운
도야의 길은 드디어 여가라는 뜻을 가진 그리스어 스콜레(σχολή,
Schole)가 학교(School)라는 말로 발전한 의미의 변화를 가져다 주
었다. 여기서 더 나아가서 도야가 시민 전체를 사로잡는 힘이 너
무나 강하여 도야 작용이 집중적으로 일어나는 드라마틱한 경기
인 아곤(Agon)은 물론이고, 연극의 종교적이고 국가적인 기능과
어린이들과 청소년들이 국가의 제사 의식에서 중요한 역할을 담
당하였던 축제의 합창에 참여함을 통하여, 그리고 연극에서의 시
민 합창을 통하여 효과적으로 이루어졌다. 학습(didaskein)이 본래
적으로 연습을 의미하였던 것을 우리는 여기서 합창 연습과 연관
하여 이해할 수 있다. 또한 폴리스의 법률 자체가 교육적 기능을
갖고 있었다. 법률에 따라서(kata nomous) 생활한다는 것은 법률
이 제시하며 내포하고 있는 표상을 따라서(kata paradeigma) 생활
한다는 것을 의미하였다. 그리하여 폴리스 교육에서 법률의 에토
스 안에서 일종의 정치적 도야가 이루어졌다. 그리고 이러한 폴
리스 중심의 교육은 5세기 후반에 와서 개인의 해방과 더불어,
국가와 정신의 분리(diastase)를 통하여, 법(nomos)과 자연(physis)
의 분리(Entzweiung)를 통하여, 그리고 소피스트들의 교육활동을
통하여 와해되기 시작하였다. 이러한 상황 아래서 교육은 비로소
필수 불가결한 것으로 등장하게 되었다.

소피스트들의 교육활동

1. 소피스트의 교육사상사적 의미

호머의 교육시대를 뒤이어서 나타난 교육시대를 소피스트 (Sophist)들의 교육시대라고 한다. 미선성(Kalokagathia)의 이념은 보편타당한 지고의 교육이념으로 계속 강조되고 있었으나, 폴리스에 따라서 칼로카가티아에 대한 서로 상이한 이해들이 공존하고 있었다. 우리가 호머의 교육이념이 지배하였던 시대를 소피스트 이전의 시대로 본다면, 이 시대는 고대 그리스의 영웅과 신화의 시대로부터 주전 5세기까지를 포괄하는 시대가 된다. 스파르타는 비록 소피스트들의 시대에 아테네와 자웅을 겨루는 폴리스로서 여전히 존속하고 있었으나, 교육의 이념과 실천에 있어서 호머의 시대에 속한다. 그러나 스파르타의 교육과 호머시대의 교육을 좀더 엄밀하게 살펴본다면, 호머의 시대에는 폴리스 중심의, 다시 말하면 국가라는 전체 중심의 인간 이해가 지배하고 있었으며, 개인으로서의 인간 이해는 없었다. 인간은 오직 국가로부터만 이해되었으며 평가되었다. 그럼에도 불구하고 교육의 길은 개개인에게 열려져 있었으며, 교육은 개인의 차원에서 이루어졌다. 이와 대조적으로 스파르타에서는 강한 폴리스 중심의 인간 이해 아래서 폴리스에 의한 전체적인 무사 교육이 이루어졌다. 호머의 시대에 미선성의 교육이념이 개인의 차원에서 다른 인간들보다 월등하게 뛰어난 영웅과 무사로서의 교육으로 추구되었다면, 스파르타에서는 미선성의 교육이념이 시민 전체의 차원에서 국가의 방위자로서의 무사 교육으로 추구되었다.

비록 폴리스 중심의 인간 이해가 호머시대와 스파르타를 지배하고 있었으나, 교육의 현상은 호머시대의 개인적 영웅 교육에서 스파르타의 국가 중심적 전체적 무사 교육으로 변모되었다. 이러한 변화는 그러나 여전히 영웅과 무사의 교육이라는 면에서, 비록 정신적 차원의 교육이 전혀 없었던 것은 아니었으나, 인간의 신체를 탁월의 경지에까지 끌어올리는 신체적 도야에 머물러 있는 것이었다. 소피스트는 이러한 시대에 그리스의 여러 폴리스로부터 아테네 폴리스로 모여들어 폴리스 중심의 인간 이해 자체를 상대화하였으며, 인간을 개인으로 보기 시작하였고, 미선성의 교육이념을 신체적 도야에서 정신적 도야의 차원으로 끌어올렸다. 그리하여 칼로카가티아는 소피스트들에 의하여 파이데이아(paideia)에 대한 이해의 확대 개념으로 새롭게 정립되었으며, 플라톤에 의하여 호머적이고 스파르타적이고 소피스트적인 교육의 이해가 종합되고 정의(justice dikaiosyne)의 이념 아래서 새롭게 재구성되었다. 그리하여 칼로카가티아는 원숙한 파이데이아 철학에 동반되어 고대 그리스의 교육이념으로 정립되었다.

소피스트는 그리스어로 sophistes(선생님, 예술가)이며, 이것이 본래 의미는 고대의 그리스 세계에서 현인이나 생각이 깊은 사람을 부르는 일반적 호칭이었다. 그러나 시간의 흐름과 더불어 점차로 솜씨있는 화술과 대화의 방법을 가르치는 교사를 의미하는 말이 되었다. 소피스트들은 토론과 논쟁에서 어떤 대가를 치르면서라도 상대편을 이기고자 하는 그들의 고약한 성향 때문에 말이 많고 궤변을 늘어놓는 거짓 지혜에 젖어들게 되었다.

그래서 소피스트라는 말에 궤변론자(詭辯論者)라는 부정적이고 비판적인 의미가 따라붙게 되었다. 그래서 그들의 가르침은 궤변철학(Sophistik)이라는 평가를 받게 되었으며, 힐난의 의미가 이 말에 담겨지게 되었다.

소피스트들은 주전 5세기 후반에 주로 아테네를 중심으로 하여 활동하였던 직업적 교사들을 말한다. 프로타고라스(Protagoras), 고르기아스(Gorgias), 히피아스(Hippias) 그리고 프로디코스(Prodikos)가 대표적인 소피스트들이었다. 이들은 그때까지 전통적으로 높이 숭배해 왔던 교육의 내용과 구조를 이룬 신화와 시문학의 세계를 뒤흔들어 놓았다.

주전 6세기경부터 아테네가 그리스의 문화적 정치적 중심이 되면서 아테네로 인접 민족들의 낯선 문화재들과 도야재들이 쏟아져 들어오기 시작하였다. 이러한 물결을 타고 소피스트들은 호머에 의하여 집대성된 그리스의 고유한 신화적 시문학에 담겨있는 교육의 이념과 형식들을 그들의 소피스트적인, 다른 말로 표현하면, 궤변적인 계몽으로 대체하였다. 그들은 인간의 합리적 측면을 강조하였으며 모든 교육적 노력들을 목적 관련성 아래서 보았다. 그리하여 교육은 개인의 목적을 실현하기 위한 합리적 요건으로 변질되었으며, 아테네는 소피스트들의 교실로 가득찬 교육의 도시가 되었다. 소피스트들은 고대 그리스에서 전승되어 내려온, 국가를 위하여 살고 죽는, 국가의 방위자로 시민을 훈련하는 교육을 국가의 시민으로 살아가는 데 필요한 유용한 기술과 지식을 전달하는 교육으로 대체하였다. 그래서 폴리스를 위하여 살고 죽는 국가 이념은 주지주의(主知主義 Intellektualismus)에 의하여 퇴색하게 되었으며, 소위 주지적 도야인(主知的 陶冶人, der intellektuel Gebildete)이라고 할 수 있는 새로운 인간형이 나타났다. 주지적 도야인은 인간을 국가를 중심으로, 국가로부터 이해하고 평가하지 않고, 인간과 국가를 상대화하여 지식과 기술을 인간 개개인의 사회적 생활을 위하여 실용적인 차원에서 수용하는 자를 의미한다.

소피스트들은 행상인처럼 거리를 배회하면서 모든 종류의 지식을 값을 받고 팔았다. 그들에 의하면 수업은 국가 시민이 갖추어야 할 바람직한 덕목을 매개하고 유용한 지식을 전달하는 수단이다. 수업은 개개인에게 세상을 성공적으로 헤쳐나갈 수 있는 능력을 매개하여 주며 말의 힘을 통하여 민중을 사로잡을 수 있는 연사로서의 능력을 갖추게 한다. 그래서 권력과 정치에 뜻을 품은 똑똑한 청년들과 그들의 아버지들이 소피스트들을 찾아와서 그들로부터 배웠다. 예를 들면, 당대를 풍미한 뛰어난 정치가들이었던 아리스테이데스(Aristeides)와 투키디데스(Thukydides)는 그들의 아들을 정치적 무대(Arena)에서 승리하고, 지도자로서 출세할 수 있도록 가르치게 하기 위하여 소피스트들을 찾았다.[1] 소피스트들은 당시의 낮은 문화 수준에서 별로 쓸모없는 검술보다는 당장에 효과가 확실하게 드러나는 지식들을 폴리스의 상류 사회에 제공하고 있었다. 그러나 아리스테이데스와 투키디데스가 탁월한 정치가로서 당대를 풍미할 수 있었음에 비하여 그의 교육받은 아들들은 역사의 무대에서 아무런 이름도 남기지 못하

---

[1] Platon, *Laches*, 179c,d.

였다.

여기서 우리가 짚고 넘어가야 할 것 하나가 있다. 소피스트들이 대두되기 시작한 주전 5세기 후반의 아테네는 페리클레스, 소포클레스, 피디아스와 같은 인물들과 더불어 정치와 학문과 예술의 모든 영역에서 찬란한 고전적 문화의 꽃을 피웠다. 그러나 이들이 누렸던 교육이란 것은 지극히 초보적인 것이었으며, 이들이 가졌던 지식의 수준은 오늘날의 초등학교 수준에도 미치지 못하는 것이었다.[2] 여기서 우리는 문화에 대한 교육의 불가피한 시간적 후행을 볼 수 있다. 이러한 상황 아래서 소피스트들의 활동은 일종의 교육 혁명으로 나타났다. 소피스트들은 교사로서 정치적 동기보다는 오히려 기술적 동기에 사로잡혔다.

그들은 영향력을 행사하고 권력의 무대에 등장하는 것에는 관심이 별로 없었으나, 그들 이전에 있었던 그 어떤 교육보다도 완전한 교육을 베풀기 위하여 새로운 교수방법을 개발하고 커리큘럼을 구성하는 것에 관심을 쏟았다.

소피스트들은 거의 모두 같은 시대에 활동한 동시대인들이었다. 최초의 소피스트로 잘 알려져 있는 프로타고라스(485-411 BC), 폭군 이아손의 궁전 뜰에서 죽은 고르기아스(483-376 BC), 과격하게 소수 지배 체제(Oligarchie)를 주장하다가 사형 선고를 받은 안티폰(Antiphon, 480-411 BC), 플라톤에 의하면 소크라테스의 선생이었음이 분명한 프로디코스(465-? BC) 그리고 프로디코스와 동년배였을 히피아스는 모두 주전 5세기에서 4세기 전반에

---

2) H. I. Marrou, 앞의 책, 105면. 페리클레스 시대의 아테네의 교육의 원시적 상태에 관해선 다음 책들을 참고하시오. O. Navarre, *Essai sur la rhétorique grecque avant Aristote*. Paris 1900, S.25f; M. Delcourt, *Périclès*. Paris 1939, S.65-69.

걸쳐서 생존하였다.[3] 서양에서 가장 위대한 교사로 존경을 받는
소크라테스(약 470-399 BC)도 그들과 동시대인이었다. 소크라테스
는 그가 자기 자신을 이해하는 것과 전혀 다르게 아테네 시민들
로부터 독특하지만 경이로운 선생으로 높이 인정받았다. 그래서
그는 당시의 시민들에게 여러 소피스트들 중의 하나로 인식될 수
밖에 없었을 것이다. 이에 관해서는 다음 장에서 자세히 다루겠다.
   소피스트들 가운데서 제일 유명한 소피스트는 프로타고라
스이다. 회의주의(Skeptizismus), 상대주의(Relativismus), 불가
지론(Agnostizismus), 감각주의(Sensualismus) 그리고 주관주의
(Subjektivismus)의 조상으로 철학의 역사에서 늘 언급되는 프로타
고라스는 다음과 같은 유명한 명제를 남겼다. 인간은 그것이 있
는 대로의 있음의, 그것이 있지 않은 대로의 있지 않음의, 모든
만물의 척도이다.[4] 흔히 "인간-척도-명제(Homo-mensura-Satz)"로
불리우는 이 문장은 인간은 누구든지 개개인에 있어서 모든 만물
의 척도, 최종적으로는 프로타고라스 자신이 만물의 척도라는 절
대적 상대주의의 표현으로 일반적으로 해석되고 있다. 그러나 철
학은 이 문장으로부터 주관주의, 존재론, 불가지론 그리고 정치철
학 등 여러 가지 논리들의 시초를 찾아내고 있다.[5] 프로타고라스
는 인간을 만물의 척도라고 주장하면서, 『테아이테토스』에서 보
면, 이어서 "그럼에도 불구하고 한 사람은 다른 사람보다 무한히
더 나으며, 이는 한 사람에게 이것이 있고 나타나면, 다른 사람에
겐 어떤 다른 것이 또 있고 나타나기 때문이다."[6]라고 강조함으

---

3) H. I. Marrou, 109면.
4) Platon, *Protagoras*, 80b. *Theaitetos*, 166d 참조.
5) A. Graeser, *Die Philosophie der Antike* 2. Sophistik und Sokratik, Plato und
   Aristoteles. München 1983, S.20-32.

로써, 척도로서의 인간을 상대화하고 있다.

고르기아스는 "있지 않음에 관하여" 라는 글에서 다음과 같은 극단의 회의주의적 입장을 취하고 있다. 없음은 존재한다(Nichts existiert), 무엇이 존재한다고 해도 그것은 인식 불가능하다, 그것이 인식 가능하다고 해도 그것은 전달 불가능하다.[7] 그래서 사람들은 그를 주로 허무주의의 실험자로 보고 있다.

우리 교육학도들에게 있어서 중요한 것은 소피스트들의 가르침의 기묘한 문장이나 전개 형식이나 내용이 아니라, 그들의 그러한 가르침의 동기이다. 그들은 왜 그렇게 가르치지 않고는 못 견뎠는가? 프로타고라스는 그의 가르침을 이렇게 정의하였다. "인간들을 교육한다."[8] 이 단순하고 명료한 문장에는 교육의 본질과 목적이 함축되어 있다. 교육은 인간의 성장발달을, 자아계발을, 안에 감춰져 있는 잠재능력의 개발을 꾀하고 있다. 이를 통하여 인간은 보다 더 능력 있는 인간으로 형성되며 사회에서 부와 명예를 쟁취할 수 있다. 교육은 교육받는 개인과 직접적으로 연결되어 있는 이와 같은 실용성 때문에 무한한 가치가 있다. 그리고 인간만이 교육의 대상이요 목적이다. 국가를 위하여 교육받는 것이 아니라, 자기 자신을 위하여 교육받는 것이다. 이러한 의미가 이 문장엔 이미 담겨있다.

소피스트들은 그리스의 여러 곳으로부터 아테네로 몰려와서 갖가지 생각들과 이론들을 펴냈으나, 본래적인 의미에서 그들은 사상가나 진리의 구도자는 아니었다. 소피스트들은 직업적인 교육자였다. 그들은 제도화된 학교를 세우지는 않았다. 그러나 그들

---

6) Platon, *Theaitetos*, 166d.

7) A. Graeser, a.a.O., S.33f: nicht mitteilbar.

8) Platon, Protagoras, 317b: paideuein anthropous.

은 젊은이들을 주변에 모으고 대체로 3년에서 4년 간의 교육으로 완전한 교육을 인정받을 수 있는 교육과정을 제시하였으며, 그러한 교육을 개별적이 아닌 집단적으로 베풀었다. 그리고 이와 같은 교육의 전체적인 과정을 교육받는 데 대한 일종의 등록금을 총액으로 계산하여 한꺼번에 받았다. 유명한 프로타고라스는 3년 동안 논쟁술(Eristik)을 완벽하게 가르쳐 주기로 하고 학생 1인당 약 10,000드라크마를 받았다고 한다.9) 오늘날의 금액으로 환산하여 약 7억 원에 해당하는 이 엄청난 액수는 그대로 당대에 교육비의 규범으로 작용하였다. 사람들은 그들의 자녀가 논쟁술의 대가가 되어 아테네의 정치적 아레나에서 두각을 나타내어 통치자의 대열에 들어가게 되기를 기대하면서 이 엄청난 교육비를 지불하면서 자녀들을 프로타고라스의 학교에 보냈다. 그러나 액수는 급속하게 하락하기 시작하였다. 약 100년 후에 이소크라테스는 겨우 1,000드라크마를 교육의 대가로 요구하면서, 이기적인 다른 저질의 경쟁자들이 300 또는 400드라크마만을 받고 있다고 불평하였다.10)

프로타고라스의 변증법적(dialektisch) 교육이해, 고르기아스의 형식적·수사학적(formal-rhetorisch) 교육이해 그리고 히피아스의 백과사전적(enzyklopädisch) 교육이해는 서양의 교육개념의 원천들이다.11) 프로타고라스는 논쟁술의 대가였다. 디오게네스에 의하

---

9) H. I. Marrou, 111면. 한 드라크마는 당시의 화폐 가치로 숙련된 노동자의 하루 품삯이었다(신약성경 누가복음 15장 8절 참조). 이를 오늘날의 화폐 가치로 환산하면, 숙련된 건축노동자의 하루 품삯을 70,000원이라고 본다면, 1만 드라크마는 7억원이 된다.

10) 같은 책, 같은 면.

11) E. Lichtenstein, Der Ursprung der Pädagogik im griechischen Denken. Hannover 1970, S.52.

면, 프로타고라스가 소크라테스적 대화 형식을 창안했다고 한다.[12] 소크라테스의 질문법은 그가 만들어 낸 그 자신의 독창적 대화술이 아니라, 방법적으로 프로타고라스를 비롯하여 여러 소피스트들로부터 빌려 온 것이라는 것이다. 프로타고라스는 결정적인 논거를 찾아내는 방법과 논쟁적 대화의 내용에서 찬성과 반대의 입장을 정리해 내는 방법을 학생들에게 훈련시켰다. 그는 토론의 기술을 숙련시켰다. 이러한 교육의 목적은 그에 의하면, 인간의 정신을 변증법적으로 단련시켜 가동성(可動性, Beweglichkeit)을 최대화하는 것이었다. 이러한 교육을 통하여 호머시대의 신체적 단련을 통한 투기적(鬪技的, agonistisch) 교육동기는 고대 그리스의 찬란한 교육정신인 변증법적 교육개념에서 드러나는, 현대적 표현으로 두뇌 체조라고 직역할 수 있는 지적 운동(intellektuelle Gymnastik)의 형식으로 전환되었다.

소피스트들의 공헌들 가운데서 교육의 철학과 역사에서 길이 남을 가장 큰 공헌은 아마도 엔키클리오스 파이데이아 (enkyklios paideia)의 사상일 것이다. 이 사상은 근본적이고 일반적인 정신 도야를 교육의 과제로 보는 것으로서 우리는 이를, 인간이 일정한 국가 안에서 시민으로 성공적으로 살아갈 수 있는 능력과 가치를 부여하는 교육이라는 의미에서, 고대의 일반 교양 교육이라고 말할 수 있다.[13] 이에 관하여 자세히 살펴보기 위하여 우리는 먼저 파이데이아가 고대 그리스의 언어 세계에서 담고 있었던 일반적 개념을 정리해 보아야 할 것이다.

---

12) 같은책, 53면.
13) 오인탁, "교양 교육의 역사와 정신". 대학교육, 22(1986, 7), 13-17면 참조.

2. 파이데이아의 개념

파이데이아(paideia)의 어원은 어린이를 뜻하는 그리스어 파이스(pais)이다. 파이데우오(paideuo)라고 하면 상태를 표시하는 접미어인 에우오와 연결되어서 글자 그대로 "어린이와 함께 있다" 라는 의미가 된다. '어른이 어린이와 함께 있는 상태'가 곧 교육이라는 말의 어원인 파이데이아에 담겨 있는 교육의 의미이다. 따라서 어린이의 탄생 자체가 파이데이아의 현상이요 교육이다. 어린이의 탄생은 다만 어린이의 탄생 뿐 아니라, 동시에 어머니의 탄생이다. 여성은 아이를 낳음으로써 어머니가 된다. 그러므로 어머니와 어린이의 동시적인 탄생은 교육의 현상이다. 이러한 본래적인 의미로부터 훈련하다, 교육하다, 도야하다, 수업하다, 길들이다와 같은 의미가 나왔다. 이 동사로부터 paideia라는 명사가 이미 주전 6세기에 훈련, 교육 또는 도야라는 의미로 등장하고 있으며, 여기에 교육의 과정과 발달이라는 의미가 더해졌다. 그리하여 주전 5세기 경부터 소피스트들에 의하여 그들의 주업으로 파이데이아가 널리 알려지게 되었다. 후에 이 말은 성인 교육 뿐만 아니라 일반적으로 모든 학문적 도야를 의미하는 말로 사용되었다. 어린이의 인도자, 훈련 교사, 교사 등의 의미로 사용된 파이다고고스(paidagogos)와 단지 교사라는 의미인 파이데우테스(paideutaes)같은 말들도 파이데우오라는 동사로부터 나온 명사들이다.

호머가 살았던 시대에는 아직 파이데우오라는 말이 나타나지 않았었다.[14] 비록 그 시절에 교육과 교육의 이념이 표상과 모방

---

14) *Theologisches Begrifflexikon zum Neuen Testament.* Hrsg. von L. Coenen / E. Beyreuther / H. Bietenhard, Band 1, Wuppertal 1977, S.292.

을 통하여 다음의 세대를 윤리와 풍속과 법률의 전통 안으로 인
도하여 들이는 모든 활동으로 이해되고 있었으나, 호머는 언제나
경기 또는 투기를 통하여 상대방을 이기는 그리하여 월계관을 쓰
는 신체적 도야를 교육으로 이해하고 있었다. 그래서 그는 신체
와 정신을 최고의 차원까지 고양시킨 자, 경기와 투기에서 상대
방을 이긴 자가 최선자요, 최선자가 곧 영웅이요, 영웅이 곧 왕과
귀족으로 나라를 다스리는 고대 사회를 묘사하였으며, 이러한 고
대 사회에서 영웅의 교육을 통하여 국가 공동체를 보존하는 일을
교육의 목적으로 삼았다.

스파르타와 아테네는 이러한 영웅과 무사의 교육이 드높여지
던 고대 그리스에서 서로 전혀 다른 교육의 이해와 형식을 발전
시킨 대립적인 두 기둥이었다. 스파르타는 시민 전체를 호머적
도야와 훈련의 과정 안에 집어넣었다. 그래서 학생들이 경기와
투기에서 승리하여 월계관을 받는 것이 최고의 성취가 되도록 하
였다. 이에 비하여 아테네는 시민 개개인을 경기와 투기를 통하
여 자극하되, 신체적으로 뿐만이 아니라 정신적으로도 경쟁하도
록 자극함으로써, 미와 선의 교육이념이 성숙한 신체와 인격을
갖춘 시민의 양성으로 나타나도록 하여 국가에 봉사하는 교육으
로 발전시켰다.

소피스트들은 이러한 아테네의 교육목적을 최적으로 수행하는
교사의 모습으로 등장하였다. 소피스트들의 교육목적은 대단히
포괄적인 성격의 것이었다. 그들은 인간 전체를 도야하려 하였다.
그들이 연설과 논쟁의 기술을 가르치는 것은 이러한 목적을 실현
하기 위한 교육활동이었다. 수사가로 손꼽히는 프로타고라스, 프
로디코스, 고르기아스 같은 소피스트들도 연설과 논쟁의 능력과
기술을 연마하고, 좋은 문장을 만드는 것 같은 수사학적 예술의

수단을 연마하며, 이를 위하여 교재를 만들어 사용하기도 하였다.[15] 소피스트들은 논쟁의 논리를 종합하여 정리하였다. 그들은 이런 방법을 변증법이라고 하였다. 이 말은 두 사람이 어떤 주제나 문제를 가지고 대화하고 논의한다는 말인 dialegesthai에서 왔으며, 이 말에는 이러한 대화의 의미와 기능과 연습이 강조되어 있다. 변증법은 '다투다'라는 그리스어 erizein에서 온 논쟁술 (Eristik)을 통하여 대단히 중요한 대화술로 부각되었다. 그리스에서 수업의 중요한 형식은 대화, 다시 말하면, 질문의 형식이었다. 이 형식은 철학과 수학의 어려운 문제들을 다룰 때 특히 타당한 형식으로 강조되었다. 변증법의 교육적 의미는 저자만이 알 수 있는 추상적 개념들이 학생들의 적절하고 재치있는 질문과 대답을 통하여 투시적이 되고, 저절로 바른 대답과 이해에 도달하게 되는 데에 근거하고 있다. 그래서 플라톤을 비롯하여 그리스의 거의 모든 교육적 글들은 대화의 형식으로 쓰여졌다. 이러한 글들을 읽는 학생들은 변증법의 연습을 자연스럽게 배우게 것이다.

소피스트들은 모든 교육내용의 동가치성과 모든 인간들의 교육능력을 강조한 최초의 직업적인 교사들이었다. 그래서 그들은 값을 치룬 모든 사람들에게 교육의 기회를 제공하였다. 소피스트들은 진리로 여겨지는 것, 실용적인 것을 추구하였던 회의적 계몽가들이었다. 그래서 그들의 교육원리를 형식 원리(Formalprinzip)라고 한다. 이에 대하여 소크라테스는 인간에게 본래 주어져 있는 것을 강조하고 가르쳤다. 그래서 소크라테스의 교육 원리를 내용 원리(Sachprinzip)라고 한다.

---

15) Werner Eisenhut, *Einführung in die antike Rhetorik und ihre Geschichte*. Darmstadt 1990, S.16.

소크라테스는 내용 원리로 소피스트들의 형식 원리에 대결하
였다. 소크라테스는 "인간이란 존재가 무엇이며 인간은 어떻게
존재하여야 하는가?"를 테마로 삼았다. 이에 대하여 소피스트들
은 "인간에게 교육이 도대체 어떻게 가능하며 교육에서 무엇이
문제인가?"를 테마로 삼았다. 소크라테스의 내용 원리의 교수방
법에 있어서는 소피스트가 사용한 방법과 동일하였다. 그러나 이
는 모든 개개인들이 진리를 인식하고자 하는 노력을 통해서 보게
된다고 하는 선(善, agathon)의 원리였다. 여기서 교수의 방법적
원리는 '무지(無知, Nichtwissen)의 지(知)'였으며, 교수방법은 인간
을 지혜에로의 길로, 그래서 바른 행위에로 인도할 수 있다고 여
겨진, 영혼을 인도하고 정신을 각성시키는 대화였다.16)

플라톤에게 있어서 교육은 현재적 불의의 극복을 통하여 정의
의 국가를 건설할 수 있는 유일한 가능성이었다. 그의 교육과정
에서 교육의 기본은 음악 교육과 체육 교육이다. 또한 어린이는
부모의 소유이기 이전에 국가의 소유이므로 교육의 의무가 강조
되었다.17) 그리고 국가를 다스릴 엘리트는 인간이 이 지상에 오
기 이전에 관할하였던 실재의 원래의 행상인인 이데아들에 대한
이미 있는 회상을 깨우쳐서,18) 철학적 사유에로 점차 인도해 들
여진 사람이다.19)

아리스토텔레스는 교육의 목적을 심미적이요 윤리적으로 도야된

---

16) 이에 대하여선 4장 '교육철학의 탄생: 소크라테스'를 참조할 것.
17) Platon, *Nomon*, 804d. K. Schöpsdau의 번역에 의하면, 본문은 이렇다. "가
능한 한 '모든 남자와 모든 소년은', 그들이 그들의 양육자들에게 보다
는 오히려 국가에 속하여 있으므로, 강제적으로 교육을 받지 않으면 안
된다". Platon, *Gesetze* Buch VII-XII, Darmstadt 1977, S.51.
18) Platon, *Menon*, 81c 이하.
19) Platon, *Politeia*, 521c-534. 이에 대하여선 플라톤의 장을 참조할 것.

시민의 양성에 두었다. 그래서 그는 자신의 고유한 삶과 공동 사
회의 생활을 함께 발전시켜갈 수 있는 절도 있는 인간을 양성하기
위하여 경고하는 일(mahnung)과 습관을 들이는 일(gewähnung)을
강조하였다. 아리스토텔레스는, 플라톤에게 있어서 엘리트의 교육
에 학문들이 중요하게 다루어졌던 것과는 대조적으로, 학문을 교
육의 영역에 속한 것이 아니라고 보았다.

　전체적으로 파이데이아는 고대 그리스의 언어 세계에서 언제
나 인간을 목적하고 있는 말로 쓰여졌다. 교육의 생각들이 나타
나고 주장되는 곳에서는 언제나 인간이 이성적인 존재이기 때문
에 원칙적으로 교육받을 수 있는 존재로 파이데이아의 중심을 차
지하고 있다. 교육의 목적은 자기 자신의 특수한 능력(aretae)을
사려 깊게 지배하는 완전한 인간의 양성이었다. 플라톤의 "국가
론"을 제외하고는 고대 그리스의 세계에서 완벽을 지향하는 이상
주의적 교육의 원리는 주장되지 않았다. 교육의 이해에는 운명,
신성, 우연 그리고 개인의 자유 같은 생각들이 함께 들어 있었다.

3. 엔키클리오스 파이데이아

　소피스트들이 이룩한 최대의 교육학적 성취와 공헌은 이미 위
에서 언급한 바와 같이 서양의 교육제도의 형성과 발전에 있어서
일반적이고 정신적인 기초 교육사상을 정립한 일과 일정한 교육
내용을 교육과정으로 재구성하여 제시한 일, 그리고 교육형식을
교육제도로 발전시킨 일 등이다. 그 중에서 교육과정의 구성과
제시, 교육제도의 발전 등은 '일반적이고 정신적인 기초 교육사
상'이 무르익음에 따라서 자연스럽게 정립된 것이다. 바로 이 일

반적이고 정신적인 기초 교육사상을 그리스인들은 '엔키클리오스 파이데이아(enkyklios paideia)'라고 하였다. 로마인들은 고대 그리스의 이러한 교육사상과 형식을 받아들여서 7자유 교과(Septem artes liberales)로 조직하고 발전시켰다. 이러한 7이라는 수로 조직된 자유 교과들은 그 후에 18세기에 이르기까지 서양에서 교육과정의 기본 구조이며 기본 사상으로 머물러 왔다.20)

소피스트들은 문법(grammatik), 수사학(rhetorik) 그리고 변증법(dialektik)을 창조하였다. 그들 이전의 그리스 세계에는 이러한 개념들이 없었다. 문법과 수사학과 변증법은 학교가 아직 없었던 시절에 학교에서 배워야 하는 일종의 기술(technik)로 생각되었다. 이 기술은 학예(學藝)로서 새로운 정신 훈련의 기술들이요 새로운 학문들이었다. 학예는 수업과 도야의 내용으로, 배우고 익혀서 획득할 수 있는 정신 능력이요 실천 능력으로 여겨졌다.

학예로서의 문법, 수사학, 변증법의 창조는 소피스트들의 언어 이해와 연관되어있다. 그들은 언어의 발견자들이다. 그들은 인간에게 있어서 말함(langue, parole)의 현상이 갖고 있는 의미를 발견하였다. 그들은 이 말함을 자아의 묘사와 자아 주장의 도구로하여 지배와 권력의 수단이요 예술적 성취로 파악하였다. 그들은 인간의 영혼은 끊임없이 부유해지며, 변화하고 있다고 보았다. 끊임없이 흐르며 변하고 있는 두 영혼이 서로 대화하고 이해하며 이해시킬 수 있는 가능성을 그들은 언어에서 찾았다. 언어는, 그 자체가 불변적이기 때문에, 끊임없이 변하는 영혼의 상태를 붙잡아서 불변적 의미로 고정시켜 이를 상대방에게 전달하는 힘을 갖

20) 오인탁, 앞의 글 참조. J. Dolch, *Lehrplan des Abendlandes*. Ratingen 1959; H. T. Johann(Hrsg.), *Erziehung und Bildung in der heidnischen und christlichen Antike*. Darmstadt 1976, S.3-41.

고 있다고 여겼다.

문법은 말의 구조와 구성에 관한 지식이다. 마치 무기를 제조하는 방법을 알아야 무기를 만들 수 있듯이, 문법을 알아야 말을 제대로 만들어서 사용할 수 있다. 문법은 말의 제조법이다. 수사학은 영혼의 상태를 정확히 붙잡아서 묘사하는 기술이다. 이는 만들어 놓은 무기를 사용하는 방법과도 같다. 인간은 수사학으로 자신의 영혼을 잘 묘사하여 상대방에게 전달한다. 그리고 변증법은 실제로 둘 이상의 영혼들이 말을 주고받으면서 상대방을 이해하고 이해시키며 자신의 견해를 관철하거나 합의를 찾아가는 방법이다. 고대 그리스의 변증법을 대화술이라고 칭하는 이유가 바로 여기에 있다. 이는 마치 실전에 임하여 무기를 다루는 방법에 해당한다고 하겠다. 변증법은 말의 실전법이다.

소피스트가 창안한 문법과 수사학과 변증법은 다른 어떤 학문이기 이전에 인간 개개인의 영혼과 정신을 도야하는 그리하여 완전한 인격인으로 형성시키는 제조법, 사용법, 실전법이라는 기술들로 이해되었다. 이 과목들은 후에 3형식 과목(trivium)으로 정리되었다. 여기서 우리는 소피스트들이 호머시대의 폴리스 중심의 인간 이해와 신체적 아레테를 추구하였던 교육이해를 인간 중심의 그리고 정신적 차원의 교육으로 승화시켰음을 알 수 있다.

수사학은 언어의 수단으로 인간과 세계를 임의적인 목표에로 성공적으로 이끌어갈 수 있는 능력으로서, 새로운 실천적 예술론으로 높이 평가되었다. 여기서 필자가 기술 또는 예술로 혼용하여 번역하고 있는 테크네(techne)라는 말의 개념을 설명하고 넘어갈 필요가 있다. 테크네는 그리스어에는 기술(technik)과 예술(kunst)이라는 의미가 함께 들어있다. 그래서 테크네에서 기술

과 예술이라는 말이 유래하였다. 테크네는 원래는 수공업적 기
술의 영역에 속했던 말이다. 물질과 재료를 가공하고 계획을 실
천으로 옮기며, 원자재를 기술의 지식으로 정련하는 작업 지식
(werkwissen)의 개념이었다. 이 말을 소피스트들이 처음으로 인간
의 사회 문화적 현존의 현상에 속하는 근본적인 정신적 성취와
성취의 복잡한 구조에 응용하였다.21) 그리하여 사회적이고 정치
적인 실천의 도구로서, 언어 행위와 사유의 성취 구조들에 대한
관심으로부터 일반적인 인간의 성취 구조의 양성과 완성에 관련
된 예술론 내지는 기술의 연습이라는 개념이 나타났다. 이 개념
이 말의 예술론이다.22) 라우스베르크는 고대 그리스적 개념과 연
결시켜서 techne를 경험으로 획득한 그러나 추후적으로 논리적으
로 고찰한 법칙들의 체계라고 정의하였다.23)

소피스트들은 고대의 정신 생활을 지배하며, 근세의 김나지움
에서와 같이 정신의 도야를 목적하는 과목들과 학교의 탄생과
발전에 기초가 되는 도야의 과학들의 형태(typus)를 예술(ars)이
라고 묘사하였다. 그리하여 여러 도야의 예술들이 탄생하였다.
당시의 풍부하고 의미있는 교육학적 발견들이 이러한 발전의 기
초를 닦았다. 원래에는 이성과 사물과 언어의 객관적 일원성인
로고스가 소피스트들에 의하여 개인적으로 사용 가능한 간주관
적(intersubjektiv) 질서의 매체가 됨으로써, 로고스는 말(wort)과
개념(begriff)과 수(zahl)로서 로고스의 상이한 형식들과 법칙들에
대한 성찰의 대상이 되었다. 그래서 언어의 현상으로부터 언어적

---

21) E. Lichtenstein, 앞의 책, 56면 이하.
22) 같은 책, 57면: "logikai technai, Kunstlehre des Logos".
23) H. Lausberg, *Handbuch der literarischen Rhetorik*, Band 1, 1960, S.26.
   Lichtenstein의 책, 57면에서 재인용.

가능성들의 총괄 개념으로서의 언어, 그리고 고유하고 특수한
노력과 도야가 가능하고 필요한 고유 세계로서의 언어라는 새로
운 이해가 형성되었다. 언어는 연설이나 논증과 더불어 논리적
으로 그리고 심리적으로 정신 구조의 합법칙성을 밝혀주는 도구
이기 때문에, 일정한 내용에 의하여 좌우되지 않으며, 기능적으
로(funktional) 연습하고 형식적으로(formal) 양성하며 완전하게 할
수 있는 것으로 파악되었다. 이렇게 하여 소피스트들은 형식적
정신 도야의 사상을 발견했다. 그래서 예거는 소피스트들을 "정
신 도야와 정신 도야를 위한 교육 예술의 창조자들"이라고 평가
하였다.24) 이러한 소피스트들의 교육학적 업적은 인간 정신의 가
장 위대한 발견들 가운데 하나이다.25) 그들은 언어와 연설과 사
유의 세 활동 영역들 안에 감추어져 있는 인간 정신의 고유한 구
조 법칙들을 처음으로 의식하였고 해석하였다.

  "엔키클리오스 파이데이아"라는 말은 주전 4세기 말경의 문헌
에서 가끔 나타난다. 그러나 아리스토텔레스에게서는 이 말이 나
타나지 않고 있다. 이 말은 고대 그리스의 세계에서 결코 전문적
인 개념 언어는 아니었다. 그러나 역사와 더불어 개념화되어갔다.
이 말은 성인이 받아야 할 근본적이고 보편적인 교육을 의미하였
다. 엔키클리오스(enkyklios)는 그리스어에서 '둥근원 모양의' 또는
'일반적인'이라는 의미를 가진 말이다. 그러나 이 말의 의미를 지
나치게 글자에 충실하게 수용해선 안될 것이다. 둥근 원모양의
운동이나 움직임은 순환이요, 그러한 교육은 다면적이다. 그러나
이 시대에는 아직 헤르바르트적 다면성(多面性, allseitigkeit)의 개

---

24) W. Jaeger, *Paideia*. Band 1, Berlin 1934, S.372.
25) 같은 책, 398면.

넘이 없었다.26) 또 일반적인 것은 습관적인 것이요 일상적인 것
이다. 일반적 교육이라고 할 때에 우리는 일상적 교육이나 기초
적 교육을 연상한다. 그러나 엔키클리오스 파이데이아는 결코 일
상적 교육이 아니었으며 기초적인 초등 교육을 넘어서는 높은 수
준의 교육이었다.27) 마로우는 엔키클리오스 파이데이아가 결코
인간의 지식 전체를 포괄하는 교육으로 주장된 적은 없다고 지적
하였다. 그는 그리스어의 enkyklios가 의미하는 바에 따라서, "보
통의, 항간에 행하여지는, 모두가 함께 받는 교육"을 의미한다고
하면서, "일반 교육(allgemeine Bildung)"이라는 번역어를 제시하
였다.28) 그는 여기서 철학 또는 높은 공부를 하기 위한 준비
교육으로서의 예비 교육(propaideumata, Propädeutik)을 의미하는
것은 아니라고 분명히 말하였다. 그는 이 말을 철학뿐만 아니라
여러 다른 학예들, 예를 들면, 의학, 건축술, 법학, 전쟁술 같은
학예들도 포함한 개념으로 이해하고 있다.

콜러(Koller)는 엔키클리오스 파이데이아를 "윤무(輪舞, kyklios
choros)의 원 안에서 받는 교육"으로, 다시 말하면, 자유로운 공간
에서 이루어진 고대 그리스의 음악 교육으로 이해하였다.29) 이러
한 콜러의 원초적 파악은 소피스트들이 후에 윤무의 원 안에서
받는 교육이라는 본래의 모습에다 인간을 국가 시민으로서의 사
회 생활인으로 도야하는 지적 도야의 교육이란 의미로 수용하였

---

26) 이근엽, 헤르바르트의 교육학에 관한 현상학적 변증법적 고찰. 을지사
　　1986(교육의 역사와 철학 모노그라피 1) 참조.
27) R. Meister, "Die Entstehung der höheren Allgemeinbildung in der Antike".
　　H.-T. Johann (Hrsg.), 앞의 책, 22-30면.
28) H. I. Marrou, 앞의 책, 336면.
29) H. Koller, "ΕΓΚΥΚΛΙΟΣ ΠΑΙΔΕΙΑ", <H.-T. Johann (Hrsg.),
　　앞의 책, 20면.

을 가능성을 설득력 있게 보여주고 있다. 따라서 우리는 엔키클리오스 파이데이아를 그리스인에게 있어서의 일반 교육으로 수용하되, 수공업적인 직업 교육이나 낮은 기초 교육 또는 예비 교육의 의미로서가 아니라, 수준이 높은 그리고 판단 능력이 탁월한 자유 시민을 양성하는 지적 정신 도야의 형식을 의미한다고 볼수 있다. 이러한 의미에서 필자는 다른 글에서 이 말을 "일반 교양 교육"이라고 번역하였다.30)

키케로는 주전 55년에 법학(Jurisprudenz)을 학예(techne)의 하나로 삼을 것을 주장하였다.31) 키케로는 여기서 학예로 음악(mousike), 기하(geometria), 천문학(astrologia), 문법(grammatike), 수사학(rhetorike)을 들었다. 그리고 철학으로부터 제시되는 또 하나의 학예로서 변증법(dialektike)을 들었다. 그는 산수(arithmetike)를 기하에 포함시켰다. 그는 기하, 산수, 천문학을 수학적 교과들(mathematikoi)로 보고, 이 수학적 교과들과 음악과 문법을 묶어서 자유 교과들(artes liberales)이라고 하였다.32) 여기서 그는 철학을 모든 학예의 어머니로 보고 다른 학예들로부터 구별하고 있다. 이러한 키케로의 생각은 엘리스의 히피아스로부터 얻은 것이다. 히피아스는 올림피아에서 자신의 박학함을 스스로 자랑하면서 수학적 교과들을 대표하는 기하, 그리고 음악과 문법을 자유 교과들(eleutherioi technai)로, 자연학(phusikon, 물리학과 형이상학)과 윤리학(ethikon, 윤리학과 정치학)을 철학의 영역들(die μετη der

30) 오인탁, 교양 교육의 역사와 정신. 17면.
31) M. Tullius Cicero, De oratore, I 185-191. H. J. Mette, "ΕΓΚΥΚΛΙΟΣ ΠΑΙΔΕΙΑ", <H.-T. Johann (Hrsg.), 앞의 책, 31면에서 재인용.
32) H. J. Mette, 같은 글, 31면 이하.

philosophia)로 보았다.[33] 우리는 히피아스와 키케로의 이러한 견해와 분류에서 소피스트들에 의하여 제시된 일반 교양 교육의 교과들이 한 고대 로마의 석학에 의하여 수용되어 다시 정리되고 있음을 본다.

서기 524년에 교수형을 당한 위대한 아리스토텔레스 연구가요 고대와 중세의 매개자인 보에티우스(Boethius)가 기하, 산수, 천문학 그리고 음악의 4수학적 교과들을 묶어서 4내용 과목들로 번역할 수 있는 quadrivium이라는 전문 용어를 만들었다.[34] 그리고 9세기 경에 문법, 수사학, 변증법을 묶어서 3형식 과목들로 번역할 수 있는 trivium이라는 전문 용어가 생겼다. 보에티우스 보다 조금 늦게 카시오도로스(Cassiodorus)는 트리비움이라는 전문 용어가 없이, 문법, 수사학, 변증법, 산수, 음악, 기하, 천문학으로 엔키클리오스 파이데이아를 배열하였다.[35] 그리고 이를 기독교 신학(Divinae artes)을 연학하기 위한 예비 교육의 과목들로 제시하였다.

12세기를 서양의 정신사에서 '위대한 세기'라고 부른다. 12세기에 대학이 탄생하였으며, 신학과 철학을 비롯하여 중세의 학문과 예술이 활짝 꽃피어났기 때문이다. 이 시기에 신학, 법학, 의학의 전통적 세 학부들은 대학에서 학문을 연구하고 교수하는 일이 고대 그리스로부터 전승되어져 내려온 전통적 자유 교과들과 기독교의 도야재들이 종합되어 구성된 보편적 과학들(studium generale)의 기초 위에서 이루어지도록 하였다. 그래서 연학의 과정을 자유 교양학부(facultatis artium 또는 liberalium)와 전공 학부로 나누

---

33) 같은 글, 32-34면. 히피아스는 역사도 교육내용으로 포함시켰다.
34) 같은 글, 40면.
35) Cassiodorus, *De artibus ac disciplinis liberalium litterarum.* Ed. by R. A. B. Mynors, Oxford 1937.

었다. 전공을 위한 자유 교양 학부에서의 연학은 일종의 예비 교육에 해당하는 하부 구조였다. 여기서 문법, 수사학, 변증법의 트리비움을 이수하면 바칼로레아(Baccalaureus)의 학위를 수여하였다. 이 학위를 취득한 후에 계속하여 논리학(logikon), 자연학(phusikon, 물리학과 형이상학) 그리고 윤리학(ethikon meros)으로 구성된 철학을 공부하고 크봐드리비움에 속하는 천문학과 기하학을 전공하면 자유 교과를 가르칠 수 있는 자격을 가진 교사를 의미하는 교과 교사(Magister artium)의 학위를 수여하였다.36)

이렇게 하여 소피스트들이 둥근 원 모양으로 그린, 온전한 도야의 정신은 수준 높은 일반 교양 교육의 교과들로 형상화되었다. 그리하여 교양 교육의 교과들은 모든 지식을 다 담아낸 학문들로 인식되었으며, 중세적 백과 사전 교육의 모습으로 완성되었다. 소피스트들의 일반 교양 교육의 정신은 그리스 문화(Hellenism)와 중세 기독교의 교육이념으로 성숙되고 정경(正經, Canon)화된 교과목들로 정리되었다. 신학과 법학과 의학의 예비 교육과정이었던 교양학부는 대학 발전의 과정에서 철학대학으로 발전함으로써 대학의 중심 학부가 되었다. 다른 한편으로 자유 교과목들은 서구의 학제의 발전과 더불어 중등 교육 기관의, 특히 김나지움의 중요한 교육 정신인 정신적 도야의 이념과 교육내용인 교과들로 정

---

36) 이러한 중세 중기의 대학 교육의 모델은 대학의 발전과정에서 학문의 분화를 억제하는 작용을 하기도 하였다. 그러나 대학에서의 전공 영역이 지나치게 세분화되자, 독일에서는 제2차 세계대전 이후에 대학의 전공특수적 연학의 물결을 studium generale의 정신을 통하여 보완하려는 시도가 일어났다. 그리하여 전공 포괄적이고 학부들 간을 횡적으로 묶어주는 강의들과 세미나들이 설강되었다. 그러나 대학에서의 연학이 전공 특수적 - 전문 직업적으로 방향이 잡히고 실용적 의도에 따라 구성되면서 과학들의 내적 관련성과 일원성은 점점 더 상실되어갔다.

착되었다.

엔키클리오스 파이데이아는 지식들과 과학들의 일원성 및 내적 통일성과 개체 과학들의 일정하고 고유한 자아 묘사의 방법을 강조하는 개념이다. 이 개념은 17세기에 코메니우스에 의하여 범지혜(Pansophie)와 범교육(Pampaedia)의 정신으로 재구성되었다.37) 그러나 enkyklios paideia가 Enzyklopädia로 정리되면서 모든 가지적(可知的)인 것은 모두 지식으로 정리되어야 하며, 이렇게 정리된 지식은 교과지식으로 선별되어 학습되어야 하고, 교육은 백과사전적 정경(正經)들의 수업으로 확인되어야 한다는 부정적인 이해도 낳았다. 이 개념의 교육학적 의미는 그러나 인간 개개인이 자아로서 교육의 과정 안에서 자기 자신의 고유한 세계를 형성하며, 이 세계 안에서 자아가 모든 지식과 학문의 중심점으로서의 자신의 위치를 향유하도록 함에 있다.38) 이를 교수 학습의 이론을 위한 명제로 표현하면 다음과 같다. 개인은 자신의 주체성을 인간 정신의 모든 표현들의 보편성 안에서 연마하여야 한다.

4. 소피스트 교육학의 혁명적 성격

소피스트들의 교육활동은 고대 그리스의 고대를 사로잡았던 호머적인 교육이해를 근본적으로 뒤엎는 결과를 초래하였다. 그들의 교육활동 중에서 획기적인 내용은 시민 개개인의 앎의 권리

---

37) 오인탁, "코메니우스의 범교육이론", **신학사상**, 29(1980 여름), 312-350면; 오춘희, "요한 아모스 코메니우스에 관한 전기적 연구". 박사학위논문, 연세대학교 대학원, 1997 참조.
38) J. Henningsen, "Enzyklopädie". *Archiv für Begriffsgeschichte*, 10(1966).

를 위하여 교육권을 국가(폴리스)로부터 찬탈한(usurpieren) 것이
다. 그리하여 교육은 아는 자가 소유한 지식과 인식의 기본 원리
들에 따라서 그리고 자신의 임의적인 목표 설정과 합리적인 계획
에 따라서 자유롭게 모색하고 형성하는 그 자신의 작품으로 이해
되었다. 교육은 스스로 선택하고 이루어낸 일(epangelma, 약속, 약
속의 선물)이, 즉 직업이 되었다. 이러한 교육행위에 대한 이해와
태도의 전환은 다음과 같은 혁명적인 의미를 담고 있었다. 교육
은 이제 더 이상 사회와 국가의 보수적 기능이나 객관 정신의 원
초적 기능이 아니다. 교육은 이제 주관(Subjekt)이 설계하고 심리
학적 이해와 경험과 합리적 방법을 사용하여 의식적으로 인간에
게서 실현하려고 노력하는 어떤 일정한 목적을 위하여 사용할 수
있는 기능으로 이해되었다.39) 이러한 교육이해의 변질에 따라서
문화의 전개 과정도 이제는 조종 가능한 것으로 파악되었으며,
교육은 문화의 전개 과정에 영향을 주는 본질적 도구가 되었다.

  소피스트들의 이와 같은 새로운 교육의식과 교육활동은 첫째,
교육을 예술의 형식으로 끌어올려서 독자적 문화 활동으로 수용
한 것, 둘째, 가르침을 지극히 용이하게 만들어서 교수 기능의 합
리화를 이룩함으로써 교육을 생활 세계로부터 포괄적으로 분리시
켰다. 다시 말하면 교육은 삶과 분리되어 직접적 삶의 활동 일원
으로가 아니라 간접적 삶의 활동으로, 삶을 준비하는 의식적이요
계획적 활동으로 변모되었다. 셋째, 이와 같은 수업과 수업 현상
에 대한 특수한 태도와 더불어 교육의 역사에 있어서 최초로 교
육의 경과를 과정(Prozess)으로 파악하게 되었으며, 교육의 성패
에 결정적으로 영향을 주는 교육과정의 전제들과 조건들에, 그리

---

39) E. Lichtenstein, 앞의 책, 61면.

고 교육에 함께 작용하는 요인들에 주목하게 되었다. 이러한 교육에 대한 철학적 반성을 통하여 소피스트들은 인간의 가소성(可塑性, Bildsamkeit)과 감화 가능성의 문제에 부딪혔으며, 이 문제를 개개인의 가능성들에 있어서 추구하였다. 그리하여 그들은 교육의 방법과 과정, 교도(敎導)의 문제를 이론화하기 시작하였다. 넷째로, 소피스트들은 교육에 관한 생각을 도구적인 방향으로 전개하였다. 전통적으로 교육은 객관적 과제와 집단적 권위의 시녀로 이해되어왔다. 소피스트들은 이러한 교육이해와는 정반대로 교육을 개인의 자아 실현을 위한 활동으로 이해하면서 교육에 대한 이해의 원칙적인 전환을 강조하였다. 이러한 소피스트들의 교육의식은 교육의 모든 영역들에서 교훈적 대화와 수업을 분리함으로써, "직업으로서의 교육을 일차적으로 수업의 자립화를 통하여" 모색하였다.40) 이러한 수업의 전문화를 통한 직업으로서의 교육이해의 확립은 오늘에 이르기까지 의미 있는 것으로 교육학에 수용되어 왔다.

교육의 역사에 있어서 사회와 국가 같은 객관적 정신과 권위로부터 인간 개개인의 주관적 정신과 생활에로의 교육의 대상과 관심의 전환은 오늘의 교육학을 탄생 가능하도록 만든 근본적인 혁명이었다. 헤르바르트와 노올(Nohl)은 교육이 주관적 삶에 근거하여 주체로서의 인간에 대한 해방적 태도(Emanzipatorische Einstellung)를 갖게된 시점을 로크와 루소의 근세적 교육학에서 본다.41) 그러나 위에서 살펴본 바와 같이, 이미 소피스트들의 교

---

40) A. Fischer, Erziehung als Beruf (1921). *Leben und Werk*, Band II, München 1950, S.41.

41) H. Nohl, *Die pädagogische Bewegung in Deutschland und ihre Theorie.* Frankfurt / M. 1949.

육에 대한 태도에서 역사적으로 전승되어 온 가치들에 대한 도전과 폴리스의 질서를 둘러싼 자명성의 위기, 사회적 조건들의 완화, 관습과 윤리의 불가침적 타당성에 대한 회의와 관습과 윤리의 합리적 해체, 개인의 인격과 성취 의지에 대한 새로운 눈뜸 그리고 민주 사회에서 개인적 생활의 욕구와 주장에 대한 긍정 등이 잘 나타나 있다. 그러므로 교육의 역사에서 객체로부터 주체에로의 교육정신의 전환은 소피스트들로부터 시작되고 있다고 봐야 할 것이다.

인간을 객체요 전체로서의 국가로부터 이해하지 않고, 국가와 상대적 존재로서의 주체요 개체로 이해하고 주체로서의 인간의 교육에 관심을 전환시킨 것은 당대에 정신적 상황의 근본적인 변화로 받아들여졌다. 이러한 변화는 법(nomos)과 자연(physis)의 구분에 의하여 가능해졌다. 법과 자연의 대립 명제는 소피스트 철학의 주대상이었다.42) 법은 윤리적 생활 질서의 개념이다. 법은 고대 그리스의 신화에 의하면 모든 유한자들과 무한자들의 왕인 핀다르(Pindar, 520-445)에 의하여 최고의 권위로 신성화되었다. 이에 대립적으로 고독한 철인 헤라클리트는 법을 공동 정신인 로고스의 유출로 보았다. 법의 불가침성과 절대 타당성은 헤카타이오스(Hekataios)와 헤로도트(Herodot)의 민속지적(ethnographisch) 연구를 통하여 그리고 다른 민족과 문화의 전혀 상이하고 대립적인 여러 법들과 생활 습관들과 윤리들을 알게 됨으로써 붕괴되었다. 풍속과 관습이 나라마다 상이하며, 민족들은 저마다 자기 민족의 풍속을 진리요 법으로 간주하고 있다. 그러므로 인종과 생활 형

---

42) F. Heinimann, *Nomos und Physis*. Herkunft und Bedeutung einer Antithese im griechischen Denken des 5. Jahrhunderts. Diss. phil., Basel 1945. physis는 자연, 자연적 속성, 자연질서 그리고 종류(Gattung)를 의미한다.

식에 따라서, 장소와 시기에 따라서 법은 상대적이며, 사회적 협정이요, 다수의 견해일 뿐이다. 따라서 자유로운 개인을 법이 구속할 수는 없으며 합리적 비판을 받아야 한다. 이러한 새로운 개념의 도입과 더불어 다만 전체와 다수에게 타당하였던 인간의 규정에 개인의 자연권(Recht der Natur)이 맞서게 되었다. 그래서 히피아스는 자연권을 주장하였다.[43] 그리고 칼리클레스(Kallikles)는 주인의 도덕을 선포하였다.[44] 협정법은 다만 약한 자를 구속할 뿐이다. 강자는 보다 높은 권리를 가진다. 강자는 그의 성격의 자연적 추동과 욕구에 따라서 방해받지 않고 자신을 발전시킬 자연의 권리를 향유하고 있다.

여기서 우리는 소피스트들에게 있었던 법과 권리에 대한 서로 대립적인 두 견해들을 볼 수 있다.[45] 한쪽의 견해에 의하면, 인간은 본래적으로 동등하다. 신분의 차이란 인위적인 것이며, 국가는 계약의 표현이다. 알키다마스(Alkidamas)는 그래서 노예의 폐지를 주장하기까지 하였다. 다른 한쪽의 견해에 따르면, 인간의 사회적 현존은 힘의 투쟁이며, 국가는 다른 쪽에 대한 한쪽의 지배의 표현이다. 법은 강자의 의지이며, 강자와 약자 간 그리고 승자와 패자 간의 차이이다. 이러한 소피스트들의 두 입장은 모두 플라톤과 아리스토텔레스와는 다르게 개인주의를 공통적인 특징으로 하고 있다. 소피스트들에 의하면, 국가와 사회는 최종적으로는 개개인 간의 의지의 창조물일 뿐이다. 심지어는 종교조차도 현명한 정치가의 발견물일 뿐이라고 크리티아스는 말하였다.[46]

---

43) Platon, *Protagoras*, 337c.
44) Platon, *Gorgias*, E. von Aster, *Geschichte der Philosophie*, Stuttgart 1963, S.57.
45) E. von Aster, 같은 책, 57면.
46) 같은 책, 같은 면.

자연이라는 그리스어 피지스(physis)는 원래는 우주의 본질을 이루고 있는 사물의 법칙을 일컬었던 말이다. 우주는 모든 존재물들이 한 본질 안에서 생성하고 형성되는 현상이라고 이해하였으며, 피지스는 이 현상을 의미하였다. 피지스는 자신의 근거를 스스로 갖고 있으며, 진리이며 모든 사물들의 내적 법칙이다. 이러한 고대 그리스의 자연의 개념은 주전 6세기까지만 해도 인간과 관련되어 이해되지 않았다. 자연은 다만 우주의 법칙을 칭할 뿐이었다. 그런데 의사들이 최초로 인간을 우주의 부분이요 모사(Abbild)로 인식하였으며, 자연을 통한 인간의 인과적인 결정성(Kausale Bestimmtheit)을 묻기 시작하였다. 그래서 의사들은 인간의 생명을 구성하고 있는 본질이요 생명을 유지하게 하는 특성인 체질(Konstitution)을 자연의 개념 아래서 발견하였다. 따라서 인간은 자연의 상태에 있어서 무의식적으로 합목적적으로 행위하는 존재로, 그들의 말로, 아우토디닥토스(autodidaktos)로 파악되었다. 그리하여 피지스는 합규범적인 상태를 표현하는 말이 되었다. 병든 또는 일탈한 인간에 대하여 인간의 자연적 건강을 말하게 되었으며, 모든 도야하는 힘들의 조화를 강조하게 되었다. 피지스는 규범의 개념이 되었다.

히포크라테스의 의학대전에는 이미 이러한 유기적 자연의 개념이 들어있다. 자연 법칙에 따른 생활(Diät)을 통한 건강의 유지, 자연의 내적 합목적성을 통한 개인적 규범의 존중을 통한 건강의 회복과 같은 의학적 자연의 개념은 5세기경에는 이미 당시의 인간들에게 널리 알려진 생활 상식이었다. 그러나 의사들은 사회적, 윤리적 그리고 심리적 관심을 갖고 있지 않았다. 자연의 개념에다 사회적이고 윤리적이며 심리적인 관심을 쏟은 것은 소피스트들이었으며, 그들에 의하여 자연의 개념의 대전환이 이루어졌다.

그들은 인간 개개인의 권리에 대한 물음에서 피지스와 노모스의 대립 명제를 강조하고, 언제나 피지스의 우위를 주장하였다. 모든 사회적으로 타당한 것들, 전승되고 수용된 것들은 합리적으로 그 타당성이 증명될 수 있어야 한다. 이러한 입장에서 그들은 이렇게 물었다. 사회적으로 타당한 것들의 권리는 '자연으로부터(physei)' 오는 것인가? 아니면 인간의 규정을, 사회적 편견을, 임의적 협정을 통하여 '확정된(thesei)' 것인가?47) 체질과 연령과 생활양식과 환경에 따라서 특수하게 상이한 개인의 자연은 의사들에 의하여 진단과 치료의 기초로 간주되었다. 획일적인 투약과 치료 방법만 있던 단계에서 의사는 환자 개개인의 체질에 따라서 병이 상이하게 진행되기 때문에 또한 치료도 환자의 체질에 따른 적절한 투약과 치료 방법을 통하여 이루어질 때에 효과적임을 알게 되었다. 소피스트들은 학생 개개인의 고유한 학습 상태에 따른 적절한 교육이 보다 더 효과적임을 발견하였다. 그들은 환자 개개인의 체질에 따른 치료에로의 의학적 전환을 교육의 차원으로 수용하였다. 자연스러운 개성은 그리하여 자연적으로 주어져 있는 그리고 척도부여적인 실재로서 그 자신의 고유한 권리를 향유하게 되었다. 교육은 이로써 새로운 기초를 갖게 되었다. 소피스트들은 이러한 자연적 개성의 교육학적 결과를 최초로 인식하고 발전시킨 사람들이다.

소피스트들은 교육과학의 근거를 정립한 사람들이다. 교육학이 과학이냐 기술이냐 아니면 예술이냐? 라는 물음은 소피스트들의 시대로부터 오늘에 이르기까지 끊임없이 제기되고 토론되고 있는 교육학의 성격에 관한 근본 물음이다. 소피스트들은 교육에서 교

47) E. Lichtenstein, 위의 책, 64면.

육의 예술과 이론을 함께 보고, 이를 과학이라고 칭하지 않고 테크네(techne)라고 칭하였다. 소피스트들은 그들이 정치적 아레테를 가르치는 사람들이기 때문에 그들의 직업을 정치적 예술(politische techne)이라고 칭하였다.

소피스트들은 테크네의 본질과 위치를 해명하기 위하여 인간의 성장 발달을 두 단계로 구별하였다. 하나는 기술적 문명 발달의 단계이다. 프로타고라스는 이 단계를 프로메테우스의 선물로 표현하였다. 프로메테우스는 인간의 생존을 가능하게 하기 위하여 신의 세계로부터 불을 훔쳐서 인간에게 주었다. 그러나 인간이 비록 불이라고 하는 신의 무기로 무장하였다고 해도 인간은 가공할 싸움 끝에 모두 몰락하고 말았을 것이다. 그러나 인간은 프로타고라스에 의하면 발달의 제2단계로서 제우스로부터 정의(Recht)의 선물을 받았다. 그리하여 국가와 공동체를 건설할 수 있는 능력을 갖게 되었다. 프로메테우스의 선물은 기술적 지식이며 전문 기술인의 소유이지만, 제우스의 선물은 공의와 법을 의미하는 것으로 모든 인간에게 주어졌고 수용되었다.

대부분의 소피스트들은 그들이 소유하고 있는 지식과 기술을 매개하는 것으로 만족하였다. 그러나 소피스트들의 대표자 격인 프로타고라스는 교육을 인간의 삶 전체 안에서 파악하였다. 말하자면 그는 인본주의적 교육의 목표를 설정하였다. 프로타고라스적 인본주의는 한편으로는 현대적 의미에서 정신의 도야나 일반 교양 교육을 기술의 훈련이나 전문 직업 교육보다 위에 둔 것이다. 그리하여 기술적 능력과 지식을 정신의 도야라고 하는 본래적 교육으로부터 구별하였다. 이러한 분명한 구별이 인본주의의 기초가 되었다. 그래서 일반 도야의 기초 위에서 전문 도야를 꾀하는 교육의 전통적 시각이 자리잡게 되었다.

이러한 소피스트적 관점의 역사적 침전을 우리는 훔볼트가 학교 개혁의 문제와 관련하여 강조한 바 있는, 직업적 전문 도야에 대한 일반적 인간 도야의 우위 내지 선행의 강조에서 범례적으로 만나게 된다. 이를 일반적인 문장으로 정리하면 이렇다. 일반적 인간 도야 보다 전문적 기술 도야를 우선하고 강조하는 곳에서 이미 교육학적 인본주의는 침해되고 있으며, 교육의 본질은 변질되고 있다. 훔볼트식으로 표현하면, 우리는 전문적 기술 도야를 우선함으로써 정보기술자로부터 의사나 판사에 이르기까지 가슴에 인격 대신에 야수가 들어 앉아있는 인간을 양성할 수 있을 뿐이다.

소피스트들의 철저한 직업 의식은 직업으로서의 교육을 탄생시켰다. 교육이 직업 의식에 의하여 동반되어짐으로써 시대적 제약성을 뛰어넘어 인간을 교육의 고유한 대상으로 확인하게 되었으며, 교육은 어떤 의미에서 '인본주의적' 성격을, 다시 말하면, 폴리스를 위한 교육이 아니라 교육받는 학생 개개인의 삶을 위한 교육이라는 의미를 갖게 되었다. 청소년은 "기술자가 되기 위해서가 아니라 자신을 도야하기 위하여"[48] 공부하지 않으면 안 된다. 이를 아스터는 "신화의 퇴진과 더불어 그만큼 인간과 인간의 역사가 의미를 획득하게 되었다"[49] 라고 표현하였다. 소피스트들은 교육의 이론을 체계적으로 정립하고 실천의 형식을 제시하였을 뿐만 아니라, 일종의 교육적 혁명을 일으킨 장본인들이다. 따라서 우리는 그들의 교육사상과 교육활동의 긍정적 측면들을 그대로 인정하고 평가하는 일에 인색하지 말아야 할 것이다.

---

48) Platon, *Protagoras*, 312b.
49) E. von Aster, 같은 책, 56면.

교육철학의 탄생 : 소크라테스

1. 생애와 의미

1) 소크라테스의 문제

소크라테스(Sokrates, 470-399 BC)는 인류의 역사에서 이미 불멸의 상징이 되어버린 역사적 인물이다. 그는 독특한 삶을 살았다. 그는 70년이라는 긴 생애를 살면서 끊임없이 말하였으나 전혀 쓰지 않았다. 말은 남아있지 않고 사라져 버린다. 뿐만 아니라 말은 말한 사람의 뜻대로 이해되기보다는 그 말을 듣는 사람의 관심에 따라서 이해되며, 또한 와전된다. 그는 끊임없이 말하였으나 그가 한 말을 전혀 기록으로 남겨두지 않았기 때문에, 이미 그의 생전에 동시대인들을 혼란스럽게 만든 사람이 되었다. 뿐만 아니라 사후에는 여러 시대와 다양한 문화를 거쳐오면서 사람들은 그가 과연 그 때에 그 곳에 있었던 실재 인물인가 의심하게 되었다. 그래서 그는 후세의 사람들이 그의 역사성을 의심하도록 만든 존재가 되었다. 그러나 그가 주전 470년에 석공과 산파의 아들로 태

어나서 주전 399년에 의롭지 못한 재판을 받고 사형을 받은 실재
인물임을 의심하는 사람은 오늘날 아무도 없다. 다만 그가 모든
것을 말하고 아무 것도 쓰지 않았기 때문에, 그의 정체가 무엇이
며 그가 가르친 내용이 무엇인지를 사람들은 분명히 알지 못할
뿐이다. 그래서 그는 이미 살아있었을 때에 "헤아릴 수 없는"[1] 사
람이었으며, 역사와 더불어 점점 더 발견되어가고 있는 사람이다.

비록 소크라테스가 잘 알려져 있다고는 하지만 그의 모습은
철학의 역사에서 여전히 "놀라운 어둠 속에"[2] 놓여 있다. 그러나
그를 다루지 않고는 고대 그리스의 문화가 찬란한 꽃을 피워냈던
주전 5세기의 교육사상과 교육활동을 다루는 것은 불가능하다.
왜냐하면 소크라테스는 마지막 소피스트로서 소피스트들의 가르
침과 활동을 비판하고 넘어섰으며, 철학을 하늘과 신들에 관한
관심으로부터 땅과 인간에 관한 관심으로 끌어내려 인간의 마음
속에 심었고, 철학을 하는 참된 모습을 삶으로 보여주므로 철학
하는 모든 사람들의 아버지가 되었기 때문이다.

소크라테스의 생애에 관한 기록은 비교적 풍부하다. 그러나 이
기록들이 하나같이 그의 사유와 활동의 의미를 강조하고는 있으
나, 인간 소크라테스의 모습과 본질에 관하여 서로 상이하고 모순
되는 묘사를 하고 있다. 기록은 크게 셋으로 정리된다. 아리스토

---

1) G. 마르틴, 박갑성(역), 소크라테스 評傳. 삼성미술문화재단 1974, 7쪽.
   Gottfried Martin, *Sokrates mit Selbstzeugnissen und Bilddokumenten*. Hamburg:
   Rowohlt 1967, S.7: "나는 헤아릴 수 없으며(unergründlich bin ich) 사람들
   을 더 이상 알지 못하도록 몰고 간다".
2) Eduard Spranger, Sokrates(1931). In: *Erzieher zur Humanität*. Studien zur
   Vergegenwärtigung pädagogischer Gestalten und Ideen. Hrsg. von Otto Dürr,
   Heidelberg 1972 (Eduard Spranger Gesammelte Schriften XI), S.7; Andreas
   Patzer, *Der historische Sokrates*. Darmstadt 1987, S.19참조.

파네스를 비롯하여 유폴리스(Eupolis)와 아메잎시아스(Ameipsias)
같은 희곡 작가들이 그리고 있는 소크라테스의 모습은 대단히 만
화적이어서 그의 본질과 특성을 지나치게 과대 포장하여 시대의
웃음거리로 삼고 있다.3) 이에 대조적으로 플라톤은 그가 쓴 거의
모든 대화편들에서 소크라테스를 한편으로는 마치 성자의 생애를
묘사하듯이(hagiographisch) 서술하고 있고, 다른 한편으로는 자신
의 생각을 대변하는 익명의 대화자로(pseudonymisch) 삼고 있다.
아리스토텔레스는 플라톤의 대화편들을 소크라테스에 관한 유일
한 참고문헌들로 삼고있다.4) 그리고 크세노폰은 소크라테스를 너
무나 숭배한 나머지 그에 관하여 별로 중요하지 않은 자질구레한
일상적 이야기까지 서술하고 있다.5) 그러나 이들이 소크라테스의
생애를 어느 정도로 정확하게 묘사하고 있는가? 라는 문제는 여
전히 소크라테스의 연구가들을 괴롭히고 있다. 더구나 플라톤이
쓴 대화편들에서 어떤 내용들이 소크라테스가 한 말이며 어떤 내
용들이 플라톤의 입을 빌려서 하고 있는 그의 고유한 말인가를
구별하는 문제는 소크라테스와 플라톤 연구의 큰 과제가 되고 있
다. 이러한 문제들을 사람들은 "소크라테스의 문제"6)라는 테마로
통칭하고 있다. 슐라이에르마허는 소크라테스의 문제를 이렇게
제시하고 있다. "소크라테스는, 크세노폰이 소크라테스적으로 규

---

3) Aristophanes, *Die Wolken*. Stuttgart: Reclam 1963.
4) A. H. Chroust, Socrates in the light of the aristotelian testimony. In: New
Scholasticism 26(1952), S.327f; O. Gigon, Die Sokratesdoxographie bei
Aristoteles. In: Museum Helveticum 16(1959), S.174f.
5) Xenophon, *Erinnerungen an Sokrates*. Stuttgart 1985.
6) "Das sokratische Problem", In: W. Jaeger, *Paideia*, II, S.63-74. Marrou는 그
의 책 124쪽의 각주 81에서 이에 관한 중요한 연구문헌들을 자세히 열거
하고 있다.

정하고 있는 성격의 특징들과 생활의 원리들에 모순됨이 없이, 크세노폰이 그에게 관하여 말하고 있는 것에다 또 무엇이었을 수 있는가?[7] 그리고 플라톤이 소크라테스를 그의 대화들에서 그렇게 묘사하고 있는 동기와 권리를 플라톤에게 주기 위하여 그는 무엇이었지 않으면 안 되는가?" 여기서 슐라이에르마허가 문제로 제기하고 있는 소크라테스의 존재 규정의 가능성, 즉 "무엇이었을 수 있는가(was kann)"의 문제와 존재 규정의 필연성, 즉 "무엇이었지 않으면 안 되는가(was muss)"의 문제는 소크라테스에 의한 문헌은 없으므로, 그에 의한 문헌이 아니라, 그에 관한 문헌들을 통하여 해석해 내지 않으면 안 되는, 소크라테스 연구의 근본 문제인 것이다. 다시 말하면 소크라테스의 문제는 소크라테스의 존재를 규명하는 데에 있다기보다는 규정하는 데에 있다는 것이다. 규명은 그의 존재의 역사성을 따지고 밝힐 뿐이지만, 규정은 경험적 사실의 확인을 넘어서서 이를 자료로 삼아 존재의 성격과 의미를 주관적으로 해석하고 부여하는 것이다.

소크라테스의 생애에 관하여 알려진 사실은 비교적 적다. 이미 위에서 언급한 바와 같이 그 자신의 고유한 모습 안에 감추어져 있는 그의 본질은 다의미성(amphibolie)을 지니고 있었으며, 동시대인에게 다양한 모습으로 각인되어 일종의 경이로운 사람으로 비추어져 있다. 확실한 것은 그가 실제로 살았고, 재판을 받았으며, 독배를 마시고 주전 399년에 죽었다는 사실이다. 그는 주전 470년 경에 아티아 지방의 알로페케(Alopeke)에서 석공(石工)인 소프로니스코스(Sophroniskos)와 산파인 파이나레테(Phainarete)를 부

---

7) Friedrich Schleiermacher, Über den Wert des Sokrates als Philosophen (1815), *Sämtliche Werke*, III-2, S.297f. W. Jaeger, II, S.68에서 재인용.

모로 둔 지극히 평범한 아테네 시민으로 탄생하였다. 그는 아버지로부터 석공일을 배웠다. 그의 가정은 시민 계층으로선 하위 계층에 속하였으며 경제적으로 대단히 소박하게 살았다. 소크라테스는 늦게 결혼하였다.[8] 그는 부인 크산티페(Xanthippe)와의 사이에 세 아들을 두었다.[9]

2) 크산티페

크산티페는 악처의 원형으로 역사에 남아있다. 소크라테스의 시대에 최고의 찬사를 한 몸에 받을 수 있는 여자는 한 남자를 섬기면서 건강한 아들을 낳고, 가정 주부로서 솜씨를 발휘하고, 대문 밖을 엿볼 생각은 추호도 하지 않는 여자이다. 당대에 회자하였던 여성에 관한 말은 이러하였다. 여자란 나쁜 것이지만, 남자가 여자 없이는 집을 꾸려갈 수 없으니, 결혼하거나 결혼하지 않거나 나쁘긴 매한가지로다.[10] 이러한 세상에서 누가 소크라테스의 부인이 되던 간에 현숙한 여자들은 다 크산티페가 될 수밖

---

8) 카이저는 소크라테스에 관한 여러 기록들을 면밀하게 연구한 후에 이를 소설의 형식으로 기록한 그의 책 『소크라테스의 아름다운 신부 크산티페』에서 소크라테스가 55세였을 때에 그는 15세의 크산티페에게 구혼하였으며 이를 크산티페가 부친의 반대에도 불구하고 받아들였다고 썼다. Maria Regine Kaiser, *Xanthippe, schöne Braut des Sokrates*. Roman. Hamburg 1992, S.50.

9) 크산티페는 그리스어로 "금발의 말"이라는 뜻이다. 크산티페는 백마처럼 흰 출했고 아름다웠다고 한다. 그녀의 할아버지는 의로운 사람이라는 칭호를 받았던 아리스티데스(Aristides)이다. 크산티페는 소크라테스와 결혼하여 람프로클레스(Lamprokles), 소프로니스코스(Sophroniskos), 메넥세노스(Menexenos)의 세 아들을 두었다. a.a.O., S.11, S.78, S.162.

10) S. Fischer-Fabian, *Die Macht des Gewissens*. Von Sokrates bis Sophie Scholl. München: Knaur 1992, S.115.

에 없었을 것이다.

한번 크산티페의 눈으로 소크라테스를 보자. 소크라테스는 아버지로부터 물려받은 그의 천직인 석공 일은 하지 않았다. 항상 아테네 거리의 어느 모퉁이에서 서성대면서, 오가는 사람들에게 끊임없이 무엇인가를 묻고, 자기의 세 아이들에게는 관심이 없고 다른 젊은이들과 이런 저런 이야기를 나누면서, 먹을 빵 대신에 헛된 명성만 가지고 집으로 돌아오는 가장이었다. 그러한 그가 어느 결에 모든 사람의 관심을 끄는 사람이 되어 있었다. 그는 당대의 유명한 교사들이었던 프로타고라스나 고르기아스와 어울려서 탁월한 대화로 사람들의 마음을 사로잡고는 하였다. 그는 다른 사람들로부터 끊임없이 무엇인가를 배우려고 하는, 자기 자신을 스스로 교육하는 독학자(Autodidakt)라 했다. 그러나 소크라테스가 말하는 철학이 무엇인지, 그가 신탁(神託)에 대해 논하는 말이 무슨 소리인지 크산티페는 도무지 알 수 없었다. 그녀에게 필요하고 가치 있는 것은 빵이었다. 그녀는 소크라테스가 가장으로서 생업을 잘 이끌어가기를 원했다. 그럼에도 불구하고 크산티페는 소크라테스를 존경하고 사랑하였다.

소크라테스가 재판정에 섰을 때에 그는 크산티페가 자신이 재판을 받는 모습을 지켜보지 못하게 하였다. 만약에 크산티페가 그 때에 아직 젖먹이였던 막내 아이 메넥세노스를 안고 어린 소프로니스코스의 손을 잡고 재판정에 나와서 옷을 찢고 울부짖고 몸부림치며 동정과 자비를 구하였더라면, 소크라테스에 대한 판결의 내용은 전혀 달라졌을 것이다. 당시의 아테네는 아버지를 필요로 하는 어린 자식들을 거느리고 울부짖는 여성 앞에서 일반적으로 대단히 동정적이었다. 그러나 크산티페는 소크라테스의 생명을 건질 수 있는 결정적인 역할을 할 수 있었음에도 불구하고 그렇게 하지 않았다. 크산티페는 소크라테스가 하지 못하게 금하는 것을 구태여 하려고 하지 않았다. 그녀는 그가 하라는 대로하였다. 그리고 소크라테스는 어떤 변호도, 판결을 경감시키도록 작용할 수 있는 어떤 행동도 원치 않았다. 그는 281명의 찬성과 220명의 반대로 사형 언도를 받았다.

소크라테스가 감옥에서 사형을 당하기 전날에, 크산티페는 어린 막내 아들과 함께 그의 옆에 있었다. 슬픈 만남과 이별이 있은 후에 소크라테스는 크리톤에게 말하였다. "나의 친구 크리톤, 그녀를 집으로 잘 데려다 주게." 죽음 앞에서 소크라테스는 크산티페에 대한 깊은 사랑을 이렇게 표현하였다. 그리고 크산티페는 이미 오래 전부터 그 기나긴 세월을 밖으로만 맴도는 가장을 대신하여 가계(家計)를 꾸려왔다. 소크라테스는 아버지로부터 작은 석재 작업장을 물려받았다. 이것은 크산티페가 두세 명의 노예를 데리고 꾸려가면서 묘비를 비롯하여 죽은 자를 경배하기 위하여 필요로 하는 여러 석상들과 장식물들을 주문 받아 만들어서 납품하면서 살아왔다는 것을 의미한다.[11] 여성이 남성을 대신하여 사회에서 남성의 역할을 하는 경우가 없던 시대에 크산티페는 소크라테스를 대신하여 노동을 하였으며, 노예를 관리하면서 가계를 꾸려왔다. 그래서 사람들은 크산티페를 오늘날 새로운 시각으로 보기 시작하였고 새롭게 이해하게 되었다. 크산티페는 말하자면 가계를 짊어지고 자녀를 양육하면서도 남편에게 바가지를 긁기보다는 그를 이해하고 사랑하였던 여성이었다. 크산티페는 이러한 면에서 시대를 앞서간 여성이었다.

그러나 한번 크산티페에게 주어진 악명은 숱한 학자들의 노력

---

11) G. Martin, a.a.O., S.20.

에도 불구하고 수세기를 계속하여 내려오면서 명예 회복의 노력
을 여전히 무색하게 만들고 있다. 크산티페의 명예를 결정적으로
실추시키고 그녀를 악처의 원형으로 못박는데 크세노폰이 크게
기여하였다. 그는 그의 책에서 소크라테스의 입으로 다음과 같은
말을 하게 하였다. "내가 인간들과 주로 밖에서 교제를 나누려
하는 것은 이 여편네 때문일세. 나는 이 여자를 견뎌내기 보다는
모든 다른 인간들과 지나는 것이 훨씬 더 편하다는 것을 잘 알고
있네."12) 소크라테스는 크산티페 때문에 영혼의 안식을 찾아서
밖으로만 나돌았다는 말이다.

3) 용기있는 사람

  용기는 고대 그리스의 문화가 인류에게 물려준 최고의 덕 가
운데 하나이다. 이미 앞에서 살펴보았듯이, 호머시대에 영웅과 무
사는 용기와 지혜를 겸한 자였다. 플라톤은 국가의 네 가지 덕들
로 절제, 용기, 지혜, 정의를 꼽았다.13) 용기는 뒤에서 다시 자세
히 다루겠으나, 그 속성에 있어서 어떤 상황 아래서도 두려움에
사로잡혀서 자신의 통제 능력을 상실하지 않고, 의지에 따라 소
신 있게 행동하며, 대의를 위하여 소의를 버리는 능력이다. 이러
한 용기는 고대 그리스에서 죽음에 이르기까지 군인이 갖추어야
할 최고의 군사적 도덕성으로 강조되었다. 소크라테스의 인물됨
을 말할 때에 이러한 용기가 빠지지 않는다. 그는 결코 용기 있
는 외모를 갖고 있지 않았으나, 어느 누구보다도 용기 있는 군인
으로서의 모습을 보여주었던 것으로 유명하다.

---

12) S. Fischer-Fabian, a.a.O., S.115.
13) 이 책의 5장 4절 '『폴리테이아』의 교육과정' 참조.

소크라테스는 병역기간 중에 세 번의 전쟁에 참여하였다. 첫번째는 펠로폰네소스 전쟁을 야기한 포티다이아(Potidaia)의 싸움에서, 두번째는 424년에 아테네 군대가 많은 사상자를 내고 스파르타에게 크게 패하였던 델리온(Delion)의 싸움에서, 그리고 세번째로 트라키엔 지방의 암피폴리스(Amphipolis)의 싸움에서이다. 이 전쟁들은 모두 격심한 살육전들이었다. 전쟁터에서 소크라테스는 경이로운 대상이었다. 그는 기나긴 행진으로 인한 고달픔, 갈증으로 인한 고통, 밤이 가져다주는 추위를 누구보다도 잘 견뎌내는 특별한 사람이었다. 그는 공격할 때의 긴 밀집방진(密集方陣, Phalanx)과 이어서 벌어지는 치고 찌르는 백병전에서 전혀 공포에 사로잡히지 않았다. 델리온에서 패하고 후퇴할 때에도 그는 침착하고 세심하게 행동하였기 때문에 동료들이 그의 옆에만 있어도 마음의 안정을 찾을 수 있었을 정도였다. 델리온 전투를 소크라테스와 함께 겪은 라케스는 소크라테스의 용기를 이렇게 증언하고 있다. "만약에 다른 군인들도 그렇게 사나이답게 행동하였다면, 우리들의 폴리스는 그 때에 명예를 지킬 수 있었으며, 그렇게나 보잘 것 없이 패하진 않았을 것이다."14)

포티다이아의 전투에서 소크라테스는 알키비아데스의 생명을 구해 주었다. 알키비아데스는, 다음에서 소크라테스의 교육적 사랑의 개념과 연결되어 다시 다루겠지만, 대단히 똑똑하고 아름다운 청년이요 부유한 집안의 아들로서 후에 통치자와 사령관을 지냈던 인물이다. 그는 젊었을 때엔 소크라테스의 제자였으며, 어른이 되어선 아테네의 영웅이었고 스파르타가 아테네를 정복한 후

---

14) *Laches*, 181b. Platon Sämtliche Werke. Rowohlt 1991, I, S.155(이후의 각주에서는 권수와 쪽수만 밝혔음).

에는 조국 아테네의 변절자가 되었다. 이 알키비아데스가 이렇게
말하였다. "싸움의 소용돌이 속에서 중상을 당한 나를 구한 사람
은 이 현명한 분 이외에 그 누구도 아니었네. 이 분은 나를 떠나
려 하질 않았으며, 나와 나의 무기를 운 좋고, 안전하게 구해 내
었네."15) 전쟁이 끝난 후에 소크라테스는 그가 보여 준 용기 있
는 행위로 인하여 받게된 상을, 자기보다는 이 상을 받기에 더
합당한 사람이 있다고 말하면서 알키비아데스에게 양보하였다.

  소크라테스는 국가의 공직을 맡아본 적이 거의 없다. 그가 65세
가 되었을 때에 시의원(Prytanen)으로 당선된 적이 꼭 한번 있었을
뿐이다. 그러나 그는 시의원으로서 그가 대단히 용기 있는 사람임
을 다시 한 번 보여주었다. 펠로폰네소스 전쟁의 말기에 아르기누
스에서의 해전에서 아테네 함대의 지휘관 열 명이 전사자에게 명
예로운 장례를 치러 주도록 되어있는 신성한 의무를 지키지 않았
다고 해서, 승전하고 돌아온 후에 고소를 당하였다. 이 때에 재판
정에 있던 모든 사람들이 그들을 사형에 처하여야 한다고 주장하
였으나, 소크라테스는 혼자서 의연히 사형이라는 판결에 동의하지
않고 이를 거부하였다. 그는 의롭지 않다고 판단한 것을 생명을
무릅쓰고 고수하고는 하였다.16) 아르기누스의 해전에서 전사한 군
인들의 시체를 건져내려고 지휘관들은 갖은 애를 다 썼으나, 폭풍
우와 거친 파도 때문에 건져낼 수 없었던 것이다. 이 재판으로 페
리클레스의 아들을 포함한 7명의 지휘관들이 교수형을 받았다.

---

15) *Symposion*, 220de. II, S.248.
16) 소크라테스의 변명, 32ab. 최명관 역, **플라톤의 대화**. 종로서적 1981, 67
쪽: "저는 투옥이나 사형을 두려워하여, 옳지 않은 일을 제안하고 있는
여러분의 편이 되느니 보다는, 오히려 위험을 무릅쓰고 법률과 정의의
편을 들어야 한다고 생각하였습니다".

4) 실레노스의 얼굴

고대 그리스는 그 때를 살았던 사람들의 생활을 조각과 회화로 생생하게 묘사하였었다. 이 시대의 조상(彫像)은 이 시대를 살았던 인물들을 전체적으로 그들의 생활에 가능한 한 가깝게, 그들의 실제적 모습에 가능한 한 비슷하게 조각하여, 조각된 조상이 실제의 인물을 다른 인물과 혼동할 수 없도록 재현한 모델이 되도록 하였다. 이러한 모델 조상은 다음과 같은 몇 가지 공통적인 특성을 가지고 있었다. 첫째, 조상은 조각한 인물의 외모(physiognomie)를 정확하게 묘사하고 있다. 둘째, 이러한 인물의 묘사는 시대적 정신을 통하여 각인되었다. 다시 말하면, 의상, 용모, 풍모, 태도 등이 그 시대의 미와 행동의 이상을 통하여 예술적으로 각인되었다. 셋째, 조각은 또한 해석하는 예술이었으며 조상은 조각한 인물에 대하여 시대가 가지고 있었던 이해의 구현이요 조각가의 해석이었다. 그리하여 조상은 조각된 인물을 이해하기 위한 권위 있는 텍스트였다. 모든 조상은 각각 독자적이고 예술적인 통일을 이루고 있으므로 감상하는 사람들로 하여금 그 조상의 고유성만을 파악하도록 인도할 뿐이다. 여기서 문제는 조각가가 조각의 대상인 인물을 어느 정도로 믿을 만하고 비슷하게 조각해 내었는가에 있지 않고, 조각가가 해당 인물을 어떻게 해석하고 있으며 해당 인물의 어떤 고유한 성격과 특징을 조상에서 표현해 내려고 시도하였는가에 있다.

소크라테스가 살았던 고대 그리스의 조상은 언제나 흉상이 아니라 전상이었다. 가슴 위 부분이나 머리만을 조각하는 흉상이나 두상은 로마 제국시대에 나타난 조형예술의 형식이었다. 더구나 주전 5세기 이전에는 인간을 미적 척도에 따라서 이상적 형상으로 묘사하였으나, 5세기부터는 인물의 외모를 개인적 성격에 따라서 개성 있는 형상으로 묘사하기 시작하였다. 조상의 형식은 조각의 대상이 되는 인물의 묘사로 제한되지 않고, 고대 그리스의 사유가 그러하였듯이, 그 인물이 사회에서 수행하였던 기능과 역할, 그의 직업, 그의 사회적 지위와 공개성 등이 모두 조상의 형식을 결정하는 중요한 테마로 작용하였다. 미와 선의 이념에 따른 이상적 인간상의 묘사에서 인간 개인을 그의 고유 특성에 근거하여 묘사하되 이상적 유형으로 조각하기 시작한 시대에 소크라테스가 살았으며, 그의 조상이 조각되었다. 따라서 그의 모습을 그의 조상을 통하여 그려 보고 해석해 보는 것은 의미 있다.

고대 그리스의 조상은 시인의 조상, 승리자의 조상, 정치적 명예의 조상, 그리고 사죄의 조상 등 크게 네 가지 유형으로 분류된다.17) 시인은 그리스의 종교적 축제와 의식에서 대단히 중요한 역할을 하였다. 시인은 민족의 역사와 정신을 노래하였다. 시는 곧 당대의 교육과 도야의 보편적 교재였다. 승리(nike)는 용기의 아레테를 지니고 있음에 대한 증명이었다. 여러 가지 승리 중에서도 스포츠 경기와 격투에서 승리한 인간은 당대와 후대에 인간이 성취할 수 있는 최고의 성취 수준을 보여 준 인간으로 간주되었다. 그들은 신체적 아름다움과 정신적 선함이 조화를 이룬 완전한 모습이 전라의 모습이라고 생각하였다. 그래서 그들은 승리자를 전라의 조상으로 조각하여 도시국가의 중요한 위치에 세우고 그 성취를 찬양하였다.

---

17) Ingeborg Scheibler u.a., *Sokrates in der griechischen Bildniskunst.* Glyptothek München 1989, S.14f.

고대 그리스의 도시국가들은, 특히 아테네는 아고라에 국가의 정치를 위하여 탁월한 공헌을 이룩한 인물의 조상을 세워서 이를 기념하였다. 이러한 정치적 명예의 조상은 시민들의 결정과 재정 부담으로 이루어지는 범국가적 정치적 성격의 것이었다. 정치적 명예의 조상의 대표적 예를 하나 들어보자. 주전 514년에 하르모디오스(Harmodios)와 아리스토게이톤(Aristogeiton)이 범 아테네 축제의 행렬이 벌어지고 있는 동안에 당시에 아테네를 통치하였던 히파르코스(Hipparchos) 폭군 형제를 저격하여 살해하였으며, 이 과정에서 그들도 살해당하였다. 아테네 시민들은 아테네를 폭군의 멍에로부터 해방시킨 그들의 공로를 기념하여 아테네의 아고라에 검을 들고 용감하게 저격하는 그들의 모습을 조각한 전라의 조상을 만들어 세웠다. 그들의 조상은 최고의 신체적 이상을 묘사한 "영웅적 나체"[18]의 조상이다.

이상의 세 가지 일반적인 유형과 나란히 예외적 조상의 유형으로 속죄의 조상이 있었다. 의롭지 못한 재판으로 억울한 죽음을 당한 시민을, 국가는 후에 신들의 뜻을 거슬러 못된 짓을 한 것을 후회하고 죽은 자의 명예를 회복하여 주고 사죄하는 뜻으로, 속죄의 조상으로 만들어 세웠다. 그래서 소크라테스를 의롭지 못한 재판으로 사형에 처한 후에, 아테네 폴리스는 그의 조상을 청동으로 만들어 세워서 그의 명예를 회복시켜 주고 있다.

그러면 소크라테스의 모습이 같은 시대를 살아간 그의 이웃들과 동료 석공들에 의하여 어떻게 묘사되었는가? 우리는 소크라테스의 외모를 정확하고 권위 있게 묘사한 자료를 가지고 있지 않다. 그와 동시대인이요 그를 희극의 주인공으로 삼았던 아리스토

---

18) Ingeborg Scheibler, a.a.O., S.16.

파네스는 그를 만화적으로 묘사하고 있다. 그는 발을 넓게 벌리고 걸으며, 툭 불거져 나온 눈을 가지고 있다. 그의 머리털은 언제나 길게 늘어져 있으며 그는 늘 맨발로 걷는다. 그는 풍족한 생활을 경멸하기 때문에 메마른 몸매를 가지고 있다. 크세노폰은 『소크라테스에 대한 회고』에서 소크라테스의 외모를 이렇게 언급하고 있다. 그는 미와 선과 합목적성은 동일하다고 늘 주장하여 왔다. 그러나 그 자신은 이에 대한 모순이다. 그는 그와 접하는 모든 사람들을 선한 인간으로 도야하는 자이므로 가장 아름다운 자이다. 그런데 그의 툭 튀어나온 눈이며 큰 콧구멍이며 큰 입과 두툼한 입술이며 납작한 코는 아름다움하고는 거리가 멀다. 여기서 크세노폰이 열거하고 있는 추한 용모의 특징들은 실레노스 얼굴의 특징들이다. 크세노폰의 서술은 소크라테스가 죽은지 상당한 세월이 흐른 후에 이루어졌다. 이 때에는 이미 "추하지만 현명한 실레노스 소크라테스"가 소크라테스의 용모에 관한 표현으로 널리 회자되고 있었다.

동시대인들이 소크라테스를 실레노스나 사튀로스와 비교하는 것은 다만 외모에서 그치지 않았다. 알키비아데스는 『향연』에서 소크라테스를 실레노스와 비교하여 다음과 같이 말하고 있다.19) 그는 석재 작업장에서 우리가 볼 수 있는 실레노스와 전적으로 닮았다. 석공들은 실레노스를 목동이 입으로 피리와 클라리넷을

---

19) 향연, 215a-216e. 실레노스(Silenus, Seilenos)는 술의 신 디오니소스의 동반자들로서 늙었고 추하나, 대단히 현명하고, 술을 즐기며, 음악을 알고, 앞일을 예언하기도 하는 신화적 존재이다. 사튀로스(Satyrn)는 인간의 용모를 한 숲의 정령들로서, 말의 꼬리, 뾰족한 귀, 작은 뿔, 염소의 발을 가진 젊고 힘찬 남성으로 묘사되곤 하였다. 사튀로스의 성기는 대체로 초대형으로 발기한 모양으로 그려졌다.

불며 연주하는 모습으로 조각한다.[20] 그러나 사람들이 실레노스를 양면으로 열어 젖히면, 실레노스가 신들의 상을 안에 품고 있는 것이 나타난다. 이렇게 소크라테스도 추한 외모의 내면에 신적인 영혼을 감추고 있다. 또한 사튀로스의 일종인 마르쉬아스(Marsyas)가 음악으로 사람들을 홀리듯이, 소크라테스는 그의 말로 사람들을 매혹하며, 사튀로스가 짓궂은 장난으로 사람들을 골탕먹이듯이, 소크라테스도 "짓궂은 물음으로" 사람들을 골탕먹인다는 것이다.

소크라테스는 또한 전기메기(Zitterrocher)나 독사(Natter)와 비교되었다.[21] 여기에도 이중적인 의미가 내포되어 있다. 마치 전기메기가 넓고 편편한 모양을 하고 있듯이, 소크라테스도 그런 얼굴을 하고 있으며, 전기메기나 독사처럼 소크라테스도 평화롭게 있는 사람들에게 갑작스럽게 달려들어 경악스러운 전기 자극이나 아픔을 준다. "나는 독사에 물린 것과 같은 고통을 맛보았어요. … 그것도 제일 아픈 곳을 물린 것 같았어요. 즉 심장을, 아니 마음을 물린 것 같았어요."[22]

고대 그리스의 세계관이요 교육의 이념인 미선성에 비추어 볼 때에 추악한 외모와 고상한 성품은 극단적인 대조를 이루고 있을 뿐만 아니라, 동시에 그리스의 정신이 수용하기 어려운 문제이기도 하였다. 왜냐하면 미는 곧 선이 않으면 안되기 때문이다. 그런데 소크라테스의 경우에는 그렇지가 않다. 그의 외모로만 본다면,

---

20) 우리는 이러한 모습을 주전 390년 경에 아테네에서 발견된 화병의 그림에서 확인한다. 이중 피리를 부는 Satyr. 화병의 그림. Attischer Krater, um 390 v. Chr. Neapel, Nationalmuseum.
21) 향연, 217e. *Platon Sämtliche Werke*, II, Rowohlt 1957, S.245.
22) 향연, 218a. 플라톤의 대화. 최명관 역, 302쪽.

그의 성품은 좋지 않아야 한다. 그러나 그는 추한 외모 속에 선한 성품을 감추고 있다. 그는 수수께끼이다. 그런데 소크라테스는 스스로 이를 시인하였다. 그는 자신이 사실상 좋지 않은 바탕과 욕망을 내면에 가지고 있으나 다만 이를 이성으로 극복하려고 노력할 뿐이라고 하였다.[23]

소크라테스가 죽은 후에 처음에는 사람들이 철인 소크라테스의 조상을 실레노스의 얼굴로 조각하였다. 그러나 세월이 흐르면서 탁월한 영혼과 정신의 소유자임을 보여주는 용모로 소크라테스의 조상이 점차로 바뀌어져 갔다. 실레노스의 특징들은 그의 용모에서 부드럽게 각색되거나 감추어지고 오류를 가리고 진리를 추구하며 지혜를 사랑하는 철인의 품위가 풍기는 넓은 이마, 잘 다듬어져서 귀 뒤로 흘러내리는 머리털, 부드러운 선을 이룬 탐스러운 턱 수염으로 표현되었다.[24] 이렇게 시간의 흐름에 따라서 사람들의 뇌리에 각인되는 소크라테스의 모습도 변형되어 갔다. 실레노스의 흉험한 용모에서 철인의 지혜로운 용모에 이르기까지 소크라테스의 조상에서 공통적으로 읽어낼 수 있는 것은, 의심하며 끊임없이 던지는 질문을 통하여 사람들을 매혹시키는 카리스마이다.

---

23) *Sokrates in der griechischen Bildniskunst*. Glyptothek München 1989, S.34.

24) 소크라테스의 조상들 가운데서 둘을 예로 들면, Sokrates. Römische Marmorkopie nach griechischen Original der Jahre 380-370 vor Chr., Neapel, Nationalmuseum (Abguss)와 Sokrates. Römische Marmorherme des frühen 3. Jhdts nach Chr., Neapel, Nationalmuseaum이다. 두번째로 예를 든 소크라테스의 흉상에는 플라톤의 대화편 『크리톤』의 46b에 나오는 다음의 한 구절이 조각되어 있다. "나는 충분한 고찰을 통하여 최선이라고 판단한 확신을 따라 행동하려고 항상 노력하여 왔다". Ingeborg Scheibler, a.a.O., S.79.

5) 소크라테스의 학교

소크라테스를 칭하는 표현은 많다. 그를 찬양하는 표현들을 한번 살펴보자. 초대 교회의 시대에는 그를 그리스도 이전의 순교자들 중에서 최고의 순교자로 여겼다. 위대한 인본주의자 에라스무스는 그를 성자의 하나로 보고 "성자 소크라테스여, 우리를 위하여 간구하여 주소서"[25]라고 그를 향하여 기도하였다. 소크라테스는 근세 이후에 모든 근대적 계몽과 철학의 영도자로, 윤리·도덕적 자유의 사도로, 새로운 현세 종교의 선포자로 찬양되었다. 여기서 그가 현세 종교의 선포자로 기림받은 것은, 그가 어떤 은총에 의하여 생활의 행복을 획득하려고 하지 않고, 그 자신의 고유한 본질의 완성을 부단하게 추구함으로써 이를 도모하였기 때문이다. 소크라테스는 그러나 찬양의 대상만이 아니었다. 니체는 그를 강단 철학의 주지주의적 경직성의 화신이라고 비판하면서 싫어하였다. 헤겔도 소크라테스가 그리스의 본질을 부정하며 그리스 문화와 전혀 조화를 이루지 못하고 있는 인물이라고 평가하였다.[26] 소크라테스는, 플라톤의 대화편들에서 사실상 다양하고 철저하게 확인되고 있듯이, 개념의 철학의 기초를 놓았다. 그는 이데아론, 회상 이론, 영혼의 전재(前在, Präexistenz)와 불멸 이론, 그리고 이상 국가 이론의 창조자였다. 그래서 그는 형이상학의 아버지가 되었다.[27]

소크라테스로부터 고대의 여러 철학파들이 나왔다. 비록 플라톤의 아카데미아나 이소크라테스의 학교 또는 아리스토텔레스의 리케

---

25) Sancte Socrates, ora pro nobis.
26) E. Spranger, Hegel über Sokrates (1938), In: *E. Spranger Gesammelte Schriften*, XI, S.301-316.
27) W. Jaeger, II, S.73.

이온 같이 일정한 장소에서 일정한 교육내용을 일정 기간 동안에
일정한 선택된 학생들에게 가르치는 학교는 아니었으나, 소크라테
스의 자연스러운 만남과 대화의 학교로부터 서양의 여러 철학의 학
파들이 쏟아져 나왔다. 메가라의 유클리데스(Euklides, 380 BC), 엘리
스의 파이돈(Phaidon, 380 BC), 키레네의 아리스티포스(Aristippos, 360
BC) 그리고 아테네에서 안티스테네스(Antisthenes, 370 BC)와 플라톤
이 소크라테스의 학교로부터 나온 대표적인 제자들이다.

소크라테스의 학교로부터 쏟아져 나온 철학의 흐름들을 살펴
보면 다음과 같다. 안티스테네스로부터 디오게네스(Diogenes, 323
BC)가, 디오게네스로부터 크라테스(Krates, 300 BC)가, 크라테스로
부터 메니포스(Menippos)가 나와서 견유학파(Kyniker)[28]의 큰 흐
름을 이루었다. 한편 플라톤의 아카데미아에서는 아리스토텔레스
를 시작으로 소요학파(Peripatos, Peripatetiker)가 나왔으며, 아리스
토텔레스의 제자 테오프라스트(Theophrast, 370-287 BC), 테오프라
스트의 제자 데메트리오스(Demetrios, ?-280 BC)가 배출되었다. 아
리스토텔레스로부터 나온 다른 학파로 향락주의(Epikureismus)가
있다. 에피큐어(Epikur 341, 270 BC), 메트로도르(Metrodor, ?-277
BC), 헤르마르코스(Hermarchos, ?-260 BC)로 이어져서 루크레쯔
(Lukrez, ?-55 BC)에 이른다. 플라톤으로부터 다른 한편으로 그의
아카데미아 학파를 이룬 스페우시포스(Speusippos, ca.395-309 BC),
크세노크라테스(Xenokrates, ca.396-314 BC), 폴레몬(Polemon, ?-267

---

28) Kyniker라는 말은 개 놀이터라는 그리스어 Kynosarges에서 왔으며, 키노
사르게스는 아테네의 동편에 있는 헤라클레스에 봉헌한 언덕으로, 김나
지움이 있었으며, 여기서 안티스테네스가 가르쳤다. 견유학파는 모든 문
화재의 포기와 욕망으로부터의 자유와 무욕의 상태를 추구하였으며, 결
국에는 모든 문화적 가치들의 부정으로 발전하였다.

BC), 아르케실라오스(Arkesilaos, ?-240 BC), 헤게시노스(Hegesinos, ?-160 BC), 카르네아데스(Karneades, ?-130 BC)와 로마 제국으로 건너가 키케로(Cicero, 106-43 BC)와 플로티노스(Plotininos, 204-270)에 이르는 찬란한 흐름이 있다. 크라테스와 폴레몬으로부터 배운 제논(Zenon, 340-264 BC)은 아테네에서 스토아 학파의 시조가 되었다. 그 흐름을 보면, 제논, 클레안테스(Kleanthes, 330-231 BC), 크리시포스(Chrysippos, 280-208 BC) 그리고 로도스로 건너가서 파나이티아스(Panaitios, ?-110 BC), 포세이도니오스(Poseidonios, ?-50 BC)로 이어지며, 다시 로마로 건너가 세네카(Seneca 4-65)와 마르쿠스 아우렐리우스(Marcus Aurelius, 121-180)로 이어진다. 이러한 찬란한 철학들의 흐름은 우리에게 거의 절대에 가까운 인류의 위대한 교사 소크라테스의 비중을 느끼게 한다.

2. 교육의 철학으로 철학의 길을 열다

소피스트들의 공헌은 무엇보다도 교육을 인정받고, 출세하고 싶어하고 권력과 부를 누리고 싶어하는 모든 인간의 관심사로 만든 것이었다. 다시 말하면 소피스트를 통하여 교육은 인간의 관심사가 되었다. 소피스트들은 스스로 자신을 직업적인 교사요 교육자라고 주장하고 행동하였다. 이런 소피스트들의 의식에 의하여 동반되어진 주장과 행동은 사람들로 하여금 다음과 같은 물음에 눈뜨게 만들었다.29) 소피스트들이 그들의 활동에 비추어 보아

---

29) Th. Ballauff, *Pädagogik*. Eine Geschichte der Bildung und Erziehung. Band 1, München 1969, S.58.

서 과연 직업으로서의 교육을 성취할 수 있었는가? 또한 그들이 하고 있는 교육의 형식이 바른 것이었든가? 그리고 교육은 가능한가? 교육의 고유한 과제는 무엇인가? 이러한 물음들은 우리가 이미 위에서 살펴본 바와 같이 소피스트들의 개인주의적이고 회의를 불러일으키는 미심적은 교육활동과 전승되어온 가치규범들에 대한 그들의 도전적이고 부정적인 태도에 근거하고 있다. 지금까지 관습과 윤리로서 그리고 국가의 법(Nomos)으로서 존중되어 오던 절대적인 규범들이 소피스트들에 의하여 단순한 인간의 생각이요 작품으로 상대화되었다. 그리하여 절대적인 진리는 인식이 불가능할 뿐만 아니라 인식이 가능하다고 해도 실용적 가치가 별로 없는 것으로 간주되었다. 절대적 진리와 그러한 진리 인식의 능력 대신에 생활 세계에 관한 지식과 능변적 수사의 능력이, 다시 말하면 생활 세계를 인식하고 관리할 수 있는 능력이 실제적인 생활에 유용한 것으로 강조되었다. 그 결과로 그들은 진리 그 자체를 이해하고 이해시키는 일이 아니라 청중들이 듣고서 참된 것으로, 즉 진리로 여기도록 만드는 일을 관건으로 삼게 되었다.

이러한 새로운 교육 풍토 아래서 조상 대대로 진리로 간주되어오던 규범들과 가치들을 계속하여 붙잡고 있는 일 자체가 더 이상 가능하지 않았다. 그리하여 다양하고 서로 일치하지 않는 가치들의 혼란 속에 침잠하지 않으려면, 무엇인가 진리로 여겨지는 것을 철저히 그 근거에 있어서 논증하여 보고, 그리고 나서 그것을 진리로 확실하게 붙잡고 버틸 필요가 있었다. 여기에서 종래에 철학이 인간과 직접적인 관련을 갖지 않은 상태에서 우주, 자연, 국가, 민족 같은 보다 더 본래적인 것처럼, 근원적인 것처럼 보이는 것들의 본질과 기원을 물어들어 갔었던 철학하는 태도로부터 인간과 인간의 삶과 직접적인 관련을 갖고 있는 것들 아래서 생활의 의미와 가치를 물어 들어가는 방향으로 철학하는 태도의 근본적인 전환이 요청되었다. 철학은 인식의 관심을 절대와 근원과 자연으로부터 상대와 인과와 인간으로 돌이켜서, 인간과 인간의 삶에 있어서 참된 것, 선한 것, 불변적이요 본래적인 가치가 있는 것이 도대체 무엇인가 라고 하는 본래적으로 교육학적인 물음에 대한 해답을 과제로 삼게 되었다. 바로 이러한 철학을 삶의 형식으로 삼아서 살았으며, 이로써 이러한 철학의 영원한 모델이자 기초가 된 사람이 아테네의 소크라테스이다. 그는 이미 당시에 동시대인에게 수수께끼와 같은 존재로 여겨졌으며 오늘에 이르기까지 여전히 불가사의로 머물러 있다.

소크라테스는 계몽과 철학의 영도자이다. 그는 예거(W. Jaeger)에 의하면 어떤 도그마나 전통에 얽매어 있지 않은, 오로지 자기 자신의 양심에서 들려오는 내면적인 소리의 격언에만 귀를 기울인 윤리적 자유의 사도였다.30) 그는 또한 새로운 현대 종교의 선포자다. 그는 어떤 값없이 베풀어지는 은총에 근거하지 않고 자신의 내면에 감취어져 있는 고유한 본질의 완전한 실현을 향한 간단없는 노력에 근거하고 있는 내적인 능력을 갈고 닦음으로써 획득할 수 있는, 의미와 희열로 가득찬 삶의 행복인 지복성(至福性, Glückseligkeit)의 선포자였다. 이렇게 그에 관한 평가는 드높다. 그러나 이러한 소크라테스에 대한 묘사들은 그가 중세기 이후 오늘에 이르기까지 서양의 정신사에서 차지하고 있는 의미를 밝혀주기에는 너무나 부족하다. 소크라테스는 사실상 서양 교육

---

30) W. Jaeger, *Paideia*. Band 2, S.59.

의 역사에서 문예부흥과 경건주의, 계몽주의, 그리고 인본주의를 거치면서 언제나 다시금 인간의 내면적 쇄신을 꾀하는 모든 교육사상과 교육실천에 충격을 주었으며 독특한 상징적 힘으로 작용하여 왔다. 그래서 소크라테스는 진리의 근원적 힘을 찾아 헤매는 자, 자기 자신은 망각하고 낯선 영혼과 정신을 깨우치는 일에 전념하는 자, 또는 그저 경이롭고 지혜로운 사람이었다. 소크라테스는 특이한 사람으로서 삶을 살아감으로써 교육의 철학을 하였으며, 이로써 철학의 길을 열었다.

소크라테스가 살았던 주전 5세기는 지금과 여러 면에서 비교가 되는 시대였다. 현재 우리가 겪고 있는 독재와 민주 사이에서 오는 정치적 갈등, 경제적 성장과 더불어 오는 생활의 안정과 풍요, 정부의 통치 능력과 권위의 상실, 분쟁과 전쟁, 과학과 예술의 발전과 문화의 융성, 윤리와 도덕의 문란, 가치 체계의 전도, 급속한 기술공학의 발전과 이 발전이 가져다 준 삶의 형식들의 변화로 인한 전통적 풍속과 습관의 붕괴, 가족 제도와 사회의 내적 구조의 와해, 종교적 권위의 추락과 더불어 오는 숱한 사이비 또는 이단 종파들의 출현 등, 그 시대의 모습은 우리 시대의 거울과 같다. 이렇게 아테네가 밖으로부터 에워 쌓이고 안으로부터 허물어지던 시대에 소크라테스는 철학을 하였다. 소크라테스가 언제부터 철학을 하기 시작하였는지 정확하게 알 수는 없다. 그러나 그의 생활이 공개적 성격을 갖게 된 것은 펠로폰네소스 전쟁(431-404 BC)부터이다.

소크라테스는 용감하고, 정신적으로 탁월한 사람이었다. 그는 죽는 것이 겁이나서 정의에 위배되는 행위를 하는 인간이 아니었다. 그는 『변명』에서 "나에게 있어서는 죽음이라 할지라도 아무렇지도 않으며, 극악무도나 불의는 단연코 하지 않는 것이 무엇

보다도 나의 최대의 관심사"라고 말하고 있다.31) 그래서 플라톤
은 그를 "이 시대의 가장 의로운 사람"32)이라고 불렀다. 그가 주
전 399년에 신성을 모독하였으며 청소년을 오도하였다는 죄목으
로 사형 판결을 받았을 때에, 그는 재판의 결과를 거부하고 도망
갈 수 있었음에도 불구하고 다음과 같은 유명한 말을 남기고 독
배를 마시고 죽었다. "지금 이 순간뿐만 아니라 일생을 통해서
나는 잘 음미한 다음 최상이라고 납득된 「로고스」 이외에는 아무
것도 추종하지 않는 것을 나의 신조로 삼아왔다.33)

  아테네의 거리를 배회하면서 똑똑한 젊은이들을 만날 때마다 그
들에게 기묘한 질문을 던져서 그들의 영혼을 흔들어 놓았던 소크
라테스는 고독한 산책을 즐기고 누구하고나 대화하기를 좋아하는
사람으로서, 일생동안 아무 것도 쓰지 않았으며 어떤 이론도 만들
지 않았다. 그러나 그가 죽은 후에 그를 정점으로 그리스와 전 세
계의 모든 철학이 시작되고 있다. 그는 어떤 형태로도 포착되지
않는 나날을 살았다. 그는 사실상 장소없이(atopos) 살았다.34) 이런
의미에서 그는 유토피아적 인간이었다. 그는 자기 자신의 고유한
실존 속에 깊이 잠겨 있었기 때문에 언제나 낯선 사람이었다. 그
는 실현 불가능한, 동시대인에게는 이해 불가능한 참된 자아의 획
득과 세계 개선의 철학에 매달려 있었고 이를 선포한 사람이었다.

  교육철학의 역사에서 소크라테스가 차지하고 있는 의미를 다
룰 때에 우리는 두 가지 사실을 강조해야 한다. 첫째, 그는 인간

---

31) 변명, 32d.
32) Platon, 7. *Brief*, 325a. I, S.302.
33) G. Martin, Sokrates. Hamburg 1967, S.49; 박갑성(역), 소크라테스 평전. 삼
   성미술문화재단 1981, 82쪽.
34) Lichtenstein, a.a.O., S.71.

개개인의 영혼을 위한 염려, 즉 실존을 위한 염려를 정치적 관심
사나 우주론적 사변과 대립시키고, 정치에 대하여 영혼에 대한
관심의 우위를 선포하였다. 그래서 그는 고대의 철학계에서 실존
철학의 정점을 이루었다. 둘째, 우리는 다만 그의 제자들에 의하
여 쓰여진 스승에 대한 글들을 통해서만 그를 알 수 있을 뿐이
다. 다시 말해서 우리는 소크라테스를 그의 제자들이 그에게서
받은 인상과 비교할 수 없이 탁월한 교사로서의 그와 함께 나눈
대화, 그리고 그로부터 받은 가르침에 관하여 기록한 내용을 통
하여 그를 알 수 있을 뿐이다.

소크라테스의 비밀은 그의 교사로서의 삶이었다. 그는 서양의
교육사에서 언제나 교육하는 가장 순수한 인간의 모습을 가지고
인류의 스승으로 존경받고 있다. 소피스트들은 가르침을 직업으
로 삼은 최초의 무리들이었다. 이에 비하여 소크라테스는 가르침
을 지극히 개인적인 소명으로 인식하고 자신의 소명에 깊이 침잠
하며 살았고, 교육을 생활로 실천한 최초의 교사였다. 인간을 시
험하고, 경고하고, 바른 생활과 고유한 윤리적 쇄신으로 인도하는
일을 하라고 신이 그에게 명령했다고 그는 생각하였다.[35] 그래서
그는 다음과 같이 고백하고 있다.

"저는, 신에 대한 저의 이 봉사보다 여러분을 위하여 더 좋은
것은 이 나라에서 생긴 적이 없다고 생각합니다. 왜냐하면 제가
돌아다니면서 하는 일은, 오직 여러분들 중 젊은이에게나 나이가
많은 분에게나, 될수록 정신을 훌륭하게 할 것을 마음쓰고, 그보
다 먼저 혹은 그와 같은 정도로 신체나 돈에 관해서 마음을 써서

---

35) 변명, 30a. "제가 이런 일을 하는 것은 그것이 신의 명령인 때문입니다".
    최명관(옮김), 플라톤의 대화. 종로서적 1980, 63쪽.

는 안 된다는 것을 설득하는 것뿐이기 때문입니다. 저는 여기 관
해서 이렇게 말하곤 합니다. '돈으로부터 덕이 생기는 것이 아니
라, 덕에 의하여 돈이나 그 밖의 모든 것이, 개인적으로나 공적으
로나 인간을 위하여 좋은 것이 됩니다'."36)

위의 인용에서 드러나듯이 교육은 소크라테스에게 있어서 국
가의 일이나 법률의 기능이 아니다. 그렇다고 해서 교육이 어떤
개인적 권위나 영향력 행사에 의하여 일어나는 차원의 현상도 아
니다. 교육은 그에 의하면 인간에 대한 봉사요 신에 대한 예배이
다. 그래서 그는 교육을 자신의 실존의 직접적 조건으로 삼았다.
그래서 교육은 교육의 역사에서 최초로 지극히 개인적인 사명이
요 은사(Charisma)로 확인된다. 소크라테스는 그가 속해 있는 아
테네 시민과 그의 그리스 민족을 교육하기 위하여 보내어 졌다.
인간을 몰락의 나락에서 건져내고 영원한 가치들에 눈뜨게 하여,
자신의 고유한 의미 있는 삶을 실현하게 하는 일이 교육이다. 잠
자는 영혼을 깨우고 각성시키는 일과 영혼을 치유하고 구원하는
일이 교육이다.

소크라테스 이전에는 이웃에 대한 봉사요 영혼을 위한 염려이
며, "가능한 한 정신을 훌륭하게 하는 일"에 마음을 쏟는 일로서
의 교육이란 개념과 실천이 없었다. 소크라테스로부터 비로소 교
육은 한 인간의 삶에 대한 직접적이고 집중적인 협력으로 새롭게
확인되고 있다. 소크라테스가 처음으로 인간의 정신(Seele)이 사
람됨의 중심이요 인간의 내면에 있는 본질의 핵이요 윤리적 결단
의 기관이라는 새로운 의미를 부여하였다.37) 소크라테스에게 있

---

36) 같은 책 같은 곳.
37) W. Jaeger, *Paideia*. Band II, S.87.

어서 교육의 고유한 목적은 인간 개개인의 영혼을 염려하는 일이
요, 이러한 염려로부터 영혼에서 잠자고 있는 분별력(phronesis)과
진리(aletheia)를 깨우치는 일이다. 여기서 교육은 소피스트들에 있
어서처럼 어떤 형식으로든지 유용한 시민으로서의 자질을 부여하
는 일이 아니라, 인격으로서의 인간의 핵심을 노리고 있으면서
자아의 실현을 꾀하는 일로 확인된다.

3. 영혼을 위한 염려로서의 교육

소크라테스의 교육이 당시의 젊은이들을 어느 정도로 사로잡
았으며 영향을 주었는가를 우리는 알키비아데스의 고백을 통하여
자세하게 알 수 있다.[38]

"선생님의 말을 … 들을 때에는 … 우리는 그만 압도되고 정신이
사로잡히게 됩니다. … 이 분의 말을 들을 때 내 심장은 미친 듯
춤추는 코뤼바스(Korubas)들의 심장보다도 더 격렬하게 뛰며, 눈
물은 내 눈에서 마구 쏟아져 흐릅니다. … 페리클레스나 그 밖의
뛰어난 웅변가들의 연설을 들었을 때, 나는 그들이 훌륭한 연설
가라고는 생각했습니다마는, 지금 말한 바와 같이 느낀 적은 한
번도 없으며 또 내 마음이 뒤흔들리거나 노예가 된 때와 같이 초
조하게 된 적도 없습니다. 그런데 여기 있는 이 마르쉬아스[39]는
빈번이 나를 그런 상태에 빠지게 했으므로 나는 지금의 내 생활
이 살만한 가치가 없다고 생각했습니다. … 나는 다른 어떤 사람

---

38) 향연, 215d-216c. 인용은 최명관(역), 플라톤의 대화, 298쪽 이하.
39) Marsyas는 Satyrus의 일종으로 알키비아데스가 소크라테스를 그의 외모에
   빗대어 이렇게 부르고 있다.

앞에서도 부끄러워할 줄 모르지만 다만 이 분 앞에서만은 부끄러움을 느낍니다."

알키비아데스는 소크라테스의 가르침을 "독사에 물린 것과 같은 고통"[40]으로 비유하였다. 그것도 "제일 아픈 곳을", "심장을, 아니 마음을" 물린 것과도 같은 고통으로 묘사하였다. 그리하여 "그의 애지(愛智)하는 말이 … 젊고 재질 있는 마음을 한 번 움켜잡는 날이면 독사보다도 더 지독하게 물고 늘어져 그 마음으로 하여금 무엇이든지 행하며 말하게"[41] 한다고 하였다. 그래서 알키비아데스는 독사의 교상(咬傷)과도 같은 자아인식의 화살로부터 도망하고자 시도하였다. 그러나 그러한 시도는 오히려 소크라테스의 환심을 사려는 마음을 갖도록 만들었을 뿐이다. 소크라테스는 이러한 알키비아데스에게 이렇게 말하였다. "만일 자네가 나에 관해서 말하는 것이 정말이고, 또 내 속에 자네를 좀더 훌륭하게 할 수 있는 어떤 힘이 정말 있다면 … 우리 두 사람에게 제일 좋다고 여겨지는 것을 생각도 해 보고 실행도 해 보기로 하세."[42] 여기서 우리는 가르치기 위해서 신으로부터 부름 받은 소크라테스의 모습을 본다. 교육을 직업이 아니라 소명으로 인지하고 수행할 수 있는 교사는 참으로 위대하다. 왜냐하면 그는 이상적 교사상의 정점에 서 있기 때문이다.

일반적으로 우리는 소크라테스를 소피스트들로부터 구별하고 있다. 동시대의 사람들로부터 소크라테스가 소피스트들의 하나로 인식되고 있었음에도 불구하고, 그는 스스로 그들로부터 자신을 날카롭게 분리시키고, 그들의 가르침에 대립적인 입장을 취하였

40) 향연, 217e. 같은 책, 302쪽.
41) 같은 책 같은 쪽.
42) 향연, 218e-219b.

다. 이러한 대립적 입장은 교육(Erziehung)에 대한 도야(Bildung)의
주장으로 확인된다. 소크라테스는 아테네의 민주주의가 붕괴되면
서 기존의 가치들이 흔들리고 있을 때에, 이러한 가치 위기에 직
면하여 교육의 위엄과 절대적 성격을 주장하였다. 소피스트들은
공동체를 정신적으로 묶어 주는 끈이며, 인간의 참된 생활과 행
위를 가능하게 해주는 규범들의 원천인 로고스를 지식의 소유자
들 손에 쥐어져 있는 인간 조정의 합리적 도구로 만들었다. 이렇
게 함으로써 그들은 동시대의 교육의 대표자들이 되었다. 여러
가지로 상이하고 다양하게 쓸모 있는 지식들의 학습과 훈련을 강
조한 소피스트들의 교육은 사실상 인간을 임의적인 목적들에 따
라서 행동할 수 있는 능력들로 무장시켰으며 그렇게 행동하는 인
간들을 길러냈다.

소위 이러한 지식의 소유자들 또는 아는 자들의 틈바구니에서
소크라테스는 홀로 자기 자신을 「모르는 자(der Nicht-Wissender)」
라고 자칭하였다. 이것이 소크라테스의 모순이다. 이러한 무지(無
知)의 지(知)는 델포이의 신탁과 관련이 된다. 델포이의 신은 이
세상에서 소크라테스가 가장 지혜로운 사람이라는 신탁을 내렸
다. 그래서 그는 동시대의 소위 지혜 있는 자들이라고 여겨지던
시인들, 변론가들, 지혜자들 그리고 정치가들을 찾아가서 그들이
자신 보다 더 지혜 있는 자들임을 확인하려고 하였다. 그러나
"그 사람(들)은 다른 많은 사람들에게 지자라고 여겨지고 있고,
자기 자신도 그렇게 생각하고 있는 것 같지만, 사실은 그렇지 않
다"[43]는 사실을 그는 알아냈을 뿐이다. 그래서 그는 "이 사람(들)

---

43) 소크라테스의 변명, 21c, d., 최명관(역), 같은 책, 47쪽. 괄호 안은 필자의
삽입임.

보다는 내가 더 지혜가 있다. 왜냐하면, 이 사람이나, 나나, … 아무 것도 모르는 것 같은데, 이 사람은 자기가 모르면서도 알고 있다고 생각하고 있지만, 나는 모르고 또 모른다고 생각하고 있기 때문이다."44) 소크라테스에게는 모든 사람들에게 유용하며 그들을 고쳐주는 지식은 오직 하나만이 있을 뿐이다. 이 지식은 가장 선한 삶에 관한, 생각과 행위의 목표에 관한, 생활의 규범에 관한, 한마디로 묶어서 선(agathon)에 관한 지식이다. 이 지식만이 교육적이다. 왜냐하면 이 지식은 인간에게 그들의 존재의 근거를 밝혀주며 그들의 가장 내면적인 본질에 있어서 그들을 만족시켜 주기 때문이다.

소피스트들은 돈을 받고 지식을 팔았다. 이러한 소피스트적 교육경영을 소크라테스는 날카롭게 비판하였다. 돈을 받고 교육하는 일은 도덕적으로 타락한 결과일 뿐만 아니라 도대체 말도 안 되는 일이기 때문이다. 그에 의하면 지식은 물질이 아니기 때문에 결코 상품처럼 매매되어서는 안 된다. 지식은 힘이다. 지식은 소유 과정에서 필연적으로 인간 개개인의 고유한 자아의 한 부분이 되기 때문에 영혼에 이롭거나 해로울 수가 있다. 그러므로 지식의 허용을 이에 따라서 결정해야 한다. 이러한 정신의 본질에 대한 깊은 이해를 소크라테스는 가지고 있었다. 지식은 구속력이 있다. 그러므로 어떤 자기 자신의 내면에 자리잡고 있는 고유한 규범에 따른 검토를 거침없이 자신을 한 교사에게 내 맡기는 일은 위험하다. 그래서 소크라테스는 소피스트적인 의미에 있어서 한 번도 교사가 된 적이 없다고 강조하였다.45) 그는 언제나 빈부

44) 같은책 같은 쪽.
45) 변명, 33a.

와 노소에 관계없이 누구에게나 묻고 대화하며 자문에 응하였으나, 누구에게도 지식을 주거나 가르친 적이 없다.[46] 그러므로 혹자가 그로부터 "다른 아무에게도 들어보지 못한 것을 배웠다거나 들었다거나 하면 그것은 참말이 아니라는 것을"[47] 그는 강조하였다.

여기서 소크라테스가 지식의 전달을 특별한 직업으로 만든 소피스트들 중의 하나로 인정받거나 오인받고 싶어하지 않았음이 분명해진다. 지식은 추상적이 아니라 구체적인 정신이다. 지식은 개인적 소유가 아니라 존재의 현재함(Gegenwärtigkeit)이다. 지식은 개인이 사용할 수 있는 주관적 소유가 아니라, 모두에게 통용 가능한 보편성이다. 지식은 개인의 영달이 아니라, 지식의 구속력에 의하여 개인이 진리에 의하여 들어올려짐이다. 참된 지식은 그러므로 결코 합리적 무장이 아니라, 말들과 행위들의 규범으로서 언제나 동시에 실천적이요 삶을 형성하는 힘인 것이다. 그리고 지식이 바로 이러한 대화적 지식일 때에, 이러한 지식은 비로소 공동체를 형성하는 힘으로 작용한다.[48] 여기서 소크라테스가 인간에게만 관심을 갖고 있었으며, 교육활동을 인간들과의 직접적인 교제 안에서 그것도 도덕적 생활의 협력 활동으로 이해하고 있었음이 분명히 드러난다. 그는 이러한 그의 입장을 "인간 이상의 어떤 지혜"를 가지고 있을지도 모르는 소피스트들과는 달리 그가 오직 "인간으로서 가질 수 있는 지혜"[49]만을 소유하고 있음에 근거한다는 말로 밝히고 있다. 여기에서 소크라테스의 교육이

---

46) 변명, 33b.
47) 변명, 33b.
48) E. Lichtenstein, 앞의 책, 75쪽.
49) 변명, 20d, e.

소피스트들의 교육으로부터 날카롭게 갈라지는 자리가 분명히 드러난다. 교육은 전자에 있어서 후자에게 있어서와 같이 어떤 비인격적인, 따라서 지적 능력의 기계적 훈련과 연습 그리고 지식의 몰가치적 주입이 결코 아니다. 교육은 영혼의 각성을 꾀하는 일이요, 인간 개개인의 주체적 인격을 도야하는 과정이다. 따라서 오로지 인간만이 교육의 대상이다.

서양에서 교육의 역사는 인간의 내면 세계에 대한 인식 과정의 역사였으며, 개개인의 고유한 정신과 능력을 내면 세계로부터 실현하기 위하여 개개인은 자신을 억제하고 있는 외부적인 굴레들로부터 자유롭게 하는 일의 역사였다. 이러한 교육의 역사에서 확인되는 교육의 정신이 소크라테스로부터 시작되고 있다. 인간 개개인이 자신의 삶을 스스로 책임지게 하는 교육이 그에게서는 인간의 내면에서 잠자고 있는 영혼을 독사처럼 물어서 일깨우는 대화의 형식으로 나타난다. 그와 같은 교육의 중심을 이루고 있는 것이 반어(反語, Ironic)와 대화술(Dialektik)과 산파술(Mäeutik)이다. 반어는 무지의 지로부터 참된 물음의 근거를 자유롭게 들어 내놓기 위하여 자기 자신의 고유한 견해를 유보하는 일을 말한다. 대화술은 대화의 상대자를 난문(aporia)과 결단의 상황 속에 몰아넣는 대화의 기술로서, 끊임없이 시험하는 질문에 의하여 동반되어지는 대화의 형식이다. 산파술은 지식을 전달하거나 주입하는 대신 질문의 예술을 통하여 주체 자체가 생산적 사고를 먼저 배태하도록 만드는 방법을 말한다.

소크라테스는 지식의 본질을 다룬 인식론적인 대화가 실려있는 『테아이테토스』에서 산파술에 관하여 다음과 같이 말하고 있다.50)

---

50) *Theaitetos*, 150bcd. IV, S.115.

나의 산파술은 보통 산파술과 다를 것이 없네. 다만 다른 것이 있다면 나의 산파술이 여자들이 아니라 남자들의 출산을 도와주며, 육체가 아니라 정신의 탄생을 염려하는 것이라네. 우리들의 기술의 가장 위대한 점은 젊은이의 영혼이 환영(幻影, Trugbild)과 오류를 잉태하려 하는지, 아니면 유실하고 참된 것을 잉태하려 하는지를 검토할 수 있는 데에 있다네. 여기서도 나에겐 산파에게와 같은 과제가 주어져 있네. 나는 지혜에 관해서는 아무 것도 잉태한 것이 없네. 그리고 내가 비록 다른 사람들에게 질문은 하나, 스스로는 아무런 대답도 하지 않고 있으며, 이는 내가 아무것도 모르기 때문이라고 사람들이 비난하고 있는데, 그들의 비난은 정당하네. 그러나 내가 대답하지 않는 근거는 이러하네. 신은 나를 산파의 기술을 사용하도록 강요하였지, 출산하는 일은 거부하였다네. 나는 아무 것도 모르는 자일세. 나는 나의 영혼과 정신의 생산이라는 사건을 경험한 적이 결코 없네. 그러나 내가 더불어 대화를 나누었던 사람들 가운데에는 처음에는 전혀 아무 것도 모르는 것처럼 보였으나, 그러나 모두가 대화가 진행되는 동안에, 신이 그들을 도와주고 있는 한에 있어서, 그들 자신이 그리고 다른 이들이 그렇게 알 수 있듯이, 놀라운 발전을 이룩하였다네. 그리고 그것도 그들이 나로부터 일찍이 무엇인가 배운 바가 전혀 없이, 오직 스스로 자기 자신으로부터 많은 아름다운 것을 발견해내고 그것을 확고하게 간직하였다는 것은 명확한 사실이라네. 그리고 탄생의 도움을 그들은 신과 나에게서 받았을 뿐이네."

소크라테스가 대화술이라고 부른 방법은 이해의 방법인 소피스트들의 논쟁술이나 사물들 자체를 분석함으로써 철학적으로 개념의 인식에 이르는 방법인 플라톤적 변증법이 아니다. 대화술은 나와 너 사이에서 일어나는 개방적 의사 소통의 방법이요 진실된 대화를 가능하게 하고 실현하게 하는 언어의 예술이다. 이러한 열려진 그리고 참된 대화 안에서 선의 지식이 비로소 정신적 세계의 심연에서 완성된 그리고 사용 가능한 지식으로서가 아니라, 형성되고 있는 그리고 파악하는 과정에 있는 지식이요 활동하는 지식으로서 일깨워지는 것이다. 이러한 선의 지식을 소유하고 있는 자는 아무도 없다. 선의 지식은 다만 언제나 말을 걸고, 말을 걸음에 대응하는 상태에서 생동하고 있을 뿐이다. 그러므로 언어와 사물을, 그리고 진리와 견해를 끊임없이 함께 물어 들어가고 이들을 비판하고 구별하고 밝히는 일이 교육이다. 표면적으로는 진리를 내포하고 있는 것처럼 보이나 사이비 진리이기 때문에 난파할 수밖에 없는 지식들을 시험하고 검증하는 일이 교육이다. 그래서 소크라테스에게 있어서 교육은 인간의 내면에 감추어져 있는 도덕적 근본 지식에 대하여 회상하게 하는 일이요, 인간에게 결단할 수 있는 선택권과 자유를 호소하는 일이며, 이러한 일로서 경고(Ermahnung, Protreptik)의 행위이다. 이러한 의미에서 소크라테스는 친구들을 말과 행위에 있어서 대화할 수 있도록 만드는 일 자체를 교육적 과제로 삼았다.[51]

소크라테스의 산파술과 대화술에서 확인하게 되는 교육은 인간을 인간 자체로 해방하는 일일뿐, 그 이상도 그 이하도 아니다. 그리고 인간을 인간 자체로 해방한다는 말은 인간 개개인이 자기 자신이 되도록 한다는 말이다. 모든 교육의 목표는 소크라테스에게 있어서는 대화를 통하여 인간 내재적인 모든 이해 능력들과 이해 내용들을 인간의 의미를 부여하고 능력들을 생산하며 행동하는 핵심에까지 파고 들어가서 끌어내어 정련하는 일이다. 그러

---

51) E. Lichtenstein, a.a.O., S.75.

므로 이러한 교육은 교사가 그러한 이해 능력과 이해 내용을 생산해 낼 수는 없고, 다만 해산시킬 수 있을 뿐이라는 특징을 가지고 있다. 교육적 과정(過程)의 중심에는 그래서 교사가 아니라 학생이 자리잡고 있다. 학생은 스스로 배운다. 그러므로 학생은 산파의 역할을 하는 인간 교사의 학생이 아니라, 신이 언제나 이미 그 안에 심어준 진리의 학생일 뿐이다. 소크라테스의 물음은 주체적인 탐구와 자발적인 발견의 능력과 자아 확신의 독자적이고 창조적인 힘들이 아무런 유보 없이 자유롭게 활동하도록 만드는 일을 목적하고 있다. 그렇기 때문에 교사의 도움으로 자기 자신의 고유한 진리에 직면하게 되는 인간은 현세를 풍미하는 모든 사이비 진리를 부정하며, 참된 정의와 지식을 고수하기 위하여 부정한 폭력에 항거하며, 아직 잠자고 있는 영혼을 일깨우기 위하여 교육하지 않으면 안 되는 실존적 한계 상황에 놓이게 된다. 인간은 자기 자신의 현존에로 돌아올 수 있는 능력을 바로 이러한 신적 협력에 의한 해방을 통하여 비로소 갖게 된다. 이러한 관점에서 교육자는 신의 협력자 내지 동역자이다. 이러한 의미에서 소크라테스는 "탄생의 도움을 그들은 신과 나에게서 받았을 뿐이네"라고 말하였다. 교사는 여기서 다만 그의 소명을 실천하고 있을 뿐이며, 교사의 마음에는 이러한 교육활동을 통하여 어떤 감사의 대가도 받고자 하는 생각이 전혀 없다.

4. 반어법의 범례 「라케스」

교사로서의 소크라테스의 진면목, 소크라테스적 대화의 본질, 그리고 그의 반어법(Ironie)을 보여주는 좋은 모델로 우리는 「라케

스」를 선택할 수 있다.[52] 물론 플라톤이 쓴 대화편 중에는 「라케
스」외에도 「라케스」에서 다루고 있는 주제보다 더 중요한 주제들
을 다루는 재미있는 대화들이 많이 있다. 「고르기아스」는 수사학
과 수사학적 수업을 주제로 다루고 있고, 「프로타고라스」는 인식
의 타당성과 한계를 주제로 삼고 있다. 모두 「라케스」보다 훨씬
더 잘 알려진 대화편들이다. 그러나 「고르기아스」와 「프로타고라
스」가 플라톤의 개성 있는 철학의 냄새를 지나치게 많이 풍기고
있는 반면에, 「라케스」는 그 내용과 전개에 있어서 "소크라테스
적 대화의 가장 훌륭한 묘사"[53]일 뿐만 아니라, 소크라테스적 대
화의 진수를 분명하게 보여주고 있다.

대화의 시작 상황은 다음과 같다. 리시마코스(Lysimachos)와
멜레시아스(Melesias)라는 서로 절친한 친구 사이인 아테네 시민
두명이 그들의 다 성장한 아들들의 교육에 관하여 고민하게 된
다. 그들은 둘 다 아테네에서 유명한 정치가들인 아리스테이데
스(Aristeides)와 투키디데스(Thukydides)의 아들들로서, 아버지들

---

52) 「라케스」는 소크라테스 연구가들에게 소크라테스적 대화의 진수를 맛
　보게 하는 모델로 종종 인용된다. Gottfried Martin은 그의 널리 읽혀지
　고 있는 소크라테스 전기, *Sokrates mit Selbstzeugnissen und Bilddokumenten*,
　Hamburg 1967, S.93-103에서 「라케스」를 소크라테스적 대화의 해석을
　위한 텍스트로 다루고 있다. Francois Chatelet도 그의 논문, "Platon"의
　S.84-87에서 「Die Ironie」라는 제목 아래서 「라케스」를 모델로 다루고
　있다(Aubenque, P. / J. Bernhardt / F. Chatelet, *Die heidnische Philosophie*.
　Frankfurt: Ulstein 1973, S.67-127). 이렇게 「라케스」가 소크라테스적 대
　화의 진수를 보여주는 모델로 애용되는 것은 플라톤이 「라케스」에서
　묘사하고 있는 대화들이 "실제로 있었던"(Martin, S.93) 대화들이며, 플
　라톤의 원숙한 언어적 묘사 능력과 사유 능력에 의하여 완전한 대화의
　형태로 재구성되었을 뿐이며, 플라톤의 고유한 생각은 이 대화의 내용
　에 들어있지 않다고 보기 때문이다.
53) G. Martin, a.a.O., S.93.

의 찬란한 활동에 비하여 자신들의 보잘 것 없는 생활을 한탄하
면서, 자녀들을 잘 교육하여, 가문의 명예를 되살리고 자신의 현
실 생활에 대한 보상을 받고자 하는 강한 욕망에 사로잡혀 있었
다. 그래서 그들은 그들의 아들의 이름을 그들 아버지의 이름을
따서 지었으며, 아들의 교육에 남다른 정렬을 쏟고 있었다. 그런
데 검술의 대가 한 사람이 아테네에 와서 검술 학교를 열었다. 여
전히 영웅들의 시대를 살고 있는 두 아버지는 이를 계기로 그들
의 아들들을 이 검술 학교에 보내는 문제를 의논한다. 그러나 그
들은 결정을 내리기엔 그들의 지식이 부족하다는 생각을 하게 된
다. 그래서 이 문제를 잘 판단해 줄 능력이 있는 친구를 찾는다.
　라케스(Laches)와 니키아스(Nikias)는 모두 유명한 전술가요 여
러 번 아테네 군대의 사령관으로 전쟁을 치른 경험이 있는 사람
들이다. 라케스는 주로 전쟁터를 누비면서 검술을 연마하였기 때
문에, 검술에 대한 실전적 경험은 많았으나 검술의 문화에 대한
이해는 적었으며 관심도 없었다. 반면에 니키아스는 소피스트들
과 교류하였으며 정치와 문화에 관하여서도 일가견을 가지고 있
었다. 소크라테스도 그 자리에 있었다. 그들은 소크라테스도 이
대화에 함께 참여하도록 청하였다. 이는 당연한 경과였다. 라케스
는 소크라테스를 개인적으로 잘 알고 있었다. 라케스는 전쟁터에
서 소크라테스의 상관이었다. 그래서 그는 용기와 상황 판단의
능력이 탁월하며 전쟁 수행의 능력도 뛰어난 유능한 전사로 소크
라테스를 체험한 바가 있다.54) 그리고 리시마코스 역시 소크라테
스를 잘 알고 있었다. 그는 소크라테스의 아버지 소프로니코스와
같은 동업조합에 속해 있는 친구 사이였으며, 소크라테스가 젊은

---

54) Platon, Laches, 178a-187d. 이 글의 '용기있는 사람' 부분을 참조.

이들 사이에서 큰 인기를 누리고 있는 것을 잘 알고 있었다. 그
리고 바로 젊은이의 교육문제를 다루고 있으므로 소크라테스와
같은 깊은 지혜와 높은 견해를 소유하고 있는 사람의 의견을 듣
는 것은 전혀 해로울 것이 없었다. 이렇게 하여 대화와 토론이
벌어졌다.

토론의 주제는 다음과 같다.

젊은이들에게 검술의 수업을 받도록 하여야 할 것인가? 아니
면 그들이 검술의 수업을 받는 것을 거부하여야 할 것인가? 검술
의 전문가들인 라케스와 니키아스가 먼저 번갈아 가면서 말하였
다. 니키아스는 검술의 대가답게 그러한 수업이 신체의 단련에
좋을 뿐만 아니라, 도덕적 훈련도 되며, 군대에서의 출세에도 도
움이 된다고 주장하였다. 니키아스는 여기서 귀족주의적 전쟁의
이론과 전승되어 내려온 귀족의 윤리와 가치를 옹호하고 있다.
검술은 고대 그리스에서 승마와 나란히 여가의 핵심 종목이요 신
분 계층의 체련 종목이었다. 따라서 검술의 연습은 자신감을 심
어주고 용기를 배양하며 전투에 효과적으로 임할 수 있는 능력을
길러주는 좋은 교육이라고 말했다. 이에 대하여 라케스는 사실을
들어서 반론을 폈다. 그는 주장하였다. 그러한 추상적 연습은 별
로 쓸모가 없다. 왜냐하면, 사람들이 검술을 익히는 유일한 학습
장은 전쟁터이기 때문이다. 스파르타의 무사와 같은 유능한 전사
들은 검술의 교육을 대수롭게 여기지 않는다. 검술이란 실전을
통하여 연마하는 것이다. 더구나 아테네에 온 자칭 검술의 대가
라는 스테실레오스가 실전에서 보여준 검술의 실력이란 보잘 것
없는 것이었다. 이론과 실천이라는 두 사고 방법들과 두 태도들
이 서로 대립하면서 상대방을 논파하고 있었다. 이렇게 두 대가
의 주장들이 팽팽하게 맞서자, 결정은 더욱 어렵게 되었다. 그래

서 리시마코스는 소크라테스에게 그가 어느 편인가 편을 들어서
결정을 내려달라고 도움을 청하였다.

소크라테스는 그의 견해를 말하기 전에 대화에 참여하기 위한
조건을 먼저 내걸었다. 그와 같이 중요한 문제를 다수결 같은 민
주적 방식으로 결정하는 것은 타당하지 않음을 그는 먼저 분명히
하였다. 결정은 해야하지만, 결정은 다수결로가 아니라 사물의 지
식에 근거하여 이치에 맞게 내려져야 하므로 지금까지 진행된 대
화의 방법은 좋지가 않다. 니키아스와 라케스는 참된 대화를 아
직 하지 못하고 있다. 그들은 대화가 아니라 다만 독백을 번갈아
가면서 했을 뿐이다. 그러므로 여기서 더 나아가려면, 참된 토론
을 구성하는 것이, 다시 말하면, 타당한 해답을 획득하기 위하여
치밀한 물음을 던지는 것이 필수 불가결하다. 이러한 주장과 함
께 소크라테스는 그에게 바른 해답을 얻기 위하여 치밀한 물음을
던질 수 있게 해 줄 것을 요청한다. 이에 대하여 대화의 참석자
들이 물론 모두 동의했다.

소크라테스는 토론을 주도하기 시작하며, 토론의 방향부터 바
꾸었다. 여기서 그는 그의 독특한 대화법을 사용하기 시작한다.
그의 방법은 현재 무엇에 관하여 이야기하고 있는지를 정확히 구
분하고 경계짓는 것이다. '검술의 수업을 받아야 할 것인가?' 라
는 막연한 물음은 '검술과 같은 무예의 수업에서 사람들은 무엇
을 기대하고 있는가?' 라는 깊이 파고드는 물음을 통하여 대체되
었다. 검술의 경기는 그 자체가 목적이 아니며 다만 수단이 될
뿐이다. 본래적 목적은 영혼을 위한 염려이다. 그리하여 물음은
다시 더 철저한 물음으로 발전한다. 검술과 같은 무예의 연습이
노리는 본래의 목적이 용기의 학습이라고 한다면, 이 물음이 처
음부터 묻고자 하는 것은 너무나 분명하게 다음과 같은 물음이

될 것이다. '용기란 무엇인가?' 이를 라케스와 니키아스는 즉시 인정한다.

이렇게 하여 소크라테스는 대화를 차근차근 바꾸어 간다. 이러한 전개에서 소크라테스의 반어(Ironie)가 잘 드러난다. 그의 아이러니는 경험의 영역에서 정체되어버린 대화를 앎으로서의 지식을 내포하고 있는 본질의 영역으로 승화시킨다. 두 전술가들은 이러한 지적 내용을 신속하게 받아들인다. 소크라테스가 "용기가 무엇이냐고 묻자", 이를 그들은 대단히 반가워한다. 그들보다 용기가 무엇인지를 더 잘 아는 사람이 있을 것인가? 라케스는 언제나 그러하듯 사실로부터 시작하여, 그가 내리는 용기의 정의를 뒷받침하는 예들을 든다. 이에 대하여 소크라테스는 별로 힘도 들이지 않고, 라케스가 내린 정의를 논파하는 다른 예들을 가져다 놓는다. 이렇게 하여, 철학적 의도의 특징 가운데 하나인 "어떤 사실도 무엇에 대한 참된 증거가 될 수 없다"는 이해에 이른다.

그리하여 라케스는 이렇게 말한다. "무엇이 용기인지 나는 알고 있다고 믿고 있었다. 그러나 어떻게 된 영문인지는 모르겠으나, 개념이 나에게서 사라져 버렸으며, 나는 그것이 무엇인지 말로 파악할 수가 없게 되었다."[55] 이때에 니키아스가 나선다. 니키아스는 이미 철학을 해 본 사람이다. 그래서 그는 자기가 라케스보다는 한수 위에 있다고 자처하면서, 라케스가 이해할 수 없는 표현 방법으로 용기가 무엇인지 말한다. "용기 있는 자가 선하면, 그는 또한 현명하다."[56] 여기서 그는 "덕은 지식이며, 용기도 또한 지식이다"라는 명제를 주장하고 있다. 이에 대하여 소크라테

---

55) *Laches*, 194b. I, S.168.
56) *Laches*, 194d. I, S.168.

스는 다시 묻는다. 그러면 어떤 지식인가? 그들은 대답을 시도하지만, 소크라테스가 그들을 구석으로 내모는 반증들에 눌려서, 종내에는 용기가 무엇인지 모른다고 말한다. 두 아버지들은 깊이 실망하고는, 오류와 혼동을 그렇게나 명쾌하게 지적해낸 소크라테스에게 해답을 청한다.

소크라테스는 말한다. 극소수의 사람들만이 분별력과 용기를 가지고 있다. 그리고 많은 사람들과 어린이들과 짐승들이 분별력이 없는 만용, 모험, 겁 없음을 가지고 있다. 용기는 만용이 아니다. 통찰력 있는 자가 용기 있다. 여기서 더 나아가서 용기는 전체적 덕과 관련이 있다. 왜냐하면 무조건적 절대성의 가치에 대한 통찰이 위험한 경우에 처하여서도 결단과 투신을 의무로 삼도록 하기 때문이다. 선에 관한 지식을 소유한 자는 다만 용기만 소유하고 있을 뿐만 아니라, 분별, 정의, 경건도 소유하고 있다.57) 이렇게 소크라테스는 용기의 개념을 선(agathos)의 이념에 대한 이해에까지 끌고 간다. 그리고 소크라테스는 더 이상의 해답을 시도하려 하지 않는다. 그는 그 자신도 결국엔 용기가 무엇인지 모른다고 말한다. 그가 언제나 알고 있는 사실은 그가 모른다는 것과 다른 사람들도 역시 모르고 있다는 것이다. 그는 친구들과 이 문제를 가지고 다시 토론할 것을 약속하면서 헤어진다.

그러나 라케스와 니키아스는 물론 두 아버지들도 청소년을 위해선 소크라테스 보다 더 좋은 교사와 스승은 없다고 확신한다. 그들은 소크라테스가 결론적 해답을 열어 놓았음에도 불구하고, 참된 덕과 참된 가치를 인식하게 하여 그들 안에 심어주는, 그렇게나 진지하고 그렇게나 자유롭게 경고하는 사람은 소크라테스

---

57) *Laches*, 199d. I, S.174.

밖에 없다고 생각한다.[58] 소크라테스 자신은 "우리가 모두 함께 먼저 우리 자신들을 위하여, 그리곤 젊은이들을 위하여 우리가 만날 수 있는 가장 좋은 교사를 찾지 않으면 안 된다"[59]고 말한다. 이러한 말로 그는 그들 모두를 무지로부터 건져낼 하나의 길을 함께 모색할 것을 제안한다. 그리곤 그는 리시마코스가 다음 날에 대화를 계속하자는 청을 받아들인다. "예. 그렇게 하지요. 리시마코스 씨. 그리고 신의 뜻이라면, 내일 일찍이 당신에게로 가겠소." "신의 뜻이라면"이라는 표현이 많은 의미를 함축한 채로 이 대화는 종결짓고 있다.

「라케스」는 하나의 모델이다. 「라케스」는 소크라테스의 대화술을 독자에게 이해 가능하게 만들어준다. 소크라테스의 대화는 폭력이 지배하고 검술이 영웅을 만들던 시대에 이루어졌다. 이 시대에 용기, 분별, 정의, 경건, 지혜 등이 소위 다섯 가지 근본 덕(Kardinaltugend)들로 정리되어졌다.[60] 이 근본 덕들이 아레테의 부분들로 아레테를 이루고 있다고 사람들은 이해하였다. 여기서 우리가 또 하나 확인하고 넘어가야 할 것은 소크라테스가 대화에서 보여주고 있는 그 시대를 지배하고 있던, 모든 일상적 생활인들이 무의식적으로 그렇다고 믿고 있는 이데올로기에 대한 비판적 해석의 모습이다.

---

58) *Laches*, 200a-201c. I, S.174f.

59) *Laches*, 201a. I, S.175.

60) Jula Kerschensteiner, *Platon. Laches*. Griechisch und Deutsch. Stuttgart: Reclam 1975, S.92.

5. 교육적 사랑

소크라테스는 질문하는 사람이었다. 그는 끊임없이 물었기 때문에 철인이 되었으며 애지자(愛知者)가 되었다. 그는 시대적 유행으로부터 멀리 떨어져 있었다. 그는 교훈적 산문이나 시를 쓰는 사상가나 시인이 아니었으며, 사람들의 마음을 뒤흔드는 말을 잘하는 웅변가나 수사가도 아니었고, 경구를 많이 모아서 상황에 따라 적절하게 암기하여 두각을 나타내는 재주꾼도 아니었다.

소크라테스는 그의 일생을 논리적 철학을 추구하면서가 아니라 윤리적 철학을 추구하면서 보냈다. 그의 삶 자체가 논리적이 아니라 윤리적이었다. 이를 우리는 그를 인류의 역사적 사건으로 만든 그의 삶의 마지막 모습에서 확실하게 확인하게 된다. 앞에서 다룬대로 비록 그는 자신이 사형을 당할 죄를 범하지도 않았으며, 아테네 시민들이 다수로 결정한 사형의 확정을 인정하고 수긍하지도 않았으나, 그가 속해있는 폴리스가 결정한 것이었기에 자신의 인식과 의지에 반하여 독배를 스스로 마시고 죽었다. 그의 입장은 분명하다. 법은 비록 악법이라고 할지라도 존중되어야 한다. 그래야 국가가 권위 있게 서있을 수 있으며 시민이 국가의 시민으로 의미 있게 현존할 수 있기 때문이다. 문제는 그것이 악법임을 알고 있으면서도 법을 개정하려는 노력을 하지 않고 있는 것이다. 악법을 악법인줄 알면서도 존중하여야 한다는 말이 아니라, 악법이지만 폴리스의 법이기에 폴리스가 그 법을 법으로 인정하고 있는 한 존중되어야 한다는 말이다. 그의 이와 같은 윤리 도덕적 의식은 그러나, 그의 삶으로부터 미루어 보건대, 개념적으로 정리된 지식으로부터 오는 것이 아니고, 그렇다고 무지의 향유로부터 오는 것도 아니다. 윤리적 소크라테스의 본질은 오히려 무지 안에 있는 지식에, 그 자신이 아무 것도 모른다는 것을 안다는 무지의 지에, 또는 스프랑거의 현대적인 표현을 빌리면, "문장으로 표현하지 않은 그리고 표현할 수 없는 확실성"[61)에 근거하고 있다.

소크라테스는 그의 내면에 다이모니온(daimonion)이 있어서 그는 언제나 문제와 위기에 직면하여 다이모니온의 소리에 귀를 기울이며 이 소리에 따라서 결정하고 행동한다고 하였다. 그는 다이모니온의 소리에 따르면 언제나 가장 지혜롭고 옳은 결정을 하게 된다고 확신하고 있었다. 이렇게 소크라테스의 내면에서 그의 삶의 일상이 언제나 바르게 이루어지도록 등대의 역할을 하는 다이모니온은 일반적으로 감정의 확실성 또는 본능적 확신의 표현으로 이해되어 왔다. 그러나 이러한 이해와 표현은 소크라테스와 그의 다이모니온을 잘못 파악하도록 하고 있다. 왜냐하면 이러한 표현은 합리적이고 명증적인 이데아를 중심으로 삼고 비합리적인 것을 다만 변두리에 수용하고 있으면서, 다이모니온을 이데아의 변두리적 위치에 두는 것을 타당하게 만들고 있기 때문이다. 그러나 소크라테스의 다이모니온은 합리적 확정과 확실성의 가능성이 파괴되고 끝나는 곳에서 비로소 작용하는, 판단과 행동의 확고부동한 중심 역할을 하고 있다. 그러므로 다이모니온은 모든 개념적 파악의 시도에 앞서서 현존하고 있으며 개념적 파악이 끝나는 곳에서 확인되고 있다.

소크라테스의 다이모니온을 그의 제자 플라톤은 제대로 이해하지 않았고 인정하지 않았다. 늘 논리적 인식의 욕구에 강하게 사로잡혀 있는 플라톤에게는 다이모니온은 로고스의 세계 밖에

---

61) E.Spranger, a.a.O., S.10: "die unformulierte und unformlierbare Gewissheit".

있고 로고스의 저편에서나 생각될 수 있는 대상이었다. 플라톤은 뛰어난 논리적 인식의 세계를 구축하여 스승 소크라테스를 뛰어넘었으며 그 위에 올라섰다. 그 결과로 소크라테스의 진리는 제자 플라톤의 해명을 통하여 밝혀지기보다는 오히려 어둠 속에 잠기어졌다.

　소크라테스가 평생을 통하여 추구한 것은 진리의 인식이었다. 그는 이러한 진리 인식의 간단없는 노력을 통하여 자연스럽게 다른 사람들이 진리를 인식할 수 있도록 도와주었다. 이를 플라톤은 교육적 사랑의 개념으로 파악하였다. 소크라테스의 길은 이러하였다. 그는 그의 무지를 고백한다. 그는 그 자신이 합리적인, 개념적으로 파악 가능한 명증과 확실한 인식의 능력을 소유하고 있지 않다고 고백한다. 이러한 고백과 함께 그는 제자들을, 그들은 이미 스승으로부터 전기메기가 주는 자극처럼 찔림을 받은 자들인데, 의도적으로 오해를 증폭시킴으로써 확실한 개념을 찾도록 몰아간다. 이 과정은 질문과 질문의 연속이요 대답과 대답의 연속이다.

　그러나, 소크라테스는 확실한 개념의 인식에 도달하는가 싶으면 최종적 단계에서 이를 늘 피하고 있다. 그에게 의미 있는 것은 개념들의 모순과 오류를 밝히고 무지의 지에 이르게 하는 과정에서 이 과정 자체가 인간을 자극하고 각성하도록 하는 것이다. 그러므로 개념의 미완성은 인간이 소유하고 있는 개념 인식과 진리 획득의 능력의 한계와 동시에 개념의 본질적 개방성을 의미하고 있으며, 인간 자체의 미완성을 암시하고 있다. 여기서 우리는 소크라테스가 살아온 삶과 소크라테스의 사람됨의 일치에 직면하게 된다. 그는 그가 말하고자 하는 것을 말할 수 있기 위하여 먼저 그렇게 있고, 다시 말하면, 존재하고, 그리고 그렇게 살지, 다시 말하면, 생활하지 않으면 안되었다. 그래서 그는 말할 수 있었으며, 말할 수 없는 경우에는 무지의 지라는 그의 자아 의식이 내면에서 그를 계속하여 도와주었다. 우리는 이렇게 말할 수 있다. 너는 네가 생각하는 대로 그렇게 있기 전에는 네가 있어야 하는 대로 그렇게 생각할 수가 결코 없을 것이다. 그러므로 너 자신을 알아라. 그러면 너는 너의 본래적인 존재에, 네가 그것을 처음부터 네 안에 가지고 있는 것에 눈뜰 수 있을 것이며, 네가 그렇게 있어야 할 것이, 아직 전혀 그렇게 되지 않은 것이 너에게 내면화될 수 있을 것이다. 소크라테스가 "에이도스"라고 말한 것, 그것은 네 속에 있다. 너는 그것을 영원히 끄집어내어 갈고 닦아라.

그러나, 그렇게 하기 위한 전제 조건이 있다. 그것은 개인이 고도의 의미에 있어서, 마치 아이를 잉태한 여인처럼, 먼저 진리를 잉태하고 있어야 하는 것이다. 진리를 배고 있는 자의 졸고 있거나 잠자고 있는 영혼이 눈뜨게 될 때에, 그리하여 자기 자신에 대하여 반성할 수 있게 될 때에, 그는 진리를 낳게 되는 것이다. 한번 소크라테스에 의하여 전기메기나 독사에게 물린 것처럼 물린 자는 그냥 두어두면 그의 내면적 운명이 그를 어느 날인가 자기 자신에 이르도록 하는, 다시 말하면 그의 가장 깊은 내면에 있는 가치 의식에 이르게 하는, 그리하여 자아의 본질 자체를 투명하게 이해하게 하는 것이다.

그러나 여기서 비로소 그 이전에는 전혀 없었으며 따라서 의식하지 못하였던 문제가, 다시 말하면 문제 의식이 생긴다. 각성한 자의 내면의 심연에 있는 가치 의식이 민족과 국가가 오랜 세월을 거쳐오면서 갈고 닦아온, 그리하여 이제는 국민의 윤리 도덕의 내용이요 일상적 생활 세계의 가치 목록이 되어버린 문화재와 반드시 일치한다는 보장은 없다. 따라서 일치의 가능성은 원칙적으로 열려져 있을 뿐이다. 일치하지 않을 경우에 각성한 자는 그가 획득한 그 자신의 고유한 가치를 가지고 전승되어 내려온, 현재의 국가와 사회를 지배하고 있는 가치와 대결하게 된다. 진리의 준거는, 무엇이 선이며 무엇이 정의인가를 말해 주는 준거는, 당시의 그리스 문화권에서 최고의 가치로 확인되는 지혜와 용기와 절제의 준거는 자기 자신의 내면적 가치와의 그러한 객관적 가치들이 일치하는 정도에 대한 의식에 근거하고 있다. 다시 말하면 자신의 고유한 본질과 존재의 심층에 진리의 준거가 놓여 있다. 여기서 존재와 언어가 한 인간 안에서 하나의 상태로 통일되는 것, 이것이 이오니아적 조화이며 목표였다. 소크라테스는 그와 같은 언행의 일치를 강조하였을 뿐만 아니라, 그렇게 살았다. 그래서 그는 그가 알고 있는 지식의 참됨에 확고 부동하였으며, 앎과 삶의 일치를 보여주는 삶을 살 수 있었다. 그래서 그는 진리의 확실성을 소유하고 있는 인간만이 걸어갈 수 있는 죽음의 길을 확실하게 걸어갈 수 있었다. 의심과 불확실성에도 불구하고 영원히 문제가 되는 것 안에 머물러 있는 한, 우리는 죽음을 극복할 수 없다.

그러면 소크라테스가 찾아낸 것은 도대체 무엇인가? 많은 사람들이 이를 그들의 문화가 그들에게 제공해주는 특수한 이해의 관점으로, 다시 말하면 기독교적-서구적으로 이해하려고 시도함으로서 그리스적 의미의 핵심으로부터 멀어지곤 하였다. 이를 그리스적 의미로 파악하여 스프랑거는 이렇게 말하였다. 그것은 외적이고 가시적인 형식들에 대립하는 내적이고 불가시적인 본질의, 다른 말로 표현하면, 내면성의 원리이다. 그것은 또한 맹목적인 기술과 지식에 대립하는 양심의 원리이다. 그것은 또한 임시적이고 지나가는 것이 아니라 최종적 순간을 파악하고 그것을 붙잡는 신앙의 원리이다.[62] 이를 교육학적으로 표현하면, 소크라테스가 찾아낸 것은 성장하는 인간을 그 자신의 내면에로 인도하여 들이고, 그 자신의 양심과 직면하게 하여, 그의 내면에서 스스로 깨우치고 눈뜨며 성숙한 최종적 진리와 이에 대한 신앙 위에 확고히 서게 하는 것이다.

이러한 가르침은 근본적으로 전혀 새로운 것이었다. 어떤 외부의 낯선 권위나 사회의 전통이나 학교의 수업이 인간 개개인에게 그러한 확실성을 부여할 수는 없다. 인간은 자기 스스로 그러한 확실성을 잉태하지 않으면, 다시 말하면 획득하지 않으면 안 된다. 우리는 다만 그가 그의 확실성을 잉태하도록 도와줄 수 있을 뿐이다. 우리는 혹자가 그러한 확실성을 잉태하였다고 하면, 그것이 사이비 확실성인지 아닌지를 따져 보고, 그것이 사이비 확실성임을 폭로하고, 그가 새로운 바른 확실성을 잉태하도록 언제나 다시금 도울 수 있을 뿐이다. 우리는 그에게 결코 자아를, 양심을, 진리를, 신앙을 심어줄 수는 없다. 그것은 너의 내면에 있다. 너는 그것을 영원히 밖으로 끄집어 내어 갈고 닦아야 한다.

소크라테스가 성장하는 청소년들을 그들의 내면으로부터 불안하게 만들었기 때문에 야기된 문제들이 무엇이었으며 어떠하였던지 간에, 소크라테스의 생애와 의미를 어떻게 다양하게 해석하던 간에, 그가 그렇게 살고 추구한 교육학적 진리는 그가 탄생한지 거의 2500년이 지난 오늘날에도 여전히 우리를 강하게 사로잡고 있다. 소크라테스는 교육의 의미와 본질이 무엇인지 알려고 하는 모든 사람들의 위대한 스승으로 영원히 머물러 있을 것이다.

---

62) E. Spranger, a.a.O., S.13.

폴리테이아의 교육철학 : 플라톤

1. 인간과 국가

1) 생애와 작품

플라톤(Platon, 428-348 BC)은 그의 스승 소크라테스와 제자 아리스토텔레스 사이에 있는 고대 그리스가 낳은 위대한 철인 세 사람 가운데 한 사람이다. 그는 개인의 생활과 국가의 보존을 교육의 과제로 삼았다. 그는 교육의 관점 아래서 국가와 인간을 보고 이해함으로써 파이데이아의 철학이라고 말할 수 있는 이론을 정립하였다. 이렇게 하여 고대에서 현대까지 그리고 서양에서 시작하여 동양에 이르기까지 인류 교육의 역사에서 가장 많은 영향을 주었다.

플라톤은 그의 스승 소크라테스의 가르침을 충실하게 이행하였으며 완성시켰을 뿐만 아니라, 소크라테스를 뛰어넘었다. 그는 소크라테스처럼 인간의 도야 가능성을 도덕적 개념에서 찾았을 뿐만 아니라, 모든 정신적 기본 방향의 전체에서 그리고 모든 질서와 합법성의 전체에서 찾음으로써 소크라테스를 넘어섰다. 소크라테스의 교육적 에토스(Ethos, 교육의 윤리·도덕적 성격과 품격)가 인간 개개인의 자아 실현을 위한 정신적 활동 공간 안에서 이루어지고 있는 것을 플라톤은 교육적 우주로 확대하였다. 이 교육적 우주(Kosmos)는 플라톤이 순수 사유적으로 생각한 체계(System)는 아니다. 이는 이미 호머의 교육 이래로 희랍 세계가 축적해 놓은 합리적이고 결실 있는 교육 능력들의 종합(Synthese)이었다. 최선자 지배 체제(Aristokratie)의 음악적-체육적 도야, 스파르타적 국가정신과 아테네적 자유 정신, 종교적 경건과 학문이 플라톤에 의하여 '선의 이념(Idee des Guten)'이라는 교육목표의 절대적 척도 아래서 종합되었다. 플라톤은 지금까지 나타난 여러 가지 철학적 대화법으로 검토하고 정리하면서, 삶의 상실된 통일성을 철학적 사유의 기초 위에서 다시 회복하려고 노력하였다. 이러한 시도에서 그에게 있어서 교육의 이념을 정립하는 일은 곧 철학적 이념을 인식하는 일이었다. 그리하여 오늘에 이르기까지 수천 년 동안 작용하고 있는 교육목적에 대한 철학적 접근의 성격이 정립되었다. 플라톤에게 있어서 사유 안에서 다시 획득된 삶의 통일성은 도야와 훈련의, 정신과 행동의, 말씀(logos)과 삶(bios)의, 그리고 이성과 생활의 통일성이었다.[1] 그에게 있어서 교육은 알아 가는 생활이요 살아있는 정신이었다.

플라톤은 아테네가 희랍 세계에서 정치적 권력의 절정에 서있을 때에 태어났다. 그는 펠로폰네소스 전쟁이 일어난지 3년 후, 그리고 페리클레스가 사망한지 1년 후인 428년에 태어났다. 그의 아버지 아리스톤(Ariston)은 코드로스(Kodros) 왕조의 혈통을

---

1) E. Lichtenstein, *Der Ursprung der Pädagogik im griechischen Denken.* S.82.

물려받았으며, 그의 어머니는 솔론(Solon)의 후예였다. 플라톤의 이런 귀족적이고 왕족적인 혈통은 그를 이미 탄생시부터 통치 계층의 일원으로서 길을 걸어가도록 결정해 놓고 있었다. 당시 아테네를 지배하고 있었던 30인의 과도 정치 체제에는 플라톤의 삼촌들인 크리티아스(Kritias)와 카르미데스(Charmides)가 속해 있었다. 그러므로 플라톤도 이 지배 집단에 속하는 것은 예정된 것이었다. 플라톤은 24세의 이상에 불타는 젊은이로서, 지배층이 국가를 불의로 가득 찬 생활로부터 정의로운 상태로 바꾸어놓을 수 있으리라는 기대를 갖고 있었다. 그러나 지배의 현실이 폭력과 테러의 난장판으로 되어가자 이러한 현실로부터 등을 돌렸다. 그는 무법의 사회요, 파당정치의 무대이며 선동과 테러가 난무하는 조국 아테네의 몰락을 직시하면서 정의로운 국가를 재건할 수 있는 가능성을 정치에서가 아니라 교육에서 찾았다.

이러한 플라톤의 새로운 방향 모색에는 소크라테스의 영향이 절대적으로 컸다. 플라톤은 조금도 주저함이 없이 소크라테스를 이 시대의 가장 의로운 사람이라고 말했다. 그러나 플라톤이 본 소크라테스와 그 시대의 지식인 다수가 본 소크라테스는 많이 달랐다. 아테네에서 30인 독재 지배가 끝나고 민주 지배 체제가 들어서자, 소크라테스는 앞장에서 살펴본 바와 같이 부당한 재판에 회부되었으며, 사형이 선고되었다. 소크라테스의 죽음은 민주주의에 대한 플라톤의 태도를 근본적으로 바꾸어 놓았다. 그는 국가의 내적 안정은 시민 개개인의 내적 정신적 쇄신에 달려있다는 소크라테스의 가르침을 그 자신의 고유한 생각과 연결시켰다. 그는 그 시대의 시민들이 국가 이념(Polis-Ideologie)에 맹목적으로 사로잡혀 있는 것을 안타깝게 여기고, 진리와 정의에 근거하고 있는 새로운 국가 이념에로 인간을 교육함으로써 국가의 바람직한 풍속과 도덕이 무너지고 통치와 지배가 임의적으로 자행되는 상태로부터 국가를 구할 수 있다고 보았다. 그래서 정의로운 국가의 실현을 위한 실천 철학으로 파이데이아의 철학을 정립하였다. 따라서 그의 파이데이아의 철학은 사적 생활과 공적 생활이 모두 조화로운 상태로 함께 보장되는 선으로의 길이요 진리로의 길로 확인된다.2) 그러므로 그는 인간의 참된 존재에 대하여 바른 지식을 소유하지 못한 모든 인간들, 특히 소피스트들과 수사가들을 향하여 선전포고를 하였다. 그들은, 플라톤의 혹평에 의하면, 인간이 본래 어떤 존재이며 어떤 존재이어야 하는가에 대하여는 아무것도 모르면서 또 알려고도 않으면서, 인간이 듣기 즐거워하는 아름답고 그럴싸한 말로서 사람들을 오도하는 청소부요 요리사들일 뿐이다. 인간을 가르치는 일이야 말로 철학의 과제이다. 그들은 인간을 가르치는 대신에 장미 빛으로 포장된 상품으로 돈벌이를 하고 있다.

플라톤은 모든 저서를 대화의 형식으로 썼다. 그래서 그의 저작을 『대화편』이라고 부른다. 유명한 "소크라테스의 변명"을 비롯하여 플라톤의 여러 대화편들은 모두 소크라테스가 사망한 후에 쓰여졌다. 이 대화편들은 참된 교사요 이상적 교육자의 표상인 소크라테스에 대한 회상일 뿐만 아니라 그러한 교육으로의 부름이요 가짜 교육에 대한 경고이다. 그의 대화편들은 힐데브란트에 의하면 세 시기들로 정리된다.3) 첫째, 플라톤이 젊은 시절에 쓴 대화편들로 이온(Ion), 히피아스(Hippias), 프로타고라스(Protagoras, 약 403-399 BC), 변명(Apologie), 크리톤(Kriton, 398 BC),

---

2) J. Hirschberger, *Geschichte der Philosophie*. Bd. 1, Herder 1976, S.73
3) K. Hildebrand, *Platon*. Berlin 1959.

라케스(Laches), 카르미데스(Charmides)와 리시스(Lysis), 오이티
프론(Euthyphron)과 고르기아스(Gorgias)가 있다. 둘째, 플라톤이
첫번째 시실리아 여행(389-388 BC)을 마친 후에 쓴 메넥세노스
(Menexenos), 메논(Menon), 오이티뎀(Euthydem)과 크라틸로스
(Kratylos), 파이돈(Phaidon), 향연(Symposion, ca.379 BC), 국가(Politeia,
ca.372 BC) 그리고 파이드로스(Phaidros)가 있다. 셋째, 노년의
대화편들로서 테에테트(Theätet), 파르메니데스(Parmenides), 소피
스테스(Sophistes), 폴리티코스(Politikos), 필레보스(Philebos), 티메
오스(Timäos, ca.354 BC), 크리티아스(Kritias), 그리고 법(Nomoi)이
있다. "프로타고라스"에서 "법"에 까지 그의 대화편들에는 교육의
이념이 시적인 표현으로 그리고 대화편의 내용 전개의 배후에서
작용하는 동인(動因)으로 맥맥히 흐르고 있다.

소크라테스는 프로타고라스와 고르기아스 같은 당대에 이름을
떨치던 교사들로 대표되는 궤변론(Sophistik)과 대결하는 시대적
정신이었다. 플라톤이 그의 저술방법으로 수용한 대화의 형식은
소크라테스의 교육형식의 모방이요 텍스트로의 전용이었다. 플라
톤은 대화의 형식을 통해서 참된 삶의 모습에 대한 전체적인 조
망 안에서 교육과 철학의 본질에 관하여 말하기를 고집하고 있으
며, 이를 또한 보여 주고 있다. 플라톤의 소크라테스 묘사는 사색
과 현존의 엊물린 상태에 대한, 딜타이의 표현을 빌리면, "삶의
지성(Intellektualität des Lebens)"에 대한 가장 분명한 증거이다.4)

대화편 『프로타고라스』는 소피스트를 심판대 위에 올려놓고
있다. 소크라테스의 새로운 교육이 아테네의 중앙 무대에서 화려
하게 펼쳐지고 있다. 히포크라테스라는 한 젊은이가 우연히 프로

4) E. Lichtenstein, 앞의 책, S.84에서 재인용.

타고라스와 소크라테스 사이에서 한 사람을 선생으로 선택하지 않으면 안 되는 기로에 처하게 된다. 참된 교사는 누구인가? 정치적 청소년 교육에 있어서 프로타고라스는 단연 당대의 최고 권위요, 소크라테스의 유일한 상대였다. 그러나 선생을 선택하는 학생의 위치에서 보면, 학생은 이렇게 묻지 않으면 안 된다. 영혼을 이롭게 하는 선생과 해롭게 하는 선생 중에서 누구를 더 신뢰하고 자신을 맡겨야 할 것인가? 소크라테스는 진리의 내용을 밝히고 가르치는 일에만 관심을 쏟았다. 그는 『프로타고라스』의 대화편에서 이렇게 말하고 있다. "나에게는 '만약에 네가 원한다면' 그리고 '만약에 그것이 너에게 그렇게 보여진다면'을 검토하는 일이 아니라, 나를 그리고 너를 시험하는 일만이 문제이다. 이 '나'와 '너'를 나는, 생각(logos)5)은 사람들이 '만약에 ~이라면'을 배제할 때에 가장 잘 검토될 수 있다는 의미로 말하는 것일세."6) 여기서 소크라테스는 학생의 의지와 이해가 아니라 교사와 학생 자신을 교육의 대상으로 강조하고 있다. 소크라테스는 그래서 진리의 구도자인 동시에 국민의 도덕적 상징이다. 교사의 본질은 인격의 전체에, 말(Wort)과 함(Werk)의, 즉 언행의 조화로운 일치에 근거하고 있다.

플라톤은 인생의 완숙기인 50대에 『폴리테이아』를 썼다. 『폴리테이아』에서 그는 국가의 이상적 모델을 설계하였다. 이상적 국

---

5) 로고스(logos)는 원래 말, 단어, 언어를 의미하였다. 그러나 후에 생각, 개념, 이념, 이성, 의미, 세계의 보편 법칙이라는 다양한 의미로 발전하였다. 헤라클리트는 로고스를 세계 이성으로 파악하여, 신들 위에 군림하는 초인간적인 만물의 보편 법칙으로 이해하였다. 스토아 학파는 로고스를 하나님이요 인간으로 파악하였다. 기독교는 로고스를 하나님의 영원한 속성이요 신적 말씀과 이성으로 본다.

6) Protagoras, 331c.

가는 내적 질서와 외적 질서가, 인간 개개인의 정신과 영혼이, 사회와 국가의 공동체적 생활과 질서가 하나이며 동일한 로고스의 법칙에 의하여 체계적으로 조직되고 유지되는 국가이다. 이러한 이상적 국가에서 도야는 인간과 국가의 협력을 가능하게 하며 이러한 협력을 통하여 구성되고 형성되는 생동적이고 창조적인 힘들의 정신적인 그리고 객관적인 끈(Band, syndesmos)이다. 인간과 국가는 최고의 신적인 가치에 근거하고 있는 동질적 운동이며 하나이다. 파이데이아의 본질은 인간의 도야에 있으며, 폴리테이아의 본질은 인간이 함께 이루고 있는 세계에 있다. 그러므로 파이데이아와 폴리테이아는, 교육과 정치는 함께 만난다. 따라서 지배가 철인의 손에 놓이게 되는 것이 마땅한 것이다. 철인은 교육의 직이요 방위의 직으로 통치의 직을 참으로 아는 자이기 때문이다.

플라톤은 아카데미아(Academia)라는 학교를 세우고, 거기서 그의 철학적 정신을 도야하고 이를 생활에 연결하여 형성하는 일을 시도하였다. 아카데미아는 대략 1000년 정도 존속되었다. 플라톤이 씨실리아를 여행한 후에 아테네의 아카데모스 숲 속에 설립한 이 학교는 자유로운 도야의 공동체였다. 여기서 소크라테스가 강조한 아레테(arete, 덕)가 높이 평가되어졌으며, 피타고라스의 비오스(bios, 생명)가 회상되었고, 교수와 학습의 공동체가 생활공동체의 모습으로 실현되었다. 그의 대화편 『메논』은 아카데미아의 교재요 프로그램이었다. 메논의 중심은 인간 정신의 생산적 힘을 열어서 보여주는 교수의 기적, 회상과 의식의 심화 그리고 학습의 기적을 다루는 내용으로 이루어져 있다.

플라톤은 인생의 원숙한 시기에 『파이돈』, 『심포지온』, 『국가』 그리고 『파이드로스』라는 네 개의 큰 대화편들을 썼다. 『파이돈』

은 정신의 연구로 그의 이데아 이론이 인간의 영혼에 대한 확신 위에 서 있음을 밝히고 있다. 『심포지온』에서 플라톤은 인간의 세속적 욕망과 현존과 공동생활의 사회를 영원한 가치로 옷 입히고 학생에 대한 교사의 정신적 사랑을 강조하였다. 속칭 '플라톤적 사랑(platonic love)'이라고 하는 말의 본래적 의미는 교육적 사랑(pädagogische Eros)이다. 교육적 사랑은 그리스어 에로스가 말해주듯이 인간의 성적 사랑을 정신적-영적 사랑으로 승화시킨 사랑으로, 아름다움과 참됨과 선함만을 순수하게 추구하는 인간의 영혼의 창조적 추동을 잘 드러낸 말이다. 『폴리테이아』가 플라톤의 교육철학을 대외적으로 선포한 책이라면, 『파이드로스』는 그의 내면적 정신을 고백한 책이다. 그에 의하면 인간의 성장과 도야에는 바른 생활을 가능하게 하는 사회적 질서와 인간의 내면적 본질과 영혼의 운명에 관한 신화적 이해의 양면성이 함께 작용하여야 한다.

플라톤은 그의 인생의 60년대를 그가 세운 학교인 아카데미아에 칩거하면서 연구하고 제자를 양육하는 일에만 전념하였던 것 같다. 이 노년의 시기에 변증법적 개념들의 분석과 이상적인 산수와 기하의 이론 같은 사변적이고 수학적인 문제들이 그를 주로 사로잡고 있었다. 이 시기의 대화편들인 『파르메니데스』, 『테에테트』, 『소피스테스』, 『폴리티코스』, 『티메우스』, 『필레보스』가 주로 이러한 테마들로 가득 차 있다.

플라톤은 그의 생애의 말기인 80세 이후에 위대한 책을 또 한권 미완성된 채로 남겼다. 그의 「율법」 또는 「법」으로 번역된 『nomoi』는 교육자를 법제자로 파악하고 있다. 이 책에서는 앞선 책들에서 제시되었던 예언자적인 소크라테스의 모습이 사라져 버리고 없다. 대신에 그의 교육론이 『폴리테이아』에서 보다 더욱 깊이 종교적 기초에 근거하고 있으면서 동시에 훨씬 더 구체적으로 생활 세계의 현실에, 비합리성에, 본능적 생활에, 상상력에 그리고 도야하는 삶에 근거하고 있다. 여기서 우리는 플라톤이 노년에 어려운 철학적 개념들의 연구로 수년을 보낸 후에 다시 갑작스럽게 교육의 문제로 돌아와서 교육의 기초적이고 구체적인 기본 현상들의 이해를 시도하고 있는 것을 본다. 플라톤의 이런 모습은 『파이드로스』에 잘 나타나 있다. 여기서 우리는 그가 다만 인간과 국가에 대하여 관념적이고 이상적인 성찰만 하고 있는 것이 아니라, 현실적으로 참되고 의미 있는 것을 탐구하고 있었으며, 이러한 의미에서 소크라테스에서 이소크라테스(Isokrates)에로의, 철학에서 수사학에로의 다리를 이미 놓고 있다고 말할 수 있다. 플라톤은 81세로 주전 348-347년 경에 사망하였다.

2) 인간 안에 있는 국가

교육학은 처음부터 인간을 국가의 시민으로 교육하는 문제와 자연인으로 교육하는 문제 사이에서 교육의 지혜에 이론의 옷을 입히는 과학으로 성장하기 시작하였다. 인간은 본래부터 자연인인 동시에 시민이다. 인간의 이러한 이원적 본성은 교육에 관하여 생각하는 모든 사람들을 오늘날까지 붙잡고 있는 주제이다. 로크(John Locke)는 인간을 시민으로, 루소(Jean J. Rousseau)는 인간을 자연인으로 보고 교육의 문제를 풀어갔다.[7] 인간을 자연인 또는 시민으로 보는 이원화는 교육학이 오늘날까지 마치 시계추처럼 인간 개인의 성장 질서와 인간 시민의 당위 질서 사이를 왔

---

7) 로크 저, 고경화 역. 연세대학교 교육철학연구회 편, 위대한 교육사상가들 II, 교육과학사, 1998, 63-94; 오인탁, 루소. 같은 책, 189-244 참조.

다 갔다 하도록 만들고 있다. 자연인으로 인간을 볼 때에 교육은 개인의 잠재 능력, 가능성, 소질, 관심, 동기, 성격, 등의 개인 차에, 시민으로 인간을 볼 때에 교육은 국가의 보존과 발전에 필요한 가치의 주입과 인력의 배양에 주력하게 된다. 교육학은 개인 또는 자연인으로서의 인간과 사회인 또는 국가의 시민으로서의 인간 사이에서 이 두 원점을 중심으로 하는 조화로운 타원을 그리지 못하고 어느 한쪽에 치우칠 때에 필연적으로 가능성과 당위성의 양극단에 치우쳐서 양면의 조화로운 개발을 그르치게 되고 교육이 파행으로 흐르게 된다.

플라톤은 『폴리테이아』에서 자연인과 시민의 조화로운 개발을 가능하게 하는 교육철학과 교육 프로그램을 이상적으로 제시하였다. 그래서 이 책이 2500년 전에 쓰여졌음에도 불구하고 엄청난 시간과 공간의 차이를 초월하여 오늘날에도 불멸의 고전으로 우리에게 교육의 지혜를 부어주고 있다. 『폴리테이아』에서 교육의 이원화는 사라지고 일원화만이 확인된다. 루소는 그의 유명한 교육소설 『에밀』의 제1권에서 공교육의 개념을 획득하려면 플라톤의 『폴리테이아』를 읽으라고 하였다. 그에 의하면 『폴리테이아』는 교육에 관하여 쓰여진 가장 아름다운 글이다. 플라톤은 서양의 교육사에서 민족 교육(Nationalerziehung)의 선포자요 국가 교육학(Staatserziehungswissenschaft)으로 교육학 이론을 정립한 자로서 높이 찬양받고 있다. 그래서 18세기 말에서 19세기 초에 이르는 피히테, 헤겔, 슐라이에르마허 그리고 쉘링과 같은 독일의 관념론의 창조적인 노력들이 한결같이 그들의 정신(Geist)과 도야(Bildung)의 철학에서 폴리테이아를 다루고 있다.

그러면 플라톤은 그의 교육철학적 주저라고 할 수 있는 책의

제목을 왜 『폴리테이아』8)라고 하였을까? 플라톤은 교육을 정치
로 보고, 교육철학을 일종의 정치철학으로 전개하고 있기 때문
이 아닐까? 플라톤은 그의 교육철학에서 의로운 질서에 대하여
묻고 있다. 그는 인간과 인간의 생활공동체인 사회의 존재 규범
(Seinsnorm)이 무엇이며 존재 정의(Seinsgerechtigkeit)가 무엇인가
를 묻고 있다.9) 의로운 교육은 오로지 성의로운 교육이념과 교육
목적에 의하여 좌우되기 때문에, 그는 교육이 일어나고 있는 국
가라고 하는 사회 전체의 존재정의를 묻고있는 것이다. 따라서
그에게 있어서는 국가에게는 인간 이외의 어떤 다른 목적도 있어
선 안 된다. 이러한 독특한 국가관에는 다음과 같은 이해가 전제
되어 있다. 국가는 오늘날의 여러 국가들에서 확인되듯이, 시민의
사회생활을 지배하고 생활의 질서와 형식을 규제하는 최고 권력
기구가 아니다. 국가는 인간의 생활공동체이다. 그렇기 때문에 생
활공동체 자체의 자연적, 정치적, 사회적 그리고 종교적인 모든
것들을 그 자체가 지니고 있는 고유특성들에 있어서 최적적인 상
태로 실현하는 것만이 타당할 뿐이다. 그래서 플라톤은 국가의
국가다움(arete)10)을 강조하면서, 국가가 국가다워지려면 피지배
자인 시민을 위한 정치만이 가능하며 타당할 뿐이라는 입장을 고

---

8) Politeia라는 말은 시민 전체, 시민권, 국가라는 의미이다.
9) E. Lichtenstein, *Der Ursprung der Pädagogik im griechischen Denken*. Hannover 1970, S.87.
10) 아레테는 일반적으로 덕(德, Tugend)으로 번역되고 있다. 그러나 아레테
   의 본래적 의미는 사물이나 생명체가 실현할 수 있는 최고가치의 수준
   과 상태를 칭하는 말이다. 슐라이에르마허는 그의 유명한 플라톤 번역
   서에서 아레테를 인간과 연결시켜서는 '덕'으로, 개와 말의 경우에는
   '유용싱(Tüchtigkeit)'으로 표현하였다. 플라톤적인 의미에서 인간의 아레
   테, 국가의 아레테, 개와 말의 아레테는 인간과 국가와 개와 말이 각각
   그 자체가 추구하고 실현할 수 있는 존재의 최고 상태를 의미한다.

수하고 있다.

플라톤이 여기서 묘사하고 있는 이와 같은 국가는 모든 수준과 차원의 인간을 포괄하고 있다. 국가 안에는 남녀노소가, 농부와 어부가, 갖바치와 목수가, 체육인과 예술인이, 의사와 점성가가, 군인과 관리가, 통치자가 함께 큰 유기적 조직을 이루고 있다. 국가는 이 모든 시민들의 합일뿐만 아니라, 그 이상이다. 국가는 부분의 합으로서의 전체로 있는 것이 아니라, 처음부터 전체로 있으며, 이 전체로부터 부분이 나왔고 존재하고 있다. 당시의 그리스는 이러한 국가 이해를 공유하고 있었으며, 국가로부터 인간을 이해하였다. 플라톤도 그리스의 아들이었다. 그래서 국가의 절대성을 그는 의심하지 않았다. 그러나 그는 인간을 개인적 인격을 가진 국가의 구성원으로 보았다. 그러므로 국가는 그 규모에 있어서 큰 인간으로 밖에는 달리 표시될 수 없다. 그래서 플라톤은 인간에서 국가를 보았다. 그는, 당시의 소위 지식인들이 그렇게 보았듯이, 여러 국가들의 사실적 모습을 파악하고 이를 절대화하고, 국가 안에서 인간을 본 것이 아니다. 그는 경험적 국가에 실망하고 국가의 이상적 모습을 인간의 본질과 이상에 대한 그림 속에 집어넣어서 설계하였다. 많은 플라톤 해석자들이 그렇게 보고 있지 않다. 그러나 필자는 플라톤을 그렇게 이해하여야 옳다고 본다. 따라서 플라톤에게는 국가 윤리는 개인 윤리 이외의 어떤 것일 수도 없다. 인간의 규범적 생활법칙은 따라서 동시에 국가의 존속법칙이지 않으면 안 되는 것이다. 그러므로 플라톤이 그의 폴리테이아에서 국가의 이상적 모델을 설계한 것은 인간 생활의 기본적이고 의로운 질서를 설계한 것일 뿐이다. 국가의 모델은, 그의 표현대로, "그건 아마 이상적인 본으로서 그것을 보고 싶어하고, 그것을 보면서 자기 자신 속에 나라를 세우고 싶어하는 자를 위하여, 하늘에 봉헌되고 있을"[11] 그러한 나라이다.
이와 같은 국가의 이해는 교육과 교육학의 역사에서 교육질서의
범례적 표상으로 작용하여 왔다. 인간과 국가의 관계를 교육이
어떻게 구체적으로 만들어가야 하는가 하는 문제는 모든 공적이
고 제도적인 교육의 본질적 과제이다. 이러한 교육질서를 이상적
으로 실현하는 길을 플라톤은 교육의 국가화를 위한 이상적 프로
그램의 설계를 통하여서가 아니라, 국가의 인간화를 위한 프로그
램의 설계와 그러한 삶의 길의 제시를 통하여서 비로소 가능하고
타당하다고 생각하고 그러한 프로그램을 제시하였다. 이는 국가
를 인간 안에서 찾고, 인간 안에 있는 국가의 이상을 숙고한 결
과이다.

사람들은 플라톤의 "국가 교육"을 다만 사유에 근거한 국가관,
계급적 또는 신분적 질서로 짜여진 국가관으로부터 출발한 교육
이해로 보고, 그의 유토피아적 성격과 관념론적 접근, 이로부터
귀결된 논리적 추론과 범례적이나 극단적인 결론을 지적하고 비
판을 가한다. 그러나 이러한 우리에게 익숙한 종래의 비판은 플
라톤의 교육철학에 있는 사고 모델의 발견적 성격을 간과하였기
때문에 초래된 것이다. 플라톤은 『폴리테이아』 제2권에서 정의가
무엇인가를 탐구하기 위하여 다음과 같은 방법을 제안하고 있
다.[12] "다음과 같은 방법이 … 가장 좋다고 생각되네. … 시력이 그
다지 좋지 않은 사람들이 멀리서 작은 글자를 읽도록 명령을 받
아서 … 같은 글자가 어딘가 딴 곳에도 더 큰 자리에 더 큰 글자
안에 쓰여 있다는 것을 알아차렸다면, … 그들은 그것을 다행스런

---

11) *Politeia*, IX, 592b.
12) 368d 이하. 밑줄은 필자에 의한 것임.

발견이라고 생각해서, 우선 큰 글자들을 읽고, 다음에 작은 글자들이 같은가 어떤가를 살펴볼 것일세." 이 문장에서 플라톤은 국가라는 "큰 글자"를 읽고 이와 똑같은 작은 글자를 읽는 발견적인 접근법이 효과적이라고 강조하고 있다. 그에 의하면 국가를 지탱하고 있는 정의는 본래적으로 인간의 바른 파악 그 자체로서의 정의와 같을 뿐만 아니라, 그러한 정의에 근거하고 있다. 그러므로 인간의 본질 법칙(Wesensgesetz)과 국가의 본질법칙 사이의 유추(Analogie)로부터 결론지어지는 다음과 같은 주제가 제시된다. 국가가 큰 규모의 인간이라면, 인간은 작은 규모의 국가이다. 그러므로 먼저 나라 안에서 정의의 성질을 탐구하고, 그런 다음에 큰 것과의 유사성을 작은 것의 모습에서 찾아보도록 하자.13)

이로서 인간의 해석에 전혀 새로운 차원이 열렸다. 인간은 국가와 유사하다. 인간은 단순한 개체적 존재가 아니라, 내적으로 세분화되고 분리되어진 전체이다. 인간은 하나의 통일된 내면세계의 구조를 가지고 있는 존재이기 때문에, 내면 세계의 통일성을 지탱하고 있는 전체의 바른 질서에 대한 규범과 함께 인간의 개체적 체질과 형태(typos)와 상태(Verfassung)에 대하여 묻지 않을 수 없다. 그래서 플라톤은 의학이 신체의 건강 규범을 탐구하듯이 교육학으로서의 정치학은 영혼의 교육적 치료의 방법과 영혼 건강의 심리적 · 윤리적 조건들을 탐구하는 것이라고 이해하였다. 여기에는 물론 그의 스승 소크라테스가 자신을 영혼의 의사로 비유한 데서 온 교사의 이해가 작용하고 있다. 그래서 그는 정치적 인간학으로부터(『폴리테이아』의 제IV권) 교육적 인간학(제IX

---

13) 369a. Platon, *Der Staat*. Bearbeitet von D. Kurz. Darmstadt 1971, S. 127. Schleiermacher는 Polis를 문맥에 따라서 도시(Stadt) 또는 국가(Staat)로 번역하였다.

권)으로 나아갔다. 다시 말하면 그는 정치학에서 교육학으로 이론을 전개하여 갔으며 그에게 있어서 정치의 연구는 곧 교육의 철학이었다. 이러한 의미에서 그는 또한 교육인간학의 문을 연 철인이요 사상의 원천이다.

사람들은 플라톤이 국가로부터 시작하여 인간을 발견하게 되었다고 흔히 말하고 있다. 플라톤은 『폴리테이아』의 제IX권의 끝부분에서 "영혼의 한 초상"을 그리고 있다. 이것은 글자 그대로 철인에 의하여 고찰된 최초의 인간상이다. 인간은 밖으로부터 관찰하면, 사실상 하나의 모습을 가진 통일체요 유기체이다. 그래서 한 사람이다. 그러나 인간은 안으로 관찰해 들어가면 서로 다양한 모습들이 함께 얽혀져 있는 존재요, 서로 다른 구조들(ideai)이 서로서로 안으로 얽혀져서 보여지고 있는 존재이다. 인간 안에는 키메라(Khimaira)와 같은 "여러 가지로 서로 섞이고 많은 수의 머리를 가진 짐승의 모양"이 있는가 하면, "사자의 모양"도 있고 "사람의 모양"도 있다.14) 키메라의 모양이 가장 크고 사람의 모양이 가장 작다. 키메라로 상징한 짐승의 모양은 맹목적이고 거칠며, 오로지 욕망을 추구하는 본능적 추동(das eypithymetikon)의 층이며, 사자로 상징한 모양은 생동적이고 감성적인 추진력과 명예를 사랑하며 용기 있고 진취적인 의지력(der thymos)의 층을 이루고 있다. 그리고 사람의 모양으로 상징한 인간 안에 있는 본래적인 인간을 배우고 통찰하는 능력을 지닌 이성(der nous)이다. 이러한 인간의 세 가지 꼴들은 하나로 붙어있고 그 둘레의 밖으로부터 하나로 보이는 인간의 초상이 덮개처럼 만들어져 덮여 있어서, 밖에서 덮게만 보는 사람들은 인간을 하나의 통일체로만 볼

---

14) *Politeia*, 588c-588d.

수 있을 뿐, 여러 가지로 나누어져 있는 인간의 내면을 못 본다.

플라톤은 인간이 인간 자신의 고유하고 본래적인 이성의 인도 아래 있을 때에 인간은 자신의 내면에 있는 여러 모양들을 하나의 통일된 전체적인 질서 안에서 유지할 수 있으며, 그럴 수 있을 때에 인간은 가장 바람직한 상태에 도달할 수 있고 인간의 아레테를 실현할 수 있다고 보았다. 플라톤은 이와 마찬가지로 국가도 그렇다고 보았다. 그래서 그는 "내적인 인간이야말로 인간 전체를 가장 잘 지배해서 … 온순한 것은 키워서 길들이고, 거센 것은 자라나지 못하도록 막고, 사자의 족속을 자기편으로 끌어들여 … 모든 짐승들에다 다같이 고르게 마음을 쓰면서 양육"[15]한다고 보았다. 그러므로 이러한 관점에서 어린이의 성장도 어린이 자신들에게 맡겨둘 수는 없고, 교육의 길 안에서 인도되어야 한다. "애들을 지배하는 것도 마찬가진데 … 그들을 자유롭게 놓아 주질 않고, 그들 내부에 있는 가장 좋은 부분을 우리 내부에 있는 가장 좋은 부분으로 양육해서, 그들 안에다 똑같은 방위자와 지배자를 우리 대신으로 확립해 주고서, 그런 다음에야 비로소 자유롭게 풀어주는 걸세."[16]

플라톤은 여기서 교육에 있어서 권위와 자유의 문제를 다루고 있다. 플라톤이 그 시대적 국가(Polis) 중심의 인간 이해를 넘어서서 순수하게 자신을 반성하는 주체로서의 자아(Ich)의 개념을 갖고 있었다거나 알고 있었다고 하기는 어렵다. 그가 자아의 개념을 아직 철저하게 인식하지는 못하였다고 보는 것이 아마도 옳을 것이다. 당시에 사람들은 자아 또는 인격을 국가 또는 생활 공동

---

15) 589b.
16) 591a.

체와의 관련 아래서 파악하였다. 그리하여 인간은 자신의 삶의 완전한 실현을 공동체 안에서 비로소 성취할 수 있다고 보았으며, 이러한 의미에서 인간의 성취 능력들의 내면적인 조화와 질서를 강조하고 이를 자족(Autarkie)으로 보았다. 따라서 플라톤은 자족의 추구에서 인격에 대한 인식에 이르렀다. 플라톤은 그의 인간관에서 영혼의 부분들을 인격을 형성하는 부분구조들로 파악하였다. 영혼은 여기서 인간의 내면적 능력을 의미한다.

　플라톤은 끊임없이 영혼의 최고의 성취 형식으로서의 아레테에 대하여 그리고 이를 실현하기에 합당한 교육에 대하여 묻고 있다. 이러한 교육목적 안에서 인간의 세 가지 내면적이고 정신적인 기본 능력들의 고유한 성취는 곧 그 조화롭고 내면적인 관련의 확인이요 실현이다. 인간의 세 가지 정신적 기본 능력들은 저마다 자신의 고유한 아레테를 가지고 있다. 동물적 추동을 조절하는 교육목적으로서의 아레테는 신중하게 자신과 사물을 생각하고 처신할 수 있는 능력으로서의 절제(sophrosyne)이다. 의지를 단련하는 교육목적으로서의 아레테는 용기(andreia)이다. 용기는 남자다움의 최고 표현이요 무사와 영웅의 기상이다. 그리고 이러한 절제와 용기로 인간을 교육할 수 있는 길을 찾으며 그렇게 교육하는 능력이 지혜(sophia)이다. 이러한 절제와 용기와 지혜가 내적으로 서로 관련되어 있으면서 타당하게 실현되도록 하는 교육목적으로서의 아레테가 곧 정의(dikaiosyne)이다. 그러므로 정의는 전체에 관련된 개념이요 전체의 아레테이다. 완전한 인간은 따라서 가장 낮은 부분에게도 그 고유한 권리를 인정해 주고 그를 어루만지며 그로 하여금 봉사할 수 있도록 능력과 기회를 부여하여서, 다른 부분들이 방해받지 않고 일할 수 있도록, 특히 최고의 부분이 바르게 지배의 기능을 발휘할 수 있도록 하는 인간이다.

플라톤은 인간의 본능적 추동에 속하는 욕망을 무가치한 것으로 보고 이를 억압하거나 제거하여야 한다고 말하지 않았다. 그는, 그의 표현을 빌리면, 이 인간의 영혼 안에 있는 더 나쁜 부분을 만족시켜주고 억압하지 말아야 한다고 강조하였다. 제거할 수 없으며 해서는 안되기 때문에 만족시켜주되 만족할 수 있는 능력을 훈련시켜서 스스로 절제하며 만족할 수 있도록 하여야 한다. 욕망을 교육할 때에 욕망 안에 있는 보다 더 좋은 것을 도야하는 방향으로 교육해야 한다. 용기나 지혜 같은 욕망 안에 없는 것을 우리는 아무리 도야해도 이끌어 내어 연마할 수 없다. 다시 말하면 우리는 인간을 교육하여 욕망이 용기나 지혜가 되도록 할 수는 없다. 그러므로 욕망은 욕망이라는 낮은 수준에서 훈련되어져야 한다. 이를 그는 "자기 자신을 이기는 것"이라고 표현하였다. "영혼 안에는 더 좋은 부분과 더 나쁜 부분이 있다. … 더 좋은 것이 원래 더 나쁜 것을 지배할 때, '자기 자신을 이기는 것'이라고 말하는 것"[17]이다. 바로 이점에 교육적 체벌의 의미가 있다. 고상한 가치들이 자유롭게 자신을 실현할 수 있도록 자유롭게 놓아둠으로서 영혼 전체가 그 본성의 최선의 상태에 이를 수 있도록 하는 것이 체벌의 기능이요 의미이다. 그리스어 소프로시네(sophrosyne)는 일반적으로 절제로 번역되고 있으나, 극기, 영혼의 조화와 평정, 질서 그리고 내면적 주권(innere Souveränität)을 의미하는 말이다. "절제는 일종의 질서이며 어떤 쾌락이나 욕망의 극복이다."[18] 매우 잘 교육된 사람은 따라서 "지성에 의하여 인

---

17) 431a.
18) 430c.

도되는 단순하고 적절한 욕망"19)을 가지고 있다. 국가도 이와 마
찬가지여서, "수많은 비천한 사람들에게 있는 욕망이 수가 더 적
고 훌륭한 사람들에게 있는 욕망과 사려로 지배되고"20) 있는 국
가가 의로운 국가이다.

의지도 지나치게 팽팽하게 당겨지거나 느슨하게 늦춰줌이 없
이 의지의 가치가 가장 좋은 상태로 도야되도록 하여야 한다. 플
라톤은 의지를 원래 고상한 가치라고 보았다. 왜냐하면 의지는
인간의 내면적인 추동이나 요청에 대하여 저항하고 이를 통제하
는 체험으로부터 깨어나고 성장한 덕이기 때문이다. 그래서 의지
는 인간의 내면 세계에 갈등 상황이 본래 주어져 있다고 전제하
고 자연스럽게 보다 좋은 것을 편드는 모양으로 나타난다. 그러
므로 의지는 이성의 자연스러운 친구로서, 불의에 대하여 감정을
선동하고 자연스럽게 분노를 발하게 하는 정신적 활동이다. 안드
레이아(andreia)는 따라서 도덕성의 성격을 강화하는 일이요 이성
이 선포한 것을 붙잡고 놓치지 않는 일이며 이를 확고히 다지는
일이요 결심한 것을 수행하는 힘이다. 그래서 플라톤이 본 의지
는 시민의 덕이다.

인간의 인간다움은 이성에 있다. 플라톤은 이성을 정신을 집중
할 수 있는 인식능력(noetisches Vermögen)이라고 보고, 이 이성이
의지와 연맹을 맺고 의지의 지원을 받아서, 이성 자체의 신체적
무력성에도 불구하고 인간을 지배하는 기능을 하고 있다고 보았
다. 그래서 이성은 욕망에게 인간이면 마땅히 그렇게 존재하여야
하는 이상적 그림을 제시함으로써, 본능적 충동을 당위적 존재의

---

19) 431c.
20) 431d.

권위 앞에서 억제하도록 한다. 그러므로 이성의 이러한 기능은 교육적이다. 이성은 개체에게나 전체에게 치료적인 효과가 있는 지식을 배우게 하고 이러한 지식으로 인간이 나아가게 한다.

정의는 인간의 전체적인 생활의 규범으로 작용하고 있다. 정의는 인간의 어떤 외적인 작용이나 활동에 관련되어 있지 않고, 인간의 참된 자아요 참으로 자기다움을 드러내는 내적인 활동에 관련되어 있다. 그래서 플라톤은 정의를 이렇게 정의하였다. "자기 자신의 일을 하고, 남의 일에 간섭하지 않는 것이 정의"21)이다. 이러한 정의의 개념 파악은 그대로 국가에 있어서도 확인되고 있다. 정의는 "절제, 용기, 지혜의 다음으로 나라 안에 남아있는 것이어서, 이 모든 것들이 나라 안에서 자라나도록 힘을 주고, 또 그것들이 나타난 다음에는 나라 안에 그것이 있는 한 그것들을 보존시켜 주고"22) 있다. 정의는 그러므로 전체에 관련되어 있는 덕이다. "정의로운 사람은 … 집안 살림살이를 잘 보살피고, 자기 자신을 스스로 지배하고, 자기 자신 안에 질서가 있게 하고, 자기 자신과 사이가 좋게되어, … 음정에 저음, 고음, 중음이 있는 것처럼, … 그것들을 한데 묶어 자기 자신 안에 있는 많은 것을 하나로, 즉 절제와 조화가 있는 것으로"23) 이끌어내는 사람이다. 그러므로 정의로운 사람은 이러한 조화로운 화음의 한소리를 이룬 영혼의 태도를 지니고서 돈벌이나 돌봄이나 다스림 같은 모든 일을 하는 자이다. 따라서 정의롭지 못한 사람은 내적으로 분열되어 있는 인간이요, 자기 자신 안에 있는 보다 더 좋고 더 높은 것을 보다 더 나쁘고 더 낮은 것으로 뒤엎으려는 모반의 인

---

21) 433b.
22) 433b.
23) 443de.

간이다.

이상과 같은 플라톤에 있어서의 네 가지 기본적인 아레테들의 이해는 그의 교육의 목적이 인간을 인간에로 형성하는 일 이외의 어떤 것도 아님을 분명하게 밝혀주고 있다. 인간은 다만 표면적으로는 하나의 통일된 전체를 이루고 있으나, 그러나 실상은 지체와 여러 부분으로 분열되어져 있다. 인간이 통일체로 형성되기 위하여 인간은 교육받지 않으면 안 되고 도야되지 않으면 안 된다. 그러므로 교육의 예술은 의술과도 같은 것이다. 그리하여 인간의 내면적 힘들과 능력들을 자연의 법칙에 따라서 지배하고 보다 더 좋은 것들이 보다 더 나쁜 것들을 지배하게 하는 능력을 부여하는 것이다. 영혼 즉 다시 말하면, 인간의 잠재 능력 전체의 성취규범인 "덕이란 영혼의 건강과 아름다움과 좋은 상태의 일종이지만, 그러나(영혼의 나태 규범이랄 수 있는) 악이란 반대로 병이나 추함이나 허약함일 것이다."[24]

플라톤은 그의 독특한 인간관에 기초한 덕의 이론을 제시하여 인류의 정신문화의 역사에서 고전적인 위치를 차지하게 되었다. 그러나 우리가 그의 교육사상을 냉정히 분석해 보면, 덕의 이해는 국가의 본질에 대한 이해와 연결되어져 있을 뿐만 아니라, 끊임없이 국가의 당위적 존재 법칙에 대한 관점으로부터 해명되고 있음을 알 수 있다. 이렇게 볼 때에 그의 덕 개념은 또한 동시에 사실상 시대적 사회문화적 제약성 아래서 형성된 인간과 국가의 본질에 대한 탐구와 교육과 정치의 관계에 대한 철학 안에서 정립된 것이다. 당시에는 정치적 윤리 도덕은 객관적 교육규범이요 구체적 생활 형식으로서 곧 그리스 문화의 정신적 실체였다.

---

24) 444d.

플라톤은 이를 그대로 수용하고 있다. 이를 우리는 다음과 같은 네 가지 에토스들로 정리해 볼 수 있다. 그것은 첫째, 호머의 시대의 교육이념인 미와 선의 조화에서 확인되고 있는, 그리고 귀족사회의 윤리로 시민들의 생활 공동체에서 널리 작용하고 있는 정신(spirit)인 신체와 영혼의 조화에서 확인되고 있는 절도 있는 생활의 에토스로, '아폴론적25) 에토스'이다. 그것은 둘째, 스파르타적 무사의 정신에서 확인되는 군사적 도덕성을 배양하는 교육의 에토스로, 전체를 위하여 투신하고 헌신할 각오가 되어있는 '용기와 남자다움의 에토스'이다. 그것은 셋째, 그의 스승인 소크라테스가 강조한 아레테에 대한 이해와 철학적 삶의 의미를 추구하는, 다시 말하면, 지혜의 벗이 되기만을 고집하는 '삶의 이상과 진리추구의 에토스'이다. 그리고 그것은 넷째, 솔론의 법치국가의 정신으로부터 나온 최고의 국가적 덕으로서 '정의와 평등(Isonomie)과 법 지배의 에토스'이다.

이렇게 볼 때에 플라톤에게 있어서 그의 고유한 사상은 덕의 목록이 아니다. 왜냐하면 덕의 목록은 이미 당시에 시대적 권위들로 어느 정도로 객관화되어 있었으며, 플라톤은 이를 정리하였을 뿐이기 때문이다. 그의 고유한 사상은 오히려 그가 덕의 목록을 하나의 교육의 우주(Bildungskosmos) 안에서 구체적으로 그리고 변증법적으로 종합하는데 있다.26) 소크라테스는 그가 그러리라고 생각하였던, 하지만 결코 그에게 간결한 언어적인 표현으로

---

25) '아폴론적'(apollinisch)라는 표현은 니체가 그리스의 신화에 나오는 태양의 신이요 시와 음악과 예언의 신인 제우스의 아들 아폴론(Apollon)의 이해로부터 만들어 낸 조어로, 조화로운, 절도있는, 균형잡힌 등을 의미한다.

26) E. Lichtenstein, 1970, S.91f.

파악가능하지 않았던 아레테를 지향하면서 덕을 분석하였다. 플
라톤은 이러한 덕을 인간의 실존의 법칙으로 분석함으로써 덕의
인간학적 규명을 시도하였으며, 이로부터 영혼의 구성과 형성의
법칙을 제시하였다.

　플라톤의 인간론은 그의 『폴리테이아』에서 개체적 인간의 질
서규범과 전체적 국가의 질서규범 사이에서 인간과 국가라는 양
자의 본질적 일치관계와 구조적 동일성을 전제하고 있다. 그래서
그는 개인과 국가의 동본원성과 동일성 내지는 일치성을 강조하
고 이러한 시각으로 국가를 이해하였다. "우리들 한 사람 한 사
람에게 타당한 존재(eide)와 행동(ethe)의 원형들은 국가에게도 타
당하다. 왜냐하면 어떤 다른 곳으로부터는 이러한 원형들이 국가
에게로 올 수가 없기 때문이다."27) 여기서 그가 국가의 존재적
기본 형식들을 인간의 존재적 기본 형식들에 대한 인식으로부터
추론하고 있음이 분명히 확인된다.

　이러한 접근은 그러나 대단히 관념적이고 이상적일 수밖에 없
다. 그는 경험적 국가로부터, 즉 당시의 국가들이 보여주는 정치
적 구조와 존재 형식들로부터 출발하고 있지 않다. 이는 그의 이
상적 국가의 모델에서 확인된다. 경험적 국가는 그에게 다만 불
의의 국가로 확인될 뿐이다. 그러나 그는 인간의 영혼의 존재형
식들과 행동 형식들에 대한 인식을 너무나 규범적으로, 다시 말
하면 아레테의 이데아에로 이상형(Idealtypus)의 실현을 찾아서 끌
고 간 나머지 인간과 국가의 경험적 현실로부터 너무나 멀리 갔
다. 물론 이러한 국가의 실현가능성에 대한 확신이 그에겐 있었
다. 그래서 그는 노년기에 접어들어서는 자신이 설계하고 파악한

---

27) 435e.

이상국가의 윤리적 조화의 체제에 대하여 회의하고, 그의 교육학
의 인간학적 근거정립의 시도를 수정하고 있다.

그는 노년기에 쓴 대화편 『정치가(Politikos)』[28]에서 대단히 강
하게 인간의 현실적이고 자연스러우며 세계 법칙적 측면을 긍정
하고 있다. 인간의 본성(physis)은 대단히 다양하다. 덕의 자연적
기초인 인간 본성의 다양성이 합리적이고 효율적인 교육의 실천
을 어렵게 만들고 있다. 그래서 소크라테스가 확신하였던 덕들의
일원성의 원리는 여기에서 거부되고 만다. "덕의 중요하지 않은
부분들이 서로서로 본래적으로 일치하지 않으므로, 이러한 불일
치의 부분들을 소유하고 있는 덕도 그렇게 된다."[29] 이미 플라톤
이전에 시인들이 인지하였던 서로 다른 그러나 동등한 가치로 확
인되는 성격의 구조들과 삶의 방향들 사이에 있는 갈등의 가능성
이 플라톤에게서 새롭게 교육의 도덕적 현상학적 문제로 확인되
고 있다. 그리하여 긍정적인 덕들인 용기와 절제는 자연적 인간
의 성격 구조에서 서로 대립적이고 반목적인 힘들로, 적대적 불
화감을 조성하는 힘들로 나타나고 있다. 이는 사회적 상호 공존
의 생활을 어렵게 만들어 준다. 뿐만 아니라, 사회적 상호 공존의
능력을 배양하는 것을 목적으로 하는 사회 교육의 근본적인 문제
를 이루고 있다. 그러므로 사회교육의 과제는 강하고 적극적이며
빠른 본성들과 약하고 소극적이며 신중한 성격들의 상호 대립적

---

28) 『폴리티코스』는 플라톤의 노년기에 속하는 대화편이다. 이 책에서 그는
『폴리테이아』에서 묘사하였던 정치적 국가관과는 본질적으로 다른 국가
관을 전개하였다. 그는 보다 현실 긍정적이 되었으며, 철인왕의 자리에
경험적 인간에게서 확인되는 장점들과 단점들의 최적적 상보성을 대신
제시하고 있다. 『폴리티코스』는 따라서 『폴리테이아』와 『법』의 다리의
역할을 하고 있다.

29) *Politikos*, 308b.

경향을 인위적으로 조정하여 균형의 묘를 살림으로써, 최적인 상
보성(Komplementarität)을 도모하는 데에 있다. 정치가는 바로 이
과제를 성공적으로 수행할 수 있는 능력을 가진 자이어야 한다.

3) 도야의 척도

인간은 영혼(Seele)이다. 인간은 육체요, 정신이요, 영혼인데, 인
간에겐 욕망과 의지와 이성이 있다. 인간을 영혼일 뿐이라고 한
다면, 이는 너무나 일방적이요 편중된 인간 이해이다. 그러나 플
라톤이 『폴리테이아』에서 독자들에게 제시하고 있는 인간 이해를
좀더 날카롭게 특징적으로 표현하면, 인간은 영혼이다. 이 말은
플라톤의 인간학적 기본 진술이다. 우리는 이 말이 드러내고 있
는 표면적 의미에 머물지 말고 그 깊은 의미를 물어야 한다. 이
말은 플라톤에게 있어서 적어도 다음과 같은 세 가지 의미를 갖
고 있다. 인간의 영혼은 초월적 운명을 지니고 있어서 불멸이다.
교육은 영혼의 도야를 그 본질적 과제로 삼고 있다. 그래서 교육
은 형이상학적 부담을 언제나 이미 안고 있다. 그리고 교육의 최
고목적은 본래적이고 불변적인, 따라서 신적이고 우주적인 완전
성을 지향하고 있는 것이다.

한편으로 인간의 영혼은 가시적이며 서로 서로 얽혀져 있는
세 영역들을 배회하고 있다. 이는 개체적 생활, 공동체적 생활,
그리고 우주적 생활의 영역들이다. 다른 한편으로 인간의 영혼은
감각적 세계와 정신적 세계, 시간과 영원, 그리고 형성과 존재의
두 대립적 세계를 배회하고 있다. 플라톤은 『파이돈』에서 인간을
신적 부분과 세속적 부분, 육체적 실존과 정신적 실존, 비철학적
이고 시민적인 영혼과 철학적 영혼으로 나눔으로써 존재의 이원

론을 제시하였다. 그러나 그는 『폴리테이아』에서 그리고 『파이드
로스』에서 더욱 분명하게 영적인 것이 운명과 사건과 교육의 속
박 아래 있으며, 이로써 제한적인 것이 영원한 것과 서로 묶여져
있고 서로 관련되어 있다고 강조하였다. 이러한 관계의 구조 아
래서 영혼의 구조는 영혼을 포괄하고 있는 삶의 두 영역들인 국
가와 우주와 유추(Analogie)의 관계에 있다.

　모든 영혼은 불멸이다.[30] 영혼은 인간에게 있어서 사유와 결단
의 장소이다. 인간은 존재자에로의 자아초월을 통하여 비로소 참
자기다움을 실현하기 때문에, 이러한 자아초월이 곧 교육의 최종
목표를 규정하고 있다. 영혼의 본질은 이데아이다. 만약에 영혼이
잘 교육받지 못하면, 참된 존재와 정의의 원상과 절제와 지식을
보지 못하게 되고 이를 알지 못하게 된다. 이와 같은 이데아의
세계의 관조가 인간 개개인의 운명과 생활의 형식 및 교육받은
후의 재화육(再化肉, Wiederverkörperung)을, 다시 말하면 새롭게
된 자아를 결정한다. 그러므로 영혼 안에 있는 국가는 교육의 유
일한 질서를 드러내어 주는 그림이 아니다. 영혼의 비상과 추락
에 관한, 영혼의 본성에 있어서의 신적인 것과 인간적인 것에 관
한 생동감 있는 그림이 교육의 질서를 역시 드러내 주고 있다.
그러므로 이데아론은 플라톤의 교육철학이다.

　『폴리테이아』는 정의를 교육의 목적으로 가장 먼저 제시한 책
이다. 이 책의 첫번째 부분은 시민들이 일상적 생활 세계에서 이
해하고 있는 정의의 개념을 고찰하고 있다. 두번째 부분에서부터
정의에 대한 철학적 고찰이 시작되고 있다. 이 부분에서 플라톤
은 정의의 본질을 국가에서 찾으면서 참된 척도의 문제를 거론하

---

30) *Phaidros*, 245c.

고 있다. "척도가 조금이라도 진리에 이르지 못하고 있다면, 어떠한 조건 아래서도 적절할 수는 없다. 왜냐하면 완전치 못한 척도는 아무 것도 잴 수 없기 때문이다."31) 여기서 그는 교육을 잴 절대적 규범을 요청하고 있으며 동시에 제시하고 있다. 교육의 절대적 규범은 초월적이고 내재적이어야 하며, 가치 목적적이요 존재 목적적이어야 한다. 교육의 목적(telos)은 선의 이데아이다. 선은 모든 형성의 의미요 목적이다. 그러므로 선의 이데아에서 도덕적 선만이 아니라 인간의 가장 내면적인 의지가 인간의 가장 내면적인 의무와 합쳐지는 창조적 원리로서의 선이 문제가 된다. 그래서 "선의 이데아가 최대의 학문"32)이다. 플라톤에게 있어서 선은 따라서 교육의 척도를 부여하는 모든 원리들의 기본 원리일 뿐만 아니라, 동시에 모든 도야재(陶冶材)의 전체 개념(das megiston mathema)이다.33) 선은 따라서 모든 교수학습의 우선과제이며 최종과제이다. 선은 언제나 지식의 현재적 지평을 넘어서 있으나 동시에 모든 치료적 지식에로 학생들을 인도하고 있다. 이렇게 하여 교육목적의 규범적이고 이론적인 성격은 곧 인간학적 과제가 된다.

플라톤은 소크라테스로부터 사고와 행동을 위한 확고부동한 도덕적 규범을 교육받았다. 그것은 자신의 생각과 행동이 선의 본질에 대한 통찰에 기초하고 있는 사람만이 다른 사람을 선에로 인도할 수 있고 따라서 교육할 수 있다는 신념이다. 이러한 신념이 플라톤의 생활을 지속적으로 결정해 주고 인식의 내용을 규정하여 주었다. 그리하여 소크라테스에게서 사유와 생활의 일원성

---

31) 504c.
32) *Politeia*, 505a.
33) Lichtenstein, 1970, S.94.

으로 구체화된 정신 규범은 플라톤에게서 파이데이아의 철학의 기본 원리가 되었다. 소크라테스는 선의 내용을 제시하지 않은 채로 다만 선의, 즉 도덕적인 것의 실재(Realität)만을 강조하였다.

그런데 플라톤은 그의 이데아의 철학에서 일종의 본질학 (Wesenswissenschaft)을 창조하였다. 본질학은 인간을 로고스에 참여하도록 함으로써 인간을 구속하고 도야할 뿐 아니라, 인간이 인간 자체의 본질에 이르도록 하는 길에 관한 이론과 실천을 다루는 분야로서, 여기에서는 다만 도덕적 선의 영역뿐만 아니라, 자연과학과 정신과학의 모든 영역들이 포괄되며 참된 지식에 관한 일원적이고 통일된 체계를 제공하는 객관적인 인식의 기초가 관심의 대상이 된다. 도덕성(Sittlichkeit)은 객관성(Sachlichkeit)이 없으면 성립될 수 없고, 바른 행동은 세계의 지식이 없이는 불가능하다. 그래서 세계의 통찰은 세상의 모든 존재들에 대한 전체적 객관에, 다시 말하면 지식의 보편적 관련성에 근거하고 있다. "전체적으로 볼 수 있는 사람은 철학적 문답법의 능력이 있는 사람"[34]이다. 따라서 플라톤의 파이데이아 전체는 교육과 인식의 뿌리가 근본적으로 동일함을 증거하고 있다. 스텐젤의 표현을 빌리면, 참된 과학과 인식의 뿌리는 본래 도야와 교육의 시초와 순전히 같다.[35] 예거, 스텐젤, 프리드렌더, 가다머 같은 현대의 잘 알려져 있는 플라톤 연구가들은 모두 이데아론으로부터 플라톤을 이해하고 있다. 그들은 플라톤의 논리적이고 인식론적인 철학의 두 세계 이론을 이데아론의 기본 구조 안에서 이해하고 있을 뿐만 아니라, 존재와 도야에 관한 해석학적 의미와 정신도야 이론

---

34) 537c.
35) J. Stenzel, 1956, S.287.

의 기본 의미까지도 이데아론의 기본 구조 안에서 구체적으로 파악하고 있다.

플라톤의 이데아론은, 교육적으로 보면, 도야재의 발견 이론이며, 도야재의 이론이다. 플라톤이 에이도스나 이데아로 표현하는 개념은 당시에 의학과 수사학에서 종류 또는 유형 등의 의미로 널리 사용하던 말로써, 플라톤이 그의 교육이론에서 묘사하고 있는 최고의 완전한 도야 자체가 진리의 요청에 직면하고 있으며, 도야하는 목적은 사물을 사물 자체가 존재하는 그대로 그렇게 보도록 하는 것이다. 이데아는 어떤 주관적 사고에 사로잡힘을 통해서 또는 나의 주관을 통해서가 아니라, 사물들을 그것들의 고유한 빛 안에서 보는, 그것들의 존재 형태에 따라서 이해하는, "아름다움 자체, 선 자체, 경건 자체 및 이 밖에 자체란 말을 붙일 수 있는 모든 것"36)을 그것 자체로 이해하는 것이다. 여기서 이데아는 봄(Sicht)의 정신적 활동 이상을 의미한다. 다시 말하면, 아름다움에는 아름다움 자체가 있고 선에는 선 자체가 있다. 아름다움을 아름다움으로, 선을 선으로 밝혀주는 이데아 자체는 하나이다.37) 그리고 플라톤에게 있어서 이데아라는 말은 그 원천을 인간의 참된 존재 가능성의 문제에, 다른 말로 표현하면, 영혼의 상태에 두고 있다. 이러한 인간 자체에 대한 물음으로부터 이데아의 구념에 이른 것에 우리는 주목할 필요가 있다. 이를 플라톤의 말로 표현해 보면, 영혼이 자기 자신으로 돌아가기만 하면, 영혼은 순수요, 영원이고, 불변이며, 또 불변하는 것의 세계를 향하고 있다. 영혼의 이러한 상태가 지혜이다.38)

---

36) *Phaidon*, 75d. 최명관 역, **플라톤의 대화**. 종로서적 1981, 145쪽.
37) *Politeia*, 507b.
38) Phaidon, 79d. 최명관 역, 153쪽.

  영혼의 불멸 사상과 연관하여 생각해 보면, 플라톤의 이데아 구념은 이미 원천적(ursprunghaft)이다. 다시 말하면 이데아에 관한 모든 이론들이 플라톤이라는 원천으로부터 그 영양소를 얻고 있다. 인간의 주체적 본질이, 의미를 부여하는 중심이 여기서 참된 객관적 사물의 존재로 나가며, 거꾸로, 현실의 참된 존재에서 인간은 다시금 자신을 발견하고, 존재의 파악에서 정신 생활의 관점에 있어서 자신을 구성한다. 존재하고 있는 것들 안에서 자신의 모습을 드러내는 존재와 본질은 동시에 범례가 되는 형상으로, 개체 사물들의 표상이요 파라디그마적인 것으로 목적(telos)이다. 에이도스의 개념에는 처음부터 아레테 개념과 연관된 선에 대한 관계가 포함되어 있다. 사물 자체 안에 사물 자신의 아레테가, 다시 말하면, 사물의 본질의 총괄 개념이 안주하고 있다. 그러므로 모든 사물은 선이다. 그리하여 플라톤의 이데아의 세계는 필연적으로 선의 이데아에서 그 정점을 이루고 있다. 그리고 선의 이데아는 언제나 이미 모든 다른 실재들을 초월하여 초대상성의 존재로 있다.[39] 플라톤은 죽을 수밖에 없는 존재인 인간의 내면에 있는 아레테의 이상적 표상의 자리에 신적인 선을 파라디그마로 놓았다. 『파이드로스』에서 플라톤이 그렇게나 자세히 다루고 있듯이, 영혼에는 영혼의 선재(Präexistenz)에 있어서 이미 원상에 따른 삶의 형식과 운명을 선택하도록 결정되어 있다. 선택은 늙은이들의 젊은이들에 대한 사랑의 관계 안에서 일어나는 사건으로 본래적으로 교육적 속성에 속하는 것이다. 선택을 플라톤은 이미 높은 가치들의 불가피한 힘에 대한 확신으로, 이상적 선과 순수한 직관의 불가피성으로 논의하였다. 그래서 플라톤은

---

39) *Politeia*, 509b.

『폴리테이아』에서 이렇게 말하고 있다. "실재하는 것들에다 진정 마음을 기울이고 있는 사람에게는, 인간들이 하는 일을 내려다보고 그들과 싸워서 질투나 증오감으로 채워질 겨를이 없기 때문에 … 모든 것이 질서가 있고, 이성에 따르고 있는 것을 바라보고서 그것들을 모방해서 될 수 있는 한 그것들을 닮으려고 힘쓴다네 … 그래서 신적이고 질서 있는 것과 사귀고 있는 애지자40)는 인간에게 가능한 한도에서, 질서가 있고 신적인 것이 되고자 한다네."41)

여기서 우리는 플라톤이 지혜를 사랑하는 일과 인간을 도야하는 일을, 철학과 교육학을 동일하게 보았다는 것을 분명히 알 수 있다. 철학과 교육학은 이렇게 같은 대상에 대한 인식의 노력일 뿐만 아니라 변증법적 관계를 가지고 있다. 물론 여기서 말하는 인식은 언제나 이미 인식한 대로 생활하는, 실천을 포함하고 있는 실천적 인식이다. 추구하는 가치가 높으면 높을 수록, 그 가치를 '보기'위하여서는 그만큼 더 큰 개념을 인식하려는 노력과 그만큼 더 정확한 사색의 능력이 요청되는 것이다. 또한 미(美), 선(善), 의(義)의 이데아들을 지향하는 영혼이 갖게되는 유혹은 그만큼 더 큰 것이며, 이 이데아들을 자신의 고유한 행위를 통하여 실현하고자 하는 바람과 소망은 그만큼 더 생동적인 것이다.42) 철학과 교육학의 변증법적 관계를 한 마디로 종합하면, 진리의 인식에 가까워지면 가까워질수록 인간은 개성과 공동체성에 있어

---

40) 조우현은 philosophos를 '철학자'로 번역하였다. 그러나 필자는 애지자(愛智者)가 당시에 필로소포스란 말이 의미하였던 바에 보다 적절한 번역어라고 본다.
41) *Politeia*, 500cd.
42) Stenzel, 1956, S.345.

서 공히 그만큼 더 인간적이 된다. 이론이 순수하면 순수할 수록
인식한 것을 실현하고자 하는 의지와 인식한 대로 그렇게 행동하
고 싶은 욕구는 그만큼 더 구속적이고 강요적이다.

2. 파이데이아의 철학 : 「동굴의 비유」에 대한 교육학적 해석

1) 동굴의 비유

『폴리테이아』의 제6권과 제7권(502c-521b)은 일반적으로 '태양
의 비유', '선분의 비유', '동굴의 비유'로 불려지는 플라톤의 유명
한 세 비유들을 다루고 있다. 플라톤은 여기서 소크라테스의 입
을 빌려서 그의 철학함의 본질과 목적을 말하고 있다. 이 세 비
유들은 보는 사람의 관점에 따라서 의미 해석이 다양하기 때문
에, 여러 학자들에 의하여 다양하게 해석되어 왔다.

플라톤은 여기서 다른 방법으로는 문장으로 설명할 수 없는
내용을 비유의 표현 형식을 빌려서 묘사하고 있다. 비유는, 모든
비유가 그렇듯이, 독자에게 생소하고 낯설고 추상적인 개념을 독
자가 언제나 이미 익숙하게 알고 있는 일상적 경험과 언어를 통
하여 전달하는 방법이다. 그러므로 비유는 비유로 묘사하는 것을
넘어서서 또는 묘사하고 있는 것의 배후에 비유가 표현하며 전달
하고자 하는 의미가 들어 있다. 그러므로 여기서 중요한 것은 독
자가 비유에 숨겨져 있으며 저자가 비유를 통하여 말하고자 하는
의미를 찾아내는 일이다. 그래서 사람들은 비유의 해석에서 비유
가 의미하는 바를 남김없이 찾아내고 알아내고자 하였으며, 이를
객관화하려는 노력을 기울이기도 하였다. 그러나 하나의 객관화

된 보편 타당한 비유의 해석은 불가능할 뿐만 아니라, 그러한 노력은 타당하지도 않다. 비유의 해석에서 요청되는 논리는 해석자의 해석이 가능한 한 많은 독자들에게 타당한 해석으로 인식되고 수용되도록 해석함으로서, 해석의 간주관성을 넓히는 일이다.

플라톤은 정의로운 국가를 실현하기 위한 조건으로 철인의 통치를 주장하였다. 플라톤은 철인 통치의 필연성과 교육의 이념과 본질을 비유로 다루면서 하나의 비유가 아니라, 세 개의 비유들을 연속적으로 서술하였다. 우리는 이 비유들 하나 하나를 독립된 비유로 해석할 수도 있고, 세 비유들이 저자 플라톤이 의도하며 의미하고 있는 바에 있어서 연관되어 있는 비유들임이 분명하므로,43) 세 비유들의 전체적인 의미 관련을 해석할 수도 있다. 그리고 이 세 비유들의 전체적인 의미 관련을 해석할 경우에 해석한 내용과 성격은 해석하는 사람의 시각에 따라서 서로 다를 수 있다. 그러나 한가지 확실한 것은 세 비유들이 그 기본 구조에 있어서 하나의 동일한 내용을 다루고 있으나, 내용의 강조에 있어서 이를 서로 상이하게 다루고 있다는 사실이다.44)

비유들이 동일한 내용을 다루고 있다는 이해에 이르는 또는 그러한 이해를 도출하는 방법은 사람마다 다를 수 있다. 우리는 세 비유들의 구조와 개념을 종합하여, 비유들이 의미하고 있는 내용이 동일함을 확인해 볼 수 있다. 또한 비유들을 서로 대조하

---

43) 플라톤은 동굴의 비유를 해석하기 시작하면서 글라우콘에게 동굴의 비유를 "앞서 이야기한 것들(태양의 비유와 선분의 비유)과 연관하여" 이해하라고 강조하고 있다(517b). 여기서 "연관하여"(prosapteon)가 말하는 내용을 넓게 보면 『폴리테이아』에서 지금까지 말한 모든 내용들과 연관하여 라는 의미가 되겠으나, 직접적으로는 앞에서 다룬 두 비유들과 연관하여 이해하라는 시각이 강조되어 있다.

44) Rafael Ferber, *Platos Idee des Guten*. Sankt Augustin 1984, S.125.

여 봄으로써 쓰여져 있는 내용이 모든 비유들에서 동일한 요소들과 상징들로 구성되어 있고 같은 구조로 배열되어 있다는 사실을 끄집어 낼 수 있다. 그러나 그럴 경우에 각각의 비유에서 사용되고 있는 언어와 개념과 그림이 서로 다르기 때문에, 필연적으로 해석의 대상으로 충분히 다루어지지 않고 간과될 가능성이 많게 된다. 그러므로 비유를 연구하는 자는 비유들에 담겨져 있는 요소들을 연구자가 어느 정도로 강조하려고 하는지를 의식하면서 해석에 임할 필요가 있다.

플라톤은 이 비유들을 통하여 지식과 인식의 단계들을 묘사하고 있다. 사람들은 흔히 이 비유들의 해석에서 선의 이데아의 인식과 이데아들의 의미만을 고찰하려고 함으로서, 플라톤이 비유를 통하여 의미하고자 하는 바를 충분히 이해하는데 실패하고는 하였다. 그러나 우리가 『폴리테이아』를 잘 읽어보면, 이데아들의 인식은 이미 앞에서 다루어졌다는 사실을 알게 될 것이다. 비유를 시작하기 전에 플라톤은 이미 잘 알려진, 별로 문제시 될 것이 없는 이데아들의 수용을 다시 한번 언급하고 있다. 비유에서 지속적으로 언급되는 최고의 지식은 결코 정의의 이데아나 용기의 이데아 같은 어떤 이데아에 관한 지식이 아니다. 지식의 최고의 내용은 오히려 선의 이데아를 지향하고 있다.

선의 이데아는 다른 많은 이데아들 가운데 하나의 이데아가 아니다. 선의 이데아는 이데아의 서열 중에서 최고의 위치를 차지하고 있을 뿐만 아니라, 모든 이데아들과 지식들과의 관계에 있어서 독특하고 유일한 위치를 점유하고 있다. 선의 이데아는 일종의 원리를 말하는 것이다. 선의 이데아의 원리에 의하여 모든 다른 이데아들과 사물들과 지식들이 비로소 타당하고 유용하게 된다. 그래서 세 비유들에서도 예를 들면 정의가 선의 이데아의 공동작용을 통하여 비로소 쓸모 있게 된다고 말하고 있다. 이는 선의 이데아가 없이는 모든 다른 이데아들과 규범들은 결국은 상호 동등과 공존의 관계로 머물러 있게 됨을 의미한다. 그러할 경우에 이데아들 사이에는 마치 전쟁과 평화 같은 끊임없는 갈등의 관계가 이루어질 것이다. 그러므로 선의 이데아에 의하여 이데아들은 서로 도와주고 상대방을 침해하거나 지배하지 않으면서 각각 완전한 존재를 구현하게 된다.

이러한 생각은 플라톤의 대화에서 자주 나타난다. 인간의 행위들이 표준화되어있는 행위의 모델들에 대한 오리엔테이션을 통하여 규범화되도록 하려는 시도가 일어나는 곳에서 소크라테스는 일정한 구체적인 상황의 구성을 통하여 이미 사람들에 의하여 긍정적으로 규범화된 행위 모형들이 사실은 아무런 규범적 힘과 권위를 가지고 있지 않음을 보여주고 있다. 우리는 이러한 상황을 『폴리테이아』의 제1권에서부터 거듭 만나게 된다. 도덕의 인과율 (Moralkasuistik)의 논쟁사에서 오랫동안 인용되어 온 고전적인 예를 들면, 『폴리테이아』의 서두에서 소크라테스는 빌린 것을 되돌려주는 것, 다시 말하면 되 갚는 것이 정의라는, 당시에 일반적으로 널리 퍼져있던 행동 규범에 대하여 다음과 같은 상황을 조작하여 반론을 편다(331e 이하). 만약에 혹자가 친구로부터 칼을 빌렸는데, 그가 미쳐서 복수심에 사로 잡혀 광적이 되어서 칼을 되돌려 달라고 하면, 돌려주는 것이 정의인가 아니면, 돌려주지 않는 것이 정의인가? 이미 미쳐버린 친구에게 칼을 되돌려주면, 칼은 살인 무기가 되어 사람을 죽이는 데에 사용될 것이다. 그러므로 이러한 경우에는 빌린 것을 되돌려주지 않는 것이 정의가 된다.

여기서 끄집어 낼 수 있는 분명한 결론 하나는 다음과 같다. 어떤 추상적인 행위 규범들의 목록을 만들어 놓고, 이 목록을 학

습시킨 후에, 목록에 따라서 행동하도록 하며, 행위의 타당성을
행동과 목록의 일치에서 확인하는 것은 도덕적으로 충분하지 않
고 논리적으로도 타당하지 않다. 여기엔 어떤 상황 아래서 어떤
행위의 구조가 요청되며 실현되어야만 할 것인가 라는 관점에 대
한 고려가 없다. 여기엔 다만 마땅한 행위 구조에 대한 지식이
언제나 확정되어 있을 뿐이다. 그리고 플라톤에 의하면, 이러한
도덕적으로나 논리적으로 완전한 지식은 선의 이데아에 대한 통
찰에 의하여서만 비로소 획득 가능할 뿐이다. 이러한 지식이 비
로소 규범들에 일원성과 통일성을 부여하며, 이를 통하여 규범들
을 "쓸모 있게" 만들어 준다.45)

   이상의 논의에서 드러난 쓸모 있음(유용성)의 개념은 또 하나의
다른 의미를 갖고 있다. 규범의 지식이 '합규범적 행위는 행위자
스스로에게 유용하다'는 통찰과 연관되어 있을 경우에 비로소 행
위자에게 이러한 방법으로 행동하려는 충분한 힘과 신뢰가능한
동기가 생기는 법이다. 바로 이 점이 모든 규범 이론을 어렵게
만들고 있다. 아무리 규범의 이론적 논리가 확실하다고 해도, 다
음과 같은 문제는 여전히 열려 있다. 인간이 행위를 일정한 규범
에 따라서 맞추어야 한다는 동기를 우리는 도대체 어디서 획득하
게 되는가? 또는 도대체 어떤 동기가 그리고 무엇이 사람들로 하
여금 그러한 규범에 따라 행동하게 만드는가? 플라톤은 여기서
우선 고대의 윤리학적 전통에 따라서 목적론적 해답을 제시한다.
개개인들은 그가 근본적으로 그리고 본질적으로, 다시 말하면 그
의 본성에 있어서 언제나 이미 하고자 하였던 바를 실천하게 된
다는 사실을 투시하게 되면, 그는 합규범적 행위를 하고자 하는

---

45) Wolfgnag Wieland (Hrsg.), *Antike*. Stuttgart: Reclam 1988, S.184.

동기를 갖게 된다. 물론 그의 의지의 순수한 의도에도 오류가 있을 수 있다. 그의 의지가 비록 진리에 대한 그의 인식 내용으로부터 오거나, 순수한 의도에서 오고, 그의 의도와 지식 차체가 오류일 수도 있다. 인간은 누구나 본성에 있어서 언제나 이미 필연적으로 선을 지향하며 추구하도록 되어 있다. 이러한 선 지향적 의도를 가지고 있지 않은 사람은 없다. 사람은 기껏해야 의도의 구체적인 성취에 관한 생각에 있어서 오류를 범할 뿐이다. 따라서 플라톤이 이 텍스트에서 지적하고 있듯이, 선에 있어서 어느 누구도 자신의 현재의 도야되지 않은 상태에 만족할 사람은 없다. 어느 누구도 자유 의지로 의롭지 못한 행동을 하지는 않는다는 소크라테스의 주장은 이러한 조건 아래서 이 주장이 갖고 있는 이율배반적 성격을 상실하게 된다. 왜냐하면, 한번 정해진 그리고 정해진 것으로 알려진 목적을 달성하지 않으려는 것은 불가능하기 때문이다. 그러한 경우에 있어서, 그러한 경우가 있다면, 사람들은 이미 다른 목표를 정하고 의도하였을 것이다. 그러므로 인간에게 그의 의지의 참된 목표에 관하여 알게 하고 계몽시키는 일이 중요하다. 플라톤의 철학함의 배후에는 개개인의 행위의 본래적인 목표와 인간들의 공동 생활의 국가적 질서의 목표는 서로 접근하며 수렴된다는 생각이 자리잡고 있다. 플라톤의 국가 구성은 그러한 수렴적 사고의 모델이다. 그래서 세 비유들이 다루고 있는 지식의 단계들도 이상국가의 통치자를 위하여 구상한 교육 프로그램 속에 들어있다.

　비유들의 해석에 있어서 여기서 구별하고 있는 지식의 단계들은, 의식적이고 전문적인 행위가 보여주듯이 실천적 지식을 포함하고 있음에 주목하여야 한다. 틀린 해석이나 지나치게 일방적인 해명은 흔히 다만 이론적 지식의 형식들만을 고찰의 대상으로 삼

아서 해석하려고 하는 데서부터 오는 것이다. 물론 이론적 지식
도 여기서 고찰되어야 한다. 그래서 선분의 비유는 수학적 인식
론을 형식으로 삼고 있다. 그러나 비유가 노리는 지식은 이론적
지식에서 끝나는 지식이 아니라 실천적 지식으로 나아가는 지식
이다.

플라톤의『폴리테이아』제7권의 서두 부분(514a-517a)을 일반적
으로 '동굴의 비유(Höhlengleichnis)'라고 부른다. 동굴의 비유는 서
구의 정신사에서 가장 유명하고 가장 위대한 비유들 가운데 하나
로 평가되어 왔다. 동굴의 비유는 철인의 도야과정을 다루고 있
다. 플라톤의 말을 그대로 빌리면, 이 비유는 인간의 본성을 교육
(paideia)과 무교육(apaideusia)에 비추어서 살펴보고 있다. 서양의
교육철학계에서는 그래서 학자들이 이 비유로부터 교육의 본질이
무엇인가를 해명하는 시도를 끊임없이 하여왔다. 이 비유는 오늘
에 이르기까지 우리가 발견할 수 있는 "교육현상에 대한 가장 심
오하고 박력있는 분석"46)임에 틀림이 없다.

플라톤의 교육사상에서 동굴의 비유가 차지하고 있는 비중이
너무나 크므로, 저자는 동굴의 비유를 먼저 소개하고,『폴리테이
아』안에서 이 비유가 차지하고 있는 위치를 살펴본 다음에, 비
유의 구조를 분석하고, 비유에 담겨있는 파이데이아의 의미를 해
석하려고 한다.47)

---

46) Theodor Ballauff, Pädagogik. *Eine Geschichte der Bildung und Erziehung*. Bd.
   I, München 1969, S.91.
47) 번역은 D. Kurz가 1971년에 펴낸 희랍어와 독일어 대조의 슐라이에르마
   허 번역본을 주로 사용하였으며, 조우현의 번역본(1982)을 참고하였다.

2) 텍스트

그러면 다음에 우리들의 본성을 교육과 무교육에 관련하여 다음과 같은 상태와 비교해 보세(514a).[48] 땅 밑에 동굴과 비슷한 거처가 있고 거기서 사람들이 살고 있다고 하세. 이 거처는 빛이 들어오도록 열려있는 동굴의 입구로부터 가장 멀리 떨어져 있네. 여기서 사람들은 어려서부터 다리와 목이 묶여 있어서(b), 같은 자리에만 머물러 있으며, 쇠사슬 때문에 머리를 뒤로 돌릴 수가 없으니 오직 앞만 볼 수 있을 뿐이네. 그러나 그들은 그들 뒤에 있는 높고 먼 곳에서 타고 있는 불빛을 가지고 있다네. 불과 죄수들 사이에는 위쪽으로 장벽이 죽 세워져 있는 길이 지나가고 있네. 이 장벽은 곡예사들이 관객들에게 그들의 솜씨들을 보여주기 위하여 세워놓은 칸막이와도 같은 것이라네. 이렇게 나는 말했다.

---

48) 여기서 '교육'으로 번역한 희랍어 paideia는 소크라테스와 플라톤에 있어서 도덕적이고 지적인 기능을 가지고 있는 말로 사용되고 있기 때문에, 한마디로 번역할 수 있는 적절한 우리 말이 없다. 보다 친절하게 번역한다면, '교육과 도야'라고 번역하여야 할 것이다. 조우현은 '교육이 있는 경우'로 번역하였는데, 의미를 매우 적절하게 전달하고는 있으나 너무 풀어쓴 감이 있다. '무교육'으로 번역한 apaideusia는 파이데이아의 부정어로서 무교육과 무도야를 의미한다. Wichmann은 이를 '교육불가능성'(Unerziehbarkeit)으로 번역하였는데, 동굴의 비유에 나타난 파이데이아의 이해와 독자적으로 자신을 교육할 수 있는 능력의 결여 내지 부재를 강조한 교육의 강제적 성격의 관점으로부터 보면, 그러한 번역도 가능하다. 그러나 이는 이미 해석된 번역이므로, 역시 지나친 감이 있다(O. Wichmann, Platon. *Ideelle Gesamt darstellung und Studienwerk*. Darmstadt 1966, S.300). '상태'는 pathos의 번역이다. 이 문장은 동굴의 비유의 목적을 진술하고 있기 때문에 대단히 중요하다. 여기서 우리들의 본성의 상태를 교육과 무교육과 관련하여 '비교'하자는 시각에 유의하여야 한다. 여기서 조우현은 '상태와 비슷하다'는 표현을 썼으나, 슐라이에르마허의 번역을 따라서 '상태와 비교해 보세'라고 하였다.

그렇게 상상하고 있겠습니다. 그는 말했다.

그러면 이 장벽을 따라서 벽 위로 사람들이 온갖 종류의 도구들, 조상들(c)[49] 그리고 돌이나 나무로 된 온갖 형상들을 운반하고 있으며 온갖 종류의 일을(515a) 하고 있다고 상상해 보세. 물론 거기에는 말하는 자들도 있고 침묵하는 자들도 있네.

그것 참 별 희한한 그림을 다 그리고 별 이상한 죄수들을 다 묘사하고 계시는 군요. 그는 말했다.

우리들과 아주 흡사한 사람들이지. 나는 대꾸하였다. 그러면 먼저 그런 사람들은 그들 자신이나 서로 사이에서 불이 그들이 마주 대하고 있는 동굴 벽 위에 만들어 주는 그림자 이외에 무엇인가 다른 것을 보게 되리라고 자네는 생각하는가.

만약에 그들의 머리가 평생토록 움직이지 못하도록 묶여져 있다면, 어떻게 그들이 다른 것을 볼 수 있겠습니까! 그는 말하였다(b).

그리고 운반되고 있는 것들에 관해서도 역시 마찬가지가 아니겠나?

물론이지요.

만약에 그들이 서로 서로 말을 할 수 있다면, 그러면 그들은 그들이 본 것을 존재하는 것들이라고 이름 붙이지 않겠나?

필연적으로 그렇겠지요.

그리고 만약에 그들의 감옥이 저 위쪽으로부터 오는 되울림

---

49) 여기서 '조상들'(agalmata)은 ·의로운 자들의, 그리고 최고의 덕목인 정의 자체의 조상들이다. 조상은 이미 모방이다. 그러므로 여기서는 인간이 가지고 있는 정의의 이데아에 대한 잘못된 이해와 일상적 지식을 메타퍼로 표현하고 있다. 빌린 것을 되돌려 주는 것이나 강자의 이익 같은 정의에 대한 사이비 정의(Definition)나, 그러한 정의의 이데아에 대한 잘못된 이해를 가지고 있던 당대의 대표적 지식인들이었던 시모니데스나 트라시마코스가 모두 이 조상들에 해당한다. R. Ferber, a.a.O., S.120f 참조.

소리를 가졌다면, 만약에 지나가는 자들 중의 하나가 말한다면, 그들은 저 방금 지나가는 그림자가 아닌 다른 무엇이 말하는 것이라고 생각하리라고 자네는 생각하는가?

제우스에 맹세코 그렇게 생각하진 않습니다. 그는 말했다.

어떠한 경우에도 그들은 저 인공적 작품들의 그림자 이외에 무엇도(c) 참된 것이라고 여기진 않을 것일세.

절대로 불가능합니다.

그러면 만약에 그들에게 다음과 같은 일이 일어난다면, 어떻게 그들이 이에 대처하게 될 것인가를, 그들의 속박과 몰이해로부터의 해방과 치료를 한번 고찰하여 보세. 나는 말했다. 그들 중의 하나가 풀려났다고 하세. 그래서 즉시로 일어나서, 목을 돌리고, 가서, 빛을 향하여 보도록 강요되었다고 하세. 그리고 그가 그렇게 하면서 점점 더 고통스러워하고, 빛나는 불빛 때문에 그가 이전에는 그림자들로 보았던 저 사물들을 바로 인식할 수 없다고(d) 하세. 그러면 자네는 어떻게 생각하겠나? 그가 말하겠나? 만약에 누군가가 그에게 확신시킨다면, 그때는 그가 헛것들만 보았었는데, 이제는 존재하는 것에 보다 가까이 있으며 보다 더 존재하는 것을 향하고 있으니, 그는 보다 바르게 보는 것이라고 한다면,50)

---

50) 동굴의 비유에서 비교의 구조와 언어가 중요하다. 플라톤은 비유에서 교육과 무교육이 있는 인간의 상태를 빛의 거리, 다시 말하면 「빛으로부터 멀다 - 가깝다」라는 표현, 존재의 개념, 「보다 더 존재한다 - 덜 존재한다」라는 표현, 그리고 인식의 개념, 「바로 본다 - 헛 본다」라는 표현을 사용하고 있다. 따라서 이 문장을 번역함에 있어서 '존재하는 것에 더 가까이', '보다 더 존재하는 것을 향하고' 있다 라고 하는 것이, 조우현이 번역한, '더 실물에 접근하여', '더 실재적인 것에 향하여'있다 라는 번역 보다 더 적절하다고 생각한다. 슐라이에르마허는 '보다 더 존재하는 것'을 'mehr Seiendes'로 번역하였다.

그리고 그에게 모든 지나가는 것들을 지적하면서, 이것들이 무엇이냐고 묻고 대답하기를 강요한다면? 그러면 자네는 어떻게 생각하겠나? 그가 대단히 혼란스러워져서 전에 보았던 것이 그래도 지금 제시되는 것보다는 참된 것이라고 믿지 않겠나.

그렇겠지요. 그는 대답하였다.

그리고 만약에 사람들이 그가 빛 자체를 보도록 그를 강요한다면, 그는(d) 눈이 너무 아파서, 도망하여, 그가 볼 수 있는 것에로 돌아가서, 이것이 마지막으로 제시된 것보다도 훨씬 더 확실하다고 확신하지 않겠나?

물론입니다.

그리고, 나는 말했다, 만약에 혹자가 그를 거기서부터 폭력으로 험하고 급경사진 오르막길로 끌고 가서, 그가 태양의 빛에로 끌려올 때까지 그를 놓아주지 않는다면, 그는 심한 고통을 당하면서 할 수 없이 끌려오지 않겠나? 그리고 그가 빛에 이른다면, 그래서 눈이 광선으로 가득 찬다면, 그는(516a) 그에게 이제 참된 것으로 인정되는 것을 전혀 볼 수 없을 것 아니겠나.

그렇겠지요. 적어도 금방 볼 수는 없겠지요. 그는 말했다.

그렇지. 위에 있는 것을 보기 위하여 그는 습관을 필요로 하리라고 나는 생각하네. 처음에 그는 그림자를 가장 쉽게 알아볼 수 있을 테고, 그리곤 인간의 그림이나 물 속에 비친 다른 사물들의 영상을 볼 수 있을 테고, 그 다음에야 비로소 식물들 자체를 볼 걸세. 이와 마찬가지로 하늘에 있는 것과(b) 하늘 자체를 그는 밤에 가장 용이하게 관찰할 수 있을 테고, 낮에 태양과 그 빛을 보기보다는 밤에 달과 별들의 빛을 볼 수 있을 것일세.

물론이지요.

그러나 그는 드디어 물 속에 비친 태양의 그림이나 다른 무엇이 아니라, 태양 자체를 태양 자체의 위치에서 바로 보고 관찰할 수 있게 될걸세.

필연적으로. 그는 말했다.

그리고 나선 그는 벌써 태양에 관하여 생각해 낼 걸세. 태양은 모든 계절들과 세월들을 만들어 내며, 만물을 볼 수 있는 공간들 안으로 짜 넣으며(c), 그가 본 모든 것의 원인임에 틀림없다고 사유할 걸세.

틀림없이 그는 저기에서 여기에 이를 것입니다. 그는 말했다.

그런데 어떨까. 만약에 그가 이제 그의 옛 거처를 생각하고 거기서 지혜라고 여겼던 것과 그 시절에 함께 묶여 있던 자들을 생각하면, 그는 자기 자신의 변화를 행복하다고 찬양하고 저들을 불쌍하다고 여길 것이 아니겠나?

확실히 그렇게 여기겠지요.

그리고 만약에 저들이 거기서 저들 가운데서 지나가는 것들을 가장 날카롭게 보고, 어떤 것이 먼저 오고 어떤 것이 나중에 오며 어떤 것이 동시에(d) 오는지를 가장 정확하게 파악해서, 가장 잘 미리 말할 수 있는 자를 선택하여 명예와 칭찬과 보상을 준다면, 그가 이를 크게 열망하며 저들 가운데서 명예와 권세를 누리는 자들을 부러워하리라고 자네는 생각하나? 아니면, 그는 호메로스의 시에 사로잡혀서, 날품팔이처럼 밭을 갈거나 어떤 다른 일들이 그에게 일어나게 하는 편이, 다시금 거기서 가졌었던 생각들을 갖고 그렇게 살아가는 것보다는 훨씬 더 낳으리라고 여기지 않겠나?

그렇게 생각합니다. 그렇게 살아가느니 차라리 그는 어떤 일을 당해도(e) 좋다고 여기겠지요. 그는 말했다.

그렇다면 이 점도 생각해보세. 나는 말했다. 만약에 그가 이제 다시 아래로 내려가서 같은 자리에 앉는다면, 그가 그렇게 갑작스럽게 태양으로부터 왔기 때문에 그의 눈은 어둠으로 가득 찰 것이 아니겠나?

확실히 그렇겠지요.

그리고 만약에 그의 눈이 아직 침침한 동안에, 그가 어둠에 다시 익숙해지는 시간은 그가 동굴에 거주하여 지극히 짧은 시간이 지난 후일 터인데(517a), 그가 언제나 거기서 묶여 있었던 자들과 저 그림자들을 평가하는 경쟁을 다시 벌인다면, 사람들이 그를 비웃고 그에 관하여 이렇게 말하지 않겠나? 저 사람이 위에서 썩은 눈을 가지고 되돌아 왔군. 우리가 위로 올라가려고 시도하는 일은 다 의미 없는 짓이야. 그리고 그들을 풀어주고 위로 데려가려는 자는 누구든지, 만약에 그들이 그를 붙잡아서 죽일 수만 있다면, 참으로 죽여버리지 않겠나?

정녕 그렇게 하겠지요. 그는 말했다.

3) 이데아와 그 기능

동굴의 비유는 교육과 도야에 관한 고대 그리스의 이해를 아주 적절히 묘사하고 있다. 우리는 이 비유를 통하여 파이데이아의 의미를 전체적으로 개관할 수 있다. 이 비유는 존재의 두 차원들, 거주의 두 형식들, 그 본질에 있어서 상이한 두 세계들을 묘사하고 있다. 진리(aletheia)의 세계는 하나일 뿐, 둘일 수가 없다. 그러나 인간이 살고 있는 세계의 현실은 진리의 세계가 아니라, 비진리의 세계이다. 왜냐하면 인간은 언제나 이미 어둠의 세계 안에 있으며, 최선자(to agathon)가 지배하는 유일한 국가 안에서 인간이 살고 있는 것이 아니라, 이 유일한 국가의 메아리요 그림자로서의 인간이 지배하는 국가 안에서 살고 있기 때문이다. 그리하여 세계는 그 현상에 있어서 두개의 독자적인 영역들로 나누어져 있는 것처럼 보인다. 플라톤은 이러한 두 세계의 현상을 동굴의 비유에서 선의 이데아로부터, 다른 말로 표현하면, 존재의 원천인 빛으로부터 고찰하여, 빛으로부터 떨어져 있는 거리를 구별하고 의식하게 함으로써 우리를 진리의 세계 인식에로 인도하고 있다.

다만 동굴의 비유뿐만 아니라, 선분의 비유와 태양의 비유가 모두 두 세계의 이론을 펴고 있다. 세 비유들은 모두 선의 이데아를 다루고 있다. 세 비유들은 모두 봄과 본 것이라는, 생각함과 생각한 것이라는 이원적 인식의 논리를 펴고 있다. 여기에는 감각적 인식의 억견(doxa)과 오성적 인식의 이성(noesis)의 분리가 강조되어 있다. 이러한 분리는 동굴의 비유에서 이미 잠재적인 것으로 전제되어 있다.

동굴의 비유와 선분의 비유에는 태양의 비유와 달리 상승과 하강의 동기가 강조되어 있다. 감각적 세계에서 이지적 세계에로의 상승이 수학적·변증법적으로 묘사되어 있다. 동굴의 비유는 이를 상황의 그림을 묘사하는 서술의 방법으로 더욱 분명하게 개관할 수 있게 하여, 상승의 운동을 다이나믹하게 만들어 주고 있다. 동굴은 허깨비(eikasia)와 신념(pistis)을, 동굴 밖의 세계는 오성(dianoia)과 지성(noesis)을 상징하고 있으며, 여기서 변증법은 메타퍼적으로 표현하여, "어둠에 있는 것을 빛으로 옮겨가는 것"[51]이다. 감각과 생활의 세계는 지하의 세계요, 이 세계 안에 있는

---

51) R. Ferber, a.a.O., S.125. Wieland도 태양의 비유와 선분의 비유가 정적 (statisch)임에 비하여, 동굴의 비유는 동적이며, 운동(Bewegung)이 비유의 중심에 자리잡고 있다고 보았다. W. Wieland, *Platon und die Formen des Wissens*. Göttingen 1982, S.219.

사람들은 법적·정치적으로 미성숙한 자들이다. 『폴리테이아』의 서두에서 "정의란 무엇인가?"라는 주제로 이미 다루어진 정의에 관한 잘못된 정의들인, 빌린 것을 되돌려 주는 일이나 강자의 이익이라는 정의(定義)는 감각과 생활의 세계에서는 정의(正義)에 대한 보편적 지식으로 이미 넓게 퍼져있으나, 지성과 선의 이데아의 세계에서는 너무나 분명히 잘못된 정의이기 때문에 가지(假知)로 확인되고 있다. 동굴의 세계에서 사는 사람들은 다만 인공적 작품들만을, 다시 말하면, 이데아의 인공적 복제와 모사(模寫)만을 볼 수 있기 때문에, 필연적으로 불의를 행할 수밖에 없다. 의롭지 못한 행동에 있어서 다소의 차이는 보다 아름답거나 미운, 보다 경건하거나 불경건한, 보다 옳거나 틀린, 등으로 묘사되는 복제와 모사의 정도의 차이에 비례한다. "덕은 지식이다"라는 소크라테스의 패러독스에 따르면, 덕의 지식은 이미 덕의 행위를 내포하고 있으며, 따라서 덕에 대한 무지는 덕의 무행위를, 그리고 부덕 내지 비덕의 행위를 말하고 있다.

　선의 이데아는 진리 또는 존재와 이성의 가능 조건으로 이 둘을 보장한다. 따라서 선의 이데아는 행동의 원리이다. "교육을 받은 일도 없고 진리도 모르는 자는 … 인생에서 하나의 목표를 가지고 있지 않기 때문에(519c)" "국가와 시민과 자기 자신을 질서 정연하게 하는 일(540a)"을 할 수 있는 능력이 없다. 그러한 능력은 오로지 자신의 영혼이 모든 존재자들을 존재하게 하며 모든 만물에 빛을 주는 선의 이데아 자체를 향하지 않으면 획득할 수 없다. 선의 이데아는 행위의 유일한 목표로서 최고의 선이다.[52] 우리는 선의 이데아에서 플라톤이 『폴리테이아』에서 그의 정치학

---

52) R. Ferber, a.a.O., S.131.

과 윤리학의 최종적 근거로, 다시 말하면, 교육학의 최종적 근거로 삼고 있는 절대 가치와 절대 원리를 확인하게 된다. 물론 선의 이데아 자체는 이성의 준칙이나 인간의 행동 규범을 뒷받침하는 가치가 아니라, 이러한 준칙과 가치를 제약하는 제3의 이념이다. 선의 이데아를 보는 자는 선하고 이성적인 생활에 있어서 가장 풍부한 자이므로, 가장 행복한 자이다. 그러므로 철인 왕은 행복하다. 이성과 권력은 여기서 철인이라는 한 인간의 모습으로 통일된다.

윤리학자는 윤리적이어야 한다든가, 정치학자가 가장 비정치적이라던가, 교육학자가 가장 덜 교육적이거나 교육을 할 줄 모른다는 말은 플라톤에게는 성립하지 않는다. 플라톤에게 있어서 윤리학자는 언제나 이미 윤리적이다. 윤리적·정치적·교육적 지식은 언제나 이미 선의 이데아로부터 나오는 실천적 힘이다. 마치 침대를 만드는 목수가 침대의 이데아를 보고 이에 따라서 침대를 만들듯이, 국가를 통치하는 왕도 선의 이데아에 따라서 국가를 선하게 다스리는 것이다. 이를 논리적 문장으로 정리하면, "철인은 선을 안다"에서 "철인은 선다운 것을 행한다"라는 결론이 나온다. 그렇게 때문에 '인식'[53]은 가장 강력한 능력(dynamis)이다. 우리는 여기서 왜 플라톤이 철인을 유일한 이상적 통치자로 세웠는지 알 수 있다. 많은 사람들이 통치하려고 한다. 군사적 지식과 능력이, 경제적 지식과 능력이, 또는 플라톤의 시대로 돌아가서 신체적 탁월성이 통치하려고 하나, 통치권의 타당성은 오직 철학적 지식과 능력에서 확인될 수 있다. 투키디데스는 『펠레폰네소

53) 477d. 조우현은 episteme를 '지식'으로 번역하였다. 그러나 이 문장에서 의미하는 바를 표현하는, 보다 적절한 말은 '인식'이라고 생각한다.

스 전쟁의 역사』에서 신체적 힘의 최강자에게 통치권이 있는 것
이 자연의 법칙이라고 역설하였다.54) 그러나 플라톤은 미선성에
로의 교육으로 호머가 이미 이념화한 고대 그리스의 영웅 통치의
이상과 규범을 철학적 인식과 지식의 영역으로 옮겨놓고 있다.
그래서 통치의 지식을 전적으로 혁신하고 있다. 통치의 지식은
어떤 다른 지식도 아니고, 유일하게 선의 이데아에 관한 지식이
다. 이러한 이데아로부터의 정치의 강조와 이러한 정치를 실현할
수 있는 길로서의 교육이 동굴의 비유에 잘 나타나 있다.

비유의 시작은 동굴과 동굴 안에서 살고 있는 인간들의 상태
에 관한 서술로 되어있다. 동굴 안에서 살고 있는 인간들은 태어
나면서부터 다중적으로 묶여있다. 그들은 스스론 어떤 병법으로
도 움직일 수가 없으며, 묶여있는 상태로부터 자유로워질 수도
없다. 그들은 다만 동굴의 안쪽만 바라보면서 살아갈 수 있을 뿐
이다. 따라서 모든 종류의 운동의 부재가 동굴 안에서 거주하고
있는 인간들의 생존의 특징이다. 비유의 시작에서 확인되는 이러
한 운동의 부재는 태양의 비유나 선분의 비유가 정적이고 수학적
임에 비하여 동굴의 비유가 동적이고 변증법적임을 이미 암시하
고 있으며, 비유의 효과를 극대화해 주고 있다.

동굴 인간들의 배후에는 축대처럼 생긴 길이 있으며, 이 길로
인간들이 왕래하고 움직이고 있다. 그들은 조각된 조상들과 도구
들을 운반하고 있다. 그들의 배후에서 불타고 있는 횟불의 빛이
그들과 그들이 운반하는 갖가지 대상들의 그림자를 동굴 인간들
이 보고 있는 동굴 안쪽의 벽에 만들어 놓는다. 물론 벽에는 동
굴 인간들 자신들의 모습도 그림자가 되어 나타나 있다. 그러나

---

54) Thukydides, *Geschichte des Poleponnesischen Krieges*. V.105.

그들은 그들 자신의 그림자조차도 그림자로 볼 줄 모른다. 그들은 그들이 지금 보고 있는 것이 그림자라는 사실조차도 의식하지 못하고 있으며, 따라서 그것이 그림자라는 사실을 모르고 있다. 그들은 그림자를 실체로 알고 있다. 그러므로 그들에게는 그림자의 세계는 이미 실재하는 세계 자체이다.

동굴 인간이 어떻게 해서 쇠사슬에 묶인 상태로부터 해방되었다고 하자. 해방되었다고 해서 그가 자유로워진 것은 아니다. 그는 한번도 자유로워진 적이 없었기 때문에 그가 지금 쇠사슬에서 풀려났으며 자유롭게 되었다는 사실조차 의식하지 못한다. 그래서 그는 자신의 의지로 묶여져 있었으며 붙잡혀 있었던 자리에서 일어나 움직이려고 하질 않는다. 운동이 없는 삶을 살아왔기 때문에, 그는 운동을 할 줄도 모를 것이다. 그래서 그가 일어나서, 머리를 돌리고, 횃불을 쳐다보도록 누군가 그에게 와서 그의 머리를 강제로 돌리지 않으면 안 된다. 그냥 내버려두면, 그는 그가 지금까지 그렇게 생각해 왔고 살아 왔던 대로, 벽의 그림자들을 바라보며, 이것들이 실재하는 것이라고 여기며 살아갈 것이다. 따라서 폭력을 사용하여 강제로 그의 머리를 돌려서 뒤를 보게 하고, 조상들을 보게 하고, 저 조상들이 그림자들보다는 한 단계 더 높은 실재를 구현하고 있다고 말해도, 그는 이 말을 믿으려 하지 않을 것이다. 그러나 그는 알아야 하겠기에 교육을 받지 않으면 안 된다. 이렇게 하여 강제와 더불어 교육은 시작되고 있다.

교육은 이와 같이 처음에 강요와 더불어 시작되었다. 그러나 교육은 경과와 더불어 그를 점차로 그림자의 세계에서 실물의 세계로, 어둠의 세계에서 빛의 세계로 이끌어 간다. 그래서 그는 드디어 동굴 밖으로 인도되어 밝은 낮과 태양의 빛을 보게 된다. 그러나 너무나 눈부신 나머지 그는 빛의 세계의 사물들을 제대로 인식할 수가 없다. 그래서 그는 밝은 세계에서도 처음의 그림자들과 거울에 반영된 그림들에 따라서 세계를 이해하다가, 어느 정도로 시간이 경과한 후에야 비로소 참으로 있는 사물들을 사물들 자체에서 불 수 있는 능력을 갖게 된다. 그는 시야를 사물들에 맞춘다. 그리고 화초와 나무들, 들짐승과 날짐승들, 산과 호수, 하늘에 떠있는 달과 별들을 본다. 그리고 눈부신 태양을 볼 수 있게 된다. 그렇게 되어 드디어 그는 태양이 선의 이데아며, 모든 존재의 원인임을 인식하게 된다. 그리고 고민에 빠진다. 그가 지금까지 살아온 동굴의 세계에는 그의 형제들이 지금도 그렇게 살고 있다. 그는 이제 진리를 알았고 자유롭게 되었다. 그러므로 그는 동굴로 돌아가서 어둠의 쇠사슬에 묶여있는 형제들을 해방시켜서 이 밝은 세계로 인도해 내지 않으면 안 된다. 그러나 그가 동굴로 돌아간다면 어떻게 될 것인가? 만약에 그가 밝고 빛나는 지상의 세계가 있다고 하면, 그들이 사는 동굴의 세계가 어둠과 허상으로 가득 차 있다고 말하면, 동포들에게 이 빛이 없는 허구의 세계를 벗어나서 빛으로 가득 찬 실재의 세계로 나가자고 말하면, 교육받았기 때문에, 이제 진리를 깨우쳤기 때문에 동포의 오류와 미성숙성을 계몽하는 교사의 역할을 하기 시작했다면, 그는 그의 동포들로부터 비웃음과 조롱을 당하고, 드디어는 죽임을 당할 위험에 처하게 될 것이다. 그러나 비록 죽는 한이 있더라도, 그는 진리를 알았기 때문에, 그가 확실하게 알고 있는 진리의 세계 안에 머물며 진리를 선포하기를 결코 포기하려 하지 않을 것이고, 다시는 이 어둠의 세계 안에 갇혀있는 무지한 인간들의 견해와 무지 속에 체포되어서 살아가려고 하지는 않을 것이다.

동굴의 비유의 해석에서 비유에 상징적으로 묘사되어 있는 지식과 실재의 단계들을 객관화하려고 해서는 안될 것이다. 비유에서 파이데이아에 의하여 인도된 자가 체험하는 지식의 각 단계들은 모두 그 단계 안에 있으면서 겪고, 인식하는 지식이지, 결코 그 단계의 외부에서 객관적으로 보고 인식하는 지식이 아니다. 인식하는 자 자신이 지식의 단계 안에 있기 때문에, 그가 인식하는 것이 다만 실재의 한 단계인 것을 그는 알지 못하고 있다. 그는 그가 인식하게 되는 단면을 실재의 전체라고 여기고 있다. 이미 이전에 아직 쇠사슬에 묶여 있을 때에, 그가 가지고 있었던 지식의 형식이 인식의 한 내용을 의미하는 지식이 아니라, 실재의 전체에 대한 파악을 의미하는 지식이었다. 이렇게 볼 때에 동굴의 비유의 중요성은 한편으로 지식의 각 단계들에 있어서 존재하는 실재와 이해하는 실재 사이에서 확인되는 불일치의 지적에 있다. 다시 말하면, 있는 그대로의 실재는 인식하는 인간이 실재로 인식한 내용과는 다르다. 인식한 지식의 수준이 낮으면 낮을수록 인식한 내용은 실재로부터 멀리 떨어져 있다.

동굴 안에 있는 인간은 그의 세계에서 다만 그림자와 모상만을 경험하였을 뿐이다. 그렇기 때문에, 그는 사물의 그림자와 모상이 그림자이며 모상인지를 모른다. 바로 그렇기 때문에 그는 또한 이 동굴의 세계에는 그 자신의 그림자와 그의 동포들의 그림자들이 함께 허상의 세계를 이루고 있다는 사실을 모른다. 그리하여 그는 그 자신을 이 그림자의 세계로부터 분리해 내고 실상과 허상 사이의 경계를 그을 생각을 하지 못한다. 그는 비록 사물을 보고 있지만, 그가 그 자신의 볼 수 있는 능력을 가지고 사물을 사물 자체에 있어서 본질적으로 바로 볼 수 있도록 하는 봄의 가능 조건이 그에게 아직 주어져 있지 않다.

이러한 현실은 다만 강요에 의하여 일어나는 일차적 교육과 그 결과로 획득한 지식의 수준에서만 일어나는 것이 아니다. 이어서 계속되는 다음의 수준에서도 일어난다. 이 수준에서는 인 간은 비록 그림자를 만들고 있는 확실한 조상들을 보지만, 여전 히 이것이 조상들이며 모방의 형상들이라는 사실을 모르고 있다. 조상들의 영역과 횃불의 영역을 지나서 드디어 동굴의 영역을 전체적으로 벗어난 후에야 비로소 그는 그가 보았던 것들이 사 물의 실재가 아니고 모방이요 조상이었음을 알게 된다. 이렇게 인식은 추후적인 반영으로 드러난다. 도야의 길은 인식의 아르 키메데스적 기점으로부터 시작하는 것이 아니다. 그는 인간들에 의하여 정립되고 조작된 세계 이해를 언제나 이미 그 자신의 세 계 이해로 삼고 있으며, 이 세계 이해로부터 인식하기를 시작하 고 있다.[55]

동굴의 비유에 나오는 요소들은, 위에서 이미 언급하였듯이, 선 분의 비유에 나오는 네 개의 선분 영역들과 평행을 이루고 있다. 동굴의 비유에는 인식의 네 차원이 그려져 있다. 동굴의 안쪽 벽 에 있는 그림자들, 이 그림자들을 만들어 내는 조상들, 동굴의 밖 에 있는 지상의 세계에 있는 실재적 사물들, 그리고 이 모든 사 물들의 존재의 기원인 태양, 이러한 네 가지 사물 인식의 차원은 선분의 비유가 상징적으로 설명하고 있는 인식의 구조와 유사한 관계를 구성하고 있다. 동굴에서의 조상들은 한편으로는 동굴의 안쪽 벽에 비치는 그림자들의 원상이면서, 동시에 다른 한편으로 는 지상 세계의 사물들과 생명체들의 모상들이다. 여기서 중요한 것은 대상물 그 자체가 아니라, 대상물을 보는, 고찰하는, 관조하 는 인간이 가지고 있는 상이한 관조의 기초들과 조건들이다.

---

55) 여기서 우리는 플라톤에 있어서 전 이해의 개념을 확인하게 된다. 아르 키메데스적 기점에 관해서는 오인탁, 『현대교육철학』, 제10장 '해석학적 연구방법' 참조.

동굴의 비유는 인간이 파이데이아의 일정한 질서에 따라서 지식의 상이한 단계들에 이르는 길을 묘사하고 있다. 도야의 길은 지식의 상이한 수준과 차원을 뛰어넘는 길이며, 이러한 길의 과정이 파이데이아의 질서이다. 파이데이아의 길로 인도되는 인간은 각각 자기 수준에 있어서 아직 질서 안에 있기 때문에 지식의 상이한 수준으로 확인되는 단계들 전체를 볼 수 있는 눈을 갖고 있지 않으며 그가 현재 어떤 단계에 있는지도 알 수 없다. 단계를 걸어간 자, 그리하여 길 밖에서 관조하고 판단하는 자만이 지식의 단계들을 볼 수 있는 눈을 가지게 되고, 보고 알며, 여기서 그가 서있는 바로 이 인식의 단계들이 문제임을 깨닫게 된다.

파이데이아의 길을 가는 자는 인식의 단계들을 이와 같이 언제나 추후적으로 비로소 인식하게 된다. 그는 그가 가지고 있으며, 지금까지 살아오면서 키워 온 그 자신의 고유한 의식과 인식 능력에 따라서 매 단계에서 그가 보고 경험하는 실재 전체를 참으로 알고 있다고 생각한다. 그런데 그러한 세계 파악이 파이데이아의 길에서 전체적으로 부정되며 수정된다. 인간에게 그가 지금까지 몰랐던 실재의 영역들을 제시하고 보게 하는 것만으로는 충분하지 않다. 그 자신이 움직이거나 다른 강한 손에 의하여 움직어저서, 보는 장소의 이동을 통하여 자신의 입장을 바꾸고 실재의 인식에 직접 그리고 함께 참여하는 것이 요청된다. 그래서 동굴의 비유에서는 '전환'[56]이 그렇게나 강조되고 있다. 전환을 통하여 모든 통찰은 비로소 유익하고 의미 있게 되며, 인간의 영혼 전체가 파이데이아의 대상으로 들어오게 된다. 그래서 전환은 동굴의 비유를 해명하는 열쇠 언어이다. 전환이 의미하는 바의

---

56) *Politeia*, 518d: periagoge, Umwendung.

핵심은 이것이다. 파이데이아는 지금까지는 전혀 볼 수 없었던 자에게 봄의 능력을 비로소 부여하는 것이 아니라, 이미 볼 수 있는 자가 그의 봄의 능력을 사용하여 바르게 보도록 인도하는 것이다.

동굴의 비유에서 묘사하고 있는 교육에는 독학이 없다. 아무리 개인이 열심히 노력한다고 해도 그는 자신의 노력만 가지고 자기 자신을 결코 도야할 수 없다. 인간에게는 본질적으로 스스로 자신을 도야할 수 있는 능력이 없다. 그에게는 다만 도야될 수 있는 능력이 있을 뿐이다. 그래서 그는 낯선 교육의 손길을 필요로 한다. 뿐만 아니라, 인간은 그가 지금 무교육의 상태에 있으며, 따라서 교육을 받지 않으면 인간이 될 수 없는 존재이기 때문에 교육을 받아야 하겠다는 어떤 자유의지를 갖고 있지 않다. 그는 본질적으로 현재 무교육의 상태 안에 있는 그대로를 참된 세계라고 보고, 그러한 상태 안에서 안주하려고 한다. 그래서 그는 현실에 안주하려는 자신의 의지를 전적으로 부정하며 자신을 낯선 교육의 길로 끌고 가는 이러한 파이데이아의 강제적 폭력에 자신을 굽히지 않으면 안되기 때문에 할 수 없이 굽히게 된다.

이러한 강요에 따른 교육은 처음에는 연습의 모습으로 드러난다. 연습은 특히 교육의 길로 들어서는 첫 단계들에서 타당하게 요청된다. 교육의 길을 자신의 능력과 노력으로 걷는 것은 처음부터 불가능하기 때문이다. 뿐만 아니라, 교육의 길로 들어서는 것 자체를 인간은 거부하며, 들어서야 한다는 의식조차 가지고 있지 않기 때문이다. 모든 교육의 노력은 따라서 처음에는 교육을 받지 않으면 안 되는 상태에 있는 인간의 저항에 직면한다. 동굴의 비유는 이를 분명하게 보여주고 있다. 인간은 그의 자리를 자유의지로 떠나려 하지 않으며, 마찬가지로 자의로 동굴을 벗어나서 지상의 세계로 올라가려 하지 않는다. 파이데이아의 길에서 인간의 자유의지는 확인되지 않고 있다. 다만 자유의지는 파이데이아 후에 교육을 받은 인간의 결단과 행동에서 확인되는데, 이는 파이데이아의 길을 다 걸어간 인간이 교육을 받은 후에 동굴의 세계에 있는 무교육의 동포들을 의식하며 교육적 사랑에 사로잡혀서 지상의 세계에서 다시 동굴의 세계로 돌아가는 길에서 뿐이다.

동굴의 비유를 설명하면서 플라톤은 귀향에 대하여, 돌아감에 대하여 별로 말이 없다. 다만 동굴의 비유의 말미에 귀향에 관하여 짧게 언급하고 있고, 비유를 설명하면서 귀향의 의무를 강조하고 있을 뿐이다(519d 이하). 최고의 지식에 도달한 자에게 요청되는 것은 동굴의 세계로 돌아가서 무교육의 상태에 있는 인간들을 교육하는 일이요, '결코' 허락되지 않는 것은 지상의 세계에 그대로 머물며 배운 바를 자신만을 위하여 향유하는 삶이다(519d). 여기서 분명히 밝혀지는 것은, 최고의 지식은 이를 인식한 자와 관련되어 있는 것이 아니라, 본질적으로 동굴의 세계와 관련되어 있으며, 동굴 안에서 살고 있는 인간의 생활과 관련되어 있다는 사실이다. 최고의 지식을 바로 인식한 자는 돌아간다. 다시 말하면 최고의 지식을 학습하는 유일한 목적은 동굴의 세계에서 살아가는 인간의 교육이다.

최고의 지식에 도달한 자는 비로소 동굴 안에 있는 인간들과 바른 관계를 만들어가며, 그들이 마땅히 가져야 할 바른 관계로 그들을 일깨워 주고 세워주고 유지할 수 있는 능력을 갖게 된다. 이렇게 플라톤은 철인이 통치하지 않으면 안 되는 이상적인 국가의 모델을 설정하고 있다. 일반적으로 생각하면 교육은 교육을 통하여 인간이 획득하고 도달할 수 있는 최고의 수준 자체를

목적하고 있다고 할 수 있다. 최고의 수준으로 끌어올리는 것 자
체가 교육의 목적이며, 그 이후에 그가 어떻게 살아가며 무엇을
하는가에 대하여 교육이 관여할 바가 아니라는 말이다. 그러나,
파이데이아의 철학은 최고의 수준에 도달하였다는 확실한 평가를
동굴로 다시 돌아가는 결단과 행동에 둠으로써, 교육의 자리를
인식에서가 아니라, 인간의 공동 생활과 행동의 장에서 확인하고
있다. 다른 말로 표현하면, 동굴에로의 귀향은 최고의 지식의 의
미와 과제에 대한 물음에서 확인되는 최종적인 해답이다. 여기서
우리는 선의 이데아라는 최고의 지식의 실천적 성격에 직면하게
된다. 선의 이데아를 인식한 자는 모든 존재와 인식의 원리만이
아니라, 모든 사적이고 정치적인 행위의 이성적 원리까지 꿰뚫어
본 자이다.57) 소크라테스가 그의 죽음으로 보여주고, 플라톤이
소크라테스의 입을 빌려서 강조하는 파이데이아의 본질이 바로
이것이다.

4) 두 세계의 이론

플라톤은 이데아의 세계와 감각의 세계, 존재의 세계와 생성의
세계, 지적(noetisch, intelligible) 세계와 현상적 세계라는 두 세계
의 이론을 전개하였다. 플라톤 사고의 기본 형식은 시간적 제약
아래 있는 형성의 세계와 초시간적인 영원한 이데아의 세계 사이
의 단절(tmema)이다. 플라톤에게 있어서 단절은 인식의 상승에
따라서 이데아들의 세계와 이데아들의 세계의 피안에 있는 세계
사이의 단절로 다시 한 번 나타난다. 이데아들의 세계 안에서 움
직이고 있는 언어로 표현 가능한 인식은 여기서 언어로 표현 불

---

57) W. Wieland, *Platon und die Formen des Wissens.* Göttingen 1982, S.222.

가능한, 다만 예감할 수 있는, 인식이 닿을 수 있는 유일한 세계
인 선의 이데아로부터 단절되어 있다.

이렇게 단절된 세계는 그러나 완전한 단절이 아니라, 그 사이
에 관계가 있는 단절이다. 형성의 세계는 이데아들의 세계에 참
여(metexis)의 형식으로 관계를 맺고 있어서, 이를 통하여 사물들
은 비로서 사물들 자체의 존재를 획득하게 된다. 이는, 다른 말로
표현하면, 이데아들이 사물들 안에 현재하고(parusia) 있다.[58] 다
시 말하면, 이데아들이 원상으로, 모상을 위한 표상(paradeigma)으
로, 또는 사물을 통한 이데아들의 모방(mimesis)으로 현재하고 있
다. 플라톤은 동굴의 비유로 그의 두 세계 이론을 잘 묘사하였다.
이러한 동굴의 비유에 담겨 있는 파이데이아의 의미를 발라우프
는 교육의 관점 아래서 철저하게 해석하였다.[59] 발라우프의 해석
을 중심으로 동굴의 비유에 담겨있는 파이데이아의 의미를 살펴
보면 다음과 같다.

① 일상(日常)의 세계가 이데아의 세계와 마주 서 있다. 우리
가 늘 살고 있는, 하늘 아래 있고 땅 위에 있는 세계는 일상의
세계이나, 모든 존재하는 것들을 존재하게 하는 원초적 존재 자

---

58) Karl Jaspers, *Plato*. München 1976, S.44.
59) Theodor Ballauff, *Der Sinn der Paideia*. Eine Studie zu Platons "Höhlen-
   gleichnis" und Parmenides' "Lehrgedicht". Meisenheim: Hain 1963; Theodor
   Ballauff, *Philosophische Begründungen der Pädagogik*. Die frage nach Ursprung
   und Mass der Bildung. Berlin 1966, S.14-84; Theodor Ballauff, Der Sinn der
   Paideia. Eine Studie zu Platons "Höhlengleichnis". In: *Erziehung und Bildung
   in der heidnischen und christlichen Antike*. Hrsg. von Horst-Theodor Johann.
   Darmstadt 1976, S.132-145. 발라우프는 동굴의 비유를 교육적 관점 아래
   서 대단히 치밀하게 해석하였다. 필자는 해석의 기본 줄거리를 그로부
   터 가져왔으나, 해석의 내용과 폴리테이아의 인용을 크게 보완하였다.

체의 세계는 이데아의 세계이다.

② 볼 수 있고, 들을 수 있으며 파악할 수 있고 계산할 수 있는, 따라서 이해 가능한 세계가 다만 직관할 수 있고 예감할 수 있는, 따라서 이해 불가능한 세계와 마주 서있다. 전자가 지각할 수 있는, 그래서 소유할 수 있는 세계임에 비하여 후자는 지각할 수 없는, 따라서 소유 불가능한 세계이다.

③ 억견(doxa)의 세계가 진리(aletheia)의 세계와 마주 서 있다.

④ 어둠(Finsternis)의 세계가 빛(Licht)의 세계와 마주 서 있다.

⑤ 인간과 인간적인 것들의 세계가 신들과 신적인 것들의 세계와 마주 서 있다.60)

⑥ 동굴이라는 감옥의 세계가 태양이 빛나는 자유의 세계와 마주 서 있다. 무교육의 상태에 있는 인간은 그의 무지 때문에 마치 감옥에 가두어진 죄수와 같다. 그러나 교육받은 인간은 아는 자요 도야된 자로서 자유인이다. 그는 자기 자신의 주인이며 만물의 관리자만을 섬기는 자로서 자유롭다. 그의 자유는 그의 섬김의 필연성으로부터, 그의 지식의 필연성으로부터 나오는 것이다.

⑦ 경험(Erfahrung)의 세계가 사유(Bedenkung, Nus)의 세계와 마주 서있다. 지상에서는 인간이 자신의 소유욕을 충족시키고 권력을 향유하기 위하여 사물과 지식을 지배하는 데 비하여, 진리의 세계에서는 인간이 다만 진리에 의하여 사로잡힐 뿐이며 진리의 고유한 목적으로 인도될 뿐이다.

⑧ 좁고 근시안적인 세계가 넓고 투시적인 세계와 마주 서

---

60) 동굴의 비유에서는 이 점을 직접 다루고 있지는 않다. 그러나 『파이드로스』에서 플라톤은 이 점을 신화와 연관하여 다루고 있다.

있다. 전자는 아무리 소유해도 가난하고 공허한 세계이며, 후자는 언제나 이미 가득 차고 충만한 세계이다.

⑨ 보이는 것(das Scheinende)의 세계가 존재하는 것(das Seiende)의 세계와 마주 서 있다.

⑩ 무상한, 지나가는 세계가 영원한, 불변하는 세계와 마주 서 있다. 전자는 형성의 세계요, 후자는 존재의 세계이다.

⑪ 은폐하고 덮어두는 세계, 망각의 세계가 해명하고 들어내는 세계, 영원한 회상의 세계와 마주 서 있다.

⑫ 입장과 감정의 세계가 통찰과 이성의 세계와 마주 서 있다. 입장의 시각은 사물의 곁에 가 있으나, 통찰의 시각은 사물의 속을 꿰뚫어 보고 있다.

⑬ 수많은 인간과 다수와 무리의 세계가 몇 사람의 선택된 인간과 소수와 개별적인 인간의 세계와 마주 서 있다.

⑭ 인간성과 사람다움이 병든 세계가 건강한 인간성을 가지고 있으며 병을 치료하는 세계와 마주 서 있다.

⑮ 이상에서 언급한 모든 두 세계의 특징들을 묶어서 한마디로 표현하면, 무교육(apaideusia)의 세계가 교육(paideia)의 세계와 마주 서 있다.

두 세계의 가시적 대립 현상은 두 세계의 상대적 부정성에 근거하고 있다. 어느 한 세계 안에 있음으로 인하여 인간은 필연적으로 다른 세계를 부정하게 되는 것이다. 존재하는 세계는 오직 한 세계뿐이다. 무교육의 상태 안에 있는 인간은 그의 무지와 억견에 사로잡혀서, 교육의 상태 안에 있는 인간은 그의 지식과 진리의 인식으로 인하여 다른 세계의 존재를 부정하고 삶을 거부하게 된다. 다른 세계는 다만 그림자라는 부정적 형태로 있을 뿐이다. 바로 여기에 그러나 참된 세계의 통찰 가능성이 자리잡고 있다. 참된 세계는 인간의 거주 공간으로 있지 않고, 존재하는 것 자체를 자신의 고유한 존재 안으로 불러들이는 질서요 인도하는 길로 있다. 그러므로 선은 모든 존재하는 것들의 존재로서, 그것들을 존재하게 한다. 모든 존재하는 것들은 그들의 존재 안에서 선을 볼 수 있다. 따라서 인간은, 선 안에 있던 선 밖에 있던 관계없이, 다만 하나만 볼 수 있으며 다만 하나만 말할 수 있다.

인간은 교육받기 이전부터 가지고 있는 이해 능력으로 이미 두개의 세계가 있다는 것을 안다. 참으로 있는 세계, 경험 가능한 세계, 인간이 언제나 이미 그 세계 안으로 태어나서 그 세계 안에서 성장하고 존재하는 세계가 파악 가능한 세계로 있는가 하면, 추상의 세계, 환상과 유토피아의 세계, 사변과 상상의 세계가, 다시 말하면 그저 단순히 생각해 낸, 따라서 그 세계 안에는 아무 것도 없음만이 있는, 다만 머리로만 그려지는 그러한 세계가 있는 것이다. 이렇게 억견이 진리의 자리를 차지하고, 보이는 것으로부터 있는 것을 만들어 존재의 자리를 뒤집어서 두개의 세계를 제시하는 것이다. 그러나 모르는 자, 교육을 받지 못한 자들이 그러한 두 세계관을 가지고 살고 있는 동안에 아는 자, 교육을 받은 자들은 모든 있는 것들 안에서 다만 하나만을, 거기서 모든 것이 나왔으며, 거기로 모든 것이 돌아가는 선만을 직시하는 것이다. 그러므로 파이데이아는 두 세계의 사이에서 활동하고 있는 것이 아니다. 파이데이아는 오직 존재의 영역을 존재의 진리 안에서 투시적으로 만들어 주어 보게 할 뿐이다. 인간의 세계는 여기서 불가시적인 것의 가시성이라는, 다시 말하면 볼 수 없는 것을 볼 수 있도록 만들어 주는 말할 수 없이 중요한 의미를 가지고 있는 진리 인식으로의 문을 언제나 이미 그 안에 가지고 있는 세계로, 진리를 인식할 수 있는 길로 향하는 문이 열려있는 세계로 확인되고 있다.

만약에 우리가 세계를 일종의 의미의 지평61)으로 이해한다면, 그래서 이 의미의 지평 아래서 그때그때마다 자신을 드러내는 대상을 해석할 수 있다면, 우리는 파이데이아와 관련하여 두 세계를 말할 수도 있다. 플라톤은, 위에서 이미 언급하였듯이, 인간을 무교육의 세계 안에 있는 인간과 교육의 세계 안에 있는 인간으로, 그리고 더 나아가서 교육받은 이후의 세계 안에 있는 인간으로 나누어 생각하고 있다. 여기서 우리가 플라톤의 교육적 인간학을 그대로 수용한다면, 인간은 두개의 서로 전혀 상이한 의미의 지평들 아래서 살고 있는 존재로 드러난다. 무교육의 세계 안에서는, 이 세계는 인간의 원초적인 거주 공간이다. 왜냐하면 대다수의 인간은 이 세계 안으로 태어나서 성장하며 삶을 살다가 마치기 때문에, 인간은 인간이 가지고 있는 감각 기관으로 지각한 세계를 존재하는 세계로 받아들이고, 감각 기관으로 지각할 수 없는 이데아들의 세계는 없는 세계로, 비존재의 세계로, 단순히 생각해 낸 세계로 처리한다. 그러나 교육의 세계 안에서 인간은 인지 능력의 전환을 체험하고 이성을 갖게 되고, 진리를 인식하게 된다. 그리고 진리의 세계 안에서 이데아들은 참으로 존재하는 것들로서 선의 본질을 온전히 보여주며 지각한 세계를 그림

---

61) Sinnhorizont를 '의미의 지평'으로 번역하였다. Horizont는 본래 수평선을 의미하는 말이나, 정신 과학에서 인간의 정신 활동과 관련하여 시야가 열려있으며 시야가 가 닿는, 거기에 담겨 있는 의미를 관점에 따라서 찾아내는 전체 영역이라는 의미로 사용하고 있고, 이를 우리 나라에서는 이미 60년대부터 '지평'으로 표현하고 있다.

자의 세계로 알게 하여 준다. 이렇게 하여 선 안에서 의미의 지
평은 구성적 원리가 된다. 파이데이아가 인간을 강제로 인도하여
의미의 변화를 갖게 하는 것이다. 교육 안에 있는 인간에게 이러
한 경험은 지금까지의 세계가 의미 지평의 아래로 지고 새로운
세계가 위로 떠오르는 경험인 것이다.

　파이데이아는 이렇게 하여 진리(aletheia)와 억견(doxa)의 본질적
인 차이를 밝히고, 이 차이를 두 세계로 묘사할 수 있게 한다. 그
러나 파이데이아는 인간이 알레테이아 자체의 인식에 도달해서도
직시하기가 쉽지 않은 또 하나의 다른 차이에 눈뜨게 한다. 그것
은 알레테이아의 영역으로 넘어가는 문턱에서, 다시 말하면 존재
의 세계가 열려있는 문으로 들어가는, 다른 말로 문을 여는 통로
에서 일어나는 사건으로, 인간이 진리와 억견의 본질적 차이에
눈을 뜰뿐만 아니라, 진리와 억견의 정체를 꿰뚫어 보는 통찰력
을 갖게 된다. 우리는 이렇게 말할 수 있다. 열린 문이 바로 통찰
력이다. 선을 직시하고 원천을 통찰함으로써, 선이 모든 것을 있
게 하고 보게 하는 것으로, 존재로, 그리고 빛으로 인식되는 것이
다. 모든 존재하는 것들은 빛의 은총에 의하여 생성하고 존재하
며, 빛은 선으로부터 나오는 것이다. 선 안에 존재와 존재자의 정
체성이 자리잡고 있다. 선으로부터 모든 존재들이 존재의 고유한
성격을 부여받아서, 존재의 내용이 서로 다양하게 된다. 교육받은
자와 관조하는 자의 시야는 이데아들에 붙잡히며 선을 지향하게
된다. 그리하여 진리 안에서 관조하는 자로 있게 된다. 이데아의
관조(die Ideenschau)는 존재를 존재하는 것들의 형태로 생각하는
것이 아니라, 다시 말하면 존재하는 것들에 비추어서 존재를 이
해하는 것이 아니라, 존재하는 것들을 존재의 빛 안에서, 즉 선의
빛 안에서 관조하는 것을 말한다.62) 세계 인식의 열린 문은 사유

가 아니라, 이데아들이다.

5) 파이데이아의 특징

동굴의 비유에서 플라톤이 의미하고 있는 파이데이아의 특징들을 앞에서 언급한 두 세계의 이해와 연관하여 살펴보면 다음과 같다.

① 파이데이아는 해방이다. 그리고 여기서 해방이라 함은 묶인 자의 해방이나 빈곤으로부터의 해방이나 소외로부터의 해방과 같은 인간의 삶의 어떤 부분적 현상으로부터의 해방을 의미하는 것이 아니라, 인간에게서 자신의 인간성 전체에 대한 포기와 더불어 일어나는 전인적인 해방을 의미한다. 파이데이아는 전체적 (holistisch)이다. 마치 인간의 탄생이 모태라는 동굴로부터의 해방을 의미하듯이, 파이데이아는 인간 전체를 일상의 세계로부터, 그를 묶고 있는 쇠사슬로부터, 그리하여 묶인 상태로부터 자유롭게 한다. 파이데이아는 참된 자유를 위하여, 알레테이아 안에서 존재하도록 하기 위하여, 인간을 묶인 상태로부터 자유롭게 한다.[63]

② 파이데이아는 강요이다. 파이데이아는 인간을 진리의 불변성과 엄격성 안에서 바른 존재가 되도록 가차없이 몰아간다. 파

---

62) 여기서 존재(das Sein)는 선 자체를, 존재하는 것(das Seiende)들은 이데아들을 말한다.

63) Ferber는 동굴을 모태의 상징으로 해석하고, 소크라테스의 산파술을 동굴의 비유에서 확인하고 있다. 이는 파이데이아가 인간을 생성과 억견에서 존재와 인식에로 해방하는 구조를 보다 더 잘 이해하게 하는 모델이다. 실제로 파이데이아는 정신적 탄생을 가능하게 하는 산파이다. R. Ferber, a.a.O., S.136f.

이데이아는 존재의 불가피성에 인간이 눈뜨게 하여, 파이데이아의 고통을 참아내도록 한다. 파이데이아는 결코 인간이 교육을 받으면서 겪는 고통을 경감시켜 주거나 면제하여 주는 일이 없다. 고통은 파이데이아의 본질로 언제나 파이데이아 안에 함께 들어있다. 그래서 교육학의 역사는 어떤 의미에서 파이데이아의 고통을 고통으로 느끼지 않게 하거나 더 나아가서 즐거움이 될 수 있도록 개선하는 노력의 역사이다.

자유가 존재에 자신의 모든 존재하는 모습들을 맡긴 결과인 것처럼, 고통도 파이데이아의 강요에 자신을 굴복시킨 결과로 오는 필연적 현상이다. 동굴은 감옥이다. 그러나 어려서부터 동굴 안으로 태어나고 안에서 자라난 사람들은 "집단적 강요의 정신병"[64]에 사로잡혀 있기 때문에, 동굴 안에 갇혀 있다는 사실조차도 알지 못한다. 정신 상태가 모두 마비되어 버린 인간들은 그들이 묶여있다는 사실을 알지는 못하나, 그들 중 누군가가 해방되어 자유롭게 되었다는 사실은 알게 된다. 그러므로 고통은 이러한 집단적 강요증의 치료 과정에서 일어나는 필연적인 현상이다.

③ 파이데이아는 방향의 전환(Periagoge)이다. 인간은 영적 존재이다. 그래서 영혼이 관심하고 있는 곳에서 인간은 그의 모든 존재 능력을 실현하기를 꾀하곤 한다. 파이데이아는, 플라톤의 표현을 빌리면 세상 사람들이 이러저러한 것이 교육이라고 말하는 그러한 것이 아니라, "영혼의 전환"[65]이다. 그리하여 인간의 몸과 마음과 영혼 전체를 파이데이아가 제시하는 길 안으로 완전히 투신하게 하는 활동이다. 그래서 헤르바르트는 헤라클리트의 형성

---

64) R. Ferber, a.a.O., S.138: kollektive Zwangspsychose.
65) R. Ferber, S.135.

(Werden)을 파르메니데스의 존재(Sein)로 나누면 플라톤의 이데아를 얻게 된다고 하였다.[66] 파이데이아는 전환을 강요한다. 왜냐하면 전환의 경험을 통하여서만 인간의 영혼은 치유될 수 있기 때문이다.[67] 인간의 영혼은 "지하의 세계에서 신들의 세계로", "무엇인가 밤 같은 낮으로부터 참된 낮으로(521c)" 인도되어야 하며, 이러한 "영혼의 전환(psyches periagoge)"을 목적하는 활동만이 "참다운 철학(philosophian alethe)"이다.

파이데이아는 처음의 과격한 방향의 전환에서 오는 충격을 교육의 과정에서 전향의 가치를 알게함으로써 치료 해주며 보람을 갖게 한다. 이렇게 볼 때 파이데이아는 인간이 그 안에서 자신의 모습을 전체적으로 다시 발견하고 의롭다함을 얻을 수 있도록 하는 일이며 다시 '선하게' 만들어 주는 일이다. 인간은 각자의 영혼 안에 있는 능력(dynamis)과 기관(organon)으로 배우는 데(518c), 이 능력과 기관이 "영혼 전체와 함께"[68] 형성에서 존재로 전향하는 것이다. 따라서 파이데이아는 "전환의 기술"[69]이다. 파이데이아는 인간에게 사물을 볼 수 있도록 시력을 심어주는 기술이 아니라, 인간이 "처음부터 가지고 있지만, 다만 그 방향이 옳지 않고, 보아야 할 방향을 보고 있지 않기 때문에, 그를 위해서 그렇게 하도록 바로 잡아주는 기술(518d)"이다. 그러므로 파이데이아의 관점에서 보면, 인간은 결코 스스로 의로울 수 없다. 다만 파이데이아의 인도 안에서 의를 알게되어, 점점 더 의롭게 되어가

---

66) W. Jaeger, *Platos Stellung im Aufbau der griechischen Bildung*. Berlin 1928, S.36.
67) *Politeia*, 515c. 플라톤에 의하면 참된 철학은 영혼의 전환이다.
68) *Politeia*, 518c: syn hole te psyche.
69) *Politeia*, 518d: techne periagoges.

고, 의롭다고 여겨질 수 있을 뿐이다. 그리고 그러한 전환은 이성
과 의지의 일이다.[70] 선의 가치를 지향하는 의지에 의하여 동반
되는 지성의 일이다. 여기서 우리는 교육적 사랑의 개념에 이미
가치 지향적 의지가 들어있음을 보게 된다.

플라톤이 "영혼의 전환"으로 표현하고 이를 발라우프가 "의롭
다"라는 말로 해석한 내용은 플라톤과 그의 『폴리테이아』를 이
해하는 데에 대단히 중요한 의미가 있다. 포퍼는 『폴리테이아』
를 국가의 안정을 신격화하고 이상화한 이론이라고 비판하였으
나, 『폴리테이아』에서 본질적인 과제로 삼고 있는 것은 참된 철
학인 인간의 영혼을 전환시키는 일일뿐이다. 플라톤의 시대에
사람들은 국가를 절대화하고 국가로부터 인간을 이해하는 인식
의 틀을 공유하고 있었다. 플라톤도 그 시대의 아들이었으므로,
국가라는 절대적 가치로부터 인간을 파악하고 있다. 다만 플라
톤의 위대성은 국가의 이상을 인간의 이상적 실현으로부터 찾았
고 발견하였다는 사실이다. 이 점에서 플라톤은 이미 포퍼를 넘
어서고 있다. 어쨌든지 포퍼의 말을 빌어서 다시 표현하면, 『폴
리테이아』는 국가의 안정이 아니라, 영혼의 안정을 가능하게 하
는 길을 찾는 노력이었다. 왜냐하면 영혼의 안정만이 국가의 안
정을 가능하게 하고 보장 해주기 때문이다. 참된 철학은 억견이
나 지식이 아니라, 억견에서 지식으로 건너갈 수 있는 능력을
과제로 삼고 있으며, 불안정에서 안정으로 이행하는 능력을 문
제로 삼고 있다.[71]

---

70) R. Ferber, a.a.O., S.136.
71) R. Ferber, a.a.O., S.140. 전환을 통하여 모든 통찰은 비로서 의미 있고
유익하게 된다. 전환은 인간의 영혼의 전체적 전환이므로, 동굴의 비유
에서 '전환'은 비유 해석의 열쇠 개념이다. W. Wieland, a.a.O., S.221.

④ 파이데이아는 길인도(Führung)이다. 인간은 무교육의 상태에 온전히 버려져 있다. 그래서 인간은 처음부터 진리와 교육으로부터 멀리 떨어져 있다. 그런데 교육이라는 주무 관청이 인간을 온전히 제압하여, 인간으로 하여금 그가 마땅히 걸어가야 할 길로 걸어가게 한다. 그래서 교육은 처음에는 교육받을 의식이 없고 준비도 전혀 되어있지 않은 인간을 억지로 교육 안으로 끌어들이는 강요로 체험되는 것이다. 그러나 처음의 폭력에 가까운 강요는 차츰 차츰 부드러워지고 드디어는 다만 보람 있는 길인도로 느껴질 정도가 된다. 교사는 처음에는 이끌고 앞으로 몰아가는 힘으로 군림하나, 교육이 경과함에 따라서 나중에는 다만 옆에 서서 함께 길을 걷는 자로 있게 된다. 처음에는 강제로 끌려오던 자가 이제는, 교육의 가치를 의식하였기 때문에, 교육의 길을 스스로 걸어가는 자가 된다. 진리 안에서 길인도는 선(agathon)이 떠맡게 된다. 교사는 최종적으론 선의 요청에 의하여 동반되는 자일뿐이다. 교사는 교육받아야 하는 존재인 인간에 대한 선의 요청을 따르는 자이다. 따라서 교육하는 인간도 교육받는 인간과 마찬가지로 선의 강제적인 인도와 동반 안에 서있다.

⑤ 파이데이아는 위로 인도함(Emporführung)이다. 파이데이아의 길은 언제나 평행이 아니라 위를 향하고 있다. 그래서 사람들은 일반적으로 교육을 성장, 발달, 진보, 개발, 성취 등의 개념 아래서 파악하고 출세의 길로 이해하곤 한다. 그러나 여기서 말하는 파이데이아는 그러한 '성장 발달'이 문제가 아니라, 교육이 시작되었을 때에 쇠사슬에 묶인 채로 현존하던 인간이 자신의 처음의 장소를 벗어나는 걸음이, 그러한 인간에게 유일하게 가능한 걸음 걸이인 앞으로 나감이 문제이다. 이렇게 볼 때에 파이데이아는 물론 진보를 의미하고 있으며 포함하고 있다. 그러나 원초적인

거주의 공간인 동굴의 세계 안에서 진보하는 것을 의미하지 않고, 모든 것을 초월하여 있는 알레테이아 안에서, 다시 말하면 아가톤 안에서 존재하기 위하여 동굴의 세계를 벗어나서 진보하는 것을 의미한다. 그러므로 파이데이아의 진보는 일상성의 진보가 아니라, 일상성을 초월하는 진보, 쇠사슬을 끊고 비본질적 본질을 초월하여, 진리의 세계를 향하여 그리고 진리의 세계로 들어가는 진보이다. 파이데이아는 따라서 본질적으로 아가톤 안에서의 존재를 향하여 모든 것을 초월하는 비약이다. 그렇기 때문에 파이데이아 이후에 밝은 세계에서 다시 어둠의 동굴로 돌아가는 사람은 동굴에 남아있는 사람들의 눈에는, 그의 전혀 달라진 모습 때문에, 등산을 하다가 발을 잘못 디뎌서 깊은 골짜기로 추락한 사람처럼, 길을 잘못 걸어간 결과로 머리가 어떻게 돌아버려 자신을 망친 사람처럼 보이는 것이다.

뛰어오름의 현상을 일상의 세계 안에 있는 사람들도 알고 있으며 추구하고 있다. 그래서 사회의 높은 관직에 있는 사람들을 뛰어오른 자들로 칭송하고 있다. 그러나 여기서 뛰어오름이라는 것은 언제나 이미 이 세계의 지평 안에서 수평적 이동을 꾀하고 있는 것일 뿐이기 때문에, 플라톤적으로 표현하면, 위로가 아니라 아래로 뛰어오름인 것이다. 그러나 파이데이아에서 말하는 뛰어오름은 위로부터 위를 향하여, 모든 것을 초월하여 있으면서 모든 것의 원인으로 있는 아가톤으로부터 아가톤을 향하여 뛰어오름인 것이다. 동굴이라는 일상적인 거주의 세계에는 이러한 뛰어오름 자체가 없고 불가능하다. 이러한 이해에 우리는 주목하여야 한다. 무교육의 세계에는 뛰어오름이 없다.

⑥ 파이데이아는 진리 안으로 인도해 들임이요 감추인 것이 전혀 없이 모든 것을 밝히 들어내는 상태로 인도해 냄이다. 파이

데이아는 인간의 원초적인 거주 세계 안에 이미 있으나 어둠에 익숙한 인간이 알지 못하고 있는 진리로 향하는 문을 열고 인간을 그 문으로 인도한다. 그리하여 인간이 언제나 이미 사로잡혀 있었던 잘못된, 전혀 뒤집혀진 세계관을 바로 잡아준다. 인간은 "대중의 가르침"[72]을 지혜라고 부르고, 소피스트들은 그렇게 가르치는 것을 직업으로 삼아 생활의 풍요를 꾀한다. 그러나 파이데이아는 인간을 이러한 "미련한 교육자(493c)"의 손으로부터 이끌어 내어, 바른 지혜를 가르친다. 그러므로 인간이 파이데이아의 길인도를 따라서 눈을 진리를 향하여 고정시키고 있는 한, 파이데이아는 인간을 틀림없이 진리 안으로 인도해 낸다. 따라서 파이데이아는 알레테이아의 세계로 들어가는 입구이며 독싸의 세계를 벗어나는 출구일 뿐만 아니라, 알레테이아의 세계에서 다시금 독싸의 세계에로 돌아가는 문인 것이다.

⑦ 파이데이아는 또한 어둠으로부터 밝음으로, 무교육으로부터 교육으로 넘어가는 경과이다. 파이데이아는 "저기에서 여기에 (316c)" 이르는 길이다. 여기서 '저기에서(met′ ekeina)'는 '동굴의 인식 수준에서'를 의미하며, '여기에(epi tauta)'는 '이데아들과 선의 이데아에로'를 의미한다. 이를 우리가 철저하게 수용하면, 플라톤은 이미 이러한 표현으로 형이상학을 말하였으며,[73] 우리는 형이상학의 원천을 플라톤의 파이데이아에서 보게 된다고 하겠다.

파이데이아는 파이데이아의 세계 자체로 넘어가는 과정이요 길이다. 교육의 길은 완료형을 모른다. 파이데이아는 과거에 언제나 이미 시작된, 그러나 아직 완료되지 아니한 길로서, 항상 미래

---

72) *Politeia*, 493a: ta ton pollon dogmata.
73) R. Ferber, a.a.O., S.141.

를 향하고 있다. 현상의 세계로부터 보면 파이데이아는 일회적인 경과로 보이며, 따라서 마칠 수 있고 끝낼 수 있는 길로 보인다. 그러나 파이데이아는 그 길을 걸어갈 수 있고, 그리하여 교육을 받을 수 있고, 교육받은 후에 교육의 내용으로서의 파이데이아를 소유할 수 있는 그러한 길이 아니다. 우리는 파이데이아를 소유할 수 없다. 다만 우리에게 파이데이아가 일어날 수 있을 뿐이다. 그러므로 자기 자신을 스스로 교육받을 수 있고 도야할 수 있도록 놓아두는 자만이 교육받을 수 있고 도야될 수 있다. 그러한 인간은 육신의 입장으로 세계를 보는 자가 아니라, 이성으로 통찰의 눈을 뜨는 자이다. 그러므로 파이데이아는 사유의 활동이다. 도야된 자는 사유하는 자로서 미래를 향하여 현재를 살고 있는 자이다. 사유하는 자는 자신의 사유 능력을 관리함으로써 언제나 실천적·실용적으로 이 세계에서의 생활을 헤쳐나가는 자가 아니라, 다시 말하면 실천적 기술의 소유자가 아니라, 사유는 소유할 수 없는 것이므로, 다만 스스로를 사유에 의하여 인도되도록 하는 자이다. 그러한 자는 언제나 이미 독싸로부터의 출구에서 알레테이아에로의 입구를 본다.

⑧ 파이데이아는 지식을 담고 있으며, 도야된 자는 아는 자이다. 그는 알만한 가치가 있는 유일한 지식 자체를 알지 못하기 때문에 이 지식을, 다른 말로 표현하면, 파이데이아를 추구하는 자이다. 다시 말하면 그는 소크라테스적 지식을 소유하고 있는 자이다. 그는 그가 아무 것도 모른다는 사실을 아는 자, 무지의 지에 이른 자이다. 그는 선의 밝음 안에서 길을 거니는 자이다. 그는 그가 진리 안에 있는 인간으로 있음을 너무나 분명하게 알고 있기 때문에 진리 안에 있지 아니한 사람들을 꿰뚫어 보는 자이다.

⑨ 지식으로서 파이데이아는 회상(Erinnerung)을 담고 있다. 파이데이아는 인간으로 하여금 자신의 내면의 세계를 돌아보고 그 안에 언제나 이미 있는 에이도스를 회상하게 하여, 에이도스를 유일한 척도로 삼아서 관조하고 행동하며, 상상하고 생산하게 한다. 인간은 진리 안에서 존재의 무상함을 이해하게 되는 것이다. 그러므로 도야된 자는 모든 것들에서 언제나 이미 있는 선을 관조하는 자이다. 오직 이 선의 현존만이 지나가는 것들, 무상한 것들, 세계적인 것들, 동굴 안에 있는 어둠의 것들에게 존재를 보장해 준다. 현존하는 선의 빛 안에서 세계 내적인 것들은 본질적인 것이 된다. 이것을 회상이라고 한다.

회상은 본질적인 것을 망각의 심연으로부터 이끌어 내어 본질적인 것으로 언제나 이미 있는 것으로 의식하게 하고 생각하게 한다. 회상의 관점에서 보면 도야된 자는 무상하게 변하는 세계의 한 가운데에 서 있으면서 선의 존재 안에서 자신의 존재를 되돌아보는 자이다. 따라서 도야된 자가 먼저 학습하게 되는 능력은 본질적인 것과 비본질적인 것 사이를 가르는 능력이다. 파이데이아는 그러므로 인간을 비본질적인 것에서 본질적인 것에로 가르고, 이 가름(krisis) 안으로 인도해 들인다. 파이데이아는 본질성과 비본질성의 차이를 투시 가능하게 만들어서, 모든 세계 내적인, 본질적인 것으로 간주되어온 사이비 본질성을 비본질적인 것으로 판단할 수 있도록 가르치는 것이다.

⑩ 파이데이아는 따라서 깊이 생각하는 것이요 숙고(Besinnung)이다. 파이데이아 안에서 인간은 본질적인 것을 숙고하기를 배운다. 파이데이아 안에서 인간은 자기가 왜 있으며 어떻게 있는가를 숙고하게 된다. 그리하여 인간은 비로소 세계의 온갖 의미들로부터 자유롭게 되어, 이 세계의 모든 사물들을 의미 있게 하는

원천으로서의 의미의 존재 자체를 투시하게 된다.

⑪ 파이데이아는 지혜(Sophia)로의 길이다. 지혜로부터 모든 지식이 나오며, 지혜로 모든 지식이 돌아간다. 지혜는 아가톤의 절대적인 밝음 안에 있기 때문에 모든 사물을 밝혀주고, 각각의 사물이 사물답도록(arete) 만들어 주며, 전체가 선의 빛 안에서 의로운 관계를 이룰 수 있도록 도와준다. 도야된 자의 최종적 목표는 지혜의 벗이 되는 것이다.

⑫ 파이데이아는 '밖으로 향함(Ausrichtung)'이다. 파이데이아는 전향의 체험을 통하여 인간이 이 세계에서 가졌던 처음의 태도를 완전히 바꾸도록 한다. 태도를 바꾼다는 것은 이 세계 안에 그대로 있으면서 관심을 자아 중심에서 다른 사람이나 가치 중심으로 돌리는 것을 의미하는 것이 아니다. 태도를 바꾼다는 것은 이 세계 안에 있는 모든 크고 작은 것들과 멀고 가까운 것들에 관심을 쏟았던 자세로부터 이 세계의 모든 것이 거기에 달려 있는, 세계 밖에 있는 유일한 목표로 관심을 집중하는 것을 의미한다. 따라서 파이데이아는 파이데이아에 직면한 인간을 그가 지금까지 안주하여 온 지극히 정상적이고 안정된 삶의 세계를 잘못된 세계로 인식하게 하여, 전인적 현존의 위기[74] 상황으로 몰아가서 삶의 위기에 직면하게 한다. 그리하여 파이데이아의 시작에서 이미 방향의 분리가 이루어진다. 한 방향으로부터의 결별과 다른 방향에로의 결단이, 그것이 유일하고 올바른 방향이기 때문에, 이루어지며, 이와 더불어 틀린 세계와 바른 세계로 세계의 가름이 일어난다. 파이데이아는 새로운 가름을 가능하게 하는 척도요, 가름이

---

74) 여기서 희랍어 krisis가 위기와 가름을 동시에 의미하는 말임에 주목할 필요가 있다.

요, 전향이며, 이어서 일어나는 밖으로 향함이다.

⑬ 파이데이아는 인간 행동의 본질을 파헤쳐서, 모든 숨겨진 것들이 뚜렷하게 들어나도록 한다. 인간의 행동은 언제나 어떤 곳을 향하고 있다. 동굴의 세계 안에서 방향의 전환이라는 것은 이 세계 안에 붙잡혀 있는 상태 아래서 간단없이 다른 목표들을 달성하기 위하여 앞으로 달려가도록 자신을 재촉하는 것이다. 이 것이 인간의 행동과 태도의 성격이다. 그러나 파이데이아는 이와 같은 가련한 맹목적 생활(Vegetieren)로부터의 도약을, 그리하여 인간다움의 품위(ypsos, Aufschwung)를 회복함을 의미한다. 파이 데이아에 의하여 도야된 자는 이러한 세계 내적인 지식으로부터 선의 이데아가 지배하는 진리의 세계로 나온 자이다. 그는 파이 데이아에 의하여 새로운 발판을 갖게 되고, 이 유일한 발판 위에 서 세계를 새롭게 보게 된다. 이렇게 새롭게 보기 시작한 인간만 이 진리 안에 있다. 그러므로 파이데이아는 인간을 각성하게 하 며, 깨우친 인간으로 하여금 항상 깨어있도록 한다.

⑭ 파이데이아는 과제의 위임(Auftrag)을 의미한다. 일반적으로 우리는 교육을 삶을 위한 준비로 이해하곤 한다. 그래서 열심히 공부하면 졸업한 후의 출세가 보장된다. 그런데 플라톤은 파이데 이아를 이렇게 파악하지 않았다. 파이데이아는 열심히 공부한 결 과로 가지게된 참된 세계 이해로 교육받은 자가 새로워졌음을 의 미하며, 새로워졌기 때문에 그가 자신을 위해서 사는 삶에서 아 직 교육받지 않은 사람들을 교육하기 위해서 사는 삶으로 삶을 바꿈을 의미한다. 그래서 파이데이아는 새로운 과제의 위임이다. 파이데이아가 수행하는 과제는 유일하며 자체의 척도에 따른 것 이기 때문에, 소명의 직이다. 파이데이아는 본인이 원하던 원치 않던 관계없이 이러한 과제의 수행으로 인간을 부른다. 이 과제

는 결코 완료될 수 없다. 그렇기 때문에 도야된 자의 생활은 과제의 완료가 아니라 끝없는 수행에 있다. 이렇게 하여 파이데이아는 인간의 그리고 인간 안에서 이루어지는 세계의 전체적이요 전적인 대쇄신(Instauration magna)이 된다. 파이데이아는 대쇄신으로서 인간에게 자기 자신의 모습을 돌아보게 하고, 치료받은 삶을 살아가게 하며, 존재의 진리 안에 있게 한다. 파이데이아는 인간에게 삶의 에토스가 어디에 근거하고 있으며 문제의 본질이 무엇인지를 가르쳐 준다.

6) 파이데이아의 걸음걸이

우리는 지금까지 동굴의 비유에 나오는 파이데이아의 의미를 살펴보았다. 교육과 도야에서 이러한 파이데이아가 보여 주는 걸음걸이의 특징들은 교사와 학생이 교육하고 교육받기 위하여 함께 참아내야 하고 모험해야 하는 내용들을 잘 밝혀 주고 있다. 동굴의 비유에서 플라톤은 파이데이아에 있어서 교사의 역할을 언급하고 있다. 동굴 안에 갇혀 있으면서 집단적 강요의 정신병을 앓고 있는 대중들을 그들의 병으로부터 치료하고 해방하기 위해서는 그들을 쇠사슬로부터 풀어주고 일어나도록 강요할 '누군가'가 필요하다(515c). 이 '누군가'는 분명히 교사일 것인데, 그가 도대체 누구일가? 그는 분명히 죄수들 가운데 한 사람은 아닐터이다. 왜냐하면 그들은 스스로 그들 자신을 해방시킬 수 있는 의식과 능력이 없으며, 어떻게 해서 풀려났다고 해도, 일어나서 뒤를 돌아볼 생각을 전혀 하지 못할 것이기 때문이다. 따라서 이 '누군가'는 분명히 이미 위로 올라갔다가 다시 내려온 사람일 것이다.

우리는 그가 누구인지를 동굴의 대화의 내용 전개를 통하여 추측할 수 있다. 그는 다른 사람이 아니라 바로 소크라테스이다. 또는 좀더 분명히 말하면 플라톤이 그리고 있는 플라톤적 소크라테스이다. 그는 동굴의 비유에서 소크라테스적 질문으로 죄수들을 괴롭히고 있다. 소크라테스적 질문의 대표적 형식은 "그것이 무엇인가?(Was ist X?)"이다. 동굴의 비유에서 이 '누군가'는 '그것이 무엇인가(515d)'라는 질문을 던져서, 그들이 억지로 대답하게 함으로써, 그들을 단지 돌아서서 위를 향하여 오르도록 강요할 뿐만 아니라, 그들에게 철학을 하도록 강요한다. 여기서 그는 철학할 수 있는 능력이 있으나 아직 잠자고 있는 그들의 영혼을 깨우기 위하여, "그때에 너는 헛것들만 보았었는데, 이제는 존재하는 것에 보다 가까이 있으며, 보다 더 존재하는 것을 향하고 있으니, 너는 보다 바르게 보는 것이다(515d)"라고 말한다. 이렇게 하여 그는 죄수들을 '혼란스럽게' 만든다. 이 혼란스러운 경험, 이 어떻게 대답하여야 할지 모르는 상태에 빠져 듬, 이 아포리(Aporie)[75]가 바로 소크라테스적 질문이 노리는 것이다. 만약에 어떤 질문이 듣는 자에게 명쾌한 대답을 할 수 있도록 주어진다면, 그러한 질문은 전혀 소크라테스적이 아니다. 질문에 대한 자연스러운 반응이 아포리이어야 소크라테스적이다. 그러한 질문만이 파이데이아의 수단이 된다.

무교육의 상태에 있는 자는 따라서 소크라테스적 질문의 의미

---

75) aporie는 그리스어 a(없다는 의미의 전철)와 poros(길, 다리)의 합성어이다. 아포리는 따라서 길이 없음을 뜻하며, 어떤 문제를 해결할 가능성이 없는 상태를 나타내는 말이다. 이러한 문제 해결의 무능력성은 특히 문제 자체 안에 서로 대립적이고 모순이 되는 개념들과 특성들이 내포되어 있을 경우에 드러난다.

를 이해할 수 있는 능력이 결여된 자이다. 그런 자들을 교사는
파이데이아의 길로 이끌어 내야 한다. 여기에 교사의 필요 불가
피성이 근거하고 있다. 플라톤은 그래서 예비 교육76)에서 시작하
여 철학적 문답법인 변증법에 이르기까지77) 교사의 길안내를 강
조하고 있다. 학생들로 하여금 자신의 영혼을 들여다보도록 하여,
잠자고 있는 자신의 에로스를 진리를 지향하도록 일깨우는 파이
데이아의 특징들을 정리하면 다음과 같다.

① 파이데이아의 고통과 쾌락 : 도야와 교육은 결코 즐거운 오
락이 아니다. 교육과 도야는 본질적으로 노력이요 포기요, 상실이
요 집중이며, 각성이요 쾌락이다. 파이데이아는 감각을 집중할 필
요가 없는 지각과는 달리, 인간의 모든 능력을 집중하는 사유이
다. 집중적 사유는 고통이다. 그러나 쾌락을, 그것도 참된 쾌락을
가져다 주는 고통이다. 인간에게 가능한 가장 큰 즐거움은 진리
의 직관적 인식이라고 쇼펜하우어는 말하였다.78) 그런데 플라톤
은 이미 『폴리테이아』에서 파이데이아가 가져다 주는 참된 쾌락
을 말하고 있다. 진리를 찾는 자는 참된 쾌락을 발견하지만, 쾌락
만 찾는 자는 참된 쾌락 대신에 쾌락의 그늘진 상처만 갖게 된다
(582a-586b).

② 파이데이아의 폭력적 성격 : 파이데이아는 언제나 이끌림과
더불어 벌어지는 사건이다. 엄마의 손에서 부단한 이끌림을 겪은
후에야 어린이는 걸을 수 있게 된다. 이와 같이 모든 교육의 처
음에는 권위적인 강요가, 교사의 척도를 제시하는 길인도가, 교사

---

76) *Politeia*, 536d: propaideia.
77) *Politeia*, 532a: 만약 누군가가 철학적인 문답으로.
78) R. Ferber, a.a.O., S.144.

의 준엄한 요구가 있다. 교육은 사로잡힘의 경험을 갖도록 하는 것이다. 교사는 학생을 사로잡아야 한다. 교사라는 인간을 통한 권위적 강요는 따라서 참된 지식을 통하여 구속되는 길인도이지 않으면 안 된다. 교육은 지식의 참다움이 의문시되는 곳에서 이미 그 권위를 상실하고 말며 본질이 변질되고 만다.

③ 파이데이아의 진보적 성격 : 도야는 이 세계로부터 나와서 위로 오르고 밖으로 나가는 삶의 걸음걸이이다. 이러한 파이데이아의 걸음걸이에는 이미, 비록 그것이 생명을 무릅쓰는 위험을 내포하고 있다고 하더라도, 떠났던 세계로 다시 돌아와서 이 세계 안으로 들어가는 걸음걸이가 포함되어 있다. 이러한 파이데이아의 진보적 성격을 우리는 교육이라는 말의 라틴어 어원인 e-ducatio가 의미하는 밖으로-끌어냄, 위로-끌어올림의 뜻과 연관하여 생각할 수 있다.

④ 파이데이아의 모험적 성격 : 파이데이아는 교육받는 인간이 언제라도 교육으로부터 이탈하거나 잘못된 길로 일탈할 수 있는 위험을 안고 있다. 이와 같이 파이데이아로부터 그리고 파이데이아 앞에서 도망하고자 하는 인간의 모습은 파이데이아의 모험적 성격으로 언제나 이미 파이데이아 안에 들어와 있다. 파이데이아는 교육받는 인간을 붙잡아서 전적으로 새롭게 변화되도록 함으로써 끝난다. 그래서 교육은 실존적 모험이다.

⑤ 파이데이아의 점진적 성격 : 파이데이아는 연습과 습관을 통하여 인간을 점진적으로 파이데이아의 길 안으로 인도하여 들이는 방법을 사용하고 있다. 인간은 한 걸음 한 걸음씩 단계적으로 알레테이아로 인도되어야 한다. 그렇지 않으면 진리 안에서의 새로운 관계 형성이 윤리적으로 확고하게 뿌리내릴 수 없기 때문이다.

⑥ 파이데이아의 가치 지향적 성격 : 도야는 지식이다. 도야는 진리를 알게 하는 것이다. 다시 말하면, 파이데이아는 원초적인 것, 본래적인 것, 근원적인 것의 빛으로 사물을 보도록 인간을 도야하는 것이다. 이러한 플라톤이 말하는 파이데이아의 개념은 이미 가치 지향적이다. 파이데이아는 인간이 존재의 일원성과 세계의 표면성에 눈뜨게 한다. 파이데이아는 인간을 일상성으로부터 비판적 거리를 두도록 하여, 일상성을 지배하고 있는 억견의 본질에 눈뜨게 한다. 파이데이아는 이렇게 알게 한다. '알게 한다'함은 만나는 모든 사물들을 사물들의 경과적인 측면으로부터 원초적인, 변치 않고 남아있는, 본질적인 것으로부터 인식하도록 촛점을 맞추게 교육하는 것이다. 이는, 다른 말로 말하면, 유일한 존재의 인식으로부터 세계를 보도록 하여, 세계를 존재의 반영이요 모상으로 보게 하는 것이다.

플라톤의 예를 인용하면, 나는 두개의 의자들을 서로 다른 의자들 두개로 보지 않고 같은 의자 하나로 본다. 여기엔 이미 두개의 서로 다른 의자들에서 동일성을 보는 시각이 주어져 있다. 동일성의 확인은 사물로서의 의자를 보는 것이 아니라, 의자의 본질을, 이데아로서의 의자를 보는 것이다. 그러면 의자의 동본원성과 동구조성에 눈뜨게 되며, 의자의 이데아를 인식하게 된다. 이것이 존재의 인식이다. 다시 말하면, 다수의 사물에서 같은 것 하나에 눈뜨게 하는 것이다. 선은 존재하는 사물들 안에 감추어져 있는 본질적인 것, 항상적인 것을 들어내게 하여, 그 안에 존재하는 선 자체에 눈뜨게 한다. 이렇게 하여 존재하는 것은 그 본질에 있어서 인식되며, 세계는 표면적으로 그렇게 보이는 세계를 있게 하는 본질인 선을 향하여 열려지게 된다. 따라서 알게 한다 함은 인간이 자신의 감각 능력들을 동원하여 주관적으로 아는 상태에서, 다시 말하면 독싸의 수준에서, 인간이 감각 능력을 만물의 존재의 중심이요 근원인 유일한 선으로 가져와서 선의 질서에 의하여 인도되도록 하는, 다시 말하면 에피스테메의 수준으로 끌어올리는 것이다.

도야는 지식이 인식되도록 자신을 아무런 유보 없이 열어 놓는 것이다. 동굴의 비유에서 도야는 이 비유 안에 담겨 있는 지식을 알게 자신을 열어 놓아두어 도야의 과정이 일어나게 하는 것이다. 원천으로서의 선은 존재하는 것들의 모습 안에서 눈을 뜨는 자에게 자신의 모습을 드러낸다. 따라서 이데아로 존재하는 모든 것들은 모두 선하다. 참으로 아는 자에게 신적인 것의 현현(epiphaneia)의 현상이 일어나는 것은 이 때문이다. 신적인 것은 근원적인 것이요 원천적인 것이다. 그러므로 이 원천의 현현 안에 있는 것은 모두 선하며 의롭다.

⑦ 파이데이아의 에로스 : 도야는 인간을 자유롭게 한다. 인간은 도야를 통하여 세심하게 듣고 투시적으로 보며 합리적으로 이해하는 이성의 존재로 자유롭게 된다. 도야는 인간을 인간의 잘못된, 건강하지 못하고 병든 이해 능력으로부터 해방시켜서 이성으로서의 이해 능력을 회복시켜 준다. 도야는 그리하여 태도의 변화를 강요한다. 그렇기 때문에 도야는 본질적으로 윤리적이다. 도야된 인간은 세상적인 것들에 대하여 도야되지 않은 인간과는 전혀 다른 태도를 갖고 있다. 다시 말하면 도야된 인간은 세계에 대하여 관계를 맺는 전혀 다른 방법을 새롭게 획득한 자이다. 그는, 도야되기 전에 보던 세계를 도야된 후에도 여전히 보고 있으며, 그전이나 마찬가지로 여전히 인간들 사이에서 활동하고 있으나, 다만 다르게 보고 새롭게 본다. 그가 보는 것은 약간 차이가 있는 것이 아니라, 전혀 다른 것이다. 그는 도야된 결과로 이전에

보는 것과는 전혀 다르게 보기 때문에 전혀 다른 것을 보게 된다. 그는 다수에서 하나를, 무상한 것에서 항상적인 것을, 존재하는 것에서 그것 안에 담겨진 선을 본다. 그는 세계를 그 자체로 최종적 존재로 보는 것이 아니라, 선의 이데아의 반영이요 반향이요 모상으로 본다. 그리하여 도야된 자는 최종적으로는 자신의 존재를 진리 안에 숨기고, 자아를 상실하고 망각하고 비워서, 자신을 진리의 반영으로 드러내는 자이다.

⑧ 파이데이아의 전체적 변화의 성격 : 도야의 대상은 인간이다. 도야는 인간 전체를 인간이 거기서부터 유래한 인간의 본래적 장소로 옮겨 놓고, 이에 인간이 익숙해지도록 함으로써, 인간을 전체적으로 변화시킨다. 도야는 장소의 이동이다. 잘못된 삶의 장소 안에 있는 인간을 본래적인 바른 장소 안으로 옮기는 것이다. 그리하여 새로운 장소 안에서 인간이 전체적으로 변화하도록 작용하는 것이다.

⑨ 파이데이아의 까다로운 성격 : 파이데이아는 인간 개개인에게 말을 걸어서, 그로 하여금 지금 그가 그렇게 있는 그의 현실로부터 나와서 그가 앞으로 그렇게 있어야 하는 그의 본래성으로 돌아가도록 인간을 부른다. 도야는 도야된 후에 그가 지금까지 그렇게 살아왔듯이 계속하여 주인으로 살지 않고 이제부터는 하인으로 살아가도록 그를 깨우친다. 다시 말하면 자신의 욕망과 의지에 따라서 살던 삶으로부터 선의 이데아를 향하여 자신의 능력을 헌신하는 삶으로 변화시킨다. 그래서 도야는 인간의 변화 가능성을 출발점으로 삼아 각성 가능성을 공격하고 있다. 도야는 가소성의 존재인 인간이 그의 본래적 상태에 눈뜨게 하고 자기 자신을 들어올려서, 도야의 척도 안에서 행동하는 까다로운 사람이 되도록 꾀하는 것이다.

⑩ 파이데이아의 대립적 성격 : 파이데이아는 도야된 결과로 도야된 자가 도야되지 못한 자와 대립하도록 만든다. 파이데이아는 무교육의 상태를 투시적으로 만들어 주어 인간으로 하여금 스스로 자신의 무교육으로부터 벗어나도록 한다. 도야는 그래서 최우선으로 어린이가 아니라 어른을 대상으로 하며, 교육은 최우선으로 성인 교육이다. 이러한 성인 교육으로서 파이데이아는 강요이며 교육이다. 다시 말하면 이끌어 냄(Er-ziehen)이다.

⑪ 파이데이아의 책임과 의무 : 파이데이아는 교육 자체에 대한 책임과 의무를 스스로 지고 있다. 파이데이아는 도야하지 않으면 안되는 사회적 의무를 지고 있다. 교육과 도야는 다른 사람을 무지로부터, 소외로부터, 억압으로부터, 속박으로부터 자유롭게 하는 사회적 활동이다. 아는 자로서 철인에게 본래적으로 주어져 있는 고유한 역할은 다른 사람들을 아가톤에로 인도하는 것이다. 도야된 자는 이 세상의 한 가운데에 서서 다른 사람을 도야하는 자이다. 파이데이아는 그래서 인간을 도야하여 도야된 인간에게 과제를 맡기되, 그를 교사의 직으로, 플라톤의 표현에 의하면, 참된 통치자의 직으로 부른다. 그래서 교육은 소명의 활동이다. 파이데이아는 이 소명의 직을 도야된 자가 인수하도록 하지 않으면 안되는 의무를 가지고 있다. 그러므로 교육받은 자, 아는 자는 소명받은 통치자이다. 정치는 교육이다.

⑫ 파이데이아의 비극적 성격 : 파이데이아는 아직 도야되지 않은 무교육의 세계를 도야하는 의무를 수행하기 때문에, 필연적으로 이 무교육의 세계에 거대한 긴장의 물결을 일으키도록 되어 있다. 무교육이 있는 곳에서 파이데이아는 결코 유보될 수 없고 침묵할 수 없다. 파이데이아의 이 유보될 수 없는 성격은 파이데이아의 과격성을 말한다. 파이데이아는 죽음을 무릅쓰고 아파이

데우시아의 세계에 도전하며, 이러한 과격한 성격이 파이데이아를 언제라도 실패할 수 있도록 만들고 있다. 그래서 폭군 디오니시오스를 도야하려고 부단히 노력했으며, 노예로 팔리기도 하고 죽을 고비를 넘기기도 하였던 플라톤은 그의 제7서한에서 "파이데이아의 비극"을 말하고 있다.[79] 그러나 이러한 실패와 난파의 모험을 감행하는 걸음걸이에서 파이데이아는 계속되고 자취를 남기며 열매를 거두고 확인된다. 그러므로 파이데이아는 인간의 교육을 전적으로 이 세계에 맡겨두지도 않으나, 전적으로 파이데이아 자체에 의하여 추진하지도 않는다. 파이데이아는 인간의 교육을 이 세계 안에서 수행한다. 그래서 파이데이아는 외로운 것이며 개별적인 것이다. 교육이 최선자 지배 체제의 속성을 가지고 있는 이유가 바로 여기에 있다. 교육은 인간을 선별하여 최선자로 기르며, 교육 사회는 최선자가 세계를 지배하도록 한다.

3. 폴리테이아의 교육이념 : 정의

1) '정의'의 이해와 '인식의 인식'

정의(dikaion, dikaiosyne)는 플라톤의 철학의 중심을 이루고 있는 이데아이다. 플라톤에게 있어서 선과 미와 같은 이데아들이 정의의 이데아와 함께 그의 사유 구조의 핵심적인 역할을 하고 있다. 이러한 이데아들은 서로 동일시 되고 있다. 그리하여 미와 선의 이데아의 고유한 속성이 "의로운 것 자체"[80]로 대체되어 이

---

79) Werner Jaeger, *Paideia*. a.a.O., S.1022.
80) *Phaidon*, 65d: das Gerechte selbst. E. Grassi, 3, S.18.

해되거나, 정의의 모상81)으로 간주되기도 한다. 죽은 인간의 영혼은 미래에 다시 살 인간의 영혼으로 하늘에 마련된 장소로 날아가면서 분별과 지혜와 함께 정의 자체를 보되, 태어난 것으로가 아니라 참으로 있는 것으로, 참된 존재로 본다.82) "그것은 한때에 우리들의 영혼이 신과 함께 여행하면서, 우리가 지금 '존재'라고 칭하는 것을 지나쳐서, 참으로 존재하는 것에로 우리의 머리를 높이 들고 본 것에 대한 회상이다."83) 정의는 이렇게 어떤 것으로부터 탄생한 것이 아니라, 그 자체가 이데아로서 영원한 것이다. 그러므로 플라톤이 『폴리테이아』에서 정의의 기원에 관하여 말하고 있는 것은(359a)84) 본격적으로 정의를 논하기 위하여 분위기를 만들어 가는 가벼운 잡담이 결코 아니고, 소피스트들을 점차로 진리로 인도하고 변증법을 바로 알도록 만들기 위하여 진행하고 있는 길고 세심한 대화의 과정이다.

교육의 텍스트로서 고대의 그리스에서 거의 절대적인 권위를 향유하고 있었던 호머의 『일리아스』나 『오딧세이』에 있는 신화에는 정의가 설 자리가 별로 없다.

플라톤의 대화편들에서 두 가지만 예로 들어보면, 플라톤의 『프로타고라스』에 나오는 인류의 탄생 신화에서 프로메테우스는 신의 세계에서 불을 훔치고, 불을 사용할 수 있는 기술적 지혜를

---

81) *Politeia*, 443c: eidolon dikaiosynes.
82) *Phaidros*, 247d.
83) *Phaidros*, 249c.
84) 이 논문에서는 정의의 개념을 주로 플라톤의 『Politeia』를 중심으로 다루고 있다. 따라서 『Politeia』의 인용이 다른 대화편들의 인용보다 훨씬 더 많다. 그래서 이 논문에 나오는 모든 『Politeia』의 인용은 본문에서 괄호로 처리하여 밝혀놓았다.

헤파이스토스와 아테네로부터 훔쳐서 인간에게 준다.[85] 플라톤의
『법률』에 있는 신화에서는 인간의 자연적인 본성에는 모든 인간
사를 자체적으로 관리할 수 있는 능력이 결여되어 있어서, 만사
를 교만(hybris)과 불의로 가득 채우기 때문에, 크로노스가 국가를
통치할 왕들로 인간을 보내지 않고 신을 닮았으며 인간보다는 더
좋은 출신들인 악령(Dämon)들을 보내어 인간을 다스리게 한다.[86]
이러한 신화에서 우리는 고대의 그리스에서 사람들이 정의를 인
간의 본성과 생활 자체에서 찾기를 포기할 뿐만 아니라, 인간에
의하여 정의가 추구되고 정립될 수 있는 가능성 자체를 거부하고
있음을 읽게 된다.

  그래서 플라톤은 『폴리테이아』에서 정의를 인간 안에서 찾기
를 중단하고 국가 안에서 논구하고 있다. 정의는 통치의 지식이
요, "참된 왕의 인식과 기술"[87]이다. 법학은 국가의 정치술로서
행동하는 실천의 인식과 통찰하는 인식의 인식을, 다시 말하면
실천과 인식이라는 두 종류의 인식을 "하나의 전체적 인식으로"
함께 가지고 있다.[88] 의로운 행동은 이론으로 설명되고 이론의
법칙에 따라서 다시 실천으로 강조된다. 이러한 실천적 행위는
인간의 행복과 연관되어 있다. 의로운 영혼과 의로운 인간은 좋
은 삶을 산다. 그리고 좋은 삶을 사는 자는 행복하다(353e-354a).
여기서 의로운 행동을 하는 자와 행복한 삶을 사는 존재는 하나
이다. 플라톤은 이를 자주 언급하고 있다.[89] 삶의 행복이라는 관

---

85) *Protagoras*, 321cd.
86) *Gesetz*, 713cd.
87) *Politikos*, 259b.
88) *Politikos*, 258c-e. 인용구는 e.
89) *Politeia*, 353e, 354a; Gorgias, 597c, 479e.

점 아래서 보면, "영혼의 덕은 정의이다(353e)." 그러므로 "악한 인간에게는 사는 것이 결코 좋을 것이 없다. 왜냐하면 그는 나쁜 삶을 살 수밖에 없기 때문이다."[90]

플라톤에게 있어서 정의는 이렇게 중요한 이념이기 때문에 정의를 정의하는 것 자체가 문제이다. 정의는 선에 가까운 것처럼 보인다. "우리들의 국가는, 그것이 의롭게 세워지고 있다면, 이를 데 없이 선하다고 생각하네(427e)." 이상의 인용에서 정의는 국가에서 동시에 선으로 확인된다. 그러므로 선은 모든 행동의 지상 목표이다. "우리는 모든 것을 선을 위하여 하지 않으면 안 된다. … 모든 행동의 목표는 선이다. 선을 위하여 모든 다른 일들이 이루어져야 한다."[91] 불의는 "가장 큰 악"이고, 정의는 "가장 큰 선"이다.[92] 정의로운 국가의 건설이나 선한 인간의 행동을 가능하게 하기 위하여 우리는 교육을 필요로 한다. 그리고 이러한 교육은 철학 교육이다. 왜냐하면 선과 정의는 철학적 도야를 통하여 바르게 인식되며 실현될 수 있는 이데아들이기 때문이다. "만약에 누가 철이나 은이라는 말을 한다면, 우리는 모두 이 말 아래서 같은 것을 이해할 것이다. … 그러나 '의로운'이나 '선한'이라는 말을 한다면, 어떨까? 그러면 어떤 이는 이것을 말하고 다른 이는 저것을 말하여, 우리는 서로 서로 견해를 달리하게 되고 결국엔 우리 자신과도 일치하지 않게 되지 않을까?"[93] 이런 경우에 어떤 지식이나 학문이 도움이 될 수 없다. 플라톤은 『카르미

---

90) *Gorgias*, 512b.
91) *Gorgias*, 499e.
92) *Politeia*, 366e: "megiston kakon, das grösste Übel"; "megiston agathon, das grösste Gut".
93) *Phaidros*, 263a.

데스』에서 자세히 정의에 관한 학문과 무지(das Nicht-Wissen)에
관한 질문을 다루고 있다.94) 무지가 언제나 무지한 자에게 달려
있는 것이 아니다. 인간은 많은 일들을 모를 수 있다. 그리고 학
문이 인간에게 매개해 주는 지식은 인간이 무엇을 알고 무엇을
모르는 가를 확인해 주는 지식일 수는 있으나, 누가 어떤 것을
안다는 지식은 아니다.95) "인식의 인식은 … 자기 자신을 아는 것
이며 사려 깊음일 것이다."96) 왜냐하면 그것은 그가 무엇을 아는
지를 알지 못한다는 것을 인식하는 것일 뿐이기 때문이다. 따라
서 정의를 인식하기 위한 노력은 소크라테스의 표현을 빌리면,
무지의 지로부터, 플라톤의 표현을 빌리면, 인식의 인식으로부터
시작되어야 하며, 시작하고 있다.

선의 이데아의 본질을 인식 가능하도록 설명하는 것은 불가능
하다. 그래서 플라톤의 대화편들은 이러한 우회적 표현을 쓰고
있다. "… 정의가 무엇인지 나는 모른다(354bc)." "그러나 너희들
행복한 사람들아, 선 자체가 무엇인지를 이번에는 선에게 맡겨두
기로 하세(506e)." "덕은 신의 은총을 통하여 덕이 그들 안에 내
재하고 있는 자들에게 내재하고 있는 것처럼 보이네. 이에 관한
확실한 것을 우리는 그러나, 인간들이 어떤 방법과 형식으로 덕
에 이르는지를 묻기 이전에, 덕이 무엇인가를 덕 자체에 있어서
그리고 덕 자체를 위하여 탐구한 연후에야 비로소 알 수 있을걸
세. 그런데 지금 내가 어디로인가 가야할 때가 되었네. 그러나 자
네는 자네 스스로 확신하는 바를 탐구하게."97) "그럼에도 불구하

---

94) *Charmides*, 169-170.
95) *Charmides*, 172a-e, 173a.
96) *Charmides*, 169d.
97) *Menon*, 100b.

고 내가 조심스럽게 정의가 무엇인지 묻는다면, … 나는 묻도록 허용되어 있는 것보다 이미 더 많이 물어서, 한계를 뛰어 넘어섰다는 생각이 든다."98) 정의에 관하여 사람들은 많은 말을 하였으나, 말들은 서로 일치하지 않는다. 어떤 이는 정의가 태양일 것이라고 말한다. 왜냐하면 태양은 모든 것을 비추며, 감독하고, 방향을 제시하기 때문이다.99) 그러면 다른 이는 이러한 정의를 비웃고는 정의는 불일 것이라고 말한다. 그러면 또 다른 이는 불에 내재하는 따뜻함이 정의라고 말한다. 그러면 다른 이는 이들을 모두 비웃고 아낙사고라스가 이미 말한 바를 주장한다. 정의는 오성 (nous)이다. 오성은 자아 지배(Autokrat)이며 어떤 것도 섞지 않고 모든 것을 통찰함을 통하여 모든 것을 질서 있게 하고 있다.100) "내가 정의가 무엇인지 이해하려고 하자, 그 이전 보다 더 큰 혼란 속에 나는 빠져버렸네. 그래서 우리는 그러한 원인으로부터 정의가 유래함직한 명사들에 관하여 탐구하였던 것일세."101)

이상의 여러 인용들에서 확인할 수 있는 것은, 이데아의 일원성을 전제로 하여 정의의 개념을 정의하기는 불가능하다는 것이다. 그래서 플라톤은 정의를 설명하기 위하여 변증법을 도입하고 있으며, 연결(Verbindung)과 분리(Trennung)와 참여(Teilnahme)라는 개념을 사용하고 있다.102) 플라톤에 의하면 개념의 연결과 분리에 관한 지식이 변증법이다. 세계는 표면적으론 서로 분리되어 있는 다수로 보이나 내적으로 서로 연관되어 있으며 하나이다.

---

98) *Kratylos*, 413a.
99) *Kratylos*, 413b.
100) *Kratylos*, 413c.
101) *Kratylos*, 413d.
102) Sophistes, 253c-258c.

많은 사물은 하나의 이데아로부터 왔으며, 하나는 많은 사물로 드러난다. 억견의 수준에 있는 인간이 아직 하나의 이데아에 또는 여러 이데아에 참여하지 않은 상태에 있을 때에, 그는 참여와 연결을 동시에 준비하고 있다. 이전에 분리되어 있었던 것만이 연결될 수 있다. 그러므로 분리와 연결은 여기서 변증법의 중요한 개념이 된다. 변증법을 아는 자는 로고스의 국가에서 방위자이며, 동시에 방위자로서 젊은이들을 양성하지 않으면 안 된다. 방위자들이 배워야 하는 산수, 기하Ⅰ, 기하Ⅱ, 천문학, 화성학의 다섯 과목들은 아직 정의에 관한 학문이 아니다(521c-531c). 정의에 관한 학문은 직접적으로 변증법에, 다른 말로 표현하면, 철학적 문답법에 근거하고 있다. 변증법은 방위자들이 배워야 하는 과목들 가운데서 마지막 과목이다(531d-534e, 591a).

변증법은 이성적 사유의 능력을 집중적으로 배양하며 지배하기 때문에, 이성의 국가에서는 변증법이 최고의 법률이다(531d-532b). 이성의 국가에서 성문법을 만든다는 것은 일종의 수치이다. "리시아스나 다른 사람이 공적으로나 사적으로 법률을, 다시 말하면 국가의 문서를 작성하였거나 작성하면, 이는 작성자에게 일종의 치욕일 뿐이지, 그것을 누가 분명하게 만들었다는 사실은 결코 중요하지가 않다. 왜냐하면, 의로운 자에 있어서나 의롭지 못한 자에 있어서, 선한 자에 있어서나 악한 자에 있어서 낮과 밤을 구별할 수 없는 것, 이것이 사실상, 비록 국민 전체가 이를 칭송한다고 해도, 회피할 수 없는 가장 치욕적인 것이기 때문이다."[103] 무엇이던지 그것이 쓰여지거나 말하여지기 이전에, 그것은 생각(dianoia)으로 머물러 있다. 생각은 내적인 대화요 영혼이 영혼 자

---

103) *Phaidros*, 277de.

체와 하는 대화이다.104) 영혼에는 다음의 네 가지 부분들이 있어
서, 각각 영혼의 상태를 이루고 있다. 가장 고상한 부분이 지성
(noesis, Vernunfteinsicht)이고, 둘째 부분이 오성(dianoia, Verständnis)
이며, 셋째 부분이 신념(pistis, Glaube)이고, 가장 천박한 부분이
개연성(eikasia, Wahrscheinlichkeit)이다(511e, 534a). 지성과 오성을
합쳐서 인식(episteme, Erkenntnis)이라고 부르고, 신념과 개연성을
합쳐서 의견(doxa, Meinung)이라고 부르기로 하자. 그러면 인식은
존재(ousia, Sein)에 관계되고 의견은 생성(genesis, Werden)에 관계
된다. 변증법은 정의를 정의하기를(define) 거부한다. 따라서 정의
와 불의가, 선과 악이 무엇인지를 일정한 개념으로 규정하지 않
는다. 변증법은 다만 정의 아닌 것들을 정의인 것처럼 잘못 알고
있는 인간의 무지와 오류를 바로잡을 뿐이다. 호머와 솔론은 음
악의 신과 마술적 인간들에 매혹되어 그들이 놀라운 일들을 수행
하는 것을 경탄하고 노래하였지만, 그들은 그들이 무엇에 관하여
노래하였는지를 알지 못하였다.105) 의로운 자, 선한 자, 아름다운
자에 관한 참된 생각은 악마적 존재 속에 있는 신적인 것들에 관
한 생각과는 전혀 반대되는 것이다.106)

변증법에서 우리는 유일한 최고의 법을 보게 된다. 플라톤은
『폴리테이아』에서 소피스트와의 대화로 정의에 관한 이야기를 시
작하고 있다. 여기서 변증법은 점진적으로 정의에 관한 이해를
심화시키는 역할을 하고 있다. 플라톤은 진리와 정의 같은 근본
적인 개념들을 대단히 주의 깊게 다루고 있다. 예를 들면, 빌린
것을 무조건 되돌려 주는 것은 정의가 아니다(331d). 플라톤은 정

---

104) *Sophistes*, 264ab.
105) *Politikos*, 309c; Menon, 99cd.
106) *Politikos*, 309c.

의를 공동체(koinonia)의 개념으로, 금보다 더 빛나는 가치로, 인간이 마땅히 걸어가야 할 삶의 형식으로(352d) 강조하고 있다. 정의는 행복을 낳는다. 정의는 영혼의 덕이다. 의로운 영혼과 의로운 사람은 좋은 삶을 산다. 그리고 좋은 삶을 사는 사람은 행복하다(353e-354a). 이렇게 정의가 무엇인가를 선과 덕과 삶의 행복의 일원성으로 세심하게 다루고 나서, 플라톤은『폴리테이아』의 제1권을 끝내면서 소크라테스의 입을 빌려서, "나는 지금의 대화 전체를 통하여 아무 것도 배운 것이 없네. 왜냐하면 의로운 것이 무엇인지 내가 모르고 있는 한, 그것이 덕인지 아닌지, 그것이 행복인지 아닌지를 알아야 할 좋은 길이 분명히 있을 것이기 때문일세(354bc)"라는, 일종의 조금은 허탈하게 만드는 표현으로 정의의 개념 규정의 어려움을 말하면서 개념 규정의 가능성을 과제로 열어 놓고 있다.

　정의의 이해는 인식의 인식으로부터 시작되고 있다. 인식의 인식은 메타 인식이요 초인식이다. 정의라는 말 아래서 케팔로스나 폴레마르코스 같은 평범한 사람들이 이해하고 있는 생활 세계의 인식 내용과 트라시마코스 같은 잘 알려져 있는 소피스트가 이해하고 있는 학문 세계의 인식 내용이 의심되어지고 물어지는 곳에서 정의의 인식은 비로소 가능해지며 시작된다. 정의 자체에 대한 원칙적인 인식 불가능성과 기존의 정의 인식들에 대한 원칙적인 오류 가능성을 전제하고, 정의 인식의 길을 아무런 유보 없이 열어 놓는, 그리하여 기존의 인식들의 오류를 논파하고 여기서부터 정의 인식의 걸음을 남자답게 걷기 시작하는 곳에서 정의는 인식의 대상으로 바르게 확인되고 있다.

　정의의 이해는 인식의 인식이다. 정의는 인식이기 때문에 방위자의 학문이다. 정의는 인식의 인식이기 때문에 변증법이다. 인식

의 인식은 메타 인식이요 초인식이다. 정의는 전체에 관한 지식
이요 덕이다. 부분에 관한 지식이요 덕들인 절제와 용기는 인식
이다. 부분과 전체를 연결한 지식과 덕인 지혜도 고양된 인식일
뿐이다. 이러한 인식의 참됨을, 진리를 확인하게 하는 인식이 정
의이다. 그러므로 정의는 인식의 인식이다.

2) 국가 안에서의 정의의 탐구

플라톤은 정의의 본질을 철저하게 탐구하기 위하여 『폴리테이
아』의 제2권에서 일종의 비교하고 발견하는 방법을 제안한다. 정
의를 인식하는 논리로 플라톤이 제시한 방법론적 비교와 발견을
플라톤의 문장으로 간결하게 표현하면 이렇다. 정의를 인간에서
찾기를 일단 중지하고, 국가에서 찾아보자. 이는 마치 본질에 있
어서 서로 동일한 작은 글자와 큰 글자를 학습함에 있어서, 먼저
큰 글자를 가지고 글자의 구조를 학습한 후에, 작은 글자로 와서,
이를 학습하는 것이 용이한 이치와 같다. 이렇게 플라톤은 국가
와 인간의 관계를 큰 글자와 작은 글자의 관계로 비유하면서 로
고스의 국가와 인간의 국가를 논하고 있다(368de-369a). 정의는 인
간 개개인에게서도 확인되지만 또한 국가 전체에서도 확인된다
(368e). 보다 큰 곳에서 우리는 보다 더 많은 정의를 보다 더 용
이하게 인식할 수 있을 것이다. 그러므로 먼저 국가에서 정의가
무엇인가를 탐구하고, 그리고 나서 인간 개개인에서도 정의를 고
찰해 보는 것이 좋겠다. 우리는 보다 작은 것의 형태에서 보다
큰 것과의 유사성을 찾아낼 수 있을 것이다(369a). 이러한 탐구의
효과는 크다. 왜냐하면 국가 안에서 정의가 무엇인가를 완전히
탐구해 내면, 이는 동시에 인간 안에서 정의가 무엇인가를 완전

히 탐구해낸 것과 같기 때문이다. 이를 플라톤은 이러한 문장으로 끝맺고 있다. "따라서 이제 이와 같은 나라에 관한 그리고 그 나라와 유사하고 그 나라에 알맞은 사람에 관한 우리들의 말(logoi)은 완전하지 않은가?(541b)."

정의를 탐구하는 일은 이제 로고스에 의하여 동반되어져 국가를 건설하는 일이 되었다. 로고스의 도움으로 국가를 처음부터 설계하는 것은 곧 정의를 탐구하는 것이 된다. 국가를 순전히 머리 속에서 설계하되, "우리들의 필요에 따라서 국가를 세우자. … 모든 필요한 것들 중에서 첫째로 그리고 가장 크게 필요한 것은 생존을 위한 양식의 마련이네. … 둘째로 필요한 것은 주거이고, 셋째가 의복이네(369d)." 국가를 세우는 데에는 처음에는 4, 5명의 인간이 모이면 충분하다. 그리고 국가가 필요로 하는 사물들을 합리적으로 정리하는 과정에서 국가를 구성하고 있는 사람들이 국가라는 공동체를 위하여 각자 자기 자신의 고유한 작품을 만들어야 한다는 일인 일기(一人 一技)의 개념이 강조된다. "한 사람이 많은 일을 하는 경우와 하나의 일을 하는 경우에 있어서 어떤 경우에 그가 일을 더 잘할 수 있겠는가?(370b)." "각자는 다만 한가지 일만을 완전하게 해 낼 수 있다(394e)."

트라시마코스가 정의는 강자의 이익이라고 규정하였을 때에 소크라테스는 누가 강자이며, 그가 왜 강자인가를 묻고, 강자의 본질적 과제가 그 자신을 위한 것인지, 그가 상대하는 약자를 위한 것인지 따진다. 그리하여 정의는 강자의 이익이 아니라, 약자의 이익이며, 전체에 관련된 이익이 문제의 본질임을 밝힌다(338c 이하). 정의의 개념에 관한 트라시마코스와의 논쟁에서 등장하는 이익의 개념은 『폴리테이아』에서 지속적으로 정의의 본질을 탐구하고 확인하는 중요한 관점을 이루고 있다. 정의는 '이익'의 문제

로, 처음부터 인간의 영혼 자체 안에 들어 있는 속성임에 틀림이
없다. 그러나 정의 자체를 인간 안에서 파악하기가 대단히 어려
우므로, 플라톤은 국가의 비유를 통하여 정의의 본질과 작용을
보다 더 용이하게, 다시 말하면 영혼 안에서 가시적으로 파악하
려고 하였다.

　국가 안에서 정의는 국가를 이루고 있는 모든 사회적 지체들
이 각 지체에게 고유한 기능을 가능한 한 완전하게 수행할 수 있
도록 하는 가능성의 원리로 탐구되고 있다. 통치자와 방위자와
생산자들은 모두 각자의 고유한 과제를 가지고 있다. 이 세 가지
생활과 노동의 형식들 내지 사회적 신분들이 능력에 따라서 자신
의 과업을 수행하면, 그리하여 이 세 가지 요인들이 함께 작용하
여 창출하는 결과는 그 사회가 만들어 낼 수 있는 최선의 것, 가
장 좋은 것이며, 이것이 곧 정의이다. 통치자의 덕은 지혜요, 방
위자의 덕은 용기이며, 생산자의 덕은 절제이다. 이러한 세 신분
들의 덕은 전체의 덕인 정의에 의하여 각자가 자신의 고유한 덕
들에 따라서 자신의 일을 최선의 상태로 수행할 수 있게 된다.
그래서 정의는 네 가지 으뜸 되는 덕들 가운데서 가장 으뜸되는
덕, 다시 말하면 사원덕(四元德)의 주원덕(主元德)으로서, 다른 덕
들을 마땅히 그렇게 있어야 할 덕으로 있게 하는 원인을 부여하
고 있다. 그러므로 정의는 국가 안에 있는 모든 시민들이 그들
안에 내재한 고유한 덕을 도야하고 이를 통하여 갖게 되는 특별
한 기능을 수행하게 하는 완전성(Vollkommenheit)이다.

　정의는 『폴리테이아』에서 법률이나 제도나 행정의 체계 같은
어떤 만들어 낸 국가의 질서와 기관과 폭력을 통하여 가시화되고
구체화되는 것이 아니다. 정의는 인간의 자유로운 정신이 만들어
낸 문화의 제도와 기관 같은 가시적 형식으로 일정하게 침전된

것으로부터 대단히 거리가 멀다. 왜냐하면 인간의 자유로운 정신은 가시화됨으로써 이미 정의 자체로부터 멀어졌기 때문이다. 다시 말하면 정신의 모든 가시적 형태화는 이미 정의로울 수 없기 때문이다. 예를 들면 신기료쟁이가 가죽을 무두질하여 신을 만드는 일이 정의로 확인될 경우에, 그것은, 신기료쟁이가 국가의 행정 질서 안에서 그러한 노동의 구조에 짜여 들어간 결과로 그 일을 하는 것이 아니라, 각자 자기 자신의 영혼의 구성 상태에 따라서 자신의 일을 열심히 하다 보니까 신을 만들게 되었을 때이다. 그러므로 국가 안에서 정의의 탐구는 다시금 인간 안으로 옮겨오지 않을 수 없다. 인간의 내면에 자리잡고 있는, 상호 모순되고 대립적인 다양성으로 확인되는, 여러 가지 서로 상이한 힘들이 인간의 자아 도야와 자아 지배의 능력을 통하여 하나의 통일된 일체로 조화를 이룬 상태와 그러한 상태를 실현한 인간들이 함께 조화를 이루어 형성한 공동체는 정의는 아니나 정의의 본질을 이미 그 안에 구현하고 있다.

이러한 관점에서 자연에 있어서 그리고 인간의 영혼에 있어서 탐구되어지는 "정의는 건강이다."[107] 마치 건강이 신체적 최고 상태인 것처럼, 정의는 정신적 최고 상태이다. 다시 말하면 건강이 신체적 선이라면 정의는 정신적 선이다. 최고의 선으로서 정의는 그 완전한 형태에 있어서 오직 하나일 수밖에 없으며 오직 하나이어야 한다. 그러나 정의는 근사한 모습과 변질된 모습에 있어서 여럿으로 확인되고 있다. 이를 좀더 구체적으로 표현하면, 정의의 본질에 합당한 하나의 영혼과 국가에는 근사하거나 변질된 정의의 모습을 지닌 숱한 영혼들과 국가들이 대립하고 있다.

---

107) W. Jaeger, S.834.

일반적으로 긍정적이고 발전적인 차원에만 관심을 기울이고 거기에서 교육의 과제를 찾는, 그리하여 건강한 영혼의 이상적 형성을 교육의 과제로 보는 시각은 옳다. 그러나 그러한 시각은 제한적이다. 왜냐하면 사이비 정의의 범주로 확인되는 모든 잘못된 교육의 시도들을 파악하고 이에 대처하는 일도 역시 교육의 과제이기 때문이다. 그러므로 교육의 과제에 대한 시각의 확대가 요청된다. 그럴 경우에 국가의 비규범적이고 탈규범적인 현상들에 대한 인식과 이에 해당하는 시민 개개인에 대한 변질된 교육의 현상들에 대한 탐구와 그러한 현상들의 극복을 위한 교육이 또한 교육의 과제로 부각되는 것이다.

로고스의 국가는 변증법이 지배한다. 로고스의 국가가 기록된 법에 의하여 통치된다는 것은 수치이다.[108] 성문법에 의한 국가 통치를 이와 같이 정신 수준이 대단히 낮은 정치로 보는 데에는 여러 가지 원인이 있다. 그 중에서 가장 크고 분명한 원인은 다음과 같다. 기록된 법대로 다스리는 법관의 국가에서 통치와 판결의 정의가 어느 정도로 보장되기 위하여서는 변증법을 모르기 때문에 성문법에 그렇게 기록되어 있는 그대로 통치하고 판결하는 관리와 법관 옆에 늘 변증법을 아는 자가 앉아 있어서, 상황에 따라서 그가 어떻게 판단하고 결정하여야 할 지를 일일이 말해 주어야 한다.[109] 그러나 실제로 그렇게 하기는 거의 불가능하다. 그래서 법이 권력을 갖고 있는 것이 아니라 통찰의 눈을 갖

---

108) 로고스의 국가를 형성하고 있는 시민들은 "사람마다 한가지 일만을"(397e), "좋은 장단과 좋은 곡조를"(413e), "최고의 명예를"(414a) 성문법의 자리에 가져다 놓기 때문에, "의롭고 유능한 사람들에게는 그런 것(법)들을 지시할 필요가 없다"(425e).
109) *Politikos*, 293d-294c.

고 있는 왕이 권력을 갖고 있는 것이 이상적이다. 그러나 현실은 그렇지 않다. 뿐만 아니라, 인간과 인간의 행위의 다양성 때문에 동일하게 보이는 범죄도 동일하거나 유사한 것이 거의 없기 때문에, 보편타당한 법제정은 불가능하다. 이와 같은 법의 결핍성이 법 없는 상태에서 인식에 기초하여 바르게 통치하는 정부의 정의로움을 뒷받침하고 있다.

정의는 또한 풍속과 윤리 도덕의 참된 척도이다. 노인을 공경하고 부모에게 경건하며, 의복이 단정하고 몸의 관리가 최적의 상태를 유지하고 있는 것 등은 법률의 제정을 통해서가 아니라, 교육의 길에서 정의를 볼 수 있도록 눈뜨게 함으로써 오로지 가능한 것이다. 다른 말로, 국가는 법률을 제정하고 개정하는 일을 지속적으로 반복하고 있는데, 이러한 반복을 극복해야 한다. 그러나 플라톤 당시의 아테네는 간단없는 법률의 제정과 개정의 악순환 속에 있었다. 법은 젊은이들에게 선하고 교양있는 행동의 지침을 제공하고 있다. 그러나 그러한 법은 일방적이다. 왜냐하면 그러한 법은 제정해 놓아도 어느 곳에서도 지켜지고 있지 않을 뿐만 아니라, 그와 같이 말과 글로 법을 제정하였다고 해서 법 정신이 생기는 것도 아니기 때문이다. 따라서 법을 세워서 정의를 펴겠다는 시도는 타당하지 않으며 가능하지도 않다. 그러므로 그러한 시도는 아예 처음부터 하지 않는 것이 좋다(425a-c). 우리는 시장에서의 거래에 관한, 거리의 소음과 무질서에 관한, 소송과 재판에 관한 그리고 관세에 관한 법을, 다시 말하면 상법과 형법과 항만법을 제정할 수가 있다(425d). 그러나 의롭고 유능한 사람들의 행동을 그러한 법을 미리 제정하여 구속하는 것은 바람직하지 않다. 법으로 확정할 많은 내용들을 그들은 이미 알고 있다. 좋은 교육은 법 제정을 불필요하게 만든다. 한번 법을 세우기 시작하게 되면, 사람들은 법을 제정하고 개정하는 일로 세월을 보내게 될 것이다. 왜냐하면 그들은 법에 최고의 내용들이 빠져 있지나 않나 하고 언제나 생각하고 살펴보게 되기 때문이다 (425de). 교육이 좋으면 좋을수록 법률의 필요성은 줄어든다. 따라서 의사나 판사를 많이 필요로 하는 국가는 도덕과 풍속이 크게 타락한 국가이며, 이는 "무교육의 큰 징표"110)이다. 이상과 같은 법 제정에 관한 표현에서 이미 분명해지듯이, 정의는 인간에 있어서나 국가에 있어서 꼭 같이 전체에 관련된, 선과의 관계 안에서 확인되는 교육의 문제요, 이성의 문제이다.111)

법의 제정을 통하여 통치자가 추구하는 목적은 오로지 좋은 교육의 이론과 실천을 통하여서만 실현될 수 있다. 국가를 법의 제정과 개정의 간단없는 반복으로부터 끌어올리고 해방시키는 일은 따라서 정의로운 교육의 본질적 과업이다. 스파르타는 이와 관련하여 우리에게 놀라운 범례를 보여주었다. 국가적 차원에서 통일된 엄격하고 합법칙적인 도덕과 행동으로 무장된 스파르타의 시민들의 질서정연한 합법적 행위(Eunomia)는 잘 짜여지고 엄격하게 실천된 국가적 교육의 결과였다. 이를 통하여 시민들이 소유하게된 불성문법에 대한 거의 절대적인 존경과 순종이 특수한 법제정을 불필요하게 만들었으며, 그들의 생활을 평생을 통하여 지배하였다. 그래서 질서는 평화(Eirene)와 정의(Dike)와 동일시되었으며, 마치 봄, 여름, 겨울이라는 그리스의 세 계절(Horai)이 함께 일년을 이루듯이, 질서, 평화, 정의가 함께 국가 시민의 온전

---

110) *Politeia*, 405b: apaideusias mega tekmerion. ein grosses Zeichen von Unbildung.
111) *Politeia*, 435e: 인간들 한 사람 한 사람 안에는, 국가 안에 있어서와 같이, 세 가지 덕들(eide)과 에토스들(ethe)의 원형들이 있다.

한 삶의 에토스를 이루었다.

개체적 법률의 제정을 습관의 힘으로 일생을 지배하는 공적 교육제도를 통하여 대치하는 것을 우리는 방위자들의 공동 식사나 음악과 체육의 국가적 통제 등에서 확인할 수 있다. 이렇게 대체된 습관이 발휘하는 힘은 곧 국가의 강한 요새로 드러났다. 그리고 이러한 예들의 가장 고전적인 범례를 우리는 스파르타에서 특징적으로 확인하게 된다.112) 그래서 플라톤은 다음과 같은 비극적 인식에 도달하였다. 법률과 헌법도 국민들 사이에서 풍속으로 남아있는 윤리 도덕적 실체로서 확인되고 있는 한 그 가치를 가지고 있다.113) 고대 그리스의 교육의 시대에 불성문법의 지속적 힘은 민주적인 지배를 가능하게 하고 강하게 확립하게 한 고유하고 본래적인 토대였다.

그러면, 방위자의 교육은 정의의 본질과 어떤 관련이 있는가? 청소년기부터 지속적인 관찰과 시험을 통하여 방위자로부터 통치자에게 이르기까지 요청되는 특별한 자질들인 실천적 지혜와 소질을 소유한, 그리고 전체의 복지를 위하여 염려하는 정신을 최고의 수준에서 소유한 자들을 선발한다. 여기서 정의는 이러한 자질들을 확정하고 선별하는 과정 전체를 동반하면서 이것들을 타당하게 만들어 주는 덕으로 있다. 이러한 의미에서 정의는 엄격하고 이성적인 선발의 원리이다. 국가의 통치자가 교육의 최고 작품이라면, 정의는 교육의 최고 원리요 생활의 최고 윤리이며 국가의 최고 규범이다. 통치자는 공사를 막론하고 지극히 금욕, 빈곤, 절제의 생활을 하여야 한다. 그는 엄격한 의미에서 자신의

---

112) J. T. Hooker, Sparta. *Geschichte und Kultur*. Stuttgart 1982, S.115-133.
113) W. Jaeger, S.831.

사적인 공간을 전혀 가져선 안 된다. 자신의 사적인 주거 가옥이나 가정적인 식사 시간 따위가 허용되어서는 안 된다. 그의 모든 생활에서 공개성이 확인되어야 하며 투명해야 한다. 그는 전체의 행복만을 도모하여야 하므로, 그 자신과 그가 속한 가정과 신분의 행복을 위해서는 아무 것도 추구해서는 안 된다.

여기서 정의가 말하는 최고의 가치는 전체의 통일성이다.114) 정의로운 국가는 통치 권력의 집중과 경제 성장의 편중과 한계를 모르는 부의 축적을 목표로 삼지 않는다. 그러한 부와 권력의 추구는 이와 같은 외적인 재화들과 상품들이 내적인 사회적 통일성을 증진시키는 데 기여하는 한계 안에서 이루어져야 한다. 여기에서 정의는 척도로 이해되고 있다. 국가는 정의로 확인되는 '좋은 교육'의 기초 위에 서 있는 것이다. 한마디로 설명하면, 교육의 문제를 깊이 파고들면 파고들수록 우리는 정의의 인식에 더욱 가까워진다. 그리고 교육을 받으면 받을수록, 그는 정의의 본질을 더 확실하게 인식하게 된다. 왜냐하면 "전체적으로 볼 수 있는 자", "철학적 문답법의 능력이 있는 사람(537c)"만이 정의의 인식에 도달할 수 있기 때문이다. 이와 같이 국가의 구성 전체는 참된 교육에 근거하고 있다. 국가의 구성은 교육의 결과이므로, 구성된 국가 전체는 곧 참된 교육과 같다.

인간은 어려서부터 의로운 것과 아름다운 것에 관한 가르침(dogmata)을 받으면서 성장하였다(538c). 그런데 그러한 정의와 미의 개념에 관한 가르침은, 마치 인간이 어려서부터 부모에게 순종하고 부모를 존경하면서 성장하듯이, 부모가 언제나 이미 있기 때문에 자녀가 태어나고 자랄 수 있듯이, 정의와 미의 개념도 언

---

114) W. Jaeger, S.829.

제나 이미 있어서 그 개념 아래서 인간이 성장하고 존재하는 도
그마이다. 그러므로 선의 이데아로부터, 그리고 선의 이데아에 의
하여 관련되고 조명되지 아니한 정의와 미에 관한 가르침은 인간
을 해롭게 할 수 있으며, 선의 이데아에 대립적인 이데아일 수
있다. 그런데 그와 같은 이데아는 인간의 생활 세계 안에 언제나
이미 주어져 있어서, 선의 이데아와 늘 병존하고 있다. 인간이 행
동과 판단의 척도로 삼는 이러한 도그마는 그 보편 타당성이 일
반적으로 인정되고 있다. 그리하여 관습(nomima)으로 작용하고
있다(479d). 우리 인간에 내재하고 있는 이러한 규범적 가치를 부
여받은 관습들은, 그 바른 사용에 관한 표준이 없기 때문에, 언제
나 오용의 위험에 노출되어 있다. 그러므로 어떤 행위의 모형이
어떤 방법으로 어떤 상황 아래서 실현되어야 할 것인가를 바르게
알게 하는 선의 이데아의 오리엔테이션이 다시 요청되는 것이다.

선의 이데아는 "최대의 학문(megiston mathema, 505a)"이다. 선
한 것은 의로운 것과 아름다운 것으로부터 구별된다. 인간이 선
의 이데아에 대하여 눈뜨고, 선의 이데아라는 최대의 통찰에 이
르러야 비로소 의로운 것을 인식할 수 있으며, 선의 이데아로부
터 사물을 사용하는 일이 남을 이롭게 하며 치료하는 일이 된다.
정의는 각자가 자신에게 고유한 자신의 일을 하는 것이라는 이해
는 정의의 본질을 꿰뚫고는 있으나, 그러나 서로 상이한, 심지어
는 대립적인 목적 관련 아래서 다의미적으로 해석될 수 있다. 따
라서 정의는 선의 이데아와 관련되어져서 비로소 이익을 주며 쓸
모 있게 된다.115)

---

115) Wolfgang Wieland, *Platon und die Formen des Wissens*. Göttingen 1982,
    S.174.

정의의 표준과 구조가 선의 이데아에 관련되어 있고, 정의가 선의 이데아를 향하여 있을 때에야 비로소, 정의는 정의일 수 있다. 그래서 플라톤은 이렇게 강조하고 있다. "의로운 것과 아름다운 것은, 이 둘이 또한 선한 것인지 알려지지 않고 있다면, 이것을 모르는 사람을(이 둘의) 감독자로 삼을 경우에, 그가 결코 대단하지 못할 것이네. 그런데 저 둘 자체를 이전에 정확히 인식한 사람은 아직 아무도 없다고 나는 생각하네(506a)." 이상의 문장에서 알 수 있듯이, 무엇이 참으로 의롭고 아름다운지를 그것이 어떤 방식으로 선한지를 알고 있을 경우에만 비로소 우리는 바르게 인식할 수 있다. 다시 말하면 정의와 미는 선과의 관련 아래서 동시에 선으로 확인됨으로써 정의이고 미이다. 여기서 우리는 "선과 미와 정의의 이데아들의 삼원성(三元性 Trias)"[116]을 본다. 정의는 미와 더불어 선의 이데아와의 관련 아래서 그리고 관련이 이해됨으로서 비로소 덕일 수 있다. 다시 말하면, 선의 이데아와의 관련 아래서만 비로소 정의를 포함하여 다른 덕들이 덕으로 인식된다. 『테아이테토스』에서 보면, 모든 국가는 법이 국가에 큰 이익을 줄 수 있을 것이라는 인식과 기대를 가지고 법을 제정한다.[117] 그러나 제정된 법이 어느 정도로 정의에 가까운가를 판단할 수 있는 최고의 능력은 법을 제정한 자로부터가 아니라, 법을 사용하는 자들로부터, 그 중에서도 질문하고 대답하는 자들로부터, 이 질문하고 대답하는 법을 이해하는 자, 문답법에 익숙한 철인인 '대화자(dialektiker)'들로부터 온다.[118] 그러므로 바른 법을 만들려는 의지를 갖고 있는 법제정자는 바른 언어를 만들고 사용

---

116) Wolfgang Wieland, a.a.O., S.175.
117) *Theaitetos*, 177e.
118) *Kratylos*, 390c.

하는 '변증법적 인간'인 철인의 감독을 받지 않으면 안 된다.

3) 의로운 행동

정의는 변증법적 분리의 방법을 통하여 밝혀지고 드러난다. 절제, 용기, 지혜 같은 덕들의 이데아는 정의에 가깝게 서 있다. 그 중에서도 선의 이데아는 모든 이데아들의 원리와도 같아서 선이 정의에 가장 가깝다. 선의 이데아는 최고의 학문이어서, 이를 통하여 비로소 의로운 것을 비롯하여 다른 모든 것이 쓸모 있게 되고 이롭게 된다(505a). "인식 가능한 것에는 진리를 제공하고 인식하는 자에게는 인식의 능력을 부여하는 것이(508e)" 선의 이데아이다. 선의 이데아는 여간해서는 보이지 않는 것이지만, 사람들이 열심히 노력하여 이를 일단 보기만 하면, 그들은 선의 이데아가 온갖 옳은 것과 아름다운 것의 원인임을 알게 된다(517bc).

이렇게 정의가 많은 다른 이데아들과 유사하다고 해도, 정의는 이데아들로부터 구분되지 않으면 안 된다. 형식적 공통성에도 불구하고 정의와 미는 서로 날카롭게 구별되지 않으면 안 된다. 엄밀한 사유를 거치지 않은 일상적 견해에서 확인되는 둘의 공통점은 선과 미가 오성이나 통찰이나 인식 같은 "아름다운 말들"119) 에 속하며, 미의 관조 자체에서 삶은 완성되나, 삶의 가치 사다리에 다른 많은 이데아들이 관련되어 있어서,120) 바른 것과 아름다운 것에 관한 많은 견해들을 들으면서 성장하고 생활할 뿐만 아니라(538c), 국가의 알레고리에서 일반적 여론을 상징하는 거친 야수들에게까지 아름답다거나 선하다거나 의롭다고 말하고

---

119) *Kratylos*, 411a.
120) *Symposion*, 210e-212c.

있는데서(493bc) 드러난다. 이미 호머의 시대로부터 고대 그리스
에서는 선과 미가 분리 불가능한 이데아로 서로 연관되어 있었
으며, 이 둘이 함께 그 시대의 이상적 인간상을 드러내는 미선
성(Kalokagathia)의 이념으로 정리되어 있었다.

정의를 미로부터 분리하는 것은 대단히 신중을 기하는 일이다.
플라톤은 호머를 대단히 사랑하였다. 그는 호머를 자주 인용하였
다. 그의 대화편에서 그는 다른 어떤 시인보다도 더 절대적으로
자주 호머를, 특히 일리아스를 인용하고 있다. 그러나 그는 국가
의 제1권에서 이미 다음과 같은 이데아를 분명하게 강조함으로써
호머를 그로부터 구분하고 비판하고 있다. "아데이만토스여, 나와
너는 이 순간부터 시인이 아니라 국가의 설립자이다(378e-379a)."
인간은 각자가 새로운 국가에서 두개나 그 이상의 직업이 아니라
하나의 직업만을 수행하여야 한다(370b, 374a, 380d). 시인과 화가
는 그러나 무엇이나 할 수 있다. 시인은 날카로운 눈으로 사물을
다양하게 묘사할 수 있으며, 모든 사물을 모방할 수 있고, 따라서
거룩하고 경이로우며 고상한 사람으로 인정받지만, 그러한 사람
이 우리들의 국가에는 없으며 있어서도 안되겠기에, 그의 머리에
향유를 많이 붓고 양털 끈으로 감아서, 다시 말하면 최대의 찬사
와 존경의 예를 표하고서, 그를 다른 나라로 보내야 한다(398ab).
화가는 수공업자가 만드는 것은 무엇이나 다 만드는, 그러나 그
가 만드는 것은 무엇이건 참다운 것은 아닌, 있는 것을 닮고는
있으나 정말 있는 것은 아닌 것을 만든다(596c-597a). 시인과 화가
는 소피스트들처럼 있는 것을 다만 모방할 뿐이다.[121] 그러므로
시인을 비롯하여 모든 예술가들은 국가를 떠나야 한다. 여기서

121) *Sophistes*, 234b.

플라톤은 선에서 미를, 철학에서 예술을 분리시키고 있다.

모방에 관한 대화에서도(595a-608d) 플라톤은 정의를 미로부터 구분하고 있다. 미를 추구하는 화가와 시인은 모두 모방자들인데, 그들은 "정말로 있는 것에 관해서는 아무 것도 알지 못하고, 그저 그렇게 보이는 것에 관해서 알고 있을 뿐(601b)"이다. 따라서 호머를 비롯하여 "모든 시인들은 덕과 그들이 묘사하는 다른 사물들의 그림자를 모방하는 자들일 뿐, 참다운 것 자체에는 절대로 접근하지 못하고 있다(600e)." 화가는 신기료쟁이가 만든 신을 다만 색깔과 윤곽으로 모방할 줄을 알 뿐, 신을 만드는 것 자체에 관하여선 전혀 아는 바가 없다. 이렇게 모방의 예술들은 통찰에 근거하고 있지 않으며, 시문학과 미술에는 영혼의 비이성적 부분이 지배적으로 작용하고 있다. 시인은 영혼의 나쁜 충동을 조장하고 좋은 본성을 부패시킨다. 이렇게 플라톤은 지식과 철학으로부터 시문학과 예술을 날카롭게 분리하고 있다.

자유와 정의의 상호관련은 자유롭고 의로운 행위에서 가장 분명하게 확인된다. 올바른 의견이 인간 개개인의 행동을 주도하면, 이러한 행동이 빚어내는 작품은 인식이 가져다주는 작품에 결코 못지 않다.[122] 인간의 행동은 주로 의견에 의하여 주도되는데, 의견은 지식과 무지의 중간에 위치하고 있어서, 이 두 영역을 다 걸치고 있다(477e-478e). 나무나 돌멩이는 비슷하게 보이던 것이 다르게 보이기도 해서, "다른 것으로서 같은 것"이라는 동일성(Gleichheit)의 문제처럼,[123] 의견이나 행동도 이와 같아서 이데아가 필연적으로 의견이나 행동의 본질을 밝혀준다. 존재하지 않음

---

122) *Menon*, 98b.
123) *Phaidon*, 74bcd.

으로부터 존재함으로 들어오는 것이 시작(詩作, Dichtung)이다.124)
행함(Tun, poiesis)은 음악(mousike)과 더불어 시(poesie)가 된다. 그
래서 모든 예술의 창조에는 시가 있다. 소크라테스의 죽음은 이
러한 의미에서 자유롭고 의로운 행동의 가장 아름다운 예이다.

자유롭고 의로운 행동은 공동체의 형성과 보존의 기본 덕으로
서 정의이다. 이에 관한 고전적인 예인 소크라테스의 범례를 우
리는 『크리톤』에서 본다. 크리톤이 소크라테스를 감옥으로부터
끄집어내려고 하자, 소크라테스는 물었다. "내가 아테네 시민들의
허락도 없이 여기서 탈출하는 것이 의로운가 아니면 의롭지 못한
가?"125) 여기서 질문의 핵심은 유일하게 그러한 행위가 "의로운
가?"라는 물음에 있다. 이 물음에 대한 명확한 답변에 따라서 행
동은 결정되어야 한다. 그럴 경우에만 행위의 정의가 보장될 수
있기 때문이다. 그래서 소크라테스는 잘 사는 것(das gut Leben)
은 의롭게 사는 것이요 윤리적으로 사는 것임을 강조한다.126)

여기서 소크라테스가 강조하고 있는 '잘 사는 것'은 곧 의롭게
사는 것인데, 그것은 순수한 사유를 통하여 이성에 의하여 인식된
것일 뿐만 아니라, 동시에 구체적으로 국가의 법률과 시민의 공동
체를 통하여 그렇다고 확인된 것이기도 하다. 그래서 정의에 대한
물음은 국가와 공동체 안에 있는 나에 대한 물음으로 구체화된다.
"너는 우리들과 나라에 대하여 무슨 불만이 있기에 우리를 파괴
하려는 건가? 첫째, 네가 이 세상에 나오게 된 것은 우리로 말미
암은 것이 아니었던가? 즉, 우리의 도움으로 네 아버지가 네 어머
니를 아내로 취하고 너를 낳은 것이 아닌가? 자 그러면, 우리들에

---

124) *Symposion*, 205c.
125) *Kriton*, 48bc.
126) *Kriton*, 48b.

게 혼인에 관한 법률이 있는데, 그 법률이 좋지 않다고 말썽을 부리는 건가? … 네가 출생한 후, 너도 역시 이에 따라 양육된, 아이를 기르고 교육하는 일에 관한 법률이 잘못되었던가? 이런 일을 위하여 정해진 법률이 네 부친에게 너를 음악과 체육으로 교육할 것을 명했는데, 이것이 좋지 않았단 말인가? … 너는 이 나라에서 출생하고 양육되고 교육을 받았는데, 너 자신이나 네 조상이 다 같이 이 나라의 아들이라는 것을 부정할 수 있는가?"[127] 이 약간 긴 인용에서 정의가 무엇인가를 법률 자체가 말하고 있으며 시민의 생활 공동체 자체가 말하고 있다. 정의는 이미 서있다. 그것이 완전한 정의가 아니라고 생각된다면, 말의 통로를 통하여 정의가 새롭게 서도록 하지 않으면 안 된다. "만일 우리가 너를 죽이는 것이 옳다고 생각하기 때문에 너를 죽이려 할 때에, 너도 네 힘이 닿는 데까지 우리를, 즉 국법과 조국을 죽이려 하고, 그리고 네가 이렇게 하는 것이 옳다고 말할 참인가? … 그렇게도 현명하다는 네가 아버지나 어머니나 또 모든 조상보다도 더 귀한 것이 있다는 것을 모르는가? … 너는 … 나라와 조국이 명하는 것을 행하지 않으면 안되네. 이렇게 하지 않으려거든 옳은 것이 어디에 있는지 조국에 대하여 설득하지 않으면 안되네."[128] 그래서 정의는 다만 말로서 규명되어선 안되고 행동을 통하여 말한 바가 일치됨으로서 확인되어야 한다. "너는 우리들의 규정에 따라서 시민의 생활을 해나가겠다고, 우리들에게 다만 말로서가 아니라, 행동으로 약속하였다고 우리는 주장하는데, 이 주장이 참인가?"[129] 그리고 이렇게 크리톤에게 묻고 있는 소크라테스는 그가 생각하고 물었던

---

127) *Kriton*, 50de.
128) *Kriton*, 51abc.
129) *Kriton*, 52d.

대로 행동하기를 한 순간도 주저하지 않았다.

　행동의 정의에 대한 가장 분명한 설명은 대화편 『크라틸로스』 에 있다.130) 사물들 자체는 그것들의 고유한 본질을 지니고 있으며, 우리들과의 관계 안에서 또는 우리들로부터 우리들의 상상에 따라서 이리 저리로 관련되어질 뿐만 아니라, 그것들의 고유한 본질에 따라서 그것들이 그렇게 있는 것처럼 스스로 존재하는 것이다.131) 따라서 행동들도 행동들의 고유한 본질에 따라서 그렇게 일어나는 것이지, "우리들의 견해에 따라서"132) 그렇게 일어나는 것이 아니다. 다시 말하면 행동들은 행동하는 인간의 의견에 따라서 수행되어져서는 안되고, 행동들의 고유한 본질에 따라서 수행되어져야 하는 것이다. 예를 들어서 우리가 무엇을 자르려고 할 때에, 우리는 모든 절단의 행동을 우리가 원하는 대로 그리고 우리가 절단하고자 하는 그것으로 절단하여야 하는가? 아니면 모든 것을 자름과 잘려짐의 본질에 따라서 절단하여야 하는가? 답은 분명하다. 우리가 사물을 본질에 따라서 절단할 때에만, 우리는 그것을 참으로 절단하는 것이 되고 절단의 유익을 갖게 되며 절단의 행동을 바르게 수행하는 것이 된다.133) 행동들은 그 고유한 본질에 있어서 "우리들의 견해에 따라서" 수행되는 것이 아니다. 다시 말하면 행동들은 행동하는 주체인 인간들의 생각에 따라서 수행되고 있는 것 같으나, 행동들 자체의 이데아에 따라서 수행되는 것이며 수행되어야 하는 것이다. 그래야만 행동은 바를 수 있기 때문이다. 앞에서 언급한 무엇을 절단하는 행동의

---

130) *Kratylos*, 386d-387d.
131) *Kratylos*, 386de.
132) *Kratylos*, 387a.
133) *Kratylos*, 387a.

예와 더불어 다른 예를 하나 더 들면 무엇을 불로 태우는 행동이
다. 우리가 무엇을 태우려고 시도하면, 우리는 모든 의견에 따라
서 태우는가 아니면 바른 의견에 따라서 태우는가?134) 행동들은
행동하는 인간과의 관계에 있어서 실존하는 것처럼 보이지만, 철
학적 문답의 방법으로 냉철하게 탐구하면 할수록 행동들 자체의
어떤 고유하고 특수한 본질을 가지고 있는 것처럼 보인다. 무엇
을 태우는 행동에 있어서도 태움에 대한 바른 견해는 태움의 이
데아에 근거하고 있다. 그러므로 이 태움의 이데아를 직관하고
태우는 자는 바르게, 다시 말하면 의롭게 행동하는 자이다.

정의는 행동의 목적일 뿐만 아니라, 정의 자체가 곧 행동으로
간주되고 있다.135) "선을 위하여 우리는 모든 것을 행하지 않으면
안 된다. … 모든 행동들의 목표는 선이며 선을 위하여 모든 다른
일들이 이루어져야 한다. … 선을 위하여 우리는 모든 다른 것들을
행하지 않으면 안되며 마음에 드는 일도 하여야 하지만 그러나
그것이 마음에 들기 때문에 선을 행하는 것은 아니다."136) 미와
선을 비롯하여 모든 이데아들은 영혼처럼 인간이 태어나기 이전
에 이미 존재하고 있었다.137) 이데아들의 존재가 본래적임을 플
라톤은 같음(das Gleiche)의 이데아를 예로 들어 설명한다. 우리가
같음을 보고 알아채기 이전부터 우리는 이미 같음을 알고 있다.
만물은 모두 같음 자체에 도달하려고 애쓰지만, 그러나 거기에
미치지는 못하고 있다.138) 이를 우리는 눈으로 보거나 손으로 만

---

134) *Kratylos*, 387b.
135) *Protagoras*, 330c: 정의는 의롭게 있도록 만들어 졌다. 경건은 그
     본질에 있어서 경건하도록 되어 있다.
136) *Gorgias*, 499e-500a.
137) *Phaidon*, 76de.
138) *Phaidon*, 75a.

져보고 그 밖의 다른 감각들을 통하여 지각하여 알게 되었지, 어떤 다른 통로를 통하여 알게 된 것이 아니다. 이렇게 보고, 만지며 지각하는 것은 모두 하나이며, 같음이다. 우리가 지각한다고 할 때에 지각은 언제나 같음을 추구하나 같음의 본질에는 미치지 못하고 같음 뒤에 머물러있다. 이는 다음과 같은 사실을 의미한다. "우리가 보거나 듣거나 다른 감각들을 사용하기를 시작하기 이전에, 우리는 어디선가 이미 같음 자체의 인식에 도달했어야 한다."[139] 이렇게 우리의 행동은 같음의 이데아를 지향하고 있다. 그래서 의로운 행동은 우리가 언제나 이미 인식하고 있는, 인간 각자의 내면에 존재의 정의로 내재하고 있는 이데아와 같아지려는 오성과 이성의 추동으로 확인된다.

4) 에이도스로서의 정의

플라톤은 『폴리테이아』에서 정의를 다루면서, 국가의 에이도스 (eidos, 본질, 원형)와 인간의 에이도스는 근본적으로 동일한 구조를 가지고 있다고 전제하고, 국가와 인간을 서로 비교하고 있다. 에이도스를 원형(原形)으로, 근원적이고 본래적인 형상으로, 본질을 꿰뚫어보는 직관으로, 개념으로 이해한다면, 국가나 인간이 그 자체의 에이도스에 머물러 있거나 에이도스를 실현하면, 그러한 현상은 곧 정의이다. "좋은 국가에는 적어도 정의가 있어야 한다는 것을 잘 알기에 우리는 가능한 한 정확하게 맞아떨어지는 나라를 세워야 했다(434e)." 우리는 이렇게 하여 국가에서 확인된 정의를 개인에게 적용해 보고, 이를 다시 국가로 돌아와서 확인해 볼 수 있다. 그리하여 국가와 인간 이 둘을 나란히 놓고 고찰

---

139) *Phaidon*, 75b.

해 보고 서로 부딪쳐 보면, 우리는 마치 부싯돌처럼 정의의 불꽃
을 타오르게 할 수 있을 것이며, 정의가 우리에게 분명하게 밝혀
지게 되면, 정의를 우리 자체에서 바르게 굳힐 수 있을 것이다
(435a). 그러므로 정의를 인식하기 위하여 우리는 바르게 보고 견
주어 볼 수 있는 능력을 가져야 한다. 있는 것을 인식할 수 있는
능력을 빼앗기고 영혼에 사물에 대한 어떤 뚜렷한 원형도 가지고
있지 않고 또한 화가처럼 가장 참다운 것을 보고 그것으로부터
모든 것을 미세한 부분까지도 정확하게 묘사하는 능력도 없는 자
는 소경보다 더 나을 것이 없다(484c). 정의는 이미 있는 것들이
그렇게 있어야 할 상태로 있는가를 인식 가능하게 하는 원형의
개념이요, 참으로 있는 것들을 볼 수 있게 하는 능력의 개념이다.

  우리는 감각 기관을 통하여 사물을 지각하고 있으며, 이성을
통하여 지각한 사물들을 사물들의 본질에 있어서 인식하고 있다.
지각된 사물들을 해명하는 이성은 이데아를 통하여 그렇게 보이
는 것이 그렇게 있는 것에 일치하는가를 알게 된다. 그러나 경험
적 지각에 의하여 이루어지는 인간의 일상적 견해는 아직 이데아
에 의하여 구속되지 않았으며, 따라서 간단없이 흐르고 있다. 다
시 말하면, 개인의 의견(doxa)은 머물러 있지 않고 다이달로스의
조상들처럼 흐르고 있다.140) 올바른 의견은 그러나 아름답기까지
하며, 머물러 있으며, 머물러 있는 동안에는 선하게 작용한다. 그

---

140) *Menon*, 97e-98a. Daidalos는 아테네의 유명한 조각가요 발명가였다. 그는
    파이파에 여왕의 부탁으로 나무로 속이 빈 아름다운 암소를 조각하였
    다. 여왕은 이 암소의 뱃속에 숨어들어 가서 여왕이 사랑하게 된 황소
    의 씨를 잉태할 수 있었다. 그리하여 황소의 머리와 사람의 몸을 가진
    괴물 Minotauros를 낳았다. 다이달로스는 또한 미노타우로스가 살 미로
    의 감옥 Labyrinth를 건축하였다.

러나 얼마 가지 않아서 인간의 영혼을 떠나게 되며, 그리곤 별로 가치가 없게 된다. 그러나 이를 인간이 근거 있는 생각으로 묶어 놓으면, 다시 달라진다. 이것이 회상이다. 그래서 우리는 인식을 바른 견해보다도 더 높게 평가하는 것이다.141) 이렇게 플라톤은 의견이 이데아에 의하여 묶여져서 회상을 통하여 인식의 단계에 이른 상태에서, 또는 다른 말로 표현하면, 지각한 내용이 이데아에 일치하는 가를 확인하는 차원에서 정의의 합법칙성을 찾아보고 있다.

더 나아가서 『폴리테이아』에서 플라톤은 주장한다. "그들(화가들)이 만약에 국가와 인간의 성품을 마치 화판처럼 취한다면, 그들은 이를 먼저, 결코 이 일이 쉽지는 않겠지만, 깨끗하게 닦아내지 않으면 안될걸세. … 그 후에 헌법의 초안을 만들 것이라고 생각하지 않는가? … 그들은 초안을 설계하면서 양쪽에 눈길을 돌릴 것인데, 한쪽으로는 자연에 있어서 정의로운 것, 아름다운 것, 절제 있는 것과 모든 그와 같은 덕목들에 따라서, 그리고 다른 한쪽으로 인간의 내면에 이미 있는 것들에 따라서, 이 둘을 섞고 혼합하여, 호머가 신적인 것 또는 신과 유사한 것이라고 말한 것을 인간으로부터 찾아내어, 이를 척도로 삼아서 남성다움을 형성해 낼 것이 아닌가. 그리고 그들은 많은 것들을 지우고 새롭게 그려서, 그들이 인간의 풍속을 가능한 한 신에게 흡족하게 만들 때까지 그릴 것이 아닌가? 그러면 그것은 가장 좋은 그림이 되겠습니다(501abc)." 이상의 문장에서 우리는 정의의 개념과 의로운 행동, 그리고 이와 대조적인 의견의 개념을 알 수 있다. 정의는 여기서 신적인 것과 인간적인 것의 관계 개념으로 묘사되어 있

---

141) *Menon*, 98a.

다. 신적인 것은 어떤 완전한 것, 더 이상 완벽할 수 없는 것, 완벽한 것 자체이기 때문에, 모든 그림의 영원한 이상이요 모델이어서, 가장 좋은 그림은 모델에 가장 그 닮은 모양에 있어서 가까이 있는 그림일 수밖에 없다. 정의란 정의의 이데아와 정의의 그림들 사이의 관계 개념이다.

『프로타고라스』에 이런 신화가 있다.142) 제우스가 헤르메스를 지상에 내려보내, 인간들이 멸망하지 않도록 인간들에게 수치심과 법을 가져다 나누어주도록 하였다. 치료술 같은 다른 기술들은 소수의 인간만이 알아도 되지만, 수치심과 법 같은 생활 공동체를 구성하고 보존하는 데에 기초가 되는 기술들은 모든 인간들이 모두 소유하고 있어야 한다. 국가는 전체가 모두 참여하지 않고 소수만이 참여할 경우에 성립될 수 없다. 그래서 제우스는 헤르메스에게 말하였다. "수치심과 법을 소유할 수 있는 능력이 결여된 자는 국가의 고약한 병으로 간주하고 죽여버려라." 여기서 수치심과 법은 정의(dikaiosyne)와 동질적인 가치로 인정되고 있다. "모든 인간은 어떤 형식으로든지 정의에 참여하지 않으면 안 된다. 그렇지 않을 경우에는 그가 인간들 사이에서 존재하도록 허용해서는 안 된다."143)

국가의 권리, 정치, 공공의 권리와 시민권 같은 큰 권리들은 모두 법으로 확정되어 있다. 그리고 국가를 수호하고 세금을 내는 따위의 국가에 대한 시민의 권리와 물건을 생산하고 매매하는 따위의 시민 상호간의 권리는 국가 공동체를 구성하고 있는 우정, 사려, 솜씨, 지혜, 경건 같은 이데아들에 근거하고 있다.144) 이러

---

142) *Protagoras*, 322cd.
143) *Protagoras*, 323bc.
144) *Politeia*, 371d, 333ab; *Gorgias*, 507e-508a; *Ptotagoras*, 333bc.

한 세계를 하나의 전체적 질서 공동체로 머물러 있도록 하는 이데아들 중에서 정의가 가장 크고 중요한 이데아이다. 모든 이데아들은 정의의 이데아 안에 포괄되고 수렴된다. 그래서 정의의 이데아에 참여할 수 있는 능력이 결여된 사람은 인간들 사이에서 살도록 허용해서는 안 되는 것이다.[145] 정의는 공동체를 형성하고 보존하는 기초로서 시민권의 본질을 이루고 있다.

신화(Mythos)와 언어(Logos)는 날카로운 대립 명제들이다.[146] 신화는 이야기이다. 언어는 진리의 기관이다. 물론 "아름다운 이야기"[147]는 진리를 담고 있다. 그러나 신화는 "의롭고 경건한"[148] 사람에 의하여 아름다운 이야기로 이야기되어질 때에만 참될 수 있다. 그러므로 어떤 국가에서 구전되어 내려오는 신화는 이 국가공동체를 구성하고 있는 모든 시민이 공동체에 필수 불가결한 법과 정의에 참여함을 통하여 언어가 된다. 이를 『폴리테이아』는 이렇게 강조하고 있다. "누구도 혼자서는 자급자족할 수 없고 많은 것을 필요로 하므로, 국가가 발생하는 것이다. … 우리는 서로 다른 사람들을 필요로 한다. 그리하여 다수가 한 거주 장소에 모여 살면서 서로 도움을 주는 거주 공동체를 이루고 있다. 우리는 이러한 공동 거주를 국가라고 부른다(369c)." 위의 인용에서도 확인되듯 국가는 처음부터 로고스의 도움으로 탄생하고 있다. 그래서 플라톤은 그가 생각한 국가에서 철인을 방위자로 삼았다(376c). 철인은 결단력이 있고 신속하고 강하므로 국가의 확실한 방위자이다. 그러나 철인의 양성 방법이 문제가 되고, 따라서 정

145) *Protagoras*, 323c.
146) *Gorgias*, 523a.
147) *Gorgias*, 523a.
148) *Gorgias*, 523a.

의와 불의의 연구가 국가의 성립과 유지에서 가장 중요한 테마로 등장하게 된다.

플라톤은 오직 순전히 머리로 상상해서 이상적 국가를 그리고 있다. 여기서 그는 이상적 국가를 설계하면서 정의와 공동체를 이상적 국가를 확실하게 가능하게 하는 두 기본 개념들로 강조하고 있다(371b-e). 플라톤은『폴리테이아』에서 정의의 문제를 상세히 다루고 있다(특히 427c-444a). 여기서 지혜, 용기, 절제, 정의라는 국가의 사원덕(四元德)이, 이성, 기개, 욕망이라는 영혼의 세 부분이, 정의의 이데아와 그 모상(eidolon)이, 외면적이고 내면적인 의로운 행위가, 자아의 절제가, 의롭지 못한 행동과 무지한 상태의 관계가 논의되고 있다. 그래서 다음과 같은 결론에 도달한다. 국가에는 여러 가지 서로 다른 체제들이 있다. 그 중에서 정의가 통치하도록 하는 체제가 군주 체제(basileia) 또는 소수의 최선자들이 다스리는 최선자 지배 체제(Aristokratie)이다.149) 최선자 지배 체제는 우리가 논의하여온 의로운 교육을 실천하며, 이를 통하여 의로운 국가를 실현하는 통치의 형식이다(445e). 이러한 사유를 거쳐서 플라톤은 철인 통치의 유명한 명제를 제시한다. "국가에서 철인들이 군주가 되거나, 아니면 현재 군주나 통치자로 있는 자들이 충분히 그리고 참되게 철학을 하지 않으면 안되거나 해서, 이 둘, 즉 정치와 철학의 역동성이 한군데서 만나지 않으면 안되겠다(473cd)."

플라톤에게 있어서 정의는 곧 선이다. "우리들의 나라는, 그것

---

149) Aristokratie를 일반적으로 귀족 지배 체제로 번역하고 있으나, 이는 개념의 오해를 부를 수 있으며, 그리고 희랍어의 본래적인 의미에 있어서 최선자(Ariston)의 지배를 의미하므로, 저자는 이를 최선자 지배 체제로 번역했다.

이 옳게 세워지고 있다면, 이를 데 없이 선하다(427e)." 정의를 탐구하는 기초는 변증법이다. "변증법적인 활동을 자네는 순수하고 의롭게 철학하는 자 외에는 어떤 다른 사람에게도 맡겨두어서는 안되네."150) 철인은 정의가 무엇인지 잘 알고 있다. 따라서 정의가 가장 중요한 것으로 확인되는 곳인 국가에서 철인은 가장 적절한 역할을 담당하여야 한다. 플라톤은 국가의 테두리 안에서 정의의 개념을 탐구하고 있고, 탐구의 과정에서 공동체(koinonia)와 언어라는 두 가치의 인식에 도달하였다. 여기서 공동체는 정의로운 이상적 국가 설계의 보편 타당한 척도로 작용하고 있다. 그래서 국가는 언어의 공동체이어야 할 뿐만 아니라, 여자와 자녀의 공동체이어야 한다(457b-d).

변증법은 "자유로운 사람들의 학문"151)이다. 변증법의 과제는 개념들의 분리와 연결에 있다. 분리(dihairesis)에는 선택(hairesis)의 개념이 이미 포함되어 있다. 그리고 선택의 정신에는 자유와 독립이 이미 전제되어 있다. 자유로운 변증법의 철인은 정의의 이데아를 선택한다. 그의 행동은 언제나 자유로우며 동시에 의롭다. 따라서 자유로운 행동은 언제나 의롭고, 의로운 행동은 언제나 자유롭다. 의롭지 못한 행동은 자유로울 수가 없으며, 자유롭지 못한 행동은 의로울 수가 없다. 악들로부터 선을 구별하기를 배운 사람은 악행을 저지를 수가 없다.

이렇게 정의로운 사람의 개념에서 정의와 자유의 본질적 동질성이 다시 강조되고 있다. "정의가 무엇인지 우리가 발견한다면, 우리는 정의로운 사람이 바로 그 정의라는 것과 … 전적으로 같은

150) *Sophistes*, 253e.
151) *Sophistes*, 253c.

것이어야 한다고 주장하게 될 것이다(427b)." 이렇게 정의 그 자
체의 탐구는 "완전히 정의로운 사람(472c)"의 가능성을 탐구하여,
정의의 범례를 세우는 것이다. 인간은 본성에 있어서는 선하지
않다. 그러나 법률에 따르면 선하다. 본성과 법률은 이렇게 대립
관계에 있다.152) 그래서 플라톤은『메논』에서 본성에 있어서 선
한 사람들이 본성에 있어서 선한 젊은이들을 찾아내어, 그들을
그렇지 않은 젊은이들로부터 구별하고, 타락하지 않도록 순금을
다루듯이 조심스럽게 보호하고 정련하다가, 그들이 어른이 된 후
에 국가로 돌려보내, 국가에 유익한 사람들이 되도록 할 것을 제
안하고 있다.153) 여기서 분명히 드러나는 것은 의로운 사람도 정
의 자체와 마찬가지로 하나의 이데아라는 사실이다. 이를 우리는
『폴리테이아』의 서두에서 이미 알 수 있다. 정의를 규정하기 위
한 방법론적 제안에서 소크라테스는 큰 글자와 작은 글자를 비교
하는 방법을 제안하였다. 큰 글자는 국가를 비유하고 작은 글자
는 인간을 비유한다. 이처럼 작은 글자는 이미 의로운 인간이라
는 이데아를 위한 설정이다.

의로운 인간의 이데아는『폴리테이아』의 도처에서 언급되고
있다.154) 의로운 인간의 이데아는 로고스 안에서 발견된다. 인간
은 다만 동물적 본능을 지닌 신체가 아니다. 인간은 신체 이상의
어떤 존재이다. 비록 인간이 평생을 같은 신체를 가지고 같은 이
름으로 존재하고 있다고 해도, 인간은 그의 신체와 어떤 유사성
도 가지고 있지 않다. "존재하여야 할 그대로의 인간(541b)"은 이
데아로서의 인간이요, 생각해 낸 인간이요, 인간의 영혼이며, 인

---

152) *Gorgias*, 482e.
153) *Menon*, 89b.
154) *Politeia*, 369a, 434d, 444a, 472bc, 541b, 592ab.

간 이외에 어떤 것도 아닌 인간으로, 이 당위로부터 요청되는 의
무의 전체이다. 인간의 영혼은 불멸의 이데아이며,155) 죽을 수밖
에 없는 영혼이 아니다. 의로운 인간은 로고스의 인간이며, 의로
운 행동은 오직 신적인 것만을 섬긴다.

정의의 이데아는 분리의 개념이다. 다수로부터 소수와 하나를
분리하고, 신체로부터 영혼을 분리하며, 독싸(doxa)로부터 에피스
테메를 분리하고, 어둠의 세계로부터 밝음의 세계를 분리하는 개
념이다. 모든 필연적으로 분리하여야 할 것들의 분리가 이루어진
후에야 비로소 의로운 것의 이데아는 관조되어질 수 있다. 이러
한 분리의 변증법에서 요청되는 것은 정확성, 명료성, 학문적 깊
이이다.156) 그리하여 정의를 인식하고 실천하는 걸음걸이에서
다음과 같은 잘못된 이데아들이 배제되어진다. '다수'의 이데
아,157) 신체의 넓은 개념, 즉 세계까지 포괄하는 신체의 개념,158)
'다른'의 이데아,159) '제한'과 '혼합'의 이데아,160) '생성'과 '운동'
의 이데아,161) '비존재의 존재'의 이데아162) 그리고 '감각적 지각'

---

155) *Phaidros*, 245c-246a.
156) *Politeia*, 504b: 정확성(akribeia, Genauigkeit); *Politeia*, 511e: 명료성 (sapheneia, Klarheit, Gewissheit); *Phaidros*, 277e: 학문적 깊이(bebaiotes, tiefere Untersuchung und Belehrung).
157) 아름다움 자체의, 선 자체의 이데아의 인식에 우리는 많은 아름다운 것들의, 많은 선한 것들의 이데아를 극복함으로써 이를 수 있다 (*Politeia*, 507a). 많은 침대들로부터 하나의 침대의 인식에 이를 때에 우리는 침대의 이데아를 갖게 된다(596ab).
158) *Philebos*, 29de.
159) *Sophistes*, 255de. die Natur des Verschiedenen und die Idee des Anderen.
160) *Philebos*, 23cd. 무제한(das Unbegrenzte)에 대한 제한의, 그리고 혼합(die Ver-mischung)과 혼합된 것(das Gemischte)의 이데아.
161) *Timaios*, 52de. Werden und Bewegung.
162) *Sophistes*, 258d. das Nichtseiende ist.

의 이데아163) 등.

플라톤에 의하면 참된 철학이 하는 일은 신체로부터 영혼을 분리하고 해방하는 일이다.164) 따라서 참된 철학을 하는 의로운 사람은 지상에서 가능한 어떤 사랑에 의하여도 영향을 받지 않는다. 이는 마치 참된 철학을 모르는 일반 대중에게는 애정적(erotisch) 필연성이 기하학적(geometirisch) 필연성 보다 강한 것과 같다 (458d). 하지만 애정적 필연성이 기하학적 필연성을 대신할 수 없으며, 기하학적 필연성만이 의롭다. 자녀를 위한 염려조차도 의로운 인간의 행동의 어떤 동기가 되어선 안 된다. 그래서 플라톤은 이렇게 말하고 있다. "나의 친애하는 글라우콘이여, 사람이 선하게 되거나 악하게 되는 문제는 사람들이 흔히 그러리라고 생각하고 있는 것 보다 훨씬 더 크고 큰 투쟁의 일이므로, 명예나 돈을 통하여서나 권력이나 문예를 통하여서 유혹될 수 없으며, 누구도 정의와 다른 덕을 소홀히 해서는 안 되는 것일세(608b)."

의로운 행동의 판단에는 언제나 같은 척도들이 작용한다. 그러나 일반적인 행동에서는 억견이 척도로 작용하므로, 향연에서 의미하는 바를 한번 상기해볼 필요가 있다. "설명의 근거를 제대로 제시할 수 없는 옳은 판단은 지식도 몰이해(Nicht-Verstehen)도 아니라는 사실을 자네는 모르는가? 어떻게 로고스가 없는 것을 (alogon) 인식이라고 할 수 있겠는가? 그렇다고 참된 것을 포함하고 있는 것을 어떻게 몰이해라고만 하겠는가? 그러니 바른 의견은 이성과 무지의 사이에 있다고 하겠네."165)

의로운 행동의 동기는 인간이 흔히 빠지곤 하는 거부하여야

---

163) *Theaitetos*, 184d. die sinnliche Wahrnehmung.
164) *Phaidon*, 67d.
165) *Symposion*, 202a.

마땅한, 그러나 거부하기 힘든 지극히 인간적인 관심이나 정열의 극복과 일치하곤 한다. 앞에서 말한 『폴리테이아』의 인용은 이에 관한 좋은 대화이다(608b). 우리는 격심한 전투의 와중에서 앞으로 취하여야 할 행동에 관하여 이성적으로 숙고하기가 어렵다. 그러나 의로운 행동은 이를 요청한다. 따라서 정의는 인간이 자기 자신 보다 더 강할 수 있음(das Stärker-Sein als man selbst)의 능력과 연결되어 있는 개념이다. 이러한 관점에서 정의는 언제나 동시에 자유, 용기, 절제 같은 개념을 포괄하고 있다. 정의는 따라서 "영혼의 보다 더 좋은 부분"166)에 대한 인식의 내용이다. 이러한 관점에서 우리는 고대 그리스에서 올림피아의 승리자에게 수여한 명예의 화관을 이해하여야 한다.

5) 맺는 말

우리는 지금까지 플라톤이 의미하는 정의의 개념을 그의 대화의 글들을 통하여 정리하여 보았다. 플라톤은 정의를 폴리테이아의 교육이념으로 내세웠다. 고대 그리스에서 정의라는 그리스어 dikaiosyne는 호머 이후의 시대에 나타났으나, 이 말의 어간을 이루는 '의로운'이라는 형용사 dikaios는 이미 호머의 시대에 사용되고 있었다. 정의라는 말은 고대 그리스에서 종교적, 윤리적, 법률적 맥락으로 사용되었다. 플라톤은 『폴리테이아』의 제1권에서 당시에 모든 교양 있는 사람들에 의하여 사용되고 있는 정의라는 말을 일상적 언어 세계에서 확인할 수 있는 방법으로 정의하는 시도를 하고 있다. 그리하여 정의에 대한 개념 규정은 우선 일상적 생활언어에 담겨있는 의미에 있어서, "진실을 말하는 것" 또

---

166) *Phaidros*, 256a. *Laches* 191de 참조.

는 "남에게서 무엇을 빌렸으면 그것을 돌려주어야 하는 것(331c)"
으로, 그리고 당대 최고 지성을 대변하는 소피스트 트라시마코스
의 입을 빌려서 소피스트적 논리를 담은 "강자의 이익(338c)"으로
시도되고 있다. 그러나 이러한 일상적 개념 규정과 전문적 개념
규정의 시도가 논파되어진 후에, 플라톤은 정의의 개념을 정치적
으로 국가를 모델로 삼아서, 그리고 심리적으로 인간의 영혼을
모델로 삼아서 점진적으로 새롭게 규정해 들어가고 있다. 그리하
여 정의의 인식이 지니고 있는 메타 인식의 성격을 분명히 하고
있다.

메타 인식의 개념으로 정의는, 그의 다른 대화편들에 담겨있는
정의에 관한 내용들과 『폴리테이아』에서 주장된 내용들을 종합하
여 정리하면, 국가 공동체의 영역과 인간 영혼의 영역에서 본질
적으로 동일한 구조를 이루고 있는, 절제, 용기, 지혜와 더불어
네 개의 기본 덕들 가운데 하나이다. 그러나 세개의 다른 덕들은
국가를 구성하고 있는 세 가지 상이한 시민생활의 형식들과 신분
들, 그리고 영혼을 구성하고 있는 세 가지 상이한 부분들을 이루
고 있으나, 정의는 이 세 가지 기본 덕들이 기본 덕들로 있을 수
있도록 하는 기본을 이루고 있다. 따라서 정의는 모든 다른 덕들
의 종합이요 근원으로, 전체에 관련된 전체적 덕이다. 보편 타당
한 기본 덕으로서의 정의의 성격을 플라톤의 말을 빌려 표현하
면, 한마디로 "자기 자신의 일을 하고 다른 많은 것들에 개입하
지 않는 것(433a)"이다. 이러한 정의의 성격을 드러내기 위하여
플라톤은 메타 인식의, 다수와 소수 또는 하나의, 부분과 전체의,
변증법적 에이도스의 접근 방법들을 사용하고 있다. 정의는, 그것
이 메타 인식의 개념이기 때문에, 언제나 이미 인간의 영혼 안에
서 에이도스로 있으며, 따라서 정의가 문제되어지는 곳에서 인식

의 바른 길만 벗어나지 않으면 분명하게 인식되어지고 있다. 그래서 정의는 인간과 국가에서 교육의 길을 밝혀 주는 이데아로 확인되는 것이다.

4. 폴리테이아의 교육과정

1) 국가의 탄생

　플라톤은 국가와 인간을 "영혼"이라는 하나의 관점 아래서 파악하였다. 국가와 인간은 이성과 지혜, 기개(의지)와 용기, 욕망(감성)과 절제의 세 부분으로 구성된 영혼이다. 플라톤에게 있어서 영혼에 대한 이러한 국가와 인간의 평행적 파악은 국가와 정의에 관한 그의 사상을 투시적으로 만들어 주고 완결된 모양으로 정립하기 위한 유실한 쉐마이며, 상징일 뿐, 도그마적으로 주장된 확고부동한 심리학적 · 정치적 기본 원리는 아니다.167) 국가는 영혼이다. 국가는 개개인의 영혼을 이상적으로 도야하고 보존하는 영혼이다. 다시 말하면 플라톤이 『폴리테이아』에서 언제나 다시금 강조하는 바와 같이, 국가는 개개인을 개개인의 자연에, 또는 본성에 알맞은 질서 안으로 인도하는 모든 행위에 객관적 의미를 부여한다. 바로 이 질서가 국가의 사유와 행동의 대상이요 내용이다. 질서는 국가의 행동을 정신적 · 영적 행동으로, 그래서 국가 자체를 인격으로, 자아로 만든다. 모든 시민들은 인격으로서의 국가의 이데아로부터 각자의 고유한 인격적 품위와 자유를 부여받으며, 이렇게 하여 국가의 모든 구성원들 상호간의 완전한 통일

---

167) J. Stenzel, a.a.O., S.111.

성(Einheit)이 실현된다. 예술, 종교, 철학은 개인의 일이 아니라, 생동적이고 직접적인 공동체 생활의 내용이요 형식이다.168) 이러한 일원적 정신 생활에 참여할 수 있는 능력을 소유한 자만이 국가의 시민일 수 있으며 공동체를 구성하는 일원으로서 동시에 공동체 자체일 수 있다. 이러한 국가와 인간 이해의 기초 위에서 플라톤은 모든 노력을 무엇보다도 예술과 학문과 종교의 통일성과 일원성을 재현하는데 두었다.

그러면 여기서 플라톤이 생각한 국가의 탄생 과정을 살펴보자. 인간은 혼자서 자급자족 할 수 없거나 하기가 어렵기 때문에 생활 공동체를 형성한다. 처음에 보다 더 낮은 생존을 위한 공동체를 형성할 때에는 공동체는 구조적으로 결코 클 필요가 없었다. 생존을 위한 공동체는 대단히 작아도 된다. 따라서 서너 명이 모여서 공동 생활의 근거를 만든 것이 나라이다. 이렇게 볼 때에 공동의 생존을 위하여 만들어진 "꼭 필요한 것들만으로 구성된 가장 작은 나라"169)는 농부, 건축공, 직조공으로 이루어진, 그리고 혹 더 필요하다면 신기료쟁이가 한 사람쯤 더 있는 나라가 될 것이다. 왜냐하면 식주의만 있으면 생존은 보장되기 때문이다.170)

그런데 인간은 "각자가 서로서로 닮지 않았을 뿐만 아니라, 천부적으로 달라서 각자가 각각 다른 일을 하기에 적합하다(370ab)." 따라서 혼자서 여러 가지 기술을 발휘하는 것보다는, 각자가 단 하나의 기술을 발휘하는 것이 더 좋다. 그리고 모든 일에는 그

---

168) 그 당시에 사람들은 국가를 종교적, 음악적, 정치적 일원성으로 이해하였다.
169) *Pliteia*, 369d : anagkaiotate polis, die notdürftige Stadt.
170) 여기서 의식주(衣食住)가 아니라, 식주의라는, 다시 말하면 밥-집-옷이라는 순서에 주목할 필요가 있다.

일을 위한 "바른 때(370b)"가 있는 법이다. 때를 놓치면 농사를 망친다. 그리하여 공동체는 점차로 성장한다. 보다 합리적이고 효율적인 생활 공동체는 보다 더 많은 사람들을 필요로 한다. 농부나 건축공이나 직조공이 쓸 연장을 만드는 사람이 필요하다. 목축업자가 따로 있어야 한다. 나라에서 생산되는 잉여 산물을 수출하고, 필요한 산물을 수입하는 무역상도 있어야 한다. 이렇게하여 장터, 화폐, 장사꾼, 무역상, 날품팔이가 생긴다.

이쯤되면 나라는 이미 최소한의 필요 불가결한 것들만으로 이루어진 단순하고 "건강한 나라(373b)"가 아니다. 나라는 "보기 좋은 과자와 빵을 만들어, 갈대나 정갈스런 잎사귀 위에 놓고, 넝쿨나무나 소귀나무로 짠 평상 위에 앉아서, 애들과 함께 맛있게 음식을 먹고 술을 마시고, 머리에 꽃 관을 쓰고서 신들의 찬미가를 부르고, 즐겁게 서로 함께 사는(372b)", "풍부한 나라(372e)"가 될 것이다. 사람들은 반찬을 가려먹고, 후식을 즐기고, 안주를 벗삼아 술을 마실 것이다.

단순하고 작은 나라는 건강했는데, 나라는 이미 단순하거나 건강하지 않다. 나라는 복잡하고 사치스러워졌다. 그리하여 건강한 나라에서 필요하지 않았던 직업들이 생긴다. 이러한 직업들에는 사냥꾼, 음악가, 시인, 배우, 무용수, 기업인, 수공업자, 산파와 유모, 하인, 요리사, 이발사, 빵 만드는 사람, 돼지 치는 사람, 그리고 의사 등이 있다. 생존을 위하여 최소한의 필요한 것들과 직업들로 구성된 가장 기초적인 나라의 직업 목록과 여기서 언급한 사치스럽고 풍부한 나라의 직업 목록을 대조해 보면, 우리는 재미있는 사실을 발견할 수 있다. 전자가 생존을 위하여 필수적인 조건들과 일들의 목록이라면, 후자는 생존의 문제가 해결된 곳에서 생기는, 생활의 여가가 만들어 주는 조건들과 일들의 목록이다. 그래서 이런 일들을 대화편 『고르기아스』에서 플라톤은 향락의 원리로부터 나온 "찬사의 예능들"171)이라고 하였다.

　건강한 나라에서는 사람들에게 의사가 필요 없었으나, 병든 나라에서는 의사가 필요하다. 따라서 음식을 과잉으로 섭취하고 "형태와 색깔을"172) 즐기는 병든 나라에서 의사가 필요한 것은 당연한 일이다. 이렇게 나라가 복잡해지고 풍부해지면, 소비도 늘고 재물도 는다. 따라서 풍부해도 늘 부족하며, 있는 것은 보존해야 하기 때문에, 이웃 나라를 공격하게 된다. 그리하여 국가의 보존과 확장이라는 이중적인 목적으로 전쟁을 하게 되고, 전사라는 새로운 직업이 생긴다. 여기서 전쟁은 순전히 탐욕의 산물이다. 소유와 지배의 추구(Pleonexie)와 맛과 색의 추구(Lust)는 서로 밀접하게 연관되어 있으며, 이와 더불어 사회는 병들고 정치는 복잡해진다. 그리고 전쟁의 필연성이 증대할수록 전사의, 다른 말로 방위자의 기능은 중요해지고, 국가에서 방위자는 특별한 신분 계층으로 자리잡게 된다. 그리하여 가치 체계의 전도가 이루어진다. 생존을 위하여 필요한 일에 종사하는 계층을 보호하기 위하여 방위의 계층이 새롭게 생겼는데, 이제 방위의 계층이 생산의 계층 위에 군림하게 되는 것이다.

　건강한 국가, 단순하고 기초적인 국가가 좋다. 그러나 국가가 한번 복잡하고 사치스러워져서 병들게 되면, 건강하고 단순한 국

---

171) *Gorgias*, 464c: Schmeichelkünste. P. Friedländer, S.70.
172) *Politeia*, 373b. 플라톤은 사냥꾼과 음악인을 형태와 색깔을 즐기는 일과 관련된 직업인들로 보았다. 형태와 색깔을 즐긴다 함은, 우리 말로 표현하면, 주색을 즐기는 것이다. 우리의 고대 사회에서 사냥과 풍류가 이러한 주류를 이루었던 것과 비교하면, 삶의 여가를 즐기는 내용과 형식에서 우리는 고대의 공통성을 본다.

가에로 돌아갈 수는 없기 때문에, 불가피하게 복잡하고 풍부한 국가를 가능한 한 가장 건강한 상태로 실현하고 유지하는 일이 중요하게 된다. 여기서 제시되는 질문은 "방위자들이 '좋은' 군인들이 되기 위해선, 그들의 본성은 어떠하여야 하는가?(374e)"이다. 방위는 중요하기 때문에, 농부나 목수가 동시에 방위자가 되어서는 안되며, 오직 방위만을 전담하는 자를 방위의 본질에 따라서 선발하여 교육하지 않으면 안 된다. "나라의 방위에 알맞은 본성은 무엇인가?" 라는 물음과 관련하여 살펴보면, 방위자의 특징은 신체와 영혼이 고르게 탁월해야 한다. 이를 고대 그리스의 아레테 개념으로 표현하면, 방위자는 민첩하고 강건한 신체의 소유자인 동시에 지혜를 사랑하고 용기 있는 영혼이어야 한다. 이러한 고찰을 거쳐서 소크라테스는 방위자의 자질을 다음과 같이 종합한다. "국가의 선하고 능력 있는 방위자가 되기를 뜻하는 자는 본성이 철학적이고(philosophos), 기백이 있고(thymoeides), 민첩하고(tachys), 강해야(ischyros) 한다(376c)."

지금까지 국가의 탄생 과정을 살펴보았다. 이 과정을 돌아보면, 여기에는 두 가지 시각이 이중적으로 얽혀있다. 첫째, 건강한 국가와 병든 국가를, 소박한 국가와 풍부한 국가를 가르는 시각이고, 둘째, 이러한 가름에 흐르고 있는 정의의 시각이다. 마치 정의가 지혜와 용기와 절제의 덕들을 가장 덕 "답게(arete)" 관리하는 최고의 덕인 것처럼, 농부와 건축공과 직조공이 각자 자기의 일을 충실히 수행하는 생활 공동체는 정의롭다, 즉 건강하다. 정의는 인간과 인간이 모여서 일종의 계약 관계를 형성하고 여러 가지 생업에 종사하며(symbolaia), 함께 생활 공동체를 이루어 교제하고(koinonia), 서로 필요한 것들을 나누어 쓰는(chreia) 곳에서 문제가 된다. 여러 사람이 얽혀 살수록, 삶의 여유가 많이 축적될

수록, 생존을 위한 기초적이고 근본적인 조건이 다 갖추어져 있어서 아무런 문제가 안 될수록 사람들은 남의 일에 관심을 갖게 되고 자신의 적성에 맞지 않는 일에 손을 대려고 한다. 그러므로 "한 사람이 한 가지 일을 그의 적성에 맞게, 제때에, 그리고 다른 일에는 손을 대지말고 행하면, 모든 것을 더욱 풍부하게, 더욱 훌륭하게 그리고 더욱 쉽게 이루어 낼 수가 있다(370c)."

플라톤이 강조하는 정의의 원리는, 지금까지 논의한 내용을 살펴볼 때, 자아의 제한과 영혼의 조화이다. 자아의 제한은 한 국가 안에서 시민 각자가 자신의 신분과 직업에 만족하며 성실하게 종사하는 것을 의미하며, 영혼의 조화는 한 인간 안에서 영혼의 여러 영역들이 자신의 특수한 영역에 충실한 것을 의미한다. 이러한 원리에 따라서 정의는 각자가 "자신의 일을 하고 다른 많은 것들에 관여하지 않는 것"[173]이다. 여기서 각자가 자신의 일을 한다는 것은 인간이 생활 공동체 안으로 그의 본성에 알맞게 성장하고, 이로서 그의 적성과 소질에 알맞게 짜여져 들어가는 것을 의미한다. 바로 여기에 플라톤이 설계하는 국가의 이상적 형태의 성숙한 모습이 자리잡고 있다. 이러한 성숙성을 플라톤은 복잡하고 풍부한 국가가 방위자를 선발하고 교육하는 모델을 특별히 만들어서 강조하고 있다.

"각자가 자신의 일을 한다"는 원리는 유아독존이나 개인적 이기주의로 오해될 수 있다. 우리는 자신의 일을 나 자신의 고유한 이익과 관심을 추구하기 위하여 할 수도 있고, 공동의 이익과 복지를 추구하기 위하여 할 수도 있다. 여기서 정의는 『폴리테이아』

---

173) *Politeia*, 433a: das Seinige zu tun und sich nicht in vielerlei einzumischen. D. Kurz, S.321.

의 처음부터 끝까지 오로지 "공동의" 차원에서만 문제가 되고 확인될 뿐이지, "개인의" 차원에서는 전혀 문제조차 되지 않는다. 따라서 자신의 일을 한다는 것은 공동의 복지를 지향하기 때문에 공동체의 형성과 보존의 원리가 된다. 그리고 이 원리는 다만 농부나 의사나 말 조련사 같은 보통 사람들에게 적용될 뿐만 아니라, 신분의 상승과 국가 안에서의 역할의 중요성의 증대와 더불어 방위자와 통치자에 이르러서는 더욱 철저히 적용된다. 동굴의 비유에서 교육의 본질을 "영혼을 위한 염려"로 파악하고, 교육자의 과제를 "영혼의 전환"에서 확인하는 것도 바로 이러한 원리 이해의 바탕 위에서 사유가 흐르고 있음을 보여주고 있다. 국가의 탄생에 관한 대화는 정의의 원리가 바탕에 깔려있는, 국가 탄생의 신화에서 시작하여 정의 없는 국가의 현실적인 묘사를 거쳐서 이상 국가의 가능성의 탐색과 설계로 나아가는 모습을 보여주고 있다. 프리들랜더는 이를 해석하여, 건강한 국가에는 아직 로고스가 없기 때문에, 완전한 존재의 의미에 있어서 아레테가 아닌, 정의의 원리의 전형식을 담고 있다고 하였다.[174]

위에서 논의한 국가의 탄생에서 우리는 가장 단순한 국가의 몇 가지 특징들을 정리하여 볼 수 있다. 가장 단순한 국가는 첫째, 농부, 건축공, 직조공 같은 생존을 위하여 꼭 필요한 노동의 형식들과 종류들로 구성되어 있다. 둘째, 시민은 각자가 하나의 기술만 발휘하도록 되어 있다. 따라서 가장 작은 나라는 노동의 종류만큼이나 적은 수의 시민으로 구성되는 나라이다. 그리고 셋째로 모든 일에는 바른 때가 있다. 이상의 세 가지 특징들을 살펴보면, 여기에는 작은 나라를 이룩하는 정의의 척도가 있음을

174) P. Friedländer, a.a.O., S.74.

알 수 있다. 그것은 자연에 있어서의 정의와 인간에 있어서의 정의이다. 이 두 가지 정의는 작은 나라에서 하나요, 같다. 가장 작은 나라는 이러한 양면적 정의가 보장되고 실현된, 자연에 있어서의 정의 안에 인간에 있어서의 정의가 담겨 있는 나라이다. 따라서 작은 나라는 언제나 이미 정의가 이중적으로 내재하고 있기 때문에 아직 인간에 있어서의 정의를 요청할 필요가 없는 나라이다. 그리고 이러한 나라는 아직 로고스의 국가가 아니다. 로고스의 국가는 인간에 있어서의 정의가 흔들리고 무너져서, 병든 국가가 된 후에 비로소 요청되고 추구되기 때문이다. 생존의 차원이 문제시되지 않는, 소유와 여가와 향락의 차원이 문제시되는 국가에서 로고스는 정의의 파수꾼으로써 비로소 요청된다. 정의는 풍부한 국가에서 비로소 등장하는 개념이다.

2) 방위자의 음악 교육

국가를 보존하기 위하여 방위자(phylaks)를 필요로 한다는 사실이 확인되자 마자, 방위자의 교육문제가 제시된다. 우리는 플라톤의 국가가 "교육국가"라는 사실을 잊어서는 안 된다. 플라톤은 국가 건설의, 또는 국가 설계의 처음부터 교육을 통하여 정의로운 국가를 실현할 수 있으며 실현하여야 한다는, 정의로운 교육국가의 실현 가능성과 필연성을 전제하고 있다. 『폴리테이아』는 그 가능성의 서술이요 필연성의 철학이다. 플라톤은 이렇게 시작하고 있다. 정의가 무엇인지 탐구하기 위하여 "먼저 큰 글자를 읽고, 다음에 작은 글자들이 같은지(368d)"를 살펴보기로 하자. 그러한 비교 분석적인 시각으로 그는 「나라 안에서 정의가 어떤 성질을 가졌는가(368e)」에 관한 탐구를 시작하고 있다.

　방위자의 교육은 자율적(autonom)이 아니다. 방위자의 교육은
「정의와 부정은 나라에서 어떻게 하여 생기는가(376c)」라는 전체
적 이해의 기본 시각과 형식 안에서 파악되고 계획되며 수행되어
야 한다. 교육에는 신체를 위한 체육과 영혼을 위한 음악이 있다.
체육과 음악은 교육의 두 형식이요 기본 교과이다. 방위자의 교
육은 용기와 지혜를 함께 목적하므로, 그리고 이 표면적으로 상
호 대립적인 힘들로 보이는 신체적 능력과 정신적 능력의 조화를
추구하므로, 체육과 음악이 방위자의 교육내용이 된다.
　플라톤에게 있어서 모든 교육의 의미는 인간 개개인들에게서
확인되는 모든 우연적인 불평등과 국가에게서 확인되는 모든 필
연적인 불평등을 인간 개개인들에 있어서 알맞게, 국가 전체에
있어서 의롭게, 그리고 인간과 국가의 실현 구조가 같도록 제거
하고 재구성하여, 참된 평등을 실현하는 데 있다.
　플라톤은 방위자의 교육을 음악 교육으로부터 시작하고 있다.
플라톤이 말하는 음악 교육은 우리가 현재 사용하고 있는 말이
의미하는 바를 훨씬 넘어서는 대단히 포괄적인 개념이다. 음악
교육은 시문학의 텍스트와 내용을, 즉 말(logos)을 포함하고 있으
며, 리듬과 멜로디를 포함하고 있고, 악기의 연주를 포함하고 있
으며, 율동을 비롯하여 모든 노래한 내용들과 말한 내용들의 조
화(Harmonie)와 표현의 미(美)를 포함하고 있다.
　우리는 어린이에게 옛날 이야기를 들려 준다. 어린이는 할머니
와 할아버지, 엄마와 아빠가 들려주는 옛 이야기들을 들으면서
자란다. 이야기하기는 교육의 가장 기초적이고 시초적인 형식이
다. 플라톤에게 있어서도 음악 교육은 이야기하기로부터 시작되
고 있다(376e). 이야기에는 전설과 신화와 시문학이 다 포함되어
있다. 이야기에는 참다운 이야기와 거짓된 이야기가 있다. 그런데

사람들은 어린이에게 거짓된 이야기를 먼저 들려준다. 교육에는 음악 교육과 체육 교육이 있다. 그리고 음악 교육에는 이야기, 리듬, 멜로디, 화음 등이 있다. 그런데, 어린이는 말을 먹고 자라므로, 음악 교육을 먼저 해야한다(377a). 그 중에서도 이야기를 들려주는 일이 가장 먼저 온다. 따라서 교육은 이야기로부터, 다시 말하면 말로부터 시작된다.

그런데 모든 일에는 시작이 가장 중요하다. 특히 교육에서는 시작이 중요하다. 왜냐하면 어린 시절은 가장 가소성이 높은 시기이므로, 이 때에 한 번 각인된 것은 평생 동안 영향을 주기 때문이다. 그래서 플라톤은 "어린 그리고 연약한 존재"인 어린 시절에 인간은 가장 잘 도야되기 때문에, "인간이 찍어내고 싶은 틀을 이 때에 잡아두어야 한다(377ab)"고 하였다. 따라서 평생 동안 영향을 주는 이야기를 잘 선택하는 것은 대단히 중요하다. 그러므로 이야기의 내용을 편집하여 참다운 것은 허락하고, 거짓된 것은 금지하며 교육의 내용에서 배제하지 않으면 안 된다. 그래서 그는 당시에 모든 그리스인들에게 보편타당한 절대적 교재로 수용되고 있었던 호머의 신화에서 방위자의 음악 교육을 위한 교재로 타당한 내용과 타당하지 못한 내용을 구별하고 교재의 재구성을 시도한다. 그는 이야기를 들려주는 사람을, 다른 말로 말하면, 교사를 감시하고, 훌륭한 이야기는 장려하고, 그렇지 못한 이야기는 물리치도록 할 것을 강조한다(377bc).

그러면 어떤 이야기들을 물리쳐야 하는가? 그것은 "그들이 오늘날 들려주는 이야기의 대부분(377c)"이다. 이야기는 교육의 텍스트다. 텍스트에는 어떤 민족이나 어떤 시대를 막론하고 그 민족의 민족 의식과 정체감을 형성하는 데 가장 큰 영향을 주어온 대표적이고 권위적인 텍스트들이 있는가 하면, 이와 나란히 여러

작은 텍스트들이 있다. 플라톤은 "큰 이야기(377d)"들인 헤시오도
스와 호머를 예로 들어서, 이 안에 담겨있는 거짓된 부분들을 하
나하나 열거한다. 플라톤이 여기서 대표적인 예로 드는 잘못된
신화가 하늘의 신 우라노스와 크로노스의 이야기이다.175) 이러한
이야기들은 금지되어야 한다. 신들끼리 싸우고 서로 음모를 꾸미
며, 아들이 아버지를 죽이는 따위의 이야기는 절대로 해서는 안
된다. 왜냐하면, 그러한 이야기는 모두 사실이 아니기 때문이다.
뿐만 아니라 그러한 이야기 교육의 결과로 방위자들이 서로 다투
고 하극상을 시도한다면 큰일이기 때문이다. 헤시오도스나 호머
가 지은, 신들의 싸움과 질투와 쟁탈과 살상의 이야기들은, 그 배
후에 어떤 의미가 감추어져 있든지 그렇지 않든지 간에, "우리들
의 국가(378d)" 안에서 허용되어서는 안 된다. 어린이와 젊은이들
이 맨 처음에 듣는 이야기는 "덕과 관련된 가장 신중을 기하여
(378e)" 선택한 이야기들이지 않으면 안 된다.

플라톤의 시대에 「신들에 관한 이야기(theologia)」는 보편 타당
한 교육의 텍스트로서 거의 유일하게 그 권위를 인정받고 있었
다. 그리고 그러한 권위의 절정에 호머의 신화가 있었다. 그러므
로 여기서 다음과 같은 문제가 제기된다. 그러면 "신들에 관한
이야기의 본질들은"176) 어떠해야 하겠는가? 이러한 물음은 동시
에 시문학이 지켜야 하고, 시문학에 허용되어야 하는 신화의 기
본 특징과 유형에 관한 물음이기도 하다. 이러한 물음에 대한 답

---

175) 우라노스(Ouranos)는 자식들을 미워하여, 자식들을 모두 땅 밑의 타르타
로스(Tartaros)에 가두었다. 그의 아들 크로노스(Kronos)가 어머니 가이아
의 도움을 받아서, 아버지 우라노스를 급습하여, 그의 성기를 자르고
왕의 자리를 뺏었다.

176) *Politeia*, 379a: typoi peri theologias.

을 한 문장으로 요약하면 다음과 같다. 신은 어떤 경우에 있어서
도 선이지 않으면 안 된다. 신은 절대선이므로 결코 해를 입히지
않으며, 언제나 이롭게 하고, 행복하게 하는 존재이지 않으면 안
된다. 신이 선의 원인인 동시에 악의 원인일 수는 없다. 신은 다
만 선의 원인이요 행복의 근원이 아니면 안 된다. 이러한 주장으
로 플라톤은 그의 시대의 세계관과 인생관에 정면으로 도전하고
있다. 신은 오직 선으로, 그리고 선의 원인으로 묘사되지 않으면
안 된다. 선의 원인이요 선의 존재로서의 신의 이해에 기초한 신
화는 참된 신화이므로 다만 인간의 영혼을 바르게 도야할 수밖에
없다. 그리고 신화는 그래야 한다. 따라서 호머의 신화는 수정되
고 편집되어야 한다.177)

　　플라톤은 여기서 시인에 관하여 말하고 있는 것이 아니다. 그
는 여기서 교육의 텍스트를 쓸 때에 시인이 지키고 지향하여야
할 내용과 형식에 관하여 말하고 있는 것이다. 신화에 관한 시문
학의 내용과 형식을 플라톤은 둘로 정리하여 제시하고 있다. 첫
째, 신은 선이어야 하기 때문에, 결코 해를 입히지 않으며, 언제
나 이롭게 하는 존재로 묘사되어야 한다. 둘째, 신은 참이어야 하
기 때문에, 불변으로 묘사되어야 하고, 결코 허위로 묘사되어서는
안 된다. 이 두 가지 방향이 시인이 신에 관한 이야기를 읊을 때
에 지켜야 할 시문학의 틀이다. 첫번째 틀은 이미 위에서 설명하

---

177) 예를 들면 *Illias*, XXIV, 527-532에 나오는 다음과 같은 내용이다. 제우
스 신의 문턱에는 두개의 술독이 놓여 있다. 한 독에는 고통의 운명이,
한 독에는 치료의 운명이 가득 담겨있다. 그래서 제우스가 이 둘을 섞
어서 인간에게 주면, 그는 때로는 즐거워하고 때로는 슬퍼한다. 그러나
고통의 운명만 주면, 그는 거룩한 대지 위에서 심장에 못을 박는 궁핍
에 처하게 된다. Homer, *Illias*. Übertragen von Hans Rupe mit Urtext,
Anhang und Registern. München / Zürich: Artemis 1989, S.846f.

였으므로, 두번째 틀에 관하여 설명할 필요가 있다. 신은 신화에서 마치 마술사처럼 온갖 모습으로 자신을 변화시키고, 인간을 속이는 존재로 묘사되어 있다. 그러나 생각해 보자. 신은 가장 훌륭한 상태에 있는 존재이다. "모든 가장 훌륭한 것은(380e)" 다른 것들로부터 가장 적게 영향을 받는다. 그리고 "영혼 자체는, 가장 용감하고 가장 이성적인 영혼이 어떤 외부의 작용에 의하여 가장 적게 동요되고 변화될 것이 아니겠는가?(381a)." 자연에 의한 것이든 기술을 통한 것이든 이 둘을 통한 것이든, "가장 아름다운 것"178)은 모두 다른 것을 통하여 가장 적게 변화를 받는다. 그리고 신과 신의 속성은 "모든 면에 있어서 최고로 좋은 것이지"179) 않으면 안 된다. 그러므로 신은 완전하고 불변적 존재이다.

이 "모든 면에 있어서 최고로 좋은 것"은 아레테의 개념을 포함하고 있다. 이 개념은 아레테로써 이룰 수 있는 최고의 성취 수준을 의미하고 있다. 그리고 최고의 것, 최선의 것, 따라서 가장 완전한 것은 더 이상 완전해질 수 없기 때문에 불변이다. 그러므로 신은 불변이다. 신은 있는 자로 그렇게 있다. 신은 도대체 변할 수가 없는 존재이다. 보다 더 나쁜 존재로의 변신은 그의 선한 존재의 속성과 모순이 된다. 신은 선의 존재이다. 신은 최고의 선으로서 모든 아레테들의 총괄 개념이다. 신의 변화 가능성에 관하여 말하는 신관은 신 자체에 관한 거짓말이다. 신의 영혼

178) *Politeia*, 381b: to kalos. 가장 아름다운 것, 따라서 가장 완전한 것.
179) *Politeia*, 381b: pante arista. 가장 좋은 것. 앞에서는 '아름다운'(kalos)이라는 말을, 여기서는 '최고의'(aristos)라는 말을 사용하고 있다. 이 두 형용사는 그러나 '선한'(agathos)과 함께 모두 고귀한, 쓸모 있는, 용기 있는, 훌륭한 이라는 뜻을 갖고 있으며, arete와 연관되어 존재의 최적의 자아 실현의 상태를 표현하는 말로 사용되고 있다.

안에는 오류나 허위 따위가 있을 수 있는 속성이 없다. 사이비라는 그리스어 pseudes는 '속인다'는 뜻과 '속는다'는 뜻을 함께 가지고 있다.[180)

말하는 자가 신일 경우에, 그가 주체적으로 말하면서 남을 속이거나 남의 말을 들으면서 스스로 속을 수는 없다. "신은 말과 행동에 있어서 단순하고 참이 되다. 그러므로 신은 스스로 변하지 않으며, 환상으로나 말로나 어떤 신호를 보내건 간에, 깨어있거나 잠자고 있던 간에, 다른 것들을 속이지 않는다(382e)."

"신들에 관하여, 신령들과 영웅들과 저승에 있는 자들에 관하여(392a)" 시인들이 어떻게 이야기하여야 하는가를 충분히 논의하고 난 후에, "그러면 무엇을 말해야 하고, 무엇을 말해서는 안되는가(392a)"라는 물음이 제기된다. 그러나 이러한 근본을 파고드는 물음은, 그러한 물음을 제기해도 좋을 만큼 아직 시기가 무르익지 않았기 때문에, 즉시 제쳐놓게 된다. 왜냐하면 트라시마코스가 주장하였던, 정의는 강자의 이익이라는 정의의 개념에서 이미 확인되고 있듯이, 일반적으로 "부정한 사람들이 … 행복하고, 의로운 사람들이 불행하며 … 들키지만 않는다면 부정한 짓을 하는 것이 이롭다(392b)"라고 생각하는 사람들이 절대적으로 다수인 사회 안에서 정의란 약자의 이익이요 남을 이롭게 하는 것이며 나 자신을 위해서는 아무 것도 도모하지 않는 것이라고 주장하는 것 자체가 대단히 위험한 행동이기 때문이다. 그러므로 정의가 본질적으로 어떻게 이루어져 있는가를 찾아내고, 정의를 소유한 자에게 정의가 그럼에도 불구하고 어떻게 유용한가를 확인한 후에야 비로소 우리는 근본을 파고드는 질문을 제기하고, 그 답을 추구

---

180) J. Stenzel, a.a.O., S.123.

할 수 있을 것이다.181)

　플라톤은 시문학의 내용을 이루고 있는 신과 영웅의 본질에 관하여 논의한 다음에, 시문학의 형식으로 모방과 묘사에 관하여 논의하고 있다. 모방은 그의 철학과 교육학의 기초를 이루고 있는 개념이다.182) 모든 심미적 시문학의 내용들은 일반적으로 교육적 관점 아래서 설명되고 있다. 플라톤은 모방하는 묘사를 단순히 전달하는 이야기와 구별하고 있다. 그는 묘사와 이야기의 차이를 일리아스의 첫 장면에 나오는 해의(解義, Paraphrase)를 예로 들어 설명하고 있다(392c-394c). 모방이란 "자기 자신을 목소리에 있어서나 몸짓에 있어서 다른 사람과 같게 하는(393c)"것이다. 그러므로 시인이 그가 묘사하고 있는 시에 나오는 인물을 "자기 자신을 감추고(393c)" 자신이 마치 그 인물인양 서술하는 것은 "묘사를 통한 이야기(393c)"이다. 그러나 시인이 자기 자신

---

181) *Politeia*, 392c. 플라톤은 『폴리테이아』 576c-592b에서 의로운 자의 행복과 의롭지 못한 자의 불행을 논증하고 있다.

182) 그리스어 mimesis는 글자 그대로 모방 또는 모방하는 묘사를 의미하며, 표현과 몸짓으로 긍정적이거나 부정적인 행동과 표현을 반복하는 현상을 말한다. 모방은 인간에게만 아니라 동물에게도 있으며, 놀이와 연습과 학습의 형태로 일어나며, 언어, 습관, 풍속, 예술, 그리고 유행 등의 탄생, 습득, 보존, 발달을 가능하게 하여준다. 모방은 인간이 창조하고 전수하며 향유하는 위대한 가치들인, 삶의 형식들, 가치의 체계들, 행동의 목록들을 습득하는 통로를 이루고 있다. 모방은 따라서 인간이 창출한 보물들이 쌓여있는 창고를 여는 열쇠이다. 이 모방이라는 열쇠가 인간의 손에 쥐어지지 않았더라면, 보물들은 하나씩 하나씩 창고 안에 잠겨져 있기만 하였을 것이다. 따라서 모방은 인간 개개인을 성장하게 하는 본질적인 통로일 뿐만 아니라, 사회를 형성하고 보존하게 하는 가장 중요한 힘이다. 그래서 아리스토텔레스는 예술을 자연의 모방이라고 하였으며, 니체는 모방이 곧 모든 문화의 수단이라고 하였다. 인간은 자연을 모방의 표상으로 삼고 모방함으로써, 예술을 창출해 냈다.

을 감추려 하지 않고 자신이 이야기의 주체가 되어 어떤 사건을
서술한다면, 그는 묘사 없이 이야기하고 있는 것이다. 호머는 모
방하고 있다. 그가 사용하고 있는 모방하는 묘사보다는 단순한
이야기가 비교적 더 무난하다. 왜냐하면 이야기는 이야기하는 자
가 이야기에 나오는 간청하는 자, 협박하는 자, 애통하는 자, 질
책하는 자 등의 음성과 태도를 닮아야 할 필요가 없기 때문이다.
단순한 이야기는 묘사 없이도 충분히 가능하고 효과적이다(394b).

　여기서 우리는 플라톤의 이야기와 묘사의 구별을 보다 더 잘
이해하기 위하여, 당시 그리스의 교육현실에 주목할 필요가 있다.
고대의 그리스에서는 사유와 체험의 생동적 직접성이 교육을 지
배하고 있었다. 당시의 수업은 오늘날 우리가 경험적으로 알고
있는 수업 보다 훨씬 더 높은 강도로 살아있는 말로, 달리 표현
하면 말하여진 말로 이루어졌다. 학급의 크기가 60명을 넘나들었
던 70년대보다는 대단히 향상되었으나 여전히 40명이 넘는 오늘
날의 대량 교육에서는 거의 불가능한, 그래서 이미 포기한지 오
래된, 배우는 학생들의 영혼을 사로잡는, 온 감각 기관들을 동원
한 생동적인 이야기와 자연스럽고 강한 표현, 이를 통하여 일어
나는 영혼의 전체적인 반응 같은 것들이 당시의 교육을 주도하였
다. 기억은 오늘날과는 전혀 다른 의미를 가졌었다. 기억은 알게
된 모든 내용들이 영혼과 강하게 연결되어 있는 인간 안에 있는
어떤 본질적인 핵심으로 파악되었다.

　플라톤의 교육적 의도는, 그의 스승 소크라테스도 그러하였듯
이, 학생들의 영혼을 정열적으로 사로잡고 또 사로잡히도록 하는
것이었다. 이러한 사로잡음과 사로잡힘은 모방하는 자로 하여금
자신의 고유한 체험과 표현의 세계 안으로 들어가도록 한다. 이
러한 농도 짙은 교육이 당시에 어린이로부터 어른에 이르기까지

모든 세대들에게 보편 타당한 교재로 사용되었던 호머와 헤시오 도스와 같은 위대한 시인들의 작품에 의하여 이루어졌다. 오늘날 우리가 알고 있는 학년별 교재 따위는 없었으며 몰랐다. 비록 발달 단계에 따른 교안이나 커리큘럼이 없었으며 이에 관한 이해가 결여되었으나, 시문학에 담겨 있는 생동적이고 시적인 힘이 청소년의 영혼에 대단히 강하게 작용하기 때문에, 이를 일찍부터 작용하도록 하는 것은 음악 교육의 핵심을 이루고 있었다.

모든 청소년 교육에 있어서 핵심적인 문제는 마땅히 알아야 할 내용을 인생의 초기에 성공적으로 학습하도록 하여서, 학습한 내용이 인생의 후기에도 계속하여 힘을 발휘하도록 할 수 있는 방법이다. 이러한 모든 도야의 근본적인 문제를 플라톤은 분명히 보았으며, 이 문제를 해결하기 위한 좋은 시사를 하고 있다. 플라톤이 묘사와 이야기의 차이를 설명하기 위하여 인용하고 있는 호머의 『일리아스』의 서두에 나오는 늙은 제관(祭官) 크리세스의 이야기에서(393a) 그리스의 젊은이들은 먼저 영적 행위의 내면적 리듬인 에토스와 파토스를 이해하게 된다. 어린이들을 주의깊게 관찰하면 우리는 때때로 목소리와 몸짓을 음악적으로 단순하게 모방함으로써, 의심을 담아서 던지는 질문이나 아이러니가 담겨있는 대답 같은 대단히 복잡한 의미의 덩어리를 표현할 수 있게 되는 것을 볼 수 있다. 이와 같이 지금까지 비교적 연구가 덜된, 직접적으로 소리의 색깔과 몸짓으로 그리고 직접적으로 말의 멜로디로 표현하는 의미의 영역은 어떻게 음악적 언어가 직접적이며 생동적으로 의미를 파악하게 하며 의식적으로 설명하며 토론하는 이해를 대단히 앞질러 갈 수 있는가에 대한 해답을 줄 수 있다. 영혼 안에 담겨 있는 인지 능력들이 아직 분화되지 아니한 전체로 있는 아동기에 인간은 대단히 철저하게 도야될 수 있다. 이러

한 가소성의 파이데이아는 의미의 전달이 언어적 표현을 통하여
직접적으로 이루어지도록 하는 교육이다. 이러한 말하여진 말의
직접적인 표현 능력은 시적 형식에서 가장 효과적으로 드러난다.

　낭랑한 음성으로 소리내어 글을 읽기를 강조할 뿐, 아직 눈으
로 조용히 읽기가 생소하였던 시절에, 플라톤은 글이 기억을 쇠
퇴시킬 수 있다는 생각을 하였다. 기억(Mneme)이란 당시에 영혼
의 이해 활동이며, 수용 활동으로 파악되었다. 생각의 정신적이고
감각적인 형식 전체가 어떻게 젊은이들의 영혼에 깊이 각인될 수
있는가, 다시 말하면 기억되도록 할 수 있을까 라는 문제는 필연
적으로 시문학의 형성하는, 바르게 도야하거나 잘못된 방향으로
도야하는 힘으로부터 풀어갈 수밖에 없었다. 이러한 사실을 플라
톤은 분명하게 알고 있었다. 그래서 그는 음악 교육에서 시문학
의 형식에 관한 자신의 이론을 전개하고 있는 것이다.

　정신적이고 신체적인 변화가 획기적으로 일어나는 동기를 이
루고 있는 것은 시인다운 감각의 표현 전체가 설명하는 시인에
의하여 매개되지 아니하고, 시인을 완전히 소화한 독자에 의하여
직접적으로 매개될 때이다. 다시 말하면, 크리세스로부터 듣는 것
이 아니라, 독자가 바로 크리세스가 되는 것이다. 이와 같이 자신
의 자아를 이야기하고 있는 타인의 자아에 몰입(Hingabe)하는 것,
이것이 플라톤이 말하는 모방이다. 그래서 미메시스는 자연히 비
극과 희극에서 가장 강하게 나타난다. 연극에서 극중의 인물로
관객을 생동적으로 끌어들이는 일이 배우의 실감나는 연기 때문
인지, 아니면 관객을 통하여서인지, 아니면 고대의 독자가 그러하
였듯이 독서에 완전히 몰두한 독자가 실감나게 소리내어 읽는 행
위를 통해서인지는 그렇게 중요하지가 않다. 우리들의 시대보다
도 고대 그리스에서는 배우의 연기와 청중의 극 이해의 능력과

독자의 정열적 낭독이라는 요소들이 극중의 인물을 이해하고 나
와 동일시하는 세 가지 가능성들을 이루고 있었으며, 이 세 가지
가능성들은 모두 서로 밀접하게 연관되어 있었다. 연극 배우는
직업적 배우가 아니었다. 시민들이 배우의 역할을 분담하였다. 시
민은 드라마틱한 시인이요 배우요 합창의 연습자였으며, 동시에
행정적, 군사적, 종교적 직책을 가지고 있었다. 비극도 일종의 종
교적 의식이었다. 만약에 사람들이 이러한 정열을 가지고 있으면,
모방의 모든 경우에 일어나는, 낯선 영혼을 나 자신의 영혼처럼
실제적으로 체험하는 현상을 이해할 수 있다. 그래서 플라톤은
바른 모방에서 영혼의 형성을 기대해야 한다고 강조하였다. 이와
반대로 맹목적 모방에서는 영혼의 잘못된 형성과 위기를 초래하
게 되는 것이다. 그래서 모방의 문제는 국가적 차원에서 정의의
문제이며, 시민 개개인의 아레테의 특별한 성취의 원리이다. 각자
는 다만 자기 자신의 것을 행하여야 하며 행하도록 하여야 한다.
각자는 다만 자신의 인생을 살도록 허용되어야 하며, 어떤 낯선
인생을 살게 놓아두어선 안 된다. 국가가 시민 각자에게 요청하
는 작품과 성취를 최고로 엄격히 제한함으로써 고대의 민주 지배
체제의 고유성으로 주어져 있었던 여러 가지 일을 동시에 벌리고
여러 가지 일에 동시에 매달리는 다중적 작업에 대항하여 교육은
정의를 실현할 수 있다.

　플라톤은 이상과 같은 논의를 거친 다음에 모방을 방위자의
음악 교육과 관련하여 이렇게 요약하고 있다. "그렇다면, 아데이
만토스, 우리들의 방위자들이 모방자이어야 하는가 아니면 그렇
지 않아야 하는가를 고찰해 보세. 또는 이것도 개개인 각자는 한
가지 일을 완벽하게 해낼 수 있지만, 여러 가지 일을 완벽하게
해내지는 못할 것이라는 앞서 언급한 것에 속하는가? 만약에 그

가 여러 가지를 시도한다면 그는 어떤 일에도 뛰어나지 못할 것
이 아닌가?(394e)." 한 사람이 모방을 하더라도 한가지 일에서는
뛰어날 수 있겠으나, 많은 일들을 동시에 모방하려고 할 경우에
는 어떤 일에서도 뛰어날 수가 없다. 이는 배우에게 있어서도 마
찬가지이다. 같은 배우가 동시에 비극과 희극에서 뛰어난 연기를
할 수는 없을 것이다(395ab). 인간의 본성은 여러 가지 작은 부분
들로 나누어져 있기 때문에,183) 그리고 모방은 언제나 원형의 모
사이어야 하기 때문에, 하나가 아니라 여러 가지를 동시에 모방
할 수 있는 능력 자체가 인간에겐 결여되어 있다. 따라서 방위자
들은 "오로지 국가의 자유를 올바로 완전하게 실현하는 일 이외
에 어떤 일에도(395c)" 관심을 기울여서는 안 된다. 그러므로 방
위자들은 원칙적으로 국가의 방위 이외에 어떤 다른 일도 해서는
안되고, 이러한 차원에서 모방적 묘사를 해서도 안 된다. 그러나
모방하는 일을 방위자에게 허용한다면, 그들의 어린 시절에서부
터 용기 있는, 사려 깊은, 경건한, 고상한 그리고 이와 유사한 사
람들을 모방하도록 할 것이며, 이것들과 대조적인 인간상들을 모
방하게 해서는 안 된다. 모방이라는 것 자체는 자유인에게는 어
울리지 않는다. 그리고 "모방을 어려서부터 열심히 하다 보면, 모
방이 습관으로 그리고 본성으로 전이되어 버려서, 몸과 소리와
감성까지 그렇게 만들어 버린다(395d)."

노래는 가사(logoy, Worten)와 곡조(harmonias, Tonsetzung)와 율
동(rythmoy, Zeitmass)으로 이루어져 있다(398d). 가사와 곡조와 리
듬은 모두 교육적으로 동일하게 의미 있다. 곡조와 리듬의 기본

---

183) 플라톤은 인간을 그 영혼이 욕망, 기개, 이성이라는 서로 상이한 세 부
  분들로 나누어져 있는, 그러나 피부라고 하는 하나의 큰 가죽으로 감
  싸여져 있는 존재로 보았다. *Politeia*, 435a-441c.

형식이 단순하여야 이를 통하여 학생은 일정한 에토스를 형성하
게 된다. 가락의 형식은 다양하다. 혼성 리디아 조와 높은 리디아
조의 처량한 가락이나 이오니아 조의 천박한 가락 따위는 자기
자신을 훌륭하게 도야하여야 하는 모든 사람들에게 해로울 뿐이
므로, 방위자의 교육내용으로는 전혀 적합하지 않다. 그러므로 도
리아 조와 프리기아 조 같은 "언제나 굳건한 참을성으로 그 운명
에 대해서 자기를 지키는 용감한 사람의 목소리와 그 말투를 적
절히 모방하는 곡조(399b)"와 "모든 것에서 분별이 있고 분수를
지키는 처신을 하여 그 성과에 묵묵히 따르는 사람을 모방하는
곡조(399bc)" 따위를 가르쳐야 한다. 따라서 악기의 종류도 가락
의 형식에 따라서 적합한 것들과 부적합한 것들로 나누고, 적합
한 것들은 남겨두고 부적합한 것들은 교육용에서 제외시켜야 한
다. 삼각금이나 페크디스 같은 다현 악기와 피리 따위는 온갖 양
태의 곡조와 다조적인 가락들을 연주하기에 적합한 악기들이므로
남겨두어선 안될 것이다. 바른 음악 교육에 쓸모있고 적합한 악
기들로는 리라와 키타라가 있다. 그리고 농촌에서는 목적(牧笛,
Syrinx)을 허용할 수 있다. 이러한 가락의 형식과 악기의 종류를
정리하는 일은 곧 국가를 정화(淨化)하는 일이다(399e).

리듬도 정화되어야 한다. 율동의 장단이 복잡하거나 여러 가지
운각(韻脚)으로 구성되어 있어선 안 된다. 율동은 방위자의 교육에
적합하도록 단정하고 용감한 생활의 장단을 이루고 있어야 한다.
방자(放恣)와 무질서가 아니라, 단순성과 질서가 리듬의 원리를 이
루고 있다.184) 노래를 만드는 절차는 이렇게 되어야 할 것이다.
먼저 단정하고 용감한 생활의 장단을 고찰한 다음에, 단정하고 용

---

184) J. Stenzel, a.a.O., S.130.

감한 생활을 묘사한 말로 이루어진 가사에 그러한 장단과 가락을 맞추어야 한다. 좋은 인품에는 좋은 말(가사)과 좋은 가락(곡조)과 좋은 장단(율동)이 따르는 법이다. "장단과 가락은 우아함을 지니면서 영혼 속 깊숙이 가장 기운차게 들어가서 그것을 강하게 파악하는데, … 음악에 있어서 육성(育成)은 가장 중요한 것이다(401de)." 영혼 안에 있는 아름다운 성품과 영혼 밖에 있는 모습이 일치하여 조화를 이루면, 이 아름다움은 최선의 것이 된다(402d).

그리스 사람들은 조용히 읽을 줄을 몰랐다. 만약에 그들이 소리내어 읽지 않고 조용히 생각하면, 이것은 영혼이 자기 자신과 하는 내면적 대화이다. 만약에 그들이 소리내어 읽거나 말하면, 이미 말은 말의 표현 형식을 통하여 본질적으로 음악적인 것이, 생동적인 것이 된다. 그리고 만약에 그들이 노래하면, 리듬은 직접적으로 합창으로, 활보하는 춤으로 연장된다. 말은 오늘날의 우리에게는 음악적인 것과 관련하여 지극히 제한된 의미만을 가지고 있으나, 고대의 그리스 사람들에게는 언제나 마치 우리들의 농악처럼 가사와 멜로디와 리듬과 춤이 함께 어우러진 원무로 말하여졌다. 음악 교육은 여기서 말이 멜로디와 리듬과 춤과 조화롭게 작용하여 정신을 도야하는 형식으로 확인되는 동시에 체육이라는 신체적 단련의 형식을 언제나 이미 그 안에 포함하고 있어서, 거기서부터 체육 교육이 시작하고 그 타당성이 드러나는 교육으로 확인된다.

플라톤은 『폴리테이아』에서 음악 교육과 체육 교육을 구별하고 있다. 그러나 그의 구별은 교육을 통하여 획득하고자 하는 목표에 초점을 맞춘 결과일 뿐, 교육의 형식으로서의 구별이 아니다. 음악은 언제나 이미 영혼을 도야하도록 하는 모든 신체적 운동을 함께 포함하고 있다. 영혼은 신체를 형성하는 주체이다. 음

악 교육에서 중요하게 확인되는 이러한 플라톤의 테마는 영혼의
활동이 신체의 운동으로 연결되어져야 비로소 의미 있으며 효과
있다는 이해에 근거하고 있다. 영혼과 신체를 연결시켜 주는 끈
(syndesmos)은 인간에게 처음부터 주어져 있는 것이 아니라, 교육
을 통하여 비로소 생성되는 것이다. 영혼과 신체를 연결하는 끈
의 생성, 이것이 음악 교육의 본질적 과제이다.

   음악 교육에서 이러한 조화의 미를 강조하는 이유는 분명하다.
그것은 당시에 널리 퍼져 있었던, 애소년(愛少年)을 사랑하는 동
성애의 현상에 대하여 바른 사랑의 의미를 깨우쳐 주어, 음악 교
육의 목표를 정신적 사랑의 차원으로 끌어올리려는 것이다. 올바
른 사랑이란 분별력과 음악의 정신과 질서와 아름다움이 조화로
운 하나를 이룬 상태이다(403a). 그래서 음악은 최종적으로 아름
다움에 대한 사랑이다(403c). 음악 교육은 인간의 영혼을 아름다
움에 대한 사랑에 눈뜨게 하여, 아름다움의 사랑을 인식하고 실
현하는 기관이 되도록 함으로써 완성된다.

3) 방위자의 체육 교육

   방위자는 음악 교육을 받은 다음에 체육 교육을 받아야 한다.
방위자들은 어려서부터 일생을 통하여 대단히 신중하고 철저한
체육 교육을 받아야 한다. 플라톤은 이렇게 체육 교육의 중요성을
강조하고 있다. 그러나 그는 체육 자체에 대하여선 어떠한 자명성
도 부여하고 있지 않다.[185] 체육은 그 자체로 자목적적이 아니다.
왜냐하면 "신체(soma)의 덕이 영혼을 선하게 하는 것이 아니라,
완전한 영혼(psyche agathe)이 영혼의 덕(arete)으로 신체를 가능한

---

185) O. Wichmann, a.a.O., S.275.

최선의 상태로 양성하기(403d)"때문이다. 영혼이 신체를 도야한다. 여기서 중요한 것은 신체에 대한 영혼의 무조건적이요 절대적인 선위성(先位性)과 신체와 영혼의 불가분적으로 밀접한 연관성이다. 그러므로 모든 체육이 다 좋은 교육이 아니라, 음악과 자매의 관계로 확인되는 체육만이 좋은 교육이다. 플라톤의 표현을 빌리면, "가장 좋은 체육은 단순한 음악과 자매 사이가 된 것일 것이다 (404b)." 왜냐하면 이러한 체육만이 인간의 신체적·정신적 일원성을 양육하고 형성하는 힘이 있기 때문이다. 음악 교육을 통하여 지성의 계발이 잘 이루어지면, 체육 교육은 저절로 잘 된다. 그러므로 우리는 체육적 도야를 오성(dianoia)에 맡겨야 한다.

체육이 몸을, 음악이 영혼을 돌보도록 하는 데에 체육 교육과 음악 교육의 목적이 있다. 그러나 체육과 음악은 상호 교호적으로 조화롭게 이루어져야 한다. 지나치게 체육에만 기울어져 있는 사람은 필요 이상으로 거칠어지고, 음악에만 기울어져 있는 사람은 연약해진다. 만약에 어떤 사람이 음악에만 몰두하여, 귀라고 하는 깔대기를 통하여 음악만을 영혼에 쏟아 붓는다면, 더군다나 음악 중에서도 "달콤하고 구슬픈 멜로디들만(411a)" 좋아해서 쏟아 붓는다면, 그는 결국에는, 마치 쇠가 용광로 안에서 녹아버리듯이, 음악이 그의 기개를 녹여 없애서, 영혼의 힘줄이 끊어져 버린 것 같은 연약한 무사가 되고 말 것이다. 그렇다고 해서 만약에 어떤 사람이 정반대로 체육에만 몰두한다면, 그는 생각하기를 싫어하는 "언어 적대자"가 되고 음악 없이 살아가는 "예술 적대자"가 되고 말 것이다.186)

---

186) *Politeia*, 411d. 언어 적대자: misologos, Redefeind. 예술 적대자: amousos, Musikloser.

당시에 사람들은 체육을 주로 경기자들의 신체 단련과 격투자들의 격투 훈련 같은 간단없는 훈련이라고 생각하였다. 그러나 그러한 훈련은 글자 그대로 간단없는 신체적 단련의 연속이기 때문에 오히려 건강에 해로우며 방위자를 졸립게 만든다. 그들이 받는 신체만을 단련하기 위한 간단없는 훈련은 영혼과 신체의 조화로운 형성을 방해하여, 건강에 해가 되며 방위자를 졸립게 만든다. 그래서 경기자들은 경기할 때만 정신이 빛나고, 경기를 하지 않을 때는 정신이 잠들어 있다. 그들은 평생을 잠으로 보내는 것이나 다름없다. 만약에 그들이 이러한 섭생법을 조금이라도 벗어나면, 그들은 질병에 걸리고 만다. 그런데 방위자는 잠 안자는 사냥개 같아야 하며, 조악한 환경을 견디어 내는 강인한 정신력과 체력의 소유자이어야 한다. 그러므로 방위자를 위한 가장 좋은 체육은 "단순한(404b, aplois)" 체육이다. 단순하고 다루기 쉬운 체육은 몸에 좋으며 전쟁에도 탁월하다. 모든 자연적인 것은 단순하다. 반면에 모든 인위적인 것(poikilia)은 색깔이 찬란하고 복잡하며 다양하다. 인위적인 것은 방종(akolasia)과 질병(nosos)을 낳는다. 그러나 단순한 것은 "음악에서는 영혼에 분별력(sophrosyne)을, 그리고 체육에서는 신체에 건강(ygieia)을 낳는다(404e)." 체육의 의미와 목적을 확인하는 척도는 영혼과 신체의 조화에 있다. 신체의 잠재력을 최고의 성취 수준으로 끌어올리는 단순한 경기자를 양성하기 위한 훈련은 언제나 이미 바른 체육의 척도를 벗어나 있다.

질병을 치료하면서, 시들어 가는 육체를 바라보며 끊임없는 불안 속에서 살아가는 것은 천천히 죽는 것이다(406b). 따라서 건강하든가 아니면 죽든가 하는 것이 옳다. 그러므로 단순한 생활과 섭생이 체육 교육의 제일의 원리이다. 플라톤은 체육과 건강 관리를 연결시켜 생각하는 것을 거부한다. "단순한 체육을 넘어서 몸을 유난스럽게 돌보는 것은(덕을 실천하며 전투를 수행하고 국가를 관리하는 일에) 무엇보다도 방해가 된다(407b)." 당시에 아테네에서 이미 실용화되었던 요양과 치료의 기술을 그는 국가에서 추방할 것을 강조한다. 언제나 일과 노동의 엄격한 법칙 아래 있는 단순한 사나이의 삶이 가치 있는 것이다. 방위자의 체육 교육은 스포츠적 교육이 아니라 군사적 교육이다. 방위자는 단순한 섭생으로 강인한 종군과 전투를 수행할 준비가 언제나 되어있어야 한다. 다양한 인위적인 음악들이 영혼에 해로운 것처럼, 시라쿠사의 식탁이나 시칠리아의 요리 또는 아티카의 과자 같은 미식(美食)과 고린토스의 여자 같은 유녀(遊女)는 신체에 숙명적으로 해를 가져다준다(404de).

이렇게 플라톤은 체육 교육을 논하면서 앞에서 국가의 탄생과 성립을 다루면서 논하였던 소위 "풍부한 국가(372c)"의 문제로 다시 돌아온다. 그리하여 사치스러운 국가를 단순하고 검소한 국가로 정화하는 과제가 언제나 이미 체육 교육의 목표로 들어 있음을 강조하고 있다. 그러므로 국가의 건전한 발전을 위하여 염려하는 사람, 국가의 건전한 발전에 대하여 책임을 지고 있는 사람은 육체적인 것과 정신적인 것 사이의, 체육 교육과 음악 교육 사이의 올바른 조화와 균형에 관심을 쏟아야 한다. 체육과 음악, 이 두 교육의 형식들은 함께 작용하지 않으면 안 된다. 이 둘이 이성과 기개를 도야하고 오성과 욕망의 관계가 조화롭게 되도록 하는 매개의 기능을 한다. 그래서 "조화를 이룬 사람의 영혼은 분별있고 용감하다(410e)." 여기서 조화롭다는 말은 마치 기타 줄을 조율하듯이 영혼의 상이한 부분들이 서로 상대방을 선을 향하여 조율한다는 의미이다. 그래서 신은 인간에게 영혼과 육체를 위해서가 아니라, 인간 안에 있는 기개적인 부분과 이성적인 부분을 위하여 음악과 체육이라는 두 가지 기예를 주어서, 이 두 기예들을 통하여 저 두 부분들이 함께 조여지고 늦춰져서, 둘이 조화롭게 조율되도록 보장해 주었다고 플라톤은 생각하였다(411e). 따라서 체육교육의 요체는 음악과 체육을 최고로 아름답게 섞어서 영혼에 가장 풍부하게 제공하는 데 있다. 이렇게 볼 때에 체육과 음악은 비록 몸도 함께 도야하기는 하지만, 본질적으로 고찰해 보면, 몸을 도야하는 교과들이 아니라, 영혼 안에 있는 진리를 사랑하고 기개를 추구하는 마음을 도야하는 교과들이다. 체육과 음악은 영혼 자체가 스스로 최적의 척도를 찾아내어 최고의 수준으로 영혼의 심금을 울리게 하며 인간이 가꾸어 낼 수 있는 최적의 내적 조화의 형태를 이루게 하는 영혼의 두 현(絃)이다.

"목수는 병이 들면, 의사가 주는 약을 먹고, 병을 토해내거나 씻어버리거나 또는 태워버리거나 잘라내거나 해서, 병으로부터 벗어나기를 기대하네. 그러나 그에게 어떤 의사가 머리에다 붕대나 거기 딸린 것들을 감아주어서, 오래 걸리는 치료 방법으로 처방해 준다면, 그는 아마도 '병을 앓고 있을 틈이 없다', '늘 병 치닥거리나 하면서 산적한 생업을 소홀히 하면서 산다는 것은 보람이 없다' 라고 말할 것이네. 그리고 그런 의사와 작별을 하고, 늘 하던 생활 방식으로 돌아가서 건강을 되찾고, 자기 일을 하면서 살아갈 것이네. 그러나 만약 그의 몸이 일을 견디어낼 만큼 강하지 못하면, 그는 죽을 것이고 모든 생업에서 해방될 것이네(406de)."

플라톤은 그리스의 교육이념인 미선성(Kalokagathia)으로부터 인간을 이해하였다. 그는 신체와 영혼의 조화를 이룬 인간에서 완전한 인간의 전인적 모습을 보았다. 그래서 그는 신체적 건강 자체도 중요시하고 있다. 왜냐하면 허약한 신체는 정신력을 약화시키며, 이는 국가를 수호하는 방위자와 다스리는 철인에게 개인의 삶의 차원을 넘어서서 국가 공동체 전체에게 절대적인 의미가 있기 때문이다. 따라서 지나치게 몸을 보호하고 보신하는 따위 같은 정도를 넘어서는 병치레(Nosotrophia)는 전쟁터에서나 공직에서 정의롭게 일할 흥미를 뺏어버린다. 그리하여 이러한 병치레가 가져다주는 가장 나쁜 것은, 그가 언제나 두통을 호소하고 현기증을 불평함으로써, 그가 관찰하고 사색하는 등 그가 할 수 있는 모든 종류의 학습을 저해하는 것이다. 그러므로 완전성을 지향하는 모든 교육에 병치레는 치명적이기 때문에, 그러한 인간은 국가에 필요 없다. 그러한 인간은 그가 성인이 되어 그와 비슷한 체질의 아이를 낳기 이전에 죽는 것이 국가에 이롭다. 그러한 인간은 빨리 죽을수록 더 좋다. 국가의 관심이 이를 요청할 경우에, 후손의 출생을 금지시키거나 말살하는 것은 지극히 논리적인 귀결이다.

이러한 플라톤의 '과격한' 이론에서 우리는 증상들을 진단하고 결과를 치료하는 것이 아니라, 원인들을 근원적으로 제거하는 것이 플라톤의 관심임을 알 수 있다. 이것이 플라톤의 일반 원리이다. 플라톤의 일반 원리는 체육 교육에서 다시 분명히 드러난다. 그는 국가의 질병 현상에 주목하고 있다. 국가에서 벌어지고 있는 모든 사건들, 송사들, 재판들이 다 질병의 현상들이다. 따라서 철저한 교육을 통하여 그러한 질병의 현상들을 근원적으로 처리하여 완전히 방지하는 것이 문제이다. 그러므로 교육의 대상은 신체가 아니라 신체에 의하여 직접적으로 영향을 받고 있는 영혼의 부분이며, 이는 오성보다는 의지이다.[187] 따라서 기개의 도야

---

187) Julius Stenzel, *Platon der Erzieher*. 1928, S.141.

가 체육 교육의 고유한 목적이다.

체육 교육을 통하여 다스리는 사람과 다스림을 받는 사람이 합당하게 선발되고 양성되지 않으면 안 된다. 누가 다스려야 하는가? 이 문제는 언제나 다시금 논의되지 않으면 안되는 플라톤의 폴리테이아 교육사상의 중심 문제이다. 다스리는 사람은 나이가 든 사람, 가장 훌륭한 사람, 신중하고 유능하고 나라를 걱정하는 사람이어야 한다(412c). 다스리는 사람은 명령하고 제시하며 요청하고 감독하는 사람이다. 반면에 다스림을 받는 사람은 무엇보다도 순종하는 사람이다. 따라서 젊은이들이 순종하고 늙은이들이 명령하는 것은 당연한 이치이다. 늙은이들 가운데서도 훌륭한, 다시 말하면, 가장 선한(aristos), 최고로 고상한 사람을 선별하여 다스리도록 하여야 한다. 왜냐하면 그러한 사람이 신중하고 유능하며 나라를 걱정하기 때문이다.

그런데 사람은 관심을 가장 많이 쏟고 있는 것, 자신이 가장 사랑하는 것을 가장 걱정한다. 그리고 그것은, 그것이 잘되면 자기도 잘되거니와 그것이 잘못되면 자기도 잘못되는 것이기 때문이기도 하다. 이러한 인간 이해로부터 다음과 같은 정리가 일차적으로 가능해진다. 따라서 우리는 다른 어떤 것보다도 나라를 가장 사랑하는 사람, 그가 가장 사랑하는 것이 다른 어떤 것이 아니라 바로 나라인 사람을 방위자로 선택하여야 한다. 그리고 그러한 사람은 또한 어떠한 상황 아래서도, 어떠한 협박을 받을 경우에도 자신의 신념(dogma)과 억견(doxa)을 바꾸지 않는 의지의 사람이어야 한다(412e). 그러한 사람은 나라를 다스리되, 오직 나라를 위하여 다스릴 것이다. 모든 것을 국가 공동체를 위하여, 이것이 판단의 척도이다.

여기서 선별의 시각은 자연스럽게 그러한 의지의 소유자를 구별해내는 방법에 맞추어진다. 플라톤은 세 가지 선별의 방법을 제시한다. 첫째, 나라를 위하여 가장 좋은 일이라면 무엇이나 해내려고 하는 신념을 가진 자를 선별하여야 한다. 이러한 신념을 가진 자를 확인하고 그러한 사람을 선별하기 위하여 우리는 선별의 대상이 되는 사람들을 아주 어린 시절부터 면밀하게 관찰하지 않으면 안 된다. 둘째, 우리는 그들을 고생과 고통으로 단련시켜야 한다. 그리고 셋째, 우리는 그들을 본질적으로 다른 것들을 통하여 유혹하여, 동요와 이탈이 없는지 살펴보아야 한다. 이러한 방법으로 "불 속에서 황금을 시험하는 것보다 훨씬 심하게 그들을 시험하여(413e)", 그가 배운 음악적 교양을 훌륭하게 지키고 있으며 좋은 장단과 곡조를 늘 지니고 있어서, 어려서(paisi), 젊었을 때에(neaniskois), 그리고 어른이 되어서(andrasi) 모든 시험을 통과한 사람을 우리는 통치자로 세워야 한다. 그리고 살아서는 그에게 상을 주고 죽어서는 최고의 명예를 주어야 한다. 그러한 사람이 "완전한 방위자(phylakas panteleis, 414b)"이다.

4) 국가의 네 가지 기본 덕

국가의 개념은 정의의 개념과 불가분리적으로 얽혀 있다. 국가와 정의의 개념적 상호 관련은 다음과 같은 상호 관계로 정리된다. 참된, 따라서 완전한 국가는 정의의 국가이며 정의는 국가 공동체 안에서만 실현된다. 플라톤은 국가와 정의의 상호 관계를 탐구함에 있어서 국가 공동체와 인간 영혼 사이의 평행적인 구조를 고찰하고 정의와 불의 사이의 대립적인 구조를 고찰함으로써, 국가와 인간에 있어서 정의와 불의의 이중적 관계 구조를 전체적으로 고찰하고 있다. 그래서 그는 먼저 국가 안에서 네

가지 기본적 덕들을 다루고 난 후에(417d-434d) 이 네 가지 기본
덕들이 인간 개체의 영혼 안에서 어떻게 있는가를 다루고 있다
(434d-444a). 『폴리테이아』에서 국가와 인간 안에서 정의를 탐구
하는 텍스트의 내용 구조는 다음과 같다.

주제: 정의와 불의의 규정. 427c-445e.
  ① 국가의 네 가지 기본적 덕들. 427d-434d.
    지혜 sophia. 428b-429a.
    용기 andreia. 429a-430c.
    절제 sophrosyne. 430d-432b.
    정의 dikaiosyne. 432b-434d.
  ② 인간 안에 있는 정의. 434d-444a.
    정의를 규정하는 방법. 434d-435a.
    영혼의 세 부분들. 435a-441c.
     - 국가와 인간의 세 부분들의 유사성. 435a-436a.
     - 전체의 부분들을 규정하는 방법. 436a-437a.
     - 영혼의 두 부분들의 구별 : 이성적 부분과 욕망적 부분.
      437b-439e.
     - 영혼의 세번째 부분인 용기. 439e-441c.
    정의의 규정. 441c-444a.
  ③ 불의의 규정. 444a-445e.
    불의의 규정. 444a-e.
    유용성에 따른 정의와 불의의 비교. 444e-445e.

텍스트의 내용 구조를 전체적으로 개관하면, 먼저 국가 안에서
4원덕의 탐구가 이루어지고 난 후에, 이 탐구는 자연스럽게 영혼

의 내적 형식과 구조에 관한 논의로 진행되고, 인간 안에서 정의
가 규정된다. 그리고 나서 불의와 비도덕에 관한 논의를 시작하
면서 플라톤은 텍스트를 끝맺고 있다. 불의에 관한 논의는『폴리
테이아』의 제VIII권과 제IV권에서 본격적으로 다루어지고 있다.

옳게 세워진, 이를 데 없이 선한 국가는 지혜와 용기와 절제와
정의의 국가이다(427e). 첫번째 덕은 지혜이다. 지혜는 "깊은 생각
(428b)"이요 일종의 지식이다. 국가에는 여러 가지 다양한 지식들
이 있다. 목공술, 청동기 제작술, 농경술 따위도 지식이다. 그러나
이런 지식은 어떤 특정한 것에 관한 지식일 뿐, 전체에 관한 지
식이 아니다. 깊은 생각으로 확인되는 지식은 부분에 관한 지식
이 아니라, 전체에 관한 지식이다. 그러한 지식으로 우리는 방위
에 관한 지식을 생각할 수 있다. 국가 안에는 방위자 보다는 대
장장이가 더 많다. 시민의 절대 다수는 부분에 관한 지식으로 살
아가며, 지극히 적은 소수만이 전체에 관한 지식으로 무장하고
있다. 그래서 깊은 생각을 가진 소수가 통치 계급으로 부상하게
된다.

지혜는 국가의 구조를 전체적으로 보는 지식으로, 일종의 "잘
숙고함(Wohlberatenheit)"이다.188) 지혜는 영혼의 내적 얼개와 완
전히 일치한다. 지혜는 영혼의 모든 부분 하나하나가 요구하는
것에 관한 지식인 동시에 영혼의 모든 부분들이 전체를 이루어서
요구하는 것에 관한 지식이다. 지혜는 전체에 관한 지식이므로,
지혜있는 자가 국가를 통치할 수 있다. 그러나 지혜는 램프레히
트가 말하듯이, "한 국가의 시민이 한 덩어리가 되어 달성할 수
있는 목적에 대한 지식, … 완전한 초월성에 대한 지식"이 아니

---

188) Paul Friedländer, *Platon*, III, Band, Berlin 1960, S.90.

다.189) 여기서 말하는 지혜는 그 개념의 이데아적 성격에도 불구하고 소수의 탁월한 시민들이 교육을 통하여 획득할 수 있는, 다시 말하면 지식의 실현가능성과 국가 관리의 유용성에 근거하고 있는 지식이다. 이데아에 관한 지식은 현재 논의되는 지혜보다 훨씬 더 앞서 있으며 훨씬 더 높이 있다. 그래서 소크라테스는 지혜에 관한 논의를 맺으면서 이렇게 말한다. "나는 어떻게 발견하였는지 모르겠으나, 그 네 가지 중에서 하나를 발견하였네 (429a)."

두번째 덕은 용기이다. 용기는 나라를 지키고 나라를 위해서 싸우는 정신이다. 용기는 사나이다움이다. 용기는 만용이 아니다. 용기는 통찰력에 의하여 동반되는 전체에 관련된 덕이다.190) 그래서 국가의 수호라고 하는 대상을 무조건적이고 절대적인 가치로 통찰한 자는 어떠한 위험을 당해도 국가의 수호를 의무로 삼고 자신을 투신하는 것이다. 그래서 용기는 일종의 고수(固守)이다(429c). 그러나 용기로서 확인되는 고수는 두려워해야 할 것과 그렇지 않은 것을 구별하고, 국가 전체를 위하여 사적 쾌락이나 고통이나 욕망을 극복하고, 비도덕적 죄악을 죄악으로 통찰하는, 옳고 합법적인 사유의 힘이다(430b).

세번째 덕은 절제이다. 절제는 일종의 합음(symphonia)이요 조화(harmonie)이다. 플라톤은 이러한 음악적 메타퍼로 절제에 관한 논의를 시작하고 끝맺고 있다. 합음과 조화라는 말로 그는 인간 안에 있는 영혼의 여러 부분들의 합음과 조화뿐만 아니라, 크고 작은 국가의 기본 요청인, 국가 안에 있는 여러 상이한 신분들과

189) S. P. 램프레히트, 김태길, 윤명노, 최명관 공역, 서양철학사. 을유문화사 1963, 68쪽.
190) *Laches*, 199. 이 책의 제4장 4절 「라케스」 참조.

세력들의 합음과 조화를 강조하고 있다. 그래서 절제는 자기 자신의 주인이 되는 것이다. 여기서 당시에 흔히 있었던 소피스트적 반론이 제기된다. 자기 자신의 주인인 자는 동시에 자기 자신의 종이지 않으면 안 된다. 이에 대하여 그러나 플라톤은 반론을 제기한다. 인간의 영혼 안에는 더 좋은 부분과 더 나쁜 부분이 있어서, 이 두 부분들이 갈등하고 있다. 자기 자신의 주인이 된다는 말은 자기 자신을 이기는 것을 의미하며, 이는 영혼의 더 좋은 부분이 더 나쁜 부분을 지배하는 것을 말한다. 그러나 누가 어떤 부분을 지배하고 어떤 부분에 복종하여야 하는지에 대하여 영혼의 두 부분들은 같은 의견을 가지고 있어야 한다. 이는 국가에 있어서도 그러하다. 국가에도 보다 더 좋은 부분이 있고 그렇지 못한 부분이 있다. 절제는 보다 더 좋은 부분이 그렇지 못한 부분을 통제할 때에 그렇지 못한 부분에서 일어나는 현상이다. 보다 더 좋은 부분은 이미 사려와 분별이 있어서 절제의 덕 위에 있다. 그러므로 절제는 일종의 질서이며, 쾌락이나 욕망의 극복이다. 그래서 절제는 "자기 자신을 이기는 것(431a-d)"이다. 다시 말하면 인간 개개인이 자신의 내면 세계에서 향유하고 있는 도덕적인 조화요 영혼의 안정이다. 절제는 이성의 도움을 받아서 지성에 의하여 인도되는 단순하고 적절한 욕망의 상태이다(431c). 그래서 절제는 나라 전반에 퍼져있으며, 개인의 본성에 있어서나 국가의 현존에 있어서 우월한 것이 열등한 것을 지배하는 합주(合奏)이다.

네번째 덕은 정의이다. 정의는 원심적(zentrifugal) 힘의 덕이다. 정의는 구심적(zentripetal) 힘의 덕인 절제와 긴장의 관계를 유지하면서 인간이라는 존재 전체와 국가라는 건물 전체를 지탱하고 있다. 정의는 『폴리테이아』의 처음부터 한결같이 국가를 지배하는 덕으로 전제되어 있다. 정의는 국가의 탄생 과정에서 그리고 초기적 현존 상태에서 "각 사람마다 나라 안에서 자기의 천성에 가장 잘 어울리는 일 한 가지를 하는" 그리고 "자기 자신의 일을 하고 남의 일을 집적거리지 않는(433a)" 덕으로 확인되었다. 각자가 자기 자신의 일을 하는 원리는, 이미 앞에서 살펴본 바와 같이, 국가의 탄생에서 확인되는 자연의 질서이다. 그러나 여기서 플라톤은 방위자의 음악 교육과 체육 교육, 방위자의 선발, 방위자의 생활과 과제 같은 여러 주제들을 논의한 다음에 다시 이 원리를 다루고 있다. 여기서 우리는 "남들에게서 듣기도 했고, 자주 말하기도 했던(433ab)" 정의의 원리의 중요성을 알 수 있다. 정의는 자연의 질서이다. 따라서 모든 좋은, 다시 말하면 자연에 따라서 세워진 국가에는 언제나 이미 그 안에 담겨있는 덕이다. 우리는 이 덕을, 마치 농부가 땅을 갈고 신기료쟁이가 신을 짓듯이, 원시적인 자연의 형식으로서가 아니라, 국가의 모든 신분들과 영혼의 모든 부분들이 각각 자기 자신의 고유한 영역에서 활동하도록 하는, 고도로 도야된 덕의 형식으로 다시 대면하게 된 것이다.

정의는 국가의 모든 시민들이 자기 자신의 일을 하고 있으며 하도록 하는 것이다. 따라서 정의는 이미 고찰한 절제, 용기, 지혜와 더불어 있는 덕으로써, 이상의 세 가지 덕들이 국가 공동체 안에서 덕으로 있도록 하며 덕으로 보존하고 있는 덕이다. 지혜나 용기나 절제가 모두 시민 각자가 국가 안에서 자기 자신의 일을 하도록 하는 덕이므로, 국가의 덕이다. 그러나 정의는 이러한 국가를 구성하고 있는 덕들이 국가의 기본 덕으로 확인될 수 있도록 하는 덕이므로, 단순히 다른 국가의 덕들과 나란히 있는 또 하나의 국가의 덕이 아니라, 정의의 속성 자체에 있어서 국가의

덕이다.191)

지혜와 용기와 절제는 통치와 방위와 생산이라는 국가 안에 있는 인간의 세 가지 존재 형식들(trion)을 만들어낸다(434bc).192) 여기서 만약에 이 세 가지 존재 형식들이 서로 상대방을 집적거리거나 역할을 바꾸는 일이 벌어진다면, 이는 국가의 멸망을 초래하게 되는 지극히 나쁜, 다시 말하면 불의한 일이다. 따라서 정의는 국가를 의롭게 하며 이롭게 한다.

사원덕의 조직은 혼돈과 파괴에 대한 질서와 건설의 표현이요, 불완전에 대한 완전의 표현이며, 거짓과 악에 대한 참과 선의 표

---

191) 제5장 3절 「폴리테이아의 교육이념 : 정의」 참조.
192) 플라톤 해석에 있어서 지혜와 통치, 용기와 방위, 그리고 절제와 생산을 계급으로 파악하고 번역하느냐 아니면 형식 또는 영역으로 파악하고 번역하느냐 하는 문제는 늘 논쟁의 대상이 되어왔다. 저자는 이를 존재 형식으로 또는 영역으로 파악하고 번역하였다. 계급은 하나의 보편타당한 척도를 전제하고, 이 척도로부터 인간과 삶의 가치를 평가한 수직적이요 일원적인 인식의 구조이다. 그래서 계급은 가치 구조적이요 세습적이며 체제 유지적이다. 그러나 플라톤은 여기서 어떠한 절대적인 하나의 척도를 제시하고 이 척도로부터 셋을 보다 가깝거나 보다 먼 거리에 있는 것들로 일원적으로 파악하지 않았다. 만약에 플라톤이 그렇게 파악하였다면, 통치와 방위와 생산의 셋은 계급 내지 계층으로 이해될 수 있다. 플라톤에게 있어서 셋을 규정하는 보편타당한 하나의 척도를 찾아본다면 그것은 필연적으로 정의뿐인데, 정의는 이 셋을 정의에 보다 가깝거나 먼 개념으로 파악하지 않고, 동본원적이요 평행적인 구조로 파악할 뿐이며, 셋을 각각 그 셋의 본질에 있어서 셋으로 확인시켜주는 역할을 맡고 있을 뿐이다. 지혜, 용기, 절제는 정의의 빛 안에서 덕으로 확인된다. 따라서 이 세 덕들은 모두 그것들이 덕인 한에 있어서 정의에 의한 정의의 덕이다. 이 셋은 곧 정의이다. 그리고 그가 텍스트에서 사용한 genos라는 그리스어는 종류, 형식, 계급이라는 의미를 모두 가지고 있다. 이상의 논의를 종합해 보면 플라톤은 여기서 세 가지 존재 형식들을 말하고 있으며, 세 가지 계급 내지 계층을 말하고 있는 것은 아니라고 생각한다.

현이다. 플라톤은 불의의 세력들에 대항하는 투쟁의 과정에서 정
의에 기초한 새로운 국가 공동체를 구상하게 되었다. 따라서 정
의로운 국가 공동체는 이미 있는 국가 공동체들에서 이상적 국가
도덕들을 수렴하여 재구성한, 전혀 새로운 차원의 공동체이다. 사
원덕은 『폴리테이아』에서 이중적으로 조직되었다. 한편으로 사원
덕은 국가와 영혼의 일원성의 구조에 대한 표현이며 국가 발전의
최종 목표이다. 다른 한편으로 사원덕은 국가와 영혼의 현존의
상태가 얼마나 미숙하고 불완전한가에 대한 분명한 논증이다.

5) 여성과 자녀의 공동체

『폴리테이아』의 제5권에서 플라톤은 여성 교육의 문제와 여성
과 자녀의 공유의 문제를, 또는 여성과 자녀의 공동체의 문제를
다루고 있다. 우리는 "여성과 자녀의 공유"라는 오늘의 윤리적
시각으로 보아서 지극히 낯설고 비도덕적인, 따라서 야만적으로
보이는 주제가 철인 국가라는 의로운 국가를 실현하는 조건들 중
에서 첫째 조건으로 제시되어졌음에 주목할 필요가 있다.

여기서 『폴리테이아』의 지금까지의 흐름을 한번 개관하여 보
자. 먼저 케팔로스와 폴레마르코스 같은 교양있는 시민들과 당대
에 이름이 꽤 알려져 있었던 소피스트인 트라시마코스 같은 지식
인이 일상적 생활 세계에서 이해하고 있는 정의의 개념을 소크라
테스는 아이러니가 담겨있는 그의 독특한 질문을 통하여 논파한
다. 그리곤 정의의 개념을 본격적으로 치밀하게 탐구하기 위하여
국가를 모델로 삼는다. 그리하여 정의가 국가의 탄생과 발전에서,
방위자의 음악 교육과 체육 교육에서, 통치자의 선발과 생활에서
논구된다. 그리곤 정의가 지혜와 용기와 절제와 더불어 국가의

네 가지 기본 덕으로 규정된다. 그리고 나서 의로운 국가를 세우기 위하여 요청되는 필연적인 조건들을 논의한다. 그 첫번째 조건이 바로 여성과 자녀의 공유이다. 다시 말하면 이 공유라는 낯선 삶의 방식이 플라톤에 의하면 의로운 국가를 실현하기 위한 본질적 조건이다. 플라톤은 문제를 이렇게 제시한다. "그러면 우리들의 방위자들에게 여자들과 자녀들의 공동체가 어떠하여야 하겠으며, 가장 힘든 기간으로 여겨지는 탄생과 본래적인 교육 사이의 기간에 속하는 첫 아동기의 자녀 양육은 어떠하여야 하겠는가?"[193] 플라톤은 문제의 제시에서 이미 방위자들이 그들의 여자와 자녀를 공유하여야 하며, 자녀들이 학교에 들어가기 이전에 가정에서 받게되는 교육도 공동으로 이루어져야 한다고 전제하고, 다만 공유와 양육의 형식만을 문제삼고 있다.

방위자의 여성과 자녀 공동체에 관한 대화의 내용은 『폴리테이아』에서 다루고 있는 여러 주제들 가운데서 가장 많은 논란의 대상이 되어왔다. 소크라테스도 자신의 주장이 청중의 격분을 불러일으킬지도 모르겠다고 우려하면서 파라독스적인 표현으로 이 주제를 꺼내고 있다. "여기엔 앞에서 이야기한 내용보다도 더 믿지 못할 것들이 많이 담겨 있어서, 이야기하기가 결코 쉽지 않네. 더구나 앞에서 말한 내용들도 충분히 의심스러운데 말이네. 그러나 이야기할 수 있어서 이야기한다면 믿지 않는 것이 최선일 것일세. 그러니 이야기가 단지 하나의 경건한 소망으로 보여지지 않기 위하여 아예 손대지 않고 싶단 말일세(450cd)." 그럼에도 불구하고 소크라테스는 말문을 연다. 왜냐하면 그가 여기서 다루는

---

193) 조우현의 번역은 이렇다. "우리들의 방위자들이 처자들을 어떻게 공유하며 그리고 출생과 교육 초기의 사이에 가장 힘들다고 생각되는 양육에 관해서 공유를 어떻게 이루어갈 것인지"(450c).

주제는 정의로운 국가의 방위자가 될 사람들을 교육하는 프로그램에서 합리적으로 추론 가능하며 또 요청되는 지극히 논리적인 결과이기 때문이다. 방위자들은 자신의 집이나 소유가 없으며, 국가만을 섬기기 위하여 교육받은 사람들이기 때문에 사생활도 없고, 따라서 가정도 없다. 그들은 사람들이 가정 중심의 이기주의에 젖어서 국가를 중심으로 하나로 뭉치지 못하는 풍조를 경멸하도록 훈련된 사람들이다. 플라톤은 여기서 국가 중심의 이상향을 지극히 합리적으로 그리는 시도를 하고 있으며, 이러한 과정에서 합법적이고 윤리적인 제도로서의 가정을 포기하고 있다.194)

  사람들은 『폴리테이아』를 일반적으로 플라톤이 그린 유토피아적 국가론으로 본다. 사실상 플라톤은 『폴리테이아』에서 점점 몰락해가는 조국 아테네를 염려하면서 이오니아적이고 도리아적인 장점을 종합하되, 순전히 사유의 세계에서 그 실현 가능성이 확인되는 한도 안에서 최고로 완전한 국가의 모습을 그리고 있다. 따라서 『폴리테이아』는 플라톤의 이상적 국가론임엔 틀림이 없다. 다만 사람들이 흔히 그렇게 보듯이, 단지 관념의 유희에 머물고 있는 이상적 국가론이 아니라, 당시의 인간관과 국가관에 기초한, 플라톤 스스로 그가 그리고 있는 국가의 타당성과 실현 가능성을 확신하고 있었던, 사실주의적(realistisch) 이상적 국가론이다. 물론 그는 자신의 생각과 신념이 그의 동시대인들의 생각과 신념으로부터 너무나 거리가 멀어서, 그의 국가 설계가 실현될 가능성이 없음을 잘 알고 있었다. 그래서 그는 이렇게 말하고 있다. "철학성이 국가를 지배하기 전에는 국가에도 국가의 시민에게도 악이 그치질 않을 것이라는 생각과 우리가 말로나마 묘사하

---

194) Werner Jaeger, *Paideia*. II, S.320.

고 있는 국가의 체제에 관한 생각이 사실상으로는 이루어지지 않
을 것이라고 우리가 말하면, 그래도 그들은 화를 낼까?"195) 플라
톤은 여기서 정의로운 국가를 실현하기 위한 필요 불가결한, 따
라서 절대적인 전제 조건을 국가의 사회적 통일성(soziale Einheit)
에 두고, 이러한 사회적 통일성을 보존하는 국가를 설계하기 위
하여 이를 위태롭게 만들 수 있는 어떤 타협도 거부하고 있다.
플라톤이 여자와 자녀의 공동체의 타당성 근거를 개개인의 권리
를 제한함으로써 국가의 절대적 통일성을 회복한다는 필연성에
두고 있는 이유가 바로 여기에 있다. 실제로 개인이 지속적으로
국가를 섬기도록 하는 시도는 가족의 갈등을 불러일으킨다. 스파
르타와 같은, 지배 계층의 남성이 그의 생애에서 일정한 기간을
군사적이고 시민적인 의무를 수행하는 일에 바치도록 되어있는
국가에선 가정 생활은 시민 생활의 종속적 역할을 하고 있다. 그
래서 아리스토텔레스는 스파르타적 결혼 생활을 다음과 같이 비
판하였다.196) 스파르타는 법률로 정하여 전체 시민을 강건하게
만들어서 국가를 최강의 국가로 유지하려 하였다. 그러나 이러한

---

195) *Politeia*, 501e. 여기서 "철학성"(哲學性)은 그리스어 to philosophon을 슐
    라이에르마허의 번역 das philosophische Geschlecht에 따라 우리말로 번
    역한 말이다. 철학성은 풀어서 표현하면 철학적 본성의 인간이라는 의
    미이다. 조우현은 다음과 같이 번역하였다. "그렇다면 철학자의 계급이
    나라의 지배자가 되기 전에는 나라에도 나라의 체제에도 악이 그치질
    않을 것이고, 또한 우리가 말로 얘기하고 있는 나라의 체제가 사실상
    으로 이루어지지 않을 것이라고 우리가 말할 때, 그들은 그래도 화를
    낼까?". 여기서 플라톤은 여'성'과 남'성' 같은 언어 사용의 선상에서
    철학적 인간, 금의 인간이라는 의미로 철학'성'이라는 표현을 썼을 뿐,
    다시 말하면 인간의 성적 본질과 특성을 강조할 뿐, 이 말에 계급이라
    는 의미를 부여했다고 보기는 어렵다.
196) Aristoteles, *Politica*. II, 1269b.

입법의 취지가 남자들에게는 철저히 적용되고, 여자들에게는 등한시됨으로써, 결과적으로 여자들을 사치와 방종에 젖은 생활에 물든 시민으로 만들었다. 스파르타는 한마디로 "여자들에게 너무 관대하다." 그래서 정치 질서의 목표나 시민 전체의 행복을 모두 성취하는 데에 실패하고 있다. 그리하여 결과적으로 최초의 입법이 목적하였던 바와는 정반대로 국가의 몰락을 촉진시켜 주었다.

플라톤은 스파르타의 실패를 교훈으로 삼았음에 틀림없다. 스파르타는 시민 전체를 대상으로 하여 신생아의 엄격한 선별을 통한 양육과 교육제도를 실시하였으며, 그 결과로 최강의 군대를 양성하는 일에는 성공하였으나, 인구의 감소를 초래하였으며, 이로 인하여 멸망하고 말았다. 그래서 그는 전시민을 대상으로 삼지 아니하고 방위자와 같은 국가를 섬기는 일에 직접적으로 종사하는 계층에 있는 시민들에게만 제한하여 여자와 자녀의 공동체를 설계하고 있다. 이러한 플라톤적 설계의 기본 정신을 우리는 교회에서도 본다. 플라톤은 여자와 자녀의 공유를 통하여 국가의 통치를 강화하고 있으나, 천주교는 신부의 독신주의를 강요함으로써 교회의 통치를 강화하고 있다. 플라톤은 평생을 독신으로 살았다. 그러나 그는 공유주의나 독신주의를 결혼주의 보다 도덕적으로 우위에 두지는 않았다. 그는 다만 시민의 개량을 합리적으로 설계하였을 뿐이다. 모든 사유(私有)의 가능성을 철저히 배제함으로써 방위자가 오직 국가의 수호에만 헌신할 수 있도록 하는 합리적 이성이 플라톤으로 하여금 방위자의 부인과 자녀들까지도 공유하도록 요청하게 하였다. 그리고 여기서 더 나아가서 허약하고 저능한 시민을 도태시키고 강건하고 유능한 시민을 배양하는 시민 개량의 원리까지 주장하도록 하였다. 여자와 자녀의 '공유'는 여자의 입장에서 보면 남자와 자녀의 공유로 확인된다.

여기서 플라톤이 강조하는 것은 국가를 통치하는 일에 종사하는 사람들이 오직 그들에게 맡겨진 일만을 하도록 함으로써 국가를 가능한 한 가장 완전한 상태로 관리하도록 하는 일이다. 그러므로 공유란 첫째, 국가만을 섬기기 위하여 아무 것도 사유하지 않는 방법과 장치를 의미하며, 둘째, 최고로 우수한 시민을 낳고 기르기 위하여 모색된, 국가적 차원에서 시민의 품종을 개량하는 방법을 의미한다.

공유의 이론은 분명하다. 여성과 남성의 차이는 "여성은 낳고 남성은 낳게 하는 것(454e)"이라는 성 기능적 차이일 뿐, 국가를 방위하는 일에 있어서 "여자가 남자하고는 다르다는 것이 아직 전혀 증명되고 있지 않다(454e)." 뿐만 아니라 여자가 남자보다 신체적으로 약하다는 것 말고는 "많은 일에서 남자들 보다 뛰어난 여자도 많다(455d)." 그러므로 여자는 남자와 모든 일을 공동으로 수행하여야 할 뿐만 아니라(451e), "같은 천성에는 같은 직업을 주어야 한다(456b)." 따라서 여자에게도 남자에게 음악과 체육을 가르쳤던 것과 같이 이 두 기예를 가르쳐야 하며, 전쟁에 관한 것도 가르쳐야 한다. 그런데, 남자들이 벌거벗고 체육을 하듯이, 여자들도 벌거벗고 하는 것이 마땅하다. 처음에 크레타와 스파르타에서 남자들이 벌거벗고 체육을 하기 시작하였을 때에, 사람들이 이를 비웃었으나, "가장 좋은 것을 밝혀 주는 이성 앞에서(452d)" 사람들의 비웃음은 어리석음으로 밝혀지고 말았다. 문제는 다만 기능의 합리성을 찾는 일이다. "방위자들의 아내들은 옷 대신에 덕을 빨리 입기 때문에, 언제라도 옷을 벗어도 좋으며 전쟁에 참여해도 좋다. … 가장 좋은 것을 위해서 체조를 하고 있는 알몸의 여자들을 비웃는 사람은 그의 지혜로부터 웃음이라는 설익은 과일을 따는 것이고, 그가 왜 웃고 있으며 무엇을 하고 있는지 모르고 있는 것이다. ⋯ 쓸모있는 것은 아름다우며 해로운 것은 추하다(457b)." 이렇게 방위자들의 아내들에게 음악과 체육을 가르치는 것은 가능할 뿐만 아니라 가장 좋은 일이다 (456c).

여자는 단지 부인일 뿐만 아니라 공동 방위자이어야 한다. 플라톤은 공동체 구성에 있어서 여자가 가지고 있는 창조적 능력을, 특히 창조적 협력의 능력을 강조하고 있다. 그러나 이러한 여자의 능력은 가정에서 그저 임신과 출산 및 양육의 영역으로 제한되어서 파악된 것이 아니라, 국가 방위의 의무와 과제를 수행하는 영역으로 확대되어서 파악된 것이다. 그의 사유는 지극히 냉철하다. 여자와 남자가 성차를 제외하고는 본질적으로 같은 능력을 소유하고 있으며, 성차라고 하는 것도 단지 성 기능적 차이일 뿐, 인간이 소유하고 있는 잠재적 능력의 차이를 의미하지는 않기 때문에, 다시 말하면 여자와 남자는 "같은 천성"을 가지고 있기 때문에, 여자도 남자와 같은 교육을 받을 수 있는 기회와 같은 직업을 향유할 수 있는 기회를 동등하게 누려야 한다. 여자가 남자와 동일한 과제를 수행한다면, 여자도 남자와 똑같은 생활 양식(trophe)을 가져야 하며 똑같은 훈련(paideia)을 받아야 한다. 따라서 방위자가 될 수 있는 자질을 갖고 태어난 철학성의 여자는 그와 같은 자질을 갖고 태어난 철학성의 남자처럼 음악과 체육으로 교육받으며 전쟁터를 종군하면서 연마되어야 한다. 여기서 플라톤은 여자도 체육 교육을 받음에 있어서 남자와 마찬가지로 벌거벗도록 함으로써, 더 나아가서 남자들과 함께 팔레스트라[197]에서 체조를 하게 함으로써 그의 이론을 과격의 극치로 몰

---

197) Palästra는 고대 그리스에서 씨름과 격투를 주로 가르치던 학교이다.

아가고 있다. 스파르타의 젊은 여성들은 이미 벌거벗고 체조를
했다고 한다. 플라톤은 여성의 체육 교육에서 여성도 벌거벗고
운동할 것을 주장하고 있는데, 그는 이러한 스파르타적 범례를
그의 미와 선을 추구하는 교육이론 안으로 받아들여 재구성하고
있음에 틀림없다.198) 이러한 플라톤의 이해를 일반적인 문장으로
정리하면 이렇게 된다. 아름답고 좋은 것으로 확인되는 모든 것
은 그것에 대한 편견의 여하에 관계없이 추구되어야 한다. 가능
성은 언제나 오직 당위성의 인식에 의하여서만 확인되어야 한다.

미와 선의 척도를 통하여 의로운 국가에서 확인되고 요청되는
여자의 체육 교육은 새로운 척도에 의하여 이루어지기 때문에,
시민의 도덕을 위태롭게 만드는 대신에 오히려 바르게 그리고 확
고하게 만들 것이다. 그래서 그는 방위자의 아내들이 하여야 할
일은 히마티온(Himation)이라는 고대 그리스의 시민들이 입는 겉
옷을 과감히 벗어버리고, "옷 대신에 덕(arete, 457a)"을 걸치는 일
이라고 말하고 있다. 플라톤은 여기서 동시대인의 미에 대한 척
도가 틀렸음을 지적하면서 새로운 척도를 제시하고 있다.

여자들과 자녀들의 공유는 "가장 큰 선(457d)"이다. 이에 관해
선 논란의 여지가 없다. 다만 그러한 공유가 과연 가능한가에 관
해서는 "큰 논란(457d)"이 생길 것이다. 공유란, 이미 위에서 언급
하였듯이, 어떤 여자도 사사로이 한 남자와 함께 살아서는 안 된
다는 것, 모든 남자들과 모든 여자들이 서로 서로를 공유해야 한
다는 것, 따라서 아이들도 공유이고, 부모가 자기 자신의 아이를
알거나 아이가 그의 부모를 알아서는 안 된다는 것을 의미한다
(457d). 이러한 이해로부터 소위 "짝짓기"라는 결혼의 규정, 자녀

---

198) Werner Jaeger, *Paideia*. II, S.322.

의 생산, 그리고 자녀의 심사와 양육이라는 문제가 다루어진다.

모든 결혼은 의로운 국가를 실현하기 위한 바탕을 다지는 일이므로, 의로운 일이다. 따라서 결혼을 될 수 있는 대로 "신성한 것"으로 만들어야 한다. 마치 방위자들을 교육을 통하여 선별하듯이, 여자들도 선별하여야 하며, "가장 뛰어난 남자들은 가장 뛰어난 여자들과 함께 사는 일이(459e)" 가능한 한 잦아야 한다. 국가의 인구를 적정 수준으로 유지하기 위하여 결혼의 수를 통제하여야 하며, 축제와 축시와 교묘하고 비밀스러운 제비뽑기 등의 방법으로 결혼을 지극히 합리적으로 그러나 자연스러운 모습으로 여겨지도록 관리하여야 한다. 전쟁을 훌륭하게 수행하고 국가에 공헌이 큰 젊은이에게 영예와 상을 주고 성생활의 기회를 더욱 자주 허가해 주어서, 좋은 씨에서 좋은 아이들이 가능한 한 많이 태어나도록 하여야 한다. 열등한 아이들과 병약하고 불구로 태어난 아이들은 "발이 닿지 않는 미지의 장소에 묻어버려야 한다(460c)." 좋은 아이들은 "한창 때의 부모(460d)"에게서 태어나므로, 여자는 20에서 40까지, 남자는 "달리기에서 가장 빠른 한창 때"에서 50까지로 출산을 제한하여야 한다. 그리하여 나라를 위한 출산의 행위가 경건하고 정의롭도록 하여야 한다(461a).

입법자는 언제나 다음과 같은 물음으로 입법의 목적을 확인해야 한다. "나라의 건설을 위한 가장 큰 선은 무엇이며, 가장 큰 악은 무엇인가?(462a)." 국가를 풀어서 여럿으로 만드는 행위는 가장 악하고, 묶어서 하나로 만드는 행위는 가장 선하다. 왜냐하면 마치 나의 손가락에 상처가 났을 때에, 손가락이 아파하는 것이 아니라 내가 아파하는 것처럼, 그리고 아픈 부분은 손가락이지만 몸 전체가 함께 아픔을 느끼는 것처럼, "단일한 사람에게 가장 가까운 상태에 있는 나라(462c)"가 가장 잘 다스려지고 있는 나라이기 때문이다. 그런데 만약에 통치자들이 끼리끼리 서로 당파를 만들어서 나의 파와 남의 파로 방위자들을 쪼갠다면, 그러한 나라는 오래가지 못할 것이다. 그러므로 즐거움과 괴로움을 공유하고 여자와 자녀를 공유하여 모두가 모두를 "나의 것"이라는 말로 공유할 수 있으면, 그것이 나라를 위해선 가장 큰 선일 것이다(464b). 이렇게 플라톤은 여기서 일체성 내지 통일성을 국가의 최고선으로 강조하고 있다. 그리고 여성과 자녀의 공동체와 소유의 공유는 국가의 일체성을 보장할 뿐만 아니라 최고의 수준으로 끌어올린다.

　방위자들은 "신체를 빼면 개인적인 것이라고는 아무 것도 가지고 있지 않고, 그 밖의 것은 다 공유이기 때문에(464d)", 통일성이 잘 이루어진 국가 공동체 자체가 그들의 행복이 된다. 여자들은 수업에 있어서, 어린이의 생산과 양육에 있어서, 다른 시민들을 보호함에 있어서 남자들의 동지(Genosse)로 있어야 한다(466c). 그리하여 여자들은 생활의 터전에서나 전쟁터에서 남자들이 있는 곳에 언제나 함께 있음으로써, 남성에 대하여 여성이 가지고 있는 자연스러운 본성을 거스르지 않고, 양성이 그렇게 되어있는 대로 공동체를 서로서로 향유하게 된다. 그렇게 함으로써 그들은 그들이 할 수 있는 최선의 행위를 하는 것이다.

　우리는 지금까지 여성과 자녀의 공유 공동체라는 플라톤의 파라독스적 주장을 살펴보았다. 이 주장을 플라톤은 첫째로 오로지 선의 이데아의 관점 아래서 전개하고 있으며, 둘째로 정의로운 국가를 실현할 수 있고 보장할 수 있는 조건을 찾으려는 인식 관심을 가지고 접근하고 있다. 따라서 여기서 이 내용을 오늘의 윤리 도덕적 잣대로 보거나 재며, 내용이 말하고 있는 구체적인 현상 자체를 고찰의 대상으로 삼으려고 하면, 우리는 플라톤이 공유와 공동체라는 말로써 의미하고자 하였던 바를 정확하게 보지 못하고 있는 것이며, 보지 못하게 된다.

6) 철인 통치의 타당성

철인이 국가를 통치하여야 한다는 철인 통치론은『폴리테이아』에 담겨있는 테마들 가운데서 가장 과격한 사상에 속한다. 그래서 플라톤은 이 사상을 대단히 조심스럽게 소개하고 있다.『폴리테이아』에는 세 가지 과격한 사상들이 나온다. 이를 플라톤은 세 가지 파도로 표현하고 있다. 왜냐하면 이 사상들이 소개될 때마다 이를 듣는 청중들은 마치 거대한 파도가 밀려오는 것을 보고 놀라서 어찌할 줄 모르는 것처럼 경악을 금치 못하면서 반론을 펴고 있기 때문이다. 첫째 파도는 남녀 방위자의 체육 교육과 음악 교육에 관한 이론이고, 둘째 파도는 여자와 자녀의 공유 공동체에 관한 주장이며, 셋째 파도는 이제 다루려고 하는 철인의 국가 통치론이다.

플라톤의 파라독스적 인식은 이렇다. 통치와 철학의 일치만이 국가를 부패와 몰락으로부터 구할 수 있다. 그에게는 이러한 인식은 다만 이상적인 것이 아니었다. 그는 철인의 국가 통치론은 마땅히 요청될 뿐만 아니라, 충분히 실현 가능하다고 확신하였다. 그래서 그는 그가 40세가 되었을 때에 철학적인 통치 국가를 실현하려는 꿈을 품고 시칠리아를 여행하였다. 철인의 국가 통치론은 플라톤의 "철학적 국가 구상의 싹이요 핵"[199]이다. 플라톤은 이러한 철학으로 당시의 시민들이 소유하고 있었으며 그들을 사로잡고 있었던 단순한 생각들의 힘에, 다시 말하면 철학적으로

---

199) Paul Friedländer, *Platon*. Band III, 1960, S.96.

반성되지 아니한 단순한 의견들과 신념들이 만들어 낸 힘인 대중의 여론에 대항하였다. 플라톤이 여기서 말하고 있는 "모든 사람들의 생각에 역행하는(473e)", "오늘날의 견해와 매우 어긋나는(490a)"200) 생각은 이렇다. "철인들이 국가에서 왕들이 되던가 우리가 오늘날 왕들이나 통치자들이라고 부르는 자들이 참으로 철저하게 철학을 하든가 해서 정치의 다이나믹과 철학의 다이나믹이 하나가 되지 않으면 … 국가에게도 인류에게도 재앙이 그치지 않을 것이다."201)

소크라테스의 이러한 파라독스에 대하여 글라우콘과 아데이만토스는 한결같이 반론을 편다(473e, 478b). 글라우콘의 반론을 보자. "많은 사람들이, 결코 나쁘지 않은 사람들이 옷을 벗어던지고 알몸이 되어서202) 그들이 그 때에 손에 쥐고 있는 것들로 무장하고선 소크라테스에게 돌진할 것이다(473e-474a)." 이 문장에 담겨 있는 뜻은 이렇다. 정치와 철학의 다이나믹이 하나가 되고 철인이 통치하여야만 국가가 바로 서고 인류가 번영을 누릴 것이라는 주장은 당시의 단순한 시민들을 지배하고 있었던 일반적인 국가 통치관과 너무나 달랐다. 이 말의 파라독스적 성격이 너무나 강하기 때문에, 이 말을 들은 시민들이 즉시 흥분해서 벌떼처럼 일

---

200) 여기서 역행하는 생각과 어긋나는 견해로 번역된 원어 표현은 두 군데가 모두 다 "para doxan"이다.

201) *Politeia*, 473cd. 여기서 조우현이 "이것들, 즉 정치적 권력과 철학"이라고 번역한 부분을 나는 텍스트의 그리스어 "dynamis te politike kai philosophia"에 따라서 "정치의 다이나믹과 철학의 다이나믹이"라고 번역하였다.

202) 당시에 그리스 사람들은 이마티온(imation)이라는 겉옷을 걸치고 다녔다. 그런데 이마티온이 싸움엔 방해가 되기 때문에, 싸울 때에는 겉옷을 벗어던지고 가벼운 속옷 차림으로 나서곤 하였다. 따라서 여기선 "알몸이 되어서"라는 표현으로 대중의 흥분 정도를 묘사하고 있다.

어나서 일종의 인민 재판을 열 정도라는 말이다. 여기서 소크라
테스에게 돌진하는 시민들의 직업이나 신분은 문제가 되지 않는
다. 다만 그들이 결코 저속하고 악한 범죄적 부류의 인간들이 아
니란 것만이 강조되고 있다. 그들은 언제 폭발할지 모르는 대중
의 잠재적이고 불확정적인 위험을 상징하고 있다. 그들은 소크라
테스의 새로운 주제에 대한 반론을 가지고 있지 않다. 그들은 이
론과 대안으로 무장한 지식인들이 아니다. 그들은 그들의 일상적
인 생활 세계를 그저 열심히 살아가는 단순한 시민들이다. 그들
은 그들의 인생관과 너무나 모순되는 이 파라독스 앞에서 흥분해
서 벌떼처럼 일어나서 성난 군중이 되어 그냥 밀어닥칠 뿐이다.
공격을 당할 때에 공격자들이 누구인지 알면 별로 무섭지 않다.
그러나 익명의 다수가 공격하는 것은 무섭다. 플라톤은 여기서
이미 소크라테스가 당할 익명의 다수에 의한 소송과 재판, 그리
고 그의 변명과 사형 선고와 죽음을 예감하고 있다.

　　그러한 주장을 하면 인민 재판을 받게될 것이라는 글라우콘
의 도전에 대하여 소크라테스는 철인의 본질에 대한 물음으로
맞선다. "철인들이 다스리지 않으면 안 된다고 우리가 감히 주
장하는 그 철인들이란 누구를 말하는가?(474b)." 철인은 지혜의
벗(Philosophos)이다. 철인은 인식을 사랑한다. 철인은 사랑하는
자이다. 모든 사랑의 본질에는 사랑하는 자가 사랑의 대상을 전
적으로 사랑할 수 있는 능력이 포함되어 있다. 철인은 지혜를
전적으로 사랑하는 자이다. 참다운 철인은 "진리를 보기를 사랑
하는 사람(475e)"이다. 사람에는 여러 종류가 있다. 그저 사물을
보기를 사랑하는 이론가들(Philotheamon), 기술을 사랑하는 기술
자들(Philotechnos), 행동을 사랑하는 행동가들(Praktikos), 명예를
사랑하는 명예가들(Philotimos), 그리고 지혜를 사랑하는 철인들

(Philosophos)이 있다. 여기서 철인은 "아름다움 자체로 다가가서 그것을 그 자체로서 볼 수 있는 사람(476b)"이기 때문에, 다른 부류들로부터 구별되어야 한다.

플라톤은 여기서 이 말을 설명하기 위하여 존재론을 가져온다. 인식에는 지식, 무지, 그리고 그 중간에 있는 의견의 세 단계들이 있다. 이 단계들에 따라서 존재, 비존재, 그리고 그 중간에 있는 우리들의 형성되어지는 세계라는 세 존재의 단계들이 확인된다.203) 그러나 여기서는 철인이 참으로 존재하는 것에 대하여 가지고 있는 관계를 밝히는 일이 관건이므로, 이러한 인식론의 제시로 충분하다. 철인은 의견의 세계를 지나치고 넘어서서 철인이라는 이름에 이미 담겨있는 사랑이 그를 진리에로 인도하는 대로 진리 자체만을 향하여 나가는 자이다. 그러므로 철인은 존재하지 않는 것과 참으로 존재하는 것 사이의 어느 곳에서 돌아다니고 있는 기술주의적 인간, 행동주의적 인간, 이론중심적 인간, 명예추구적 인간 따위들과는 본질적으로 다르다. 그들은 그럴싸한 생각들을 좇는 무리들이요 의견의 벗들이다. 그러나 철인은 참으로 있는 것만을 보고 싶어하는 속성에 의하여 분명히 구별되는204) 지혜의 벗이다. 철인의 본질은 지혜의 사랑(Philo-sophie)이나 그들의 본질은 의견의 사랑(Philo-doxie)이다. 그들은 그들에게 그렇게 보이는 것, 그렇게 여겨지는 것을 가치로 알고 지식으로 인식하는 무리들이다. 그래서 그들은 비록 다수를 이루고 있으나, 존재론적으로 소수를 이루고 있는 철인보다 아래에 놓여있다.

철인이 통치자이어야 한다는 파라독스적 주장은 방금 위에서

---

203) 여기서 존재론은 좀 거칠게 다루어지고 있다. 그러나 후에 태양과 선분의 비유에서 선의 이데아론으로 치밀하게 보완되고 있다.
204) 구별(diairesis)은 플라톤의 사유의 한 형식이다.

설명한 존재론적 논증으로 뒷받침되고 있다. 존재하는 것의 인식, 진리의 인식은 이 세상에서의 국가 관리와 시민 생활에 방향을 제시한다. 국가를 관리하고 시민을 통치하는 자의 과제는 미와 선과 정의에 관한 법률을 제정하고 이 법을 지키는 자를 보호하며 지키지 않는 자를 제재하는 일이다. 그런데 저 존재론적 인식을 통하여 진리를 보는 자에게만 그러한 법제정과 통치의 능력이 있다. 참으로 있는 것을 날카롭게 보는 철인의 본성(physis)에는 인간의 모든 본래적 힘들과 덕들이 이미 내포되어 있어서,205) 철인은 덕과 경험을, 다시 말하면 이론적 인식과 실천적 경험을 이미 다방면적으로 풍부하게 소유하고 있는 자이다. 『폴리테이아』의 핵심을 이루고 있는 개념은 그러므로 로고스 안에 있는 철인과 국가이다.

아데이만토스는 철인의 무용론을 전개한다. 그는 당시의 아테네의 시민들이 일반적으로 철인에 대하여 갖고 있던 편견을 여기서 대변하고 있다. 철인은 일반적으로 일반 교양에 관심을 가졌던 자로, 불량배요, 매우 괴팍한 자이다. 철인은 "나라에 아무 쓸모도 없는 사람(487d)", "별만 쳐다보는 사람이요 말만 떠벌리는 사람(488e)"이다. 이러한 도전에 직면하여 소크라테스는 놀랍게도 이를 전적으로 인정한다. "그들이 말하는 것이 옳다(487d)." 그러면 나라에 아무 쓸모도 없는 철인이 나라의 지배자가 되기 전에는 나라가 재앙에서 결코 벗어나지 못하리라는 주장은 어째서 타당한가? 여기서 소크라테스는 멋진 반어법을 전개한다. 물론 철인은 오늘날의 국가에서는 무용지물이다. 그러나 대중이 그렇게

---

205) 그래서 소크라테스는 "우린 무엇보다도 먼저 그들의 본성을 철저히 배워 두어야 하겠네"(485a)라고 말했다.

생각하듯이 이 말로 철인이 평가된 것이 아니라, 국가가 평가된
것이다. 의견을 사랑하는 사람들로 구성된 국가에서는 지혜를 사
랑하는 사람들이 제대로 인정받을 수 없다. 철인의 존재에는 철
인에 의하여 참으로 있는 것에, 참 존재에 관련된 국가가 된, 그
리하여 그러한 국가 안에서 철인이 이미 더 이상 무용지물이 아
닌 그러한 참된 국가의 존재가 이미 함께 전제되어 있다.206)

　인간의 삶의 길이 곧 철학 교육의 길이다(498bc). 젊거나 어렸
을 때에는 젊은이에게 알맞은 교육과 철학적 훈련을 받아야 한
다. 나이가 점점 더 들어가면서 어른이 되어가는 동안에는 신체
의 성장 발달에 유의하면서 철학적 훈련의 강도를 점점 더 높여
간다. 성인이 되어서 영혼이 아주 성숙해지면 철학적 훈련도 이
에 걸맞게 성숙한 경지에 이른다. 그리고 노령에 접어들어 체력
이 기울게 되면 정치와 군사의 의무에서 벗어나서 오직 철학 밖
에는 할 것이 없게 되어, 철학이 주업이 된다. 이러한 그림으로
플라톤은 철학과 정치의 일치를, 철인 교육의 걸음을, 그리고 철
인 통치의 길을 미리 암시하고 있다.

　철학은 불의가 없는, 잘 정리되어 있는, 질서가 있는, 언제나
존재하는 세계로 접근해 들어가는 것이다. 철학하는 사람은 "실
재하는 것들에다 진정 마음을 기울이고 있는(500b)" 사람이다. 그
는 신적이고 질서 있는 것과 사귀기 때문에, 그 자신이 질서가
있고 신적인 것이 되고자 한다. 철인은 완전한 것에 의하여 깨우
침을 받는 자이다. 그리하여 그의 깨우쳐진 영혼은, 만약에 어떤
화가가 신적인 본을 사용하여 나라를 그린다면, 그럴 경우에 나

---

206) 철인들이 대중에게는 아무 쓸모가 없다는 자네의 말이 옳다. 그러나
　　쓸모없다는 것은 그들을 쓰지 않는 사람들 탓이고, 유능한 사람들 탓
　　은 아니다. 489b.

타날 나라가 행복한 나라일 수밖에 없듯이, 그러한 정의롭고, 아름답고, 절제 있는 나라를 그릴 것이다. 철인이 나라의 지배자가 되기 전에는 나라에도 나라의 체제에도 악이 그치질 않을 것이다 (501e). 이러한 "로고스로 시를 쓰고 있는"[207] 나라의 체제는 실제로는 없다. 그러나 무우사의 신이, 다시 말하면 철학의 신이 나라를 통치하게 될 때에는 그러한 나라의 체제는 "늘 있었고, 있고, 또 있으리라(499cd)." 그리고 그러한 나라의 체제를 세우는 일은 불가능한 것이 아니라 다만 어려울 뿐이다. 정의로운 나라의 체제를 그리는 일에서 로고스와 미토스는 만나서 하나가 된다.

플라톤의 교육사상에서 가장 난해한 부분은 그의 교육이념이라고 할 수 있는 선의 이데아를 다룬 태양과 선분의 비유일 것이다. 그러나 그의 교육사상에서 가장 중요한 부분은 아마도 국가의 구원자가 될 철인의 양성에 관한 이론일 것이다. 이 문제는 『폴리테이아』의 처음부터 대화의 주제로 등장하였다. 그런데 이제 철인 통치의 타당성, 철학과 국가의 관리, 선의 이데아에 관한 비유적 설명들, 동굴의 비유로 설명한 파이데이아의 뜻과 길을 두루 논의하고 난 후에, 그리고 방위자의 체육 교육과 음악 교육에 관한 논의와 여자와 자녀의 공유에 관한 논의가 어느 정도로 마무리된 지금에 와서 다시 철인 통치의 문제는 다시 논의의 주제로 등장하고 있다. 철인의 교육은 곧 국가의 구원을 의미하기 때문에, 이 주제는 너무나 중요하다. 그래서 "처음부터(502e. eks arches)" 다시 검토하지 않으면 안 된다.

철인의 존재는 너무나 귀하다. 철인은 그의 내적 본질에 있어서 다방면적으로 탁월하여야 한다. 철인은 용기있게 앞으로 돌

---

207) *Politeia,* 501e "en mythologoymen logo".

진하는 기백과 한걸음 뒤로 물러서서 자제하는 신중성이라는 양
극적으로 서로 대립하고 모순되는 기본 자세를 자기 자신 안에
서 하나로 합일하지 않으면 안 된다. 전자는 남성다움의 용기
(andreia)이며 후자는 사려 깊은 오성(sophrosyne)이다. 플라톤은
『폴리티코스』에서 철인 통치자의 과제는 국가 안에 있는 바로 이
양극적 기본 추동을 화해시키는 것이라고 하였다. 이 과제가 그
렇게 어렵고, 이러한 난해한 과제를 해결할 본성을 지닌 철인을
교육하는 일이 그렇게나 중요하기 때문에, 철인 교육의 과정을
다루는 것은 모든 교육 중에서 "가장 치밀한 교육"이요, 모든 학
문들 중에서 "가장 큰 학문"[208]이다.

가장 큰 학문의 최고의 대상은 선의 원상(Urbild)이다. 사람들이
무엇인가 참된 것, 무엇인가 진지한 것에 관하여 진실하게 말할
때에는 언제나 완전한 것, 선한 것을 최종적으로 의미하게 된다.
그래서 누구나 그러한 선을 찾고 있다. 사람들은 선을 저마다 자
신의 수준과 관점에서 찾는다. 그래서 혹자는 흥미(Lust)를 선으
로 여기고, 혹자는 생각(phronesis)을 선으로 여긴다. 흥미와 생각
은 서로 대립적이다. 흥미는 말초 신경적 취향이요 생각은 중추
신경적 활동이다. 흥미는 인간의 육체적 생성의 자연스러운 추구
이며, 생각은 인간의 정신적 현존의 고차적인 인식 활동이다. 그
런데 플라톤은 당시의 철학이 공유하고 있던 이러한 이해의 수준
에서 한 걸음 더 나아갔다. 그는 정신의 추구를 단지 인식 자체
로 보지 않고, 선의 인식으로 이해하였다.

비록 선의 이데아가 무엇인지 잘 알지 못하고 있으며 다만 예
감할 수 있을 뿐이라고 해도, 그리하여 선을 추구하는 모든 영혼

---

208) *politeia*, 503e. "megista mathemata".

이 선 자체가 아니라 선의 그림자를 향하고 있다고 해도, 그것은 의미 있다(505e-506a). 왜냐하면 선을 추구하는 영혼은 선의 그럴싸한 모양에 만족하질 않고 선의 존재를 인식하기 위하여 계속 노력할 것이기 때문이다. 따라서 방위자의 고유한 과제는 선을 아는 일이다. "의로운 것과 아름다운 것"[209] 이 둘이 모두 선인데, 선이 무엇인지 선의 모양을 구체적으로 볼 수가 없다. 그래서 글라우콘은 소크라테스에게 선에 관한 그 자신의 생각(506b, dogmata)을 말하라고 조른다. 이에 대하여 소크라테스는 이렇게 말한다. "뭐라고? 모르는 것에 대하여 마치 알고 있는 것처럼 말하는 일을 자네는 옳다고 생각하는가? … 인식이 없는 의견은 … 추하다(아름답지 않다). … 이성이 없이 무엇인가 바로 생각하고 있다고 여기는 사람은 길을 제대로 걸어가고 있다고 생각하는 소경들과 다를 것이 뭐가 있는가?(506c)."

선은 존재의 피안에 있는 존재이다. 선은 파라독스적 존재여서 가시적이면서도 비가시적이다. 이를 지극히 일반적으로 표현하면, 『폴리테이아』의 전편을 통하여 선의 개념을 둘러싼 긴장은 점차적으로 고조된다. 그러다가 제4권에서 영혼론을 다루면서 선의 인식에 이르는 길이 대단히 멀고 험난한 길(435d)임이 강조된다. 『폴리테이아』의 형식은 파이데이아의 간단없는 길이다. 선은 한편으로 목적으로, 선의 본질에 있어서 모든 사람들이 전혀 회피할 수 없는 방향을 이루고 있다. 선은 다른 한편으로 존재의 피안에, 이와 함께 로고스의 피안에 있기 때문에, 선에 직면하여 말이, 로고스가 끝나버린다.

선의 인식은 철인의 주업이요 과제이다. 철인은 『폴리테이아』

---

209) *politeia*, 506a, "dikaia te kai kala".

의 앞 부분에서(475e 이하) 지식과 무지, 그리고 존재와 비존재
의 양극과, 억견의 세계와 생성의 세계의 파르메니데스적 구조
로 단순하게 논의되었다. 그런데 이제 여기서 철인은 보다 고차
적으로 다시 논의되고 있다. 존재와 비존재는, 순수한 부정은
불가능하기 때문에, 실제적 생활에서는 감추어져 있다. 동굴의
비유에서 드러나듯이, 동굴의 끝쪽에 있는 깊고 어두운 벽면에
조차도 비록 약하기는 하나 횃불의 희미한 빛이 횃불이 만들어
주는 그림자와 함께 닿아있다. 이는 다음과 같은 사실을 말해준
다. 인간의 삶에는 비록 희미하거나 밝거나 함에 있어서 차이가
있긴 하나 존재와 인식만이 있다. 지식과 의견의 세계의, 다시
말하면 존재의 세계와 생성의 세계의 단순한 대립은 인식의 4
형식들의 조화로운 조직으로, 그리고 인식의 상이한 형식들에
따른 존재의 형식들의 체계로 재구성된다. 선(agathon)에로 오르
는 길은 이와 같은 인식과 존재의 4형식들의 단계적 이행으로
확인되고 있다.

  새로운 존재론이 여기서 전개되고 있다. 지하 동굴의 어둠의
세계에서 태양이 있는 밝은 세계로 나가는 길은 가시적으로 나타
나는 현상의 세계에서 지적으로 반성하는 지혜의 세계로 가는 길
이며, 완전성의 본질 형식인 선의 이데아에 이르는 길이다. 그리
고 이 길은 본질에 있어서 파이데이아의 길이기 때문에, 다시금
생성의 세계에로 되돌아오는 길이다(517a-518b). 교육과 도야는
인식론적이고 존재론적으로 언어적 도야와 수학적 도야를 거친
이후에 변증법적 도야를 하며, 변증법적 길을 통하여 최고의 선
의 인식에 이르고, 거기서 다시 통치하기 위하여 국가 안으로 되
돌아온다. 여기서 통치한다는 것은 지배하는 것이 아니라, 철인으
로 국가를 섬긴다는 것이다. 최고 가치에로의 길은 지극히 일상

적인 인간의 생활 공동체 안으로 되돌아오는 길이며, 따라서 윤리적 요청으로 각인되는 길이다.

7) 철인의 교육과정

플라톤의 교육과정은 자연의 법칙과 신의 법칙에 따르고 있으며 선의 이데아를 지향하고 있다. 플라톤은 전승되어 내려온 가치 있는 옛 교육을 새로운 시대가 요청하고 있는 새 교육에 접목시켜서 하나의 완벽한 교육과정을 만들어 내었다. 그의 교육과정은 소피스트에게서 특징적으로 드러나는 많이 아는 것을 추구하는 다지(多知, Vielwisserei)나 시대적 생활의 경험이 추구하는 현학적 지혜와는 전혀 다르다. 그래서 그는 소피스트적 지식을 무지 보다 더 나쁜 것으로 보았다. "어떤 영역에 있어서도 철저한 무지가 나쁜 것이거나 가장 큰 악이 아니다. 잘못된 지도 아래서 획득하게 되는 많은 경험들과 지식들은 훨씬 더 큰 해악이다."210)

플라톤이 여기서 말하는 해로운 교육은 교과를 잘못 가르치는 것과 바른 인도가 없이 획득되어지는 포괄적 지식이다.211) 지식의 세계로 인도하는 바른 길은 분명히 있다. 이 길을 플라톤은 교육과정에 관한 그의 생각에서 제시하고 있다. 그래서 플라톤의 교육과정은 의도적으로 설계된 최초의 교육과정으로 인정받고 있다. 바른 교육과정은 중차대한 인간사일 뿐만 아니라, 자연의 법칙에 따른 그리고 신의 질서에 따른 필연성이다. 여기엔 모든 교

210) *Nomoi*, 819a. Platon, Nomon Gesetze. Bearbeitet von klaus Schöpsdau, Darmstadt 1977, Teil 2, S.93.

211) Josef Dolch, *Lehrplan des Abendlandes*. Zweieinhalb Jahrtausende seiner Geschichte. Ratingen 1971, S.28: "polypeiria kai polymathia".

육과정의 본질적 요소들인 선발, 범위, 순서, 관련 등의 교수 계획의 관점들이 모두 망라되어 있다. 교육과정의 설계에서 우선적으로 고려되어야 할 점은 무엇을, 얼마나, 언제, 어떻게 배워야 하며, 지식이 상호간에 어떻게 연관되어야 하는가 라는 문제, 다시 말하면 전체적 관련성의 문제이다.

『폴리테이아』에서 철인 통치의 가장 중요한 과제는 교육을 잠재 능력과 소질에 따라서 인식하는 것이다. 인간은 모두 잠재 능력과 소질에 있어서 서로 상이하다. 이러한 상이성을 인식하고 이에 따라서 바르게 교육하는 것이 교육의 정의(正義)이다. 그러므로 교육은 바로 이 정의로운 교육의 실천에서 정치와 만난다. 교육이 곧 정치이다.

플라톤은 방위자와 통치자의 선발과 교육을 모든 어린이들을 교육의 과정 안으로 투입하여, 마치 그들이 모두 방위자와 통치자가 될 수 있는 자질이 있는 것처럼, 또 그렇게 태어나고 부름받은 것처럼 단순화하고 있다. 그래서 파이데이아의 처음에는 모든 어린이들에게 성별이나 신분의 구별이 없이 똑같이 예비 교육을 베푼다. 그리고는 교육의 경과에 따라서 학생들을 그들에게 다가가서 잘 관찰하여 그들 중에서 "평생을 통하여 나라에 도움이 된다고 생각하는 것을 가장 열심히 하지만, 나라에 도움이 안된다고 생각하는 것은 결단코 하려고 들지 않는 사람들(412de)"을 선발하여 통치자로 교육하는 것이다.

그래서 플라톤은 선에로의 길을 다룬 후에, 그리하여 선에로의 길을 자유롭게 열어놓은 후에 인간의 영혼이 학습하여야 할 교과목(Mathemata)들을 논의하고 있다. 이 교과목들은 그 구성과 구조에 있어서 참된 존재에로 전진하는 학문들임이 분명히 드러난다. 모든 거짓과 가식으로부터 낯선 영혼들인 진리의 벗들만이 선택되어서 선에로의 교육을 받는다. 선분의 비유에 묘사되어 있는 존재와 인식의 단계적 형식들에서 우리는 선의 이데아만이 "진리와 지성을"212) 제공해 줌을 알게 된다.

플라톤의 교육과정에서 선발과 더불어 교육기간의 배열에 우리는 주목할 필요가 있다. 현대적 안목으로 보면 어렸을 때에 교육 가능성은 제일 풍부하다. 어린이의 가소성은 거의 무한대이므로, 플라톤은 소위 학령전 아동기에 해당하는 시기를 교육 이전의 시기로 그냥 두었다. 그리곤 예비 교육으로부터 시작하는 그의 교육 프로그램은 위로 올라갈수록 기간이 길어지고 과목이 보다 전체 중심적이고 순수 사유적인 능력을 배양하는 내용으로 짜여져 있다. 각자의 영혼의 상태에 따른 세 가지 삶의 형식들과 이 형식들이 만들어 주는 사회적 신분들은 플라톤의 교육과정에서 귀중한 교육 기간이 의미 없게 낭비되지 않도록 구성되어 있다. 플라톤의 교육과정의 이러한 기본 성격과 구상은 오늘에 이르기까지 교육과정의 모든 이론들과 유형들의 기본 원리와 모형이 되어왔다.

모든 남녀 청소년들을 점증적으로 어려운 과제로 몰아넣고 있는 이러한 교육의 과정으로부터 몇 가지 어려운 문제들이 야기된다. 우선 교육의 가능성을 가장 많이 가지고 태어난, 교육의 최선자들에 관한 문제이다. 돌츠는 자연의 질서에 따라서 영혼이 최고로 무장된 영재들은 플라톤의 교육과정에서 통치자로 언제나 이미 결정되어 있다고 보았다.213) 그리고 차선자들은 무사로 선발되어, 통치자의 교육과정을 초보적인 수준에서 함께 배우도록

---

212) *politeia*, "517c, aletheian kai noun".
213) Josef Dolch, 1971, S.31.

되어있다. 그리하여 통치자들의 양성에서 시간의 낭비가 최소화
되어 있다. 그리고는 끝으로 생산직에 종사하는 자들도 그들의
직업에 필요한 수준의 교육을 받게 되어 있다. 이러한 해석은 그
러나 한 가지 논쟁점을 가지고 있다. 플라톤은 선의 이데아로부
터 교육의 모든 과정을 구상하고 있다. 그의 교육과정에서 선발
의 개념은 부정적이 아니라 긍정적이다. 긍정적 선발이란 앞에서
논의한 바와 같이, 전체의 덕인 정의에 따른 평가의 결과이며, 따
라서 각자의 아레테가 최선의 형식으로 실현되도록 하는 제도이
므로, 이것은 단일 척도에 따른 가치 평가는 아니다. 여기서 우리
는 플라톤의 선분의 비유에서 확인되는 가치의 사다리를 교육의
과정과 삶의 신분에 대한 개념에 어떻게 연관시켜야 플라톤을 바
르게 이해한 것이 될 것인가라는 중요하고 어려운 문제에 직면하
게 된다. 그리고 플라톤은 『폴리테이아』에서 삶의 세 가지 가치
들과 계급들을 말하는 것이 아니라, 다만 삶의 세 가지 형식들을
말하고 있을 뿐이다. 삶의 세 가지 형식들은 교육을 통하여 정의
라는 전체의 덕에 따라서 각자의 영혼에 가장 알맞은 존재의 형
식으로 확인되고 도야된 결과이므로, 단일 척도에 따른 가치의
사다리의 개념이 아니다. 그러므로 이를 계급으로 보는 것은 무
리가 있다. 그래서 저자는 이를 신분으로 표현하였다. 그러나 돌
츠는 플라톤을 이 점에서 계급으로 해석하고 있다.

　플라톤의 교육과정에서 정신적 도야와 신체적 도야는 조화로
운 관계를 유지하고 있다. 예비 교육에서 철학 교육에 이르는 과
정 전체를 개관하면, 예비 교육과 제1차 실습 교육에서는 신체적
도야가, 기초 교육과 전문 교육에서는 정신적 도야가 더 많은 비
중을 차지하고 있다. 이러한 과정에서 처음에는 일반 시민이 모
두 갖추어야 할 시민적 자질과 교양이, 그리고는 국가와 사회가

그 위에 서있는 윤리 도덕적 가치들과 행동의 목록들이, 그리고는 끝으로 철학적 탐구와 사유의 형식과 능력이 강조되어 있다. 교육의 마지막 단계인 제2차 실습의 기간에는 변증법이라는 도야의 통로 안에서 통치의 여러 영역들과 상황들이 실습됨으로써, 교육의 구조에 있어서 이미 신체적 도야와 정신적 도야의 상호 연관 내지 비중이 극복되고, 이 둘이 조화로운 하나를 이루고 있다.

플라톤이 강조하는, 교육은 다만 통치자와 고급 관리들, 그리고 방위자들 뿐만 아니라, 국가의 절대 다수를 차지하고 있는 일반 시민들도 포괄하고 있어야 하며, 교육의 과정을 통하여 쟁취하여야 할, 또는 매개하여야 할 과제에는 그들 모두가 반드시 소유하고 있어야 할 윤리와 도덕이 함께 포괄되어 있다. 모든 교육은 다시 말하면, 교육의 길에서 교수되고 연습되는 것은 모두 인간의 영혼을 윤리 도덕적으로 재형성하는 데 있다. 그래서 플라톤은 체육도 영혼의 도야를 위하여 중요한 교과로 강조하고 있다. 여기서 드러나는 플라톤의 인간학은 그 본질에 있어서 동물들에서 확인되는 질료와 신들에게서 확인되는 순수한 정신 사이에 있는 존재로서의 인간 이해이다. 인간은 무교육의 상태로 놓아두면 질료의 세계를 본질로 알고 살아가는 동물의 영역 안에 안주하게 된다. 그러므로 인간은 교육 필연적인 동물이다. 여기서 우리는 플라톤의 국가 교육론에 담겨있는 무조건적 윤리적 요청의 관점을 이해하여야 한다. 이러한 선의 이데아로부터 나오는 절대적 윤리적 요청을 전제하지 않고는 철인 교육의 프로그램은 목적지 없이 방황하는 배와 같다.

플라톤의 교육과정은 그의 인간관에 근거하고 있다. 그에 의하면 인간은 육체와 영혼으로 구성되어 있다. 그러나 육체는 비본질이다. 인간의 본질은 영혼이다. 인간은 초월적 운명의 소유자요 인간의 영혼은 불멸이다. 그러므로 교육의 본질적인 과제는 영혼의 도야이다. 영혼은 개체적 생활, 공동체적 생활, 그리고 우주적 생활이라는 세 가지 현존의 영역들을 가지고 있다. 영혼은 감각적 세계와 정신적 세계, 시간과 영원, 형성과 존재라는 두 서로 대립적인 세계들의 갈등 구조를 가지고 있다. 이러한 인간관에 따라서 플라톤은 존재의 이원론을 주장한다. 인간은 육체적 실존과 정신적 실존, 시민적 영혼과 철학적 영혼, 세속적 부분과 초세속적 또는 신적 부분 사이에서 어느 한쪽으로 보다 치우친 존재이다. 따라서 이데아의 세계에 대한 관조는 인간의 교육에서 절대적으로 요청되고 필요하다.

〈표 6-1〉 파이데이아의 길

인식의 단계		교육의 단계	연령	선발
			약 50세	4차 선발
episteme 지 식	noesis 지성	V 2차 실습 교육		
			약 30세	3차 선발
		IV 전문 교육		
			약 20세	2차 선발
	dianoia 오성	III 1차 실습 교육		
			약 16세	1차 선발
doxa 억견	pistis 신념	II 기초 교육		
			약 10세	
	eikasia 허깨비	I propaideia 예비 교육		
			약 7세	

위의 <표 6-1>은 플라톤이 구상한 파이데이아의 길이다. 교육의 Ⅰ단계는 예비 교육의 단계이다. 예비 교육에서 어린이들은 7세가 될 때까지 그들이 성장하였던 교육 이전의 놀이와 동화의 세계에서 합목적적으로 추구되는 체육 교육의 세계에로 인도되어진다. 예비 교육의 목적은 어린이가 태어날 때에 가지고 태어난 정신적이고 신체적인 능력들이 조화롭게 발달하도록 잘 다져주며, 국가의 시민으로서 요청되는 기본적인 공동체 생활의, 다시 말하면 사회 생활의 능력을 잘 가꾸어 주는 일이다. 현대적인 개념으로 표현하면, 이 단계에서는 어린이의 사회능력화(Soziabilisierung)를 과제로 삼고 있다. 그래서 교육과정은 체육과 음악이다. 체육에서는 달리기, 넓이뛰기, 씨름하기, 수영하기, 말타기, 활쏘기, 창던지기, 검술, 원반던지기, 전술 행진하기, 진지 구성 연습, 및 사냥 연습 등으로 신체를 단련하고 성격을 수련한다. 음악에서는 노래, 음율, 문학(logoi), 문법, 특히 읽기와 쓰기, 그리고 고전적 문인들의 작품을 기초적으로 학습하기 등을 통하여 정신과 영혼을 도야한다.

교육의 Ⅱ단계는 기초 교육의 단계이다. 이 단계에서는 약 10세에서 16세까지의 소년들에게 실생활에 필요한 유용한 지식을 가르친다. 그래서 실천(praxis)에 오리엔테이션이 되어있는 교육을 한다. 실천 중심의 교육이란 이 세상에서 일하고 거두며 살아가기에 유용한 실용적 지식들과 기술들의 교육을 말한다. 다시 말하면 교육받은 후에 생활 세계에서 쓸모있는 직업 관련적 지식들과 기술들이다. 교육과정은 예비 교육의 단계에서 가르쳐 왔던 음악과 체육을 좀더 집중적으로 가르치면서, 시문학과 기하, 산술, 천문학의 기초를 가르치도록 짜여져 있다. 기초 교육에서는

음악이 우선되었다. 이를 스프랑거는 상상력의 도야로 보았다.[214)
어린 시기에 상상력의 도야를 게을리하면 후에 어른이 되어서 이
를 회복하기는 거의 불가능하다. 그러므로 우리는 상상력의 도야
를 아무리 강조해도 지나치게 강조할 수 없다. 음악은 말과 소리
를 포괄하고 있다. 그러므로 음악 교육에서는 내용과 형식에 따
른 시의 선택과 소리의 종류와 리듬에 따른 음악의 선택이 중요
한 과제가 된다. 플라톤이 이 시기의 교육내용을 자세히 다루고
있지 않은 것은, 그 시대의 독자들에게 교육내용이 너무나 자명
한 것이었기 때문이다. II단계의 교육을 성공적으로 마친 학생들
가운데서 더 이상 교육을 필요로 하지 않는 학생들은 선발하여
사회로 내보낸다. 그리하여 사회에서 농부, 어부, 광부, 목수, 신
기료쟁이에서부터 의사에 이르기까지 국가의 시민으로서 생산직
에 종사하는 여러 직업을 수행하도록 한다.

　여기서 우리는 1차 선발과 더불어 플라톤의 선발의 기준에서
이성 인간을 지혜의 덕을 가진 통치자로, 용기 인간을 기개의 덕
을 가진 방위자로, 감각과 욕망 인간을 절제의 덕을 가진 생산자
로 교육하여 선발한다는 단순한 삼분법적 이해의 관점에 조심할
필요가 있다. 왜냐하면 플라톤은 그의 전 교육과정을 이러한 단
순한 모형 아래 집어 넣고 있지 않기 때문이다. 그리고 선발은
언제나 아직 결정되지 아니한 방위자와 통치자의 후보들을 생산
자로부터 구별해 내는 것을 목적하고 있기 때문이다. 그의 교육
과정은 원칙적으로 어떤 인간의 유형을 결정적인 것으로 전제하
고 있지 않다. 다만 각자의 영혼의 상태에 가장 알맞은 교육을
베푸는 것만을 목적하고 있으며, 그러한 교육의 과정과 결과가

214) Eduard Spranger, *Eigengeist der Volksschule*. 1955, S.52f.

정의의 덕에 의하여 동반되어지고 정의로 확인되도록 하는 과정에서 인간에게 잠재되어 있는 이성, 용기, 욕망이 지혜, 기개, 절제로 자연스럽게 도야되도록 함을 목적하고 있다.

여기서 우리는 플라톤의 교육사상에 관한 여러 연구들에서 지금까지 간과되어 왔거나 몰이해되어 온 선발의 개념에 유의할 필요가 있다. 일반적으로 교육학에서 선발은 학습 성취가 우수한 학생들에게 계속하여 교육을 받을 수 있는 길을 열어주기 위한 평가 제도로 파악되어 왔다. 선발은 일정한 성취의 척도로 학생을 점수화하고 석차화하여 합격과 불합격의 두 카테고리로 분류하는 형식으로 기능하여 왔다. 그리하여 선발은 부정의 개념이요 도태의 개념이 되었다. 공부를 잘하는 학생에게 계속하여 상급 학교로 진학하여 자아 실현과 성공적 사회생활을 할 수 있는 기회를 열어주기 위하여 공부를 잘못하는 학생을 '선발하여' 가차없이 교육의 길 밖으로 추방해 버려서 자아 실현과 최적적 사회생활의 가능성을 제한하고 박탈하는 기능을 '합리적으로' 수행하는 제도가 선발이다. 선발의 방향은 성취 능력이 부족하고 성취가 충분하지 못한 학생을 솎아 내는 쪽으로 잡혀있다. 그래서 선발의 개념과 제도 아래서 진학하는 학생들과 낙오하는 학생들이 모두 고통을 받아왔다. 이러한 비인간적 선발의 개념과 이해는 그러나 교육과 교육학의 역사에서 합리적이고 과학적인 학생 평가와 생활지도의 방법으로 확고하게 자리잡았다. 그리고 평가의 실제는 절대적으로보다는 상대적으로 이루어져 왔다. 학교 교육에서 시험과 평가는 교육의 보조수단의 위치에서 중심적 기능으로 변질되었다. 그리하여 선발제도는 오늘날 학교 교육의 정상화를 불가능하게 만들고 방해하며 위협하는 최대의 요인이 되었다.

그런데 플라톤은 여기서 선발을 전혀 다르게 파악하고 있다.

플라톤에게 있어서 선발은 교육을 더 이상 받을 필요가 없는 학생들을 찾아내어 적절하게 사회로 내보내기 위한 방법으로 확인된다. 계속하여 교육받을 필요가 있는 학생들은 학교에 남아서 다음 단계의 교육을 받도록 한다. 학교는 더 이상 교육을 필요로 하지 않는 학생들을 선발하여 사회로 내보내어 사회에서 다양한 직업을 수행하도록 한다. 왜냐하면 그들은 각자의 소질과 성취와 관심에 따라서, 플라톤적 개념으로 표현하면, 자기 자신의 영혼의 아레테에 가장 알맞은 교육을 받은 결과로 더 이상 교육받을 필요가 없게 되었기 때문이다. 이러한 선발의 개념은 그 개념의 본질에 있어서 보다 더 교육적이다. 왜냐하면 교육은 일차적으로 성장하는 어린이들을 의도적이고 계획적인 교육 기관인 학교에 수용하여 일정한 기간 동안에 기초적 교양과 전문적 지식을 가르쳐서 사회에 내어 보냄으로써, 그들이 사회에 나가서 성공적으로 정착하며, 자기 자신의 삶의 행복을 누리고, 국가의 유용한 시민으로 경제적으로 안정되게 살아가도록 하는 활동이기 때문이다. 이러한 교육의 지복성(至福性)과 유용성(有用性)에 비추어 볼 때에 학교는 학생을 선발하되, 교육을 받고 사회에 나가서 효과적으로 정착할 수 있도록 선발해야지, 다시 말하면, 긍정적으로 선발하여야 하지, 학업의 성취가 낮은 학생들에게 계속하여 공부할 수 있는 기회를 주지 않는 방향으로, 그리하여 교육받을 수 있는 기회를 박탈하는 방향으로 부정적으로 선발해서는 안 되는 것이다. 긍정적 선발에서 선발의 척도는 학생에게 있다. 선발을 포함하여 교육이 성공적으로 이루어졌음을 확인하는 객관적 척도는 유용성에 있다. 학생의 사회생활이 국가와 사회의 공동체적 유용성으로 확인되지 않을 경우에, 비록 그러한 삶이 학생의 주관적 삶의 만족으로 확인된다고 해도, 그것은 전체에 이롭지 않고 해로운 삶이므로, 의롭지 못하다. 그러한 교육은 잘못된 교육이다. 그러므로 선발은 교육받는 자 개개인의 학습이 그 자신의 내적 가능성에 따라서 가장 완전하게, 따라서 가장 바르게 이루어진 결과로, 주관적 삶의 행복이 간주관적 삶의 행복으로 드러나고 있다.

이러한 일차 선발이 이루어진 후에, 교육의 III단계인 1차 실습 교육이 이루어진다. 계속하여 교육을 받을 필요가 있다고 평가된 학생들은 학교에 계속 남아있게 하여, 약 20세가 될 때까지 일차 실습 교육을 받는다. 약 4년 간에 걸쳐서 이루어지는 실습 교육은 주로 군사적 훈련으로 짜여져 있다. 이 시기의 교육은 호머의 교육이념에 기초한 '옛 교육'의, 다시 말하면 국가 방위를 위하여 요청되는 군사적 덕목과 능력의 집중적 훈련으로 짜여져 있다. 실습 기간이 끝나면, 학생들은 모두 투철하고 유능한 군인이 되어있다. 그들 가운데서 각자의 영혼의 아레테에 따라서 가장 알맞은 자기다움에 도달하였기 때문에 더 이상 교육을 필요로 하지 않는다고 평가된 학생들은 다시 선발되어서 전투병에 해당하는 낮은 방어직에 투입되어 국가를 방위하는 무사가 된다.

여기서 계속하여 교육이 필요하다고 인정되어 남겨진 자들은 IV단계의 교육과정을 밟는다. 약 30세가 될 때까지 10년 간 교육을 받는 이 단계의 교육은 전문 교육이다. 전문 교육은 이론(Theorie) 중심의 교육이다. 전문 교육의 교육과정은 문법, 수사학, 산술, 기하 I, 기하 II, 천문학, 화성학, 변증법으로 구성되어 있다. 전문 교육의 교육과정을 자세히 살펴보면, 교육과정이 세 무리로 구성되어 있음을 알 수 있다. 첫째 무리는 문법과 수사학이다. 둘째 무리는 산수, 기하 I, 기하 II, 천문학, 화성학이다. 셋째 무리는 철학적 문답법 또는 변증법이다. 학생들은 이 과목들을 동시에 배우지 않고 순차적으로 배운다. 다시 말하면 학생들은 먼저 문법을 배우고, 문법의 학습이 완료되면, 수사학으로 넘어간다. 그리고 첫째 무리의 학습이 끝나면 둘째 무리로 넘어간다. 문법과 수사학은 모두 말의 능력과 지식을 다루는 교과이다. 여기서 우리는 말의 능력이, 다시 말하면 로고스가 오성의 능력과 지성의 능력을 도야하기 위한 교육에로 들어가는 전제 조건이 되고 있다는 사실을 알 수 있다.

둘째 무리에서도 학생들은 순차적으로 배운다. 가시적인 사물을 인식하되, 볼 수 있는 눈으로 보여지는 대로 사물의 표면적 특성에 따라서 인식하지 아니하고, 사물을 사물의 본질에 따라서 인식하게 하는, 다시 말하면 사물을 수로 파악하게 하는 산수를 학습한 후에, 사물을 평면의 개념으로 파악하게 하는 기하 I 을, 그리곤 사물을 입체의 개념으로 파악하게 하는 기하 II 를 가르친다. 그리고 나선 "물체와 물체 사이의 운동의 법칙"을 다루는 천문학을 배운다. 그 후에 영혼이 삶의 에토스를 오로지 선의 이데아를 향하여 가꾸어 갈 수 있도록 하는 화성학을 배운다. 둘째 무리의 교과목들은 화성학을 제외하고는 모두 수를 다루고 있다. 다시 말하면 산수는 1차원의 인식 법칙을, 기하 I 은 2차원의, 기하 II 는 3차원의, 그리고 천문학은 4차원의 인식 법칙을 다루고 있다. 사물을 수로 인식하는 것이 산수이다. 플라톤은 손가락 셋을 예로 들어서 수학적 인식의 본질을 설명하고 있다(523cd). 도야되지 않은 사람들은 손가락 셋을 보면, 그들의 눈에 보이는 대로 못생긴 또는 예쁜, 쭈글쭈글한 또는 매끈한, 거무튀튀한 또는 하얀, 굵은 또는 가는 손가락이라고 인식한다. 그러나 손가락 셋은 손가락 셋일 뿐, 그 외에 아무 것도 아니다. 이러한 수학적 인식이 손가락을 손가락의 표면에 있어서가 아니라 본질에 있어서 인식하는 것이다.

사물을 사물의 본질에 있어서 인식하게 하는 능력을 도야하는 교과는 모두 수학적 교과이다. 수학은 인간의 영혼이 사물들의 그림자가 아니라, 사물들의 실체 자체를 보도록 참된 빛으로 영혼을 일깨우고 능력화 하는 주요 도구, 다시 말하면 쇄신의 주요 도구이다. 그래서 수학은 "생성하는 것으로부터 실재하는 것으로 (521d)" 영혼을 이끌어 가는 학문이다. 플라톤이 말하는 교육은 전체적으로 짐작의 세계에 또는 허깨비와 신념으로 확인되는 억견(doxa)의 단계에 있는 인간을 오성과 지성으로 확인되는 인식 (episteme)의 단계로 끌어 올려서, 생성에서 존재에로 전환하는 활동이다. 이를 플라톤은 아래를 보며 살아가는 인간을 위를 보게 하고 위를 보며 살아가도록 만드는 것이라고 표현하였다. 이러한 의미에서 수학은 교육과정의 중심이요 전환으로서의 파이데이아의 시작이며 본질적 형식이다. 이러한 수학이 인간에게 새롭게 부여하는 인식 법칙은 가시적인, 다시 말하면 눈으로 볼 수 있는 사물의 세계를 바른 인식의 능력과 방법으로 바르게 보고 인식하게 한다. 이러한 가시적 사물의 인식 능력이 오성이다.

그리고 나서 마지막으로 철학적 문답법을 배운다. 철학적 문답법은 눈으로 볼 수는 없으나 사유의 길을 통하여 알 수는 있는 가지적 세계를 인식하는 법칙이다. 철학적 문답법은 순수한 사유의 훈련이기 때문에, 학생들이 아직 어릴 때에 이를 가르쳐서는 안되고, 전문 교육의 단계에서도 가장 마지막으로 배우도록 하는 교과로 되어 있다. 왜냐하면, 이는 여러 이데아들의 세계를 인식할 뿐만 아니라 최종적으로 선의 이데아까지 인식할 수 있는 지성을 도야하는 교육이기 때문이다. 영혼이 선의 이데아를 향하여 안정된 현존을 누리며, 이러한 에토스로 사물을 인식할 수 있는 수준에 도달한 청년들이 철학적 문답법을 학습하여 선의 이데아를 알도록 하여야, 그들이 교육받은 자로서, 아직 쇠사슬에 묶여 있는 그들의 동포들을 죽음을 무릅쓰고 교육하게 되기 때문이다. 그렇지 않을 경우에는 그들은 철학적 문답법을 학습한 후에, 위를 바라보며 영원한 이데아인 태양을 향하는 영혼으로가 아니라, 아래를 바라보며 자신의 욕망을 추구하는 영혼으로 철학적 문답법을 사용하여 무엇인가 사이비 이데아를 생각해 내, 중뿔나게 그들이 생각해 낸 것을 선의 이데아의 자리에 올려놓고, 청소년들을 오도하고 국가의 질서를 문란하게 만들어 버리고 말기 때문이다.

전문 교육이 끝나면 학생들은 다시 선발된다. 제3차 선발에서 선발된 학생들은 고급 방위직과 중간 관리직으로 배출된다. 그들은 장교와 관리가 되어서 군대를 지휘하고 국가를 관리한다. 다시 말하면, 그들은 자신의 삶을 위한 직업이 아니라, 국가를 위한, 따라서 전체를 위한 직업에 종사한다. 여기서도 교육이 더욱 필요하다고 평가된 학생은 남겨져서 V단계의 교육인 2차 실습 교육에 투입된다.

이 단계에서는 약 50세가 될 때까지 철학적 문답법만을 끊임없이 연습하면서, 국가를 다스리는 여러 직책을 돌아다니면서 통치의 실습을 쌓게 된다. 그리고 이 단계를 성공적으로 이수하는 학생은, 마지막까지 남아서 교육을 받은 자는 철인이 되어서 국가를 다스린다.

여기서 플라톤의 철인 교육의 교안을 다시 한번 전체적으로 살펴보자. 앞으로 국가를 통치하게 될 철인에게는 문법, 수사학, 산수, 기하, 천문학, 화성학은 예비 교육의 교과이다. 그러나 국가를 방위할 고급 무사에게는 국가 방위에 대단히 유용한 기술과 지식을 제공하는 본 교과이다. 그래서 방위자와 통치자가 전문 교육의 과정을 함께 교육받는다. 이 교육과정은 자연의 질서를, 돌츠의 표현을 빌리면 "신적 필연성"[215]을 따르고 있다. 문법과 수사학으로 언어적 도야를 닦은 후에, 산수, 기하, 천문학으로 수학적 도야를 닦는다. 언어적 도야와 수학적 도야를 통하여 가시적 사물과 세계를 바르게 인식할 수 있는 오성을 획득한 후에 요청되는 것은 오성을 바르게 사용할 수 있는 영혼의 자세이다. 그래서 화성학으로 영혼이 삶의 에토스를 오로지 선의 이데아를 향하여 가질 수 있도록 도야한다.

철인 교육의 과정에서 체육 교육과 음악 교육을 2년, 또는 3년간 하여야 할지(537b) 그리고 변증법의 훈련을 4년, 5년, 또는 6년간 하여야 할지(539de), 교육의 기간을 어느 정도로 정하여야 하는가 하는 문제는 그렇게 중요하지가 않다. 중요한 것은 교육과 생활의 관련이요, 이론과 실천이 하나로 조화롭게 묶어져서 진행되는 교육의 과정이며, 정의의 빛 아래서 각자가 교육을 받은 후에 생활 세계에서 자기 자신의 영혼의 상태에 가장 알맞은 장소를 향유하게 되는 선발이며, 철인처럼 지극히 고독한 자 조차도 생활의 공동체로서 전체를 위한 자신의 자리를 확실히 갖게되는 것이다.

플라톤의 교육과정은 당시에 전승되어 내려온 옛 교육의 형식과 내용이 철학적으로 개혁된 일종의 통일 교안이다. 플라톤의 교육과정에서 교육의 시작부터 끝까지 교과들이 엄격하게 선별되고 조직되어 있다. 그러나 여기서도 다음과 같은 문제가 제시된다. 교과들로 확인되는 학문의 길이 실제로 인생의 완전한 실현

---

215) Josef Dolch, a.a.O., S.33. "göttliche Notwendigkeit".

을 지향하고 있는 파이데이아의 길과 일치할 수 있으며 또한 일
치하여야만 하는가? 플라톤은 높은 도야를 위하여 베푸는 수업은
인위적으로 잘 조직되고 재구성된 양성 과정과는 다르다고 하였
다.216) 어떤 일정한 기술을 숙련하게 하는 직업적 도야와 자기
자신의 삶의 의미 있는 실현을 추구하게 하는 일반적 도야는 구
별된다. 전자는 기술로서의(epi techne) 수업이고 후자는 도야로서
의(epi paideia) 수업이다. 그럼에도 불구하고 플라톤의 교육과정에
서 이 두 가지 서로 다른 수업의 형식들은 실용적 철학적으로 하
나로 통일되어 있다. 교육의 길에서 도모하고 있는 것은 단지 생
활 직접적 솜씨들이나 실천적 생활과 무관한 순수한 관념적 인식
의 내용이 아니다. 생활과 거리가 먼 교육내용이 아니라, 생활과
가까운, 생활 관련적인 교육내용을 선정하고 재구성하되, 그것이
교육과정에서 학문과 생활을, 이론과 실천을 하나로 드러내도록
하였다.

교육의 III단계에 해당하는 16세에서 20세까지의 실습 교육은
글자 그대로 군사 훈련으로 구성되어 있다. 이 4년 간의 군사 훈
련은 당시에 이미 널리 퍼져있었던, 그러나 아직 엄격하게 징집
제도로 정착되지는 않았던 그리스의 청소년들의 방위 의무와 일
치하는 것이다. 청소년들은 신체적 군사적 훈련을 계속 받고, 전
쟁이 발발하면, 실제로 전장에도 동원되었다.217) 1차 실습 교육은
대단히 힘든 과정이다. 그리하여 군사 훈련을 받는 동안에 학생
들은 다른 일을 전혀 할 수 없고 늘 피곤하고 졸립다(537b). 그들

---

216) Platon, *Protagoras,* 312ab.
217) *Politeia,* 467c, 537a. "애들을 말에 태워서 전장에 데려가서 구경을 시켜
　　야 하고, 위험하지만 않다면, 가까이 데리고 가서 … 피의 맛을 보도록
　　해야 한다"(537a).

은 주로 신체를 단련하고 창검을 연마하면서, 앞서서 배운 교과
의 내용을 실전에 응용하는 시도를 할 것이다. 교사는 학생들의
이러한 모습을 세밀하게 관찰하여, "철학적 문답법에 소질이 있
는 사람과 그렇지 않은 사람을(537c)" 구별해 내어야 한다. 관찰
의 관점은 학생의 인식 관심이 이론에 쏠려있는 자가 누구인가를
알아내는 데에 있다.

20세부터 교육의 IV단계인 전문 교육이 시작된다. 전문 교육을
시작하기 전에 학생들은 2차로 선발되어서, 방위자가 된다. 선발
된 자들은 가고, 남겨진 자들은 계속하여 교육을 받는다. 전문 교
육의 중심은 정신적 도야에 있다. 이들은 "필수적인 신체 단련의
의무에서 해방된(537b)", 그리하여 연구에만 전념할 수 있게 된
자들이다. 여기서 "해방된"이라는 표현은 교육의 여러 단계에 투
입되는 학생들이 체육 교육을 전혀 받지 않게 되었다는 의미가
아니라, 징집의 대상에서 제외된 자들이라는 의미이다.[218] 고대
그리스의 교육에서 신체의 아름다움은 교육을 통하여 계속하여
가꾸고 보존하지 않으면 안 되는 본질적 대상이었다.

이 시기의 교육과정은 엄격성과 정확성에 의하여 수행되었다.
그리하여 학생들이 생성되는 자로부터 존재하는 자로 교육되었
다. 이를 우리는 동굴의 비유에서 확인하게 된다. "속박에서 벗어
나서 그림자로부터 인간들의 모상이나 불빛 쪽으로 방향을 바꾸
어 땅 밑의 장소로부터 태양의 빛으로 가는 오름길을 올라가서,
… 물위에 비친 그 신적인 영상이나 그림자를 볼 수 있도록 하는
것, … 그것은 … 영혼 안에 있는 가장 훌륭한 부분을 이끌어서 실
재하는 것 중에 가장 훌륭한 것을 보기까지 이끌어 올리는 작용

---

218) Josef Dolch, a.a.O., S.35.

을 하는 것일세(532bcd)." 이 문장이 진술하고 있는 내용은 최선
의 대상이요 모든 존재하는 사물들로 하여금 존재하도록 하는 원
천인 태양을 향하여 영혼이 교육받아서, 그 결과로 영혼 안에 있
는 최선의 것들이 완전한 상태로 제고되는 것이 곧 교육이라는
말이다. 그러므로 철인의 교육과정은 이러한 내적 완전성을 지향
하는 전체적 도야의 과정이며, 이에 필요한 교과목의 종합이다.
그러므로 철인의 교육은 "치밀한 교육(503d)"이어야 한다.

　플라톤의 교육과정은 단계적으로 구성된, 시민의 절제와 무사
의 용기와 철인의 지혜로 인도하는 교안이다. 인간의 영혼은 불
멸이다. 인간의 영혼은 실존에 있어서 이데아들을, 선을, 미를, 진
리를 관조하며, 이 세상에서 향유하는 다양한 생활을 통하여 이
데아들을 다양하게 회상한다. 인간은 어린 시절에는 보는 대로
파악한다. 이러한 수준이 허깨비(eikasia)이다. 그리곤 생업의 실천
적 성격에 따라서 직접적으로 신체적 능력이, 간접적으로 영혼이
경험과 확신에 따라서 사물을 수용한다. 이러한 수준이 신념
(pistis)이다. 신념은 명확하게 검증되지 아니한 지식에 신뢰를 던
지는 행위이다.

　인간은 본래부터 지혜롭지 못한 동물인지라, 억견(doxa)의 세계
에 푹 빠져서 살아가던 습관으로부터 이성의 활동(noesis)을 통하
여 획득한 인식의 세계에로 영혼을 전환하는 일은 대단히 어렵고
힘드는 일이다. 영혼의 전환은 오성의 사용과 더불어, 수학적 오
성의 인식과 더불어, 또는 나토르프의 표현을 인용하면 사유의
연습(dianoia)과 더불어 시작된다.219) 돌츠는 이 교육의 Ⅳ단계를

---

219) Paul Natorp, *Platos Ideenlehre*. 1921, S.216. Josef Dolch, a.a.O., S.36에서
　　재인용.

수학과 자연 전체를 대상으로 하여 논리적이고 체계적인 사유의
능력을 연습하는 시기로 보았다. 그러나 이 단계의 교육과정을
자세히 분석해 보면, 이 단계는 삼중적 구조와 성격을 가지고 있
음을 알 수 있다. I 단계에서 III단계까지의 교육과정은 비교적
덜 체계적이었다. 그러나 IV단계의 교육과정은 이미 두 번에 걸
친 선발을 통하여 남은 자들인, "20세의 젊은이들 중에서 뽑힌
자들(537b)"에게 걸맞게 대단히 치밀하고 조직적인 구성을 보여주
고 있다. 이들에게는 어린이들에게 산만하게 가르쳤던 지식들을
모아서 "학문들과 존재하는 것의 본성 상호간의 관련성을 개관하
도록"220)하지 않으면 안 된다. 그러나 이러한 이데아는 모든 학
문들의 내적 일원성을 전제할 경우에 비로소 가능하다. 그리고 모
든 학문들의 내적 일원성의 전제는 고대에 자주 강조되었으며, 근
세에는 모든 교육과정의 자명한 전제로 수용되었다. 이 단계의 교
육은 "학문들 상호간의 공동성과 근친성(531d)"을 고찰하는 것을,
다시 말하면 "모든 것을 정확하게 규정하고 분명하게 만들기 위
하여, 다중적으로 분산되어 있는 것을 함께 보며, 하나의 모양으
로 정립하는 것"221)을 목표로 삼고 있다. 여기서 우리는 사유의
연습이 구별(diairesis)과 공관(共觀, synopsis)을 두개의 큰 가지로
삼고 있음을 알 수 있다. 사물을 수, 형식, 운동, 그리고 관련으로
파악하는 것은 그러므로 수학적 도야의 주요 내용이 된다. 이 시

---

220) *Politeia*, 537c. 조우현의 번역은 "학문들 상호간의 유사성과 실재의 본
성 사이의 친근성을 전체적으로 개관하도록"이다. 여기서 유사성이나
친근성은 그리스어 oikeiotes이며, 이는 근친성(Verwandschaft) 또는 친근
성(Freundschaft)이라는 말이다. 그리고 문장의 진술 내용은 "학문들과
존재하는 것의 본성 상호간의 친근성"이다. 이를 저자는 관련성으로
표현하였다.
221) *Phaidros*, 265d.

기의 교육의 중심이 실천적 도야나 언어적 도야가 아니라, 수학적
도야라는 사실이 여기서 다시 확인된다. 그래서 전승에 의하면 플
라톤은 그의 아카데미아의 교실에 '기하학을 모르는 자는 이곳에
들어오지 말라'는 글을 써 붙였다고 한다. 그리고 수학적 도야가
끝나면 변증법을 학습하게 된다. 변증법의 학습은 이성적 도야이
다. 플라톤의 교육과정은 전체적으로 언어적 도야, 수학적 도야,
철학적 도야의 삼중적 구조로 구성되어 있다. 철학적 도야에서 학
생은 진리의 인식과 존재의 의미를 함께 획득하게 된다. 그리하여
파이데이아 이후의 삶에로 부름 받음으로써 교육은 끝난다.

8) 닫힌 사회를 여는 교육의 이론

교육은 그 본질에 있어서 이상적이다. 그래서 교육에서 가장
이상적인 것은 동시에 가장 현실적이다. 현실은 다만 이상과의
거리에 있어서 평가되고 비판되어지며 교육을 통하여 보전, 개선,
개혁되지 않으면 안 되는 대상으로 확인될 뿐이다. 현실은 교육
의 이상, 목적, 목표에 비추어서 이해되고 존중될 뿐이다. 교육은
현실을 척도로 삼지 않으며, 삼아서도 안 된다. 그래서 철인왕으
로의 길은 그렇게나 멀고 힘들었다. 완전한 교육 이후에 오는 광
명은 인간 개개인과 국가 전체의 완전한 실현이다. 그래서 정의
가 인간 개개인의 특수한 자아 실현에 있어서나 국가 공동체의
이상적인 실현에 있어서 교육의 이념이 된다.

선의 이데아(e tou agathou idea)는 가치의 본질이요 가장 큰
학문이다.222) 선의 이데아는 가치(Wert)의 총괄 개념이며 진리
(Wahrheit)의 총괄 개념이요 본질(Wesen)의 총괄 개념이다. 그러

---

222) *Politeia*, 505a. Ottomar Wichmann, a.a.O., 1966, S.294.

므로 선은 모든 상정 가능한 사물들의 보편성과 중요성을 포괄하
고 있으면서 가장 내면적이고 가장 본래적인 개인적 가치와 의견
으로 동시에 모든 체험들, 모든 정신적이고 영적인 교감들에 근
거하고 있다.223)

태양은 모든 인식의 원천이요 근거이다. 태양은 빛을 사물에게
준다. 그리하여 색깔이 빛나게 하고 우리들의 눈이 우리 밖에 있
는 모든 존재와 현상에서 태양다움(helioeides)을 발견할 수 있게
한다. 태양은 그러나 빛만, 인식하고 인식될 수 있는 능력만 우리
에게 주는 것이 아니다. 태양은 모든 존재에게 성장과 발달의 토
대로 있다(507a-598d). 인식의 대상들에게 진리를 제공하고 인식
하는 자에게 인식의 능력을 제공하는 태양이 선의 본성(ten tou
agathou idean)이다. 그리하여 태양은 지식의 원인이요 인식된 진
리의 원천으로 있다. 인식된 것은 선으로부터 인식되어지는 능력
을 가지고 있을 뿐만 아니라, 그의 존재와 그의 본질을 또한 가
지고 있다. 여기서 선은 본질이 아니라, 본질을 넘어서 본질의 피
안에 있는 권위요 품위이다(509b).

플라톤의 선의 이데아에 대한 이러한 설명은 당시의 지성인이
일반적으로 소유하고 있던 선에 관한 생각을 근본적으로 쇄신하
는 새로운 지식이었다. 그래서 글라우콘은 이렇게 외친다. "아폴
론이여, 이 무슨 신적인 초월인가!" 그러자 소크라테스가 이렇게
대답한다. "선에 관한 나의 생각을 말하도록 강요한 것은 자네가
아닌가!(509c)."

소크라테스가 말하는 최고의 형상의 본질을 직관하는 것은 인

---

223) Fr. J. von Rintelen, *Die Frage nach dem Guten bei Plato*. Parusia 1965,
S.71-88. Ottomar wichmann, a.a.O., S.296에서 재인용.

간 개개인에게 주어져 있는 고유한 내면성을 스스로 파악하고 이 내면성의 바탕 위에 자신의 존재를 스스로 세우는, 그리고 이를 통하여 동시에 세계의 가능성과 본질의 가능성을 가장 포괄적으로 현재화하는 일이다.224) 인간은 참된 자아이며, 인간의 자아는 자유 안에서만 자기 자신의 내면성을 스스로 파악할 수 있는 능력을 갖는다. 인간은 그 본성에 있어서 자유롭게 존재하려는 의지를 가지고 있으며 언제나 자체 안에 가치의 총괄 개념과 존재의 총괄 개념을 지니고 있다. 정신은 자기 자신의 창조적 본질이 근거하고 있는 바탕이다. 그리고 정신은 스스로 운동하는 자아로서 이 세계 안에 있는 현실이므로, 창조적 본질의 토대 자체이며 이 세계이다. 정신이 곧 세계이다.

인간은 자유롭게 되기를 원한다. 이 자유의지의 바탕이 가치와 본질의 총괄 개념이다. 바로 여기에 인간의 모든 인격적이고 내면적인 가능성이 근거하고 있다. 그래서 인간은 또한 공동체적 존재이다. 인간의 본질에 주어져 있는 이상적 성격에는 자기 자신을 초월하여 새로운 가능성으로 나아가려는 세계 존재가 함께 역동하고 있다. 바로 여기에 모든 존재의 시초요 원천이며 모든 존재를 포괄하는 존재인 선이 자리잡고 있다.

소크라테스와 플라톤은 선을 의식적이고 자아 규정적인 본질의 무조건적 공동체 가능성으로 보았다. 그러므로 선의 자리에 악이 자리잡고 있는 인간은 어떠한 공동체도 이루어 내거나 보존하지 못한다. "아무런 공동체도 없는 곳에서는 어떠한 친교도 있을 수 없다."225) 칸트는 이를 순수실천이성의 기본 원리로, 무조

---

224) Ottomar Wichmann, a.a.O., S.297.
225) Gorgias, 507e.

건적 도덕률로, 카테고리적 명령으로 재구성하였다. "너의 의지의
격률이 언제나 동시에 보편적 법칙부여의 원리가 되도록 그렇게
행동하라."[226) 선의 개념이 이렇게 의무의 개념으로 파악되었기
때문에, 삶의 기본적 관계에 있어서 절제, 용기, 지혜, 그리고 정
의는 구체적 생활 세계의 덕목으로 작용하는 것이다. 이렇게 이
해되고 강조된 의무의 개념은 종래의 의무 개념과는 전혀 다른
엄청난 영향력을 행사할 수밖에 없다.

가치와 덕의 개념의 이와 같은 전개는 교육의 개념과 과제를
새롭게 파악하는 것으로 연결된다. 왜냐하면 이러한 개념은 가치
로부터, 진리로부터 그리고 본질로부터 새롭게 이루어진 내면화
요 자아의 존재 규정이기 때문이다. 모든 인간에게는 선을 추구
하는 본성이 있다. 그러나 이러한 선을 추구하는 본성이 사람에
게는 일반적으로 의식되지 아니한 상태로 어두컴컴하고 희미하게
있어서, 그대로 두면 선에 대한 왜곡되고 편향된 견해를 갖게 된
다. 플라톤은 바로 이러한 이해로부터 파이데이아를 시작하고 있
다. 『폴리테이아』에서 달의 여신 빈디스의 축제를 구경하러 가는
길에 만나서 자연스럽게 시작된 대화는 축제와 삶의 기쁨, 늙는
다는 것과 재물이 가져다주는 삶의 행복과 불행에 관한 이야기로
시작되어 정의에 관한 논쟁으로 이어진다. 정의에 관한 대화는
다시 인간으로부터 국가로 옮겨져서, 국가 안에서 정의란 무엇인
가라는 물음에 대한 치밀한 변증법적 대화로 이어지면서 점차로
무의식의 저변에 자리잡고 있던 선에 관한 의식이 눈뜨고 성장하

---

226) Immanuel Kant, *Kritik der reinen Vernunft.* A54. W. Weischedel Hrsg.,
  Kant Werke Band 6. Darmstadt 1956, S.140."Handle so, daß die Maxime
  deines Willens jederzeit zugleich ald Prinzip einer allgemeinen Gesetzgebung
  gelten könne".

게 된다. 그리하여 선에 대한 각성과 공명은 잘못된 일상적 가치 이해의 상태로 사람들의 영혼을 묶어 놓고 있는 도그마적 일방성과 경직성으로부터 사람들을 해방시키고 풀어주고 새롭게 눈뜨게 하는 일이 곧 교육이라는 이해로 발전한다.

도그마를 만들고 만들어진 도그마에 의하여 지배되는 도그마주의는 인간 개개인에게 있어서 그리고 사회 전체에 있어서 어떤 임의적으로 설정된 목표나 어떤 임의적으로 표방된 의미를 무조건적으로 수용하는 생활 태도에 근거하고 있다. 플라톤은 이러한 도그마 주의의 논리적 허구와 오류를 정의의 개념을 둘러싼 대화의 과정에서 잘 지적해 내었다. 그리고 여기에서 모든 도그마 주의는 순수한 이데아에 대한 일정한 대립 명제라는 사실이 인간과 국가에 대한 다양하고 다면적인 고찰을 통하여 밝혀진다. 여기서 이데아는 이중적 의미로 작용하고 있다. 한편으로 도그마를 믿고 도그마를 자신의 인격적 존재 규정에 결정적인 근거로 만듦으로써 사람들은 도그마를 가치와 본질과 진리의 총괄 개념으로 간주하게 된다. 그리고 그렇게 함으로써 도그마는 보편 타당한 가치, 본질, 진리가 되며, 결국에는 이데아의 자리에 도그마가 들어서게 된다.

이렇게 도그마 주의가 인간의 관념적 현존을 사로잡고 있기 때문에, 이데아는 한편으로는 준비요 내면적 가능성으로, 다른 한편으로는 불가피한 의미요 근거요 요청으로 언제나 전제되어 있다. 여기서 이데아와 도그마는 본질적으로 서로 대립적이다. 도그마는 사물을 보는 시각을 고정시키고 인식을 경직시킨다. 그리하여 도그마화 된 이데아는 인간의 자유롭고 열려진 시각을 도그마에 체포되게 함으로써 인간이 폐쇄적인 관념의 노예가 되게 한다. 그러나 이데아는 자유이며 따라서 사물을 보고 인식하며 가치를 평가하는 정신의 자유로운 활동으로 나아간다. 플라톤은 바로 이점에서 교육이 없는 아파이데우시아의 상태에서 교육이 있는 파이데이아에로 인간의 삶의 형식의 전환을 보았다. 당시의 시민들의 영혼을 사로잡고 있던 폴리스 이데올로기와 시민 생활의 부정적 도그마 주의를 제거함으로써, 플라톤은 사람들로 하여금 무조건적 가치의 개념을 합리적 이성의 능력으로 스스로 다시 확인하게 하고, 이렇게 하여 새롭게 인식하고 재구성한 가치 개념에 일치하는 인간과 국가의 이해를 위하여 자신을 열어놓게 하였다. 태양의 비유와 동굴의 비유는 모두 마치 쇠사슬에 묶여있는 죄수처럼 이러한 도그마적 제약 아래 체포되어서 살아가고 있는 인간을 동굴이라고 하는 일상 생활의 부정적 가치 도그마로부터 해방시켜서 이데아의 세계의 문을 열고 참된 가치와 본질과 진리의 세계로 들어가게 하는 그림 언어이다. 감옥에 갇힌 상태에서 참된 자유로운 상태로의 해방은 진리를 향하여 눈뜸이다. 그리고 이러한 눈뜸은 소수에게 주어지는 선물이기 때문에 진리 안에서 자유로워진 삶은 비극이다.[227] 삶은 지금까진 질서있고 안정된 세계였는데, 새로운 척도로 가르고 비판된 삶은 무지와 비진리로 가득 찬 어둠의 세계로 확인되어, 그러한 삶을 전체적으로 부정하게 하고 그 안에서 안주하는 삶 자체를 극복하는 일을 삶의 목표로 삼게 하기 때문이다. 그리하여 진리 안에서 자유로워진 삶은 죽음을 무릅쓰는 위기에 직면한 삶이요, 아직 죽음 당하지 않은 그러나 언제나 이미 죽음 당한 삶이기 때문에, 비극이다.

동굴의 비유는 이데아의 도그마적 성격과 해방적 성격을 함께

---

227) Ottomar Wichmann, a.a.O., S.301.

밝혀주는 고전적 그림 언어이다. 동굴로부터 인도해 넘으로서 교육은 내면적이고 전체적인 자유의 인식이요 자립의 체험이며, 절대적인 가치의 인식이다. 교육은 그러므로 인간을 그의 존재의 가장 내면적인 핵심 안에 있는 본질에 있어서 전환하게 하는 것이다(518bc). 동굴의 비유에서 도그마 주의가 가지고 있는 의미와 가치 부여의 절대적 척도로써의 보편적 생활의 제약성이 그 의식의 크기와 삶의 의미와 비극에 있어서 지극히 투명하게 그려져 있다. 동굴의 비유에서 이데아가 가지고 있는 도그마가 되어버린 이데아들의 닫힌 시각을 깨뜨리고 열어 주어서 순수한 의미와 가치의 세계를 직관하게 하는 인식과 지식으로의 길이 지극히 투명하게 그려져 있다.

플라톤의 철학은 동굴의 비유 하나만 가지고도 인류의 삶의 세계에서 정신적 윤리적 존재의 실현 가능성을 고차원적으로 열어주는 철학으로 우뚝 서 있을 것이다. 왜냐하면 인류의 역사는 인간의 현존이 도그마적 제약성 안에 체포되어 있어서 이를 극복하지 못하고 있는 현상으로 가득 차 있기 때문이며, 그러한 곳에서 언제나 다시금 자유의 가능성를 제시하여 주고 있기 때문이다. 현존의 본질은, 동굴의 비유에서, 어둠과 사물의 그림자에서 빛과 사물의 실체에로의 전환으로 시작하여, 이데아 전체의 넓이와 깊이를 관조하고 이를 깨달아 아는, 태양이 밝게 빛나는 세계 아래서의 현존에 이르기까지, 그리고 이렇게 현존하게된 존재가 공유하게 된 빛으로 어둠의 동굴을 다시 밝히고 채우기 위하여 돌아가기까지, 해방적 파이데이아와 에페스테메로 묘사되어 있다. 플라톤의 파이데이아는 선의 이데아로부터 인간이 엮어낼 수 있는 해방적 드라마의 가능성과 규모와 운명을 보여주고 있다. 교육은 해방이요 인식의 능력이며, 인식이요, 새로운 삶의 에토스이다. 교육은 그러한 모든 것으로써 곧 정치이다. 그리고 교육은 정치로서 인간과 국가 모두에게 우주적으로 정의를 실현하고 보장하는 길이다.

플라톤의 이데아는 해방적 이념이다. 플라톤은 선의 이데아 개념으로 아테네라는 닫힌 사회를 열어서 열린 사회로 변화시키는 시도를 하였다. 그래서 그의 글 도처에서 우리는 닫힌 사회를 계속하여 닫고 있으며 닫힌 구조를 공고하게 다지게 하는 가치들과 닫힌 사회의 닫힌 상태를 알게 하고 이를 극복하게 하며 열게 하는 가치들의 대립 구조를 본다. 동굴의 비유를 예로 들면, 동굴의 세계와 동굴 밖의 세계가 그러한 서로 모순되는 두 가치들을 대단히 분명하게 드러내고 있다. 전자는 어둠과 그림자와 억견의 세계요 무교육의 세계이다. 후자는 밝음과 실체와 진리의 세계요 교육의 세계이다. 어둠의 세계에서 인간은 쇠사슬로 상징되는 그들의 생각과 의지를 묶어놓고 있는 억견을 사랑하고 있으며 그것이 억견이라는 의식조차 하지 못하면서 살아가고 있다. 이러한 억견의 벗(Philo-doxie)으로 현존하는 인간들에게, 그래서 그들은 필연적으로 쇠사슬에 묶여 있는 죄수로, 아래를 바라보며 살아가는 영혼으로, 생성의 세계에서 머물러 있는 자들로 밖에 묘사될 수 없는데, 사물을 바로 보게 하고 인식하게 하는 눈을 갖도록 교육하여, 그 결과로 그들이 진리를 알게 되고 사랑하게 되어서, 위를 바라보며 살아가고, 존재의 세계에서 거닐며 진리의 벗(Philo-sophie)으로 현존하도록 하는 길을 제시하고 있다. 이 길이 바로 교육이요 파이데이아이다. 여기서 교육은 묶여 있는 자를 풀어주며, 어둠에 익숙한 자를 어둠에서 밝음에로 인도하여 밝음에 익숙하게 하며, 밝음 안에서 밝음을 향하여 살도록 하는, 그리하여 밝음 속에서 현존하면서 어둠의 쇠사슬에 여전히 묶여 있는 동포들의 상태를 그냥 참아 내지 못하고 다시 어둠의 동굴 안으로 돌아가서, 그들의 몰이해와 박해 아래서 죽음을 무릅쓰고 그들을 쇠사슬에서 풀어주고 강제로 밝음으로 고개를 돌리게 하여, 그들을 진리에로 인도하는 모습으로 확인되고 있다.

이러한 폐쇄적인 세계를 파개(破開)하는 일이, 다시 말하면 부수어 여는 일이 곧 교육이요, 그러한 능력을 가진 인간으로 인간을 교육하는 일이 곧 교육이며, 사회 자체를 그러한 열린 사회의 구조로 계속하여 보존하는 일이 곧 교육이다. 플라톤의 철학은 이러한 열린 교육의 이론이다.

수사학적 도야 이론 : 이소크라테스

1. 철학과 수사학

이소크라테스는 플라톤과 같은 시대 사람이다. 그와 플라톤은 한 때에 소크라테스의 문하생으로 함께 배웠다. 그러나 그들은 뜻이 달라서 각각 서로 다른 학문을 완성시켰고, 학교를 세웠으며, 후학을 양성하였다. 둘은 교육에 대하여 가지고 있는 너무 분명한 관점의 차이 때문에 평생을 라이벌의 관계에 있었다. 둘은 늘 상대를 의식하면서 교육활동을 벌였다. 둘의 교육사상과 활동은 모두 당대의 아테네를 지배하였을 뿐만 아니라, 아테네를 넘어서서 그리스의 세계 전체와 그 후에 로마 제국에까지 절대적인 영향을 주었다. 그리하여 둘은 서구에서 근세에 이르기까지 학예의 두 큰 흐름을 이루고 있었다.

서구의 대학에서 사람들은 이소크라테스의 수사학적 도야와 플라톤의 철학적 도야라는 두 큰 봉우리를 오르지 않고는 철학과 신학과 법학을 결코 전공할 수가 없었다. 게다가 이소크라테스는 고대 그리스와 로마에서 플라톤보다 훨씬 더 큰 영향력을 행사하고 있었다. 그럼에도 불구하고 우리는 이소크라테스에 관하여 너무 모르고 있다. 일반적으로 잘 알려진 교육의 역사와 철학에 관한 개론서들은 이소크라테스를 전혀 다루고 있지 않거나 지극히 간단하게 언급하고 있을 뿐이다. 또한 필자가 조사한 바에 의하면, 한국의 교육철학계에서 이소크라테스를 테마로 다룬 논문이 현재까지 3편이 있다.[1] 반면에 플라톤은 끊임없이 연구자의 관심 대상이 되어왔다. 교육의 철학과 역사에 관한 개론서는 예외 없이 플라톤을 크고 작은 독립된 장으로 다루고 있다. 또한 한국의 교육철학계에서 플라톤을 테마로 다룬 학위 논문들과 일반 논문들이 63편 이상 출판되었다.[2] 이러한 편중된 관심 집중과 소개의 현실에 대한 보완의 필요를 저자는 오래 전부터 느껴왔다.

주전 4세기의 그리스 문학은 교육(paideia)의 참된 본질이 무엇인가에 관한 일반적인 지적 논쟁으로 가득 차있다. 이러한 논쟁의 한 가운데에서 이소크라테스는 플라톤과 그의 철학파에 대하여 정면으로 비판하고 도전한 고전적 대립인 수사학의 학파를 이끄는 대표적 인물이었다. 도야의 보다 좋은 형식임을 서로 주장하는 철학과 수사학의 투쟁은 이 때부터 인류의 역사에서 문화와 교육을 주도하는 두 가지 중심동기(Leitmotiv)로 작용하고 있다.[3]

---

1) 성기산(1991), "Isocrates의 교육이론". 죽당 안상원 박사 회갑기념 논문집 교육의 이념과 실천, 177~195; 오인탁(1993), "이소크라테스의 수사학적 도야 이론". 「教育學研究」 31-5(1993), 1~31; 오인탁(1996), "이소크라테스". 연세대학교 교육철학연구회 편, 위대한 교육사상가들 I. 교육과학사, 109~160.
2) 오인탁, 김창환, 윤재흥, 한국 현대 교육철학과 교육사학의 전개. 1945년에서 2000년까지. 학지사 2001 참조.
3) W. Jaeger, *Paideia*, III, S.105.

예거가 그의 『파이데이아』에서 정확하게 지적한 플라톤과 이소크라테스의 대립은 그 이후로 오늘에 이르기까지 교육의 역사에서 결정적인 영향을 주는 두 가지 큰 관점으로 작용하고 있다.

플라톤에게 있어서 존재의 지식과 가치의 지식은 하나요 동일하다. 플라톤은 진리의 인식에 이르는 철학적 도야의 길을 가치도야의 길로 묘사하였다. 그러나 이러한 그의 입장은 이미 그의 생존시에 문제시되었다. 그 시대는 교육을 개인의 출세와 사회생활에서의 유용성에서 이해하고 수용하였던 시대이다. 그래서 소피스트들이 교육계를 주름잡고 있었으며 논쟁술과 대화술로 시작된 수사학이 가장 큰 교육으로 강조되고 있었다. 그러나 플라톤은 교육을 진리의 인식과 정의로운 국가의 실현으로 이해하고 수용하였다. 그래서 그는 외로웠다. 소피스트들과 수사학에 대한 플라톤의 투쟁은 그의 대화편 곳곳에서 확인되고 있다. 대화편의 도처에 기록된 새로운 파이데이아에 관한 표현들 사이에서 우리는 플라톤이 당대를 지배하였던 수사학에 관하여 가졌던 태도를 읽어낼 수 있다. 소피스트들과 수사학이 당대의 정신 세계를 어느 정도로 지배하고 있었는가에 대해서 우리는 이소크라테스를 통하여 가장 분명히 알 수 있다. 이소크라테스가 학교를 세우고 교육을 시작한 때는 플라톤이 『프로타고라스』와 『고르기아스』를 쓴 390년대에 해당한다.

플라톤과 이소크라테스의 논쟁은 본질적으로 당시 그리스에서 보편화되었던 다음과 같은 교육문제의 제시로부터 시작되었다. 어떻게 모델(paradeigma), 각인하다(ektypoyn), 모방하다(mimeisthai) 같은 형식들을 통한 인간의 형성이 선한 이데아의 인식으로부터 시작하여 현실 세계에서의 실천적 생활로까지 나아갈 수 있을 것인가? 이는 다시 말하면, 형성의 방법에 관한 그리고 인간 정신

의 본질에 관한 이해의 문제이다.4) 플라톤은 영혼을 선과 정의와
미의 절대적 규범인 이데아의 인식을 통하여 이해하되, 영혼을
인간 정신의 내재적 구조 법칙에 따라서 도야하여, 인간이 모든
존재를 포괄하는 우주적 지성으로 또는 지적 우주로 형성되도록
하였다. 이에 반하여 이소크라테스에게는 플라톤이 말하는 지적
우주에 관한 인식이 없었다. 이소크라테스가 강조하는 수사학적
도야의 기관은 플라톤이 교육을 통하여 극복하여야 할 대상으로
본 인간의 단순한 의견(doxa) 그 자체이다. 이소크라테스는 인간
의 정신이 어떤 절대적 지식을 소유하지 않고도 바른 판단과 선
택을 할 수 있는 능력을 가지고 있다고 보았다. 바로 이러한 인
간의 능력에 대한 긍정에 그의 도야의 사상이 근거하고 있다. 그
러므로 이소크라테스가 플라톤에게 도전한 교육문제의 제시는 이
렇게 된다. 철학은, 다른 말로 과학은 실제로 그러한 실천적 도야
의 가치를 가지고 있는가? 이소크라테스의 도전은, 그 이후에 과
학에 대한 이해가 철학적 원리들에 관한 지식이라는 이해에서 자
료를 수집하고 정리하고 해석하는 학문이라는 이해로 '발전'하면
서 사실상 그 타당성이 인정되었다. 이소크라테스가 제시한 대립
명제를 정리하면, 다음과 같다. 실제적 생활에 있어서는 정확한
이론적 지식의 획득은 전혀 불가능하다. 뿐만 아니라 그러한 지
식은 필수 불가결하지도 않으며, 유용한 것도 아니다.5)

　이소크라테스는 이렇게 생각하였다. 소크라테스가 전제하고 있
는 오류가 없는 가치의 인식은 인간에겐 불가능하며 과학적으로
도 지극히 제한된 차원에서만 가능하다. 뿐만 아니라 그러한 오

---

4) W. Jaeger, III, S.124.
5) E. Lichtenstein, S.114.

류가 없는 가치로 인식된 내용은 구체적 생활에 있어서 적용 불가능하다. 인생에는 그러므로 생활의 구체적이고 일회적인 상황에서 무엇이 옳은 것인가를 아는 능력을 소유하는 것이 중요하다. 우리가 무엇을 행하며 말하여야 하는지를 판단할 수 있는 도야된 판단 능력을 소유하면 우리는 과학적 분석을 벗어나는 상황이 우리에게 가져다주는 예기치 못한 사건들과 영향들을 시의적절하게 제대로 파악할 수 있다. 도야는 다만 판단하는 이성을 소유하고 있는 지극히 소수의 선택받은 자들만의 관심이 아니라, 이곳 저곳에서 적절하고 정확한 척도를 찾아내는 바른 감각을 가진 건강하고 섬세한 이해 능력을 소유한 모든 사람들의 일이다. 정신의 연마를 위한 가장 효과 있고 적절한 수단은 순수한 사물과 보편에 관련된 과학이 아니라, 인간에 관련된, 인간의 다양한 시문학에 관련된 과학이다. 언어와 문학에 담겨있는 지배적인 사물의 논리가 중요한 것이 아니라, 생동적이고 인간적인 말의 논리와 가치의 논리가 중요한 것이다. 왜냐하면 언어가 되어버린 간주관적인 정신만이 인간에게 있어서 인간적인 것이며 남을 이해하며 이해시키고 자아를 이해하는 기관으로 작용하는 것이기 때문이다. 도야의 지식은 그러므로 원리들의 지식이 아니라 좋은 충고와 자문들의 지식이다.

마치 플라톤이 철학적 도야의 아버지가 됨으로써 과학적 주지주의적 도야의 길을 연 것처럼, 이소크라테스는 수사학적 도야의 아버지가 됨으로써 언어적 인본주의적 도야의 길을 열었다. 플라톤과 이소크라테스 사이의 대화는 서구의 교육사에서 두 가지 대립적인 기본 명제가 되었다. 철학의 선위성(Primat)이나 수사학의 선위성을 둘러싼 투쟁이 청소년을 위한 교육과 도야의 이념, 제도, 과정에서 고대의 교육사 전체를 장식하고 있다. 4세

기와 3세기에는 철학의 선위성이 지배적이었으며, 다시 말하면
철학의 승리가 지속된 시기였으며, 2세기에는 소피스트적 도야
의 이념이 다시 부활하여 수사학이 철학의 주도적 위치를 차지
하였고, 1세기에는 라릿사의 필론(Philon von Larissa)이나 키케로
에서 확인되듯이 철학과 수사학을 용해하여 하나의 통일된 파이
데이아로 종합하려는 시도가 주도되었다.6) 베네딕트파 수도원과
스콜라학의 도야의 개념에서, 근세 초기의 인본주의에서, 그리고
계몽기의 철학이나 신인본주의와 현대의 자연과학적-기술공학적
합리주의에서 우리가 볼 수 있듯이, 고대 이후에서 현대에 이르
기까지 과학적-사물적 도야 또는 심미적-문학적 도야의 긴장 관
계는 도야의 내용과 형식이 서로 상이하고 고유하게 표현되고
강조되면서 여러 상이한 시대를 전개하여 갔으며, 고양된 언어
문화의 강조나 조직적인 사물 이해의 강조가 시대를 서로 바꾸
어가며 지배하여 왔다. 모든 인본주의에는 인간의 내면의 세계
를 조직적으로 인식하려는 시도, 인간적인 것에 대한 숙고를 통
하여 구체적 실존을 밝히려는 시도가 깔려있으며, 모든 합리주
의에는 인간의 행동을 지배하는 세계상에 대한 인식의 시도, 세
계에 대한 합리적 파악과 지배의 시도가 깔려있다. 이렇게 하여
인간의 "영혼을 위한 염려"7)라는 동일한 관심에 사로잡힌 플라
톤과 이소크라테스 사이의 대화는, 두 사람 사이의 인간적인 편
협성과 시대적 제한성을 뛰어넘어 오늘에 이르기까지 그 가치와

---

6) H. von Arnim: Sophistik, Rhetorik, Philosophie in ihrem Kampf um die
   Jugendbildung. In: Leben und Werke des Dion von Prusa. Berlin 1898.
7) 영혼을 위한 염려(psyches epimeleia)는 인간을 위한 모든 교육활동의 보편
   적 목표를 의미하는 소크라테스의 표현이며, 후에 소크라테스 학파의 전
   문 용어가 되었다. W. Jaeger, II, S.87.

의미가 변하지 않고 살아있는, 도야의 이념을 둘러싼 역사적 변증법으로 발전하였다.

2. 생애와 학파

이소크라테스(436-338 BC)는 플라톤과 같은 시대를 살았다. 그는 98세라는 당시에도 드문 장수를 누렸다. 그가 살았던 100년은 페리클레스의 번영기로부터 시작하여 케로네아(Chäronea)의 그리스적 자유의 몰락에까지 이르는 아테네의 정신적, 사회적, 정치적 격동기에 해당한다. 아테네에서 공장을 경영하면서 부유한 생활을 누렸던 그의 아버지는 영특한 이소크라테스를 위하여 당시에 가능하였던 최고의 교육을 받을 수 있도록 모든 배려를 아끼지 않았다. 그리하여 이소크라테스는 소피스트라는 말이 아직 존경의 감정을 가진 언어로 사용되고 있었던 시절에 대단히 비싼 대가를 지불하고 소피스트들로부터 최신의 교육을 포괄적으로 받았다. 이소크라테스는 유명한 프로타고라스와 프로디코스의 제자였으며 고르기아스에게서 수사학을 배웠다.8) 이소크라테스는 수사학은 그리스의 청소년을 그리스의 민족 정신으로 도야하는 기초라는 생각을 고르기아스로부터 가져왔다. 그는 크세노파네스(Xenophanes) 같은 애지자(Philosoph)와 티피아스나 프로타고라스 같은 소피스트들의 문화 철학적이고 교육학적인 반성을 수용하였다. 그리하여 그는 그의 시대의 모든 생동적인 정신 능력을 소화하였다. 그의 이와 같은 개방적인 진리 추구의 열정이, 문헌상으

---

8) W. Jaeger, III, S.107f.

로는 그가 어떻게 하여 소크라테스와 가깝게 되었는지 확인되지 않으나, 그를 소크라테스와 가깝게 만들었을 것이다. 그리하여 소크라테스와 그의 제자들로 구성된 배움과 사귐의 넓은 테두리에서 이소크라테스는 그보다 8세나 아래인 플라톤을 만났다. 플라톤은 대화편 『파이드로스』에서 소크라테스가 이소크라테스의 재능을 인정하고 그가 앞으로 위대한 수사학의 대가가 될 것이라고 예견하였다고 이야기하고 있다. 이야기의 대략은 다음과 같다.

  소크라테스가 호머나 솔론에 관하여 언급하면서, 신만이 지혜자일 수 있기 때문에 그들을 지혜자라고 하기에는 지나치지만, 그러나 지혜를 사랑하고 있다고는(philosophon) 할 수 있으며, 이런 표현이 그들에게 적절하다고 말하였다.9) 이러한 대화가 오고 간 후에 파이드로스가 소크라테스에게 이소크라테스에 대하여 묻자, 그는 이렇게 말하였다. "이소크라테스는 아직 젊네. 그러나 내가 그에 대하여 갖고 있는 예감을 자네에게 말하면 … 그는 수사에 있어서 리시아스보다 더 많은 소질을 타고난 것 같고, 뛰어난 학습 능력을 갖고 있는 것 같네. 그러나 이런 발전에 그가 만족하고 있지는 않을 것이네. 어떤 신적인 추동이 그를 보다 위대한 곳으로 인도할 것일세. 왜냐하면, 나의 친구여, 그의 생각 속에는 본질적으로 지혜의 추구(philosophia)가 자리잡고 있기 때문이네."10) 플라톤의 이와 같은 이소크라테스 묘사는 아마도 이 두 위대한 지성인 사이에서 평생 동안 계속된 정신적 대결에 대한 반영일 수도 있다. 이소크라테스는 어찌 되었든 소크라테스의 제자로 머물러 있지 않았으며 플라톤적 의미에 있어서 철인도 되지 않았

---

9) Platon, *Phaidros*, 278de.
10) *Paidros*, 279a.

다. 다만 그가 소크라테스에게서 배웠으며 다양한 영향을 받았음
엔 틀림이 없다. 이러한 소크라테스가 이소크라테스에게 준 영향
을 우리는 이소크라테스가 가지고 있는 수사학에 대한 이해에서
확인할 수 있다. 그는 수사학을 영혼의 연마를 위한 시녀로 생각
하고 있다. 수사학은 플라톤적 의미의 철학이 아니라, 이소크라테
스에게는 시대의 정치적이고 윤리적인 이념의 내용들을 가장 완
벽하게 각인하여 주는, 민족의 공유 문화재가 될 수 있는 정신적
형식이었다.11)

　여기서 수사학의 탄생에 관하여 간략하게 언급하고 지나갈 필
요가 있다. 수사학은 소피스트들에 의하여 시작되었다. 아리스토
텔레스는 제논이 변증법을, 엠페도클레스가 수사학을 발명하였다
고 하였다. 소피스트들은 아레테의 교수 가능성을, 다시 말하면
인간의 고상한 덕이 교육을 통하여 매개될 수 있음을 확신하였
다. 이미 그들 이전에 아레테의 교수 가능성에 관한 논쟁이 있었
다.12) 그러나 소피스트들은 수사학에서, 즉 연설의 예술에서 그
가능성을 찾았으며, 덕을 성공적으로 매개할 수 있는 방법(techne)
을 개발하는 데 관심을 쏟았다. 이러한 방법 이해를 플라톤은 거
부하였다.

　고대 그리스는, 특히 아테네는 민주주의적 생활 공동체였다. 당
시에 모든 정치는 공개적 연설에 의하여 논의되고 결정되었다.
따라서 수사학은 가장 중요한 정치적 능력이었다. 수사학은 생동
적이고 청중을 사로잡는 효과를 동반하는 연설의 예술이며, 훌륭
하고 효과적인 연설의 기초를 정립하는 이론이었다. 여기서 연구

---

11) W. Jaeger, III, S.110.
12) Jörg Kube, *Techne und Arete*. Berlin 1969, S.40ff.

와 교수가, 이론과 실천이 그 시대의 소피스트들에게 있어서 동전의 양면을 이루고 있었으며, 수사학은 이보다 더 실천적 능력의 영역에 속하는 것을 알 수 있다. 수사학의 중요성을 우리는 도처에서 확인할 수 있다. 고전 고대의 역사가들은 통치자들의 연설을 역사 기록의 중요한 부분으로 삼고 있다. 드라마에서의 대화도 수사학의 응용이었다. 시와 산문도 수사적 표현에 속하였다. 호머는 신들과 영웅들의 수사 예술의 증인일 뿐 아니라 수사 예술 자체의 발명자로 인정되었다.13) 시민 회의에서 국가의 중대사를 토론하고 결정하는 일과 재판을 하는 일의 중심이 연설이었다. 그리하여 수사학은 연설문 작성으로 대변되는 정치적 수사학과 변호문이나 고소문 작성으로 대변되는 법률적 수사학으로 발전하였다.

수사학의 교사들은 학생들에게 과제를 주어서 수사의 기술을 연마하게 하였다. 프로타고라스의 말을 빌리면, 연습 없는 솜씨란 없으며, 솜씨 없는 연습도 없기 때문이다.14) 생각 가능한 것들을 생각하는 사유의 유희는 당시 그리스의 일반적 현상이요 속성이었다. "그리스적이라는 것은 어떤 사물을 그 최후의 가능성에 이르기까지 추구하는 것이다."15) 이러한 풍토 아래서 수사학은 탄생했고 번영하였다. 테이시아스와 고르기아스는 진리인 것처럼 보이는 것이 연설에서 진리보다도 더 높게 평가된다고 가르쳤다고 플라톤은 말하였다.16) 이는 정의, 선, 미 등을 다룸에 있어서

---

13) Werner Eisenhut, *Einführung in die antike Rhetorik und ihre Geschichte*. Darmstadt 1982, S.10.
14) W. Eisenhut, a.a.O., S.12.
15) R. Harder, *Das neue Bild der Antike*. I. München 1960, S.88.
16) Platon, *Phaidros*, 267. W. Eisenhut, a.a.O., S.13.

연사에게 중요한 것은 그것들이 참으로 무엇인가를 아는 것이 아니라, 대중에게 무엇으로 보이게 하는가를 아는 것이기 때문이다.

이러한 수사학의 시대에 이소크라테스는 활동하였다. 그는 여러 가지로 높임을 받고 있다. 예거가 권위 있게 그를 한마디로 표현한 것처럼, 그는 "참된 소피스트요 소피스트들의 교육 운동을 사실상 완성시킨 자"[17]이다. 사람들은 그를 플라톤과 비교하면서, 고대 수사학의 위대한 전형(Stilmuster)으로, 범 그리스적 이상주의 정치를 주장한 사상가로, "인본주의의 아버지"로 사람들이 한때 칭했을 정도로 일반적 도야의 스승으로 다양하게 평가하고 있다. 이러한 평가들은 그의 생애에 비추어 보아서, 다시 말하면 그가 살았고 말하였으며 저술하고 가르쳤던 모든 활동에 비추어 보아서 타당한 평가들이다. 이소크라테스는 그의 아버지가 사업에 실패하자 생계를 스스로 해결하지 않으면 안되게 되었다. 그는 앞서 간 다른 소피스트들이 그러했던 것처럼 교육을 직업으로 삼았으며, 학교를 세웠다. 그러나 여기서 우리가 확인하고 넘어가야 할 것이 있다. 이소크라테스는 당대에서 타의 추종을 불허하는 최고의 수사학적 문장력을 소유하고 있었음에도 불구하고 수사가 또는 연설가의 길을 걸어가지 않았다. 연설가의 직업은 당시에 아테네의 민주주의의 본질에 있어서 모든 정치적 지도자들의 본래적 활동 형식이었다. 그러나 이소크라테스는 빈약한 체구와 음성의 소유자였으며, 대중 앞에 나서기를 두려워하는 일종의 대중 공포증을 가지고 있었다.[18] 이런 것들이 그를 정치적 아레나에 뛰어들지 못하게 만든 장애 요인으로 작용하였을 가능성

17) W. Jaeger, III, S.107.
18) W. Jaeger, III, S.110.

이 있다. 그러나 이보다 더 나아가서 그는, 소크라테스나 플라톤이 그러하였던 것처럼, 정치에 관심은 가지고 있었으나, 정치적 선동을 경멸한, 도야와 교육을 강조한, 최선자의 지배를 확신한 지성이요 지혜의 벗이었다.

　이소크라테스가 그러나 오로지 제자의 양육에만 전념하고 공공적 정치 생활에는 전혀 관심을 갖고 있지 않았던 것은 아니었다. 그는 당시의 공공 생활에 적지 않은 영향을 끼칠 정도로 실천적이고 실용적인 인물이기도 하였다. 이러한 양면성을 들어서 플라톤은 이소크라테스가 철인의 이상과 정치인의 이상 사이를 오락가락하고 있다고 비난하였다.19) "지극히 자연스럽게 … 그들은 적절하게20) 철학에 참여하고 적절하게 정치에도 참여함으로써 지혜로울 수 있다고 잘못 생각하고 있다. 왜냐하면 그들은 필요한 만큼 이런 것들로 무장하여 투쟁하지 않고 안전하게 지혜를 움켜쥘 수 있다고 생각하기 때문이다."21) 이소크라테스는 그러나 플라톤이 비판한 대로 그렇게 두줄타기를 한 사람은 아니다. 이소크라테스는 연설문 작성자(Redenschreiber)로 명성이 높아지자, 아테네뿐만 아니라 그리스 전체의 정치 생활의 여러 문제들과 큰 사건들에 대하여 권위 있는 공공적 대변인의 역할을 할 수 있는 하나의 길을 찾아냈다. 이 길은 어떤 정치적 직분도 갖고 있지 않으면서도, 다시 말하면 정치적 아레나 속에 들어가지 않으면서도 그 자신이 정치적 공공 생활로부터 소외당하지 않고 그리스의

---

19) Platon, *Euthydemos*, 305de.
20) '적절하게'라는 표현을 Wichmann은 알맞게(massvoll)로, Lichtenstein은 분수를 지키며(mässig)로 번역하였다.
21) Platon, *Euthydemos*, 305de. Ottomar Wichmann, *Platon*. Ideelle Gesamtdarstellung und Studienwerk. Darmstadt 1966, S.128에서 재인용.

발전에 기여할 수 있는 길로서, 청소년들을 위한 고도의 정신 교육의 장소인 학교를 세우고 청소년들을 가르치는 길이었다. 그리하여 이소크라테스에게서 저술과 교육이 서로 분리되지 않는 하나의 활동이 되었다. 그는 문학적 수사학을 정립한 자로, 고전적 연설과 수사의 전형으로 수세기 동안 존경을 받았다. 뿐만 아니라 그는 비록 성취 가능하진 않다고 하더라도 그러나 대단히 훌륭한 정치적-윤리적 민족 교육의 프로그램을 개발하기 위한 언어 예술의 풍부한 원천을 제공한 자였다. 학교의 설립자로서 그는 그의 시대의 가장 성공적인 교사였을 뿐만 아니라, 수사학으로부터 도야론과 교수학을 정립한 자였다. 그리하여 서구의 교육 사상사에 오랫동안 지대한 영향을 주었다. 청소년 교육과 학교 수업의 영역에서 이소크라테스는 플라톤 보다 훨씬 더 큰 영향을 주었다.[22] 이소크라테스의 수사학적 도야의 이념과 플라톤의 철학적 도야의 이념 사이의 투쟁에서 헬레니즘의 시대에 이미 수사학적 도야가 학교 교육을 지배하고 있었다.

수사학적 관점에서 본 학교 교육 능력의 전제 조건은 학교가 청소년들을 자유롭게 정신적으로 그리고 정치적으로 도야할 수 있도록, 수사학의 교육학적이고 일반 도야적인 의미와 내용을 교수학적 구조 안에서 재구성하는 것이다. 이소크라테스는 이러한 전제 조건들과 새로운 도야의 과제를 인식하고 있었으며, 이를 추구함으로써 학교 교육의 이론을 정립하고 실천한 대가가 되었다. 그는 이미 393년에 키오스(Chios)에서 학교 교육을 시작하였다. 바로 이 해에 키오스의 지배자 코논이 이소크라테스에게 그의 아들 티모테우스를 교육하도록 맡겼으며, 이소크라테스는 이

---

22) Lichtenstein, S.117.

를 수업료가 있는 학교 교육과정의 성격으로 수용하였다. 그러나 학교 교육이 본격적으로 시작된 것은 그가 아테네로 돌아온 주전 392-391년부터이다. 그는 학교를 열면서 『소피스트들에 대항하여』23)라는 학교를 홍보하고 학생을 모집하는 계획적인 선전문을 만들어서 널리 돌렸다.

우리는 이렇게 말할 수 있다. 이소크라테스로부터 오늘날의 김나지움이, 또는 인문 고등학교가 가지고 있는 본래적인 의미에 있어서 일반적 인간 도야를 위한 중등 교육 기관으로서의 학교가 시작되었다. 그는 학교를 그의 집에서 시작하였다. 그의 집은 아리스토텔레스가 후에 과학적 연구 공동체로 설립한 리케이온 체육관과 가까운 곳에 있었다. 그의 학교에서 교육받기 위해선 학생으로 등록하여야 하는데, 이러한 등록은 원칙적으로 누구에게나 열려져 있었다. 수업료는 전 과정을 수강하는 조건으로 당시에 일반 시민들이 어렵지 않게 부담할 수 있는 액수인 1,000드라크마를 받았다. 이러한 수업료는 프로타고라스 같은 이름난 소피스트들이 요구하였고 받았던 천문학적인 액수에 비하면 대단히 파격적인 가격이었다. 여기서 우리는 소피스트들에 의하여 시작된 교직과 수업의 전문화가 이소크라테스에 의하여 비로소 직업으로서의 교육과 교육학으로 '발전'하였음을 본다. 그의 학교는 일정한 장소에서 일정한 등록의 절차를 밟은 학생들에게 의도적으로 선정하고 계획한 일정한 교육내용을 일반적으로 수용 가능한 적절한 수업료를 받고 일정한 기간 안에 가르치는 제도였다. 이소크라테스는 학교 교육에서 학생들의 소질, 근면성, 가치 추구, 자아 의식 등 일정한 관점들을 강조하였다. 그러나 이러한 관

---

23) Kata ton Sophiston. In: George Norlin, *Isocrates.* II, S.161-177.

점들을 국가의 문화 과업 보다 하위에 두었다. 그는 교육의 목적
을 "그의 시대의 그리스가 필요로 하는 정신적 엘리트의 양성"[24]
에 두었다. 이소크라테스는 이러한 교육활동을 통하여 부자가 되
었으며 유명해졌다. 그에게로 시실리아나 폰토스 같은 그리스의
한쪽 끝을 포함한 그리스 전역에서 거의 100명에 가까운 학생들
이 모여들었다. 그는 아테네의 가장 부유한 시민 1,200명 가운데
한 사람이 되었다.[25]

　이소크라테스는 집중적이고 집단적인 수업을 하였다. 수업을 집
단을 형성하여 하되, 하나의 수업 집단이 9명을 넘지 않도록 하였
다. 그리하여 교사와 학생들 간의 농도 짙은 인격적 교육 관계가
형성되었다. 이소크라테스의 학교는 다른 소피스트들의 학교와 그
들의 교수방법과 비교하여 세 가지 점에서 근본적으로 구별되었
다. 첫째, 이소크라테스는 정당하게도 학생들과 평생을 지속하는
존경과 순종이 따르는 인격적 관계를 맺었다. 둘째, 이 학교의 전
혀 새로운 특징은 3에서 4년 동안에 14세부터 18세의 청소년들에
게, 다시 말하면 어린이(paides)가 아니라 청소년(meirakia)에게 지
속적이고 계획적인 학교 교육을 시킨 것이다. 이 학교는 따라서
음악과 체육의 기초 교육 이후에 시작되어서 국가 방위의 연령인
청년(ephibie)이 될 때까지 지속되는 과정이었다. 그리고 셋째로,
이소크라테스의 교수 활동은 철저히 계획된 도야의 프로그램이었
다. 여기에는 수업의 내용과 방법을 구조적으로 반성하는 교수학
적 의식(Bewusstsein)이 이미 있었다.

　이소크라테스의 학교는 이상과 같은 직업으로서의 교육이 갖

---

24) H. I. Marrou: *Geschichte der Erziehung im klassischen Altertum.* München
　　1977, S.160.
25) Marrou, S.166.

고 있는 요소들의 철저함뿐만 아니라, 유래가 없는 성공적인 학
교 관리에서도 드높은 명성을 누리고 있었다. 50년이 넘는 긴
기간 동안을 그는 학교의 설립자요 관리자로 있었다. 그는 82세
가 되었을 때에 정치계와 문예계에서 유명해진 자신의 학교를
자랑스럽게 회고하였다. 고대 그리스의 곳곳에서 학생들이 몰려
들었다. 유명한 제후들과 정치가들이 그들의 자녀들을 이소크라
테스에게 맡겼다. 그래서 키케로는 이소크라테스의 학교를 이렇
게 찬양하였다. "마치 트로이의 목마처럼 그의 학교로부터 참된
군주들이 쏟아져 나왔다."26) 이소크라테스는 그의 시대의 이상
적 교사상을 보여주는 상징적 인물이다. 그가 만든 학교는 아테
네의 상징이 되었다. 아테네와 그리스의 가장 유능한 젊은이들
이 공부하기 위하여 그에게로 몰려들었으며, 교육받은 후에 웅
변과 역사와 정치의 여러 분야에서 지도자가 되었다. 그의 제자
들 가운데 웅변가로 이사에우스(Isaeus), 리쿠르구스(Lycurgus),
히페레이데스(Hypereides)가 있고, 역사가로 에포루스(Ephorus)와
테오폼푸스(Theopompus)가 있으며, 철인으로 스페우십푸스
(Speusippus)가 있고, 정치가로 티모테우스(Timotheus)와 니코클레
스(Nicocles)가 있다. 그 시대의 지성인으로 그의 학교의 학생은
아니었다 해도 그의 영향을 받지 않은 사람은 거의 없었다. 학
생에 대한 교사로서의 이소크라테스의 관계는 대단히 농도 짙은
것이었다. 학생들은 비록 평균 삼사년 동안을 머물러 있었으나,
학교를 떠난 후에도 선생에 대한 높은 존경과 강한 애정을 계속
하여 가지고 있었다. 학생들 중에서 이소크라테스의 가르침을

---

26) Cicero, *De oratore*. II, 94. Über den Redner. Lateinisch / Deutsch. Reclam
   1991, S.267.

일생을 통하여 실천한 범례로 유명한 티모테우스는 이소크라테스가 사망하자 엘레우시스에 그의 조상을 세우고 다음과 같은 비문을 썼다. "티모테우스는 이소크라테스의 조상을 여기에 세워, … 인간을 위한 그의 사랑에 대한 표로 그리고 인간의 지혜를 위한 그의 존경에 대한 표로 그에게 바친다."[27] 그래서 마로에 의하면, 플라톤이 아니라 이소크라테스가 전체적으로 보아서 4세기의 그리스와 헬레니즘의 세계와 그 후의 로마제국의 교육자였다.[28]

이소크라테스는 21편의 글과 9편의 편지를 남겼다. 그의 글 중에서 『수사학의 예술』만이 분실된 것으로 알려져 있다.[29] 이렇게 그의 글들이 거의 완벽하게 잘 보전된 것은, 고대 그리스의 사회에서 그가 누리고 있었던 명성과 비중을 확인해주는 분명한 증거이기도 하다. 그는 여러 글에서 당시의 모든 정치, 문화, 국가, 교육의 문제들을 다루었다.[30] 그 중에서 교육학적으로 의

---

27) George Norlin, Isocrates. I, S.XXIX.
28) Marrou, S.161.
29) 『Art of Rhetoric』. G. Norlin, I, S.XXX.
30) G. Norlin, I, S.XXXI. 그의 글들을 글의 내용에 따라 분류하여 열거하면, 다음과 같다. ① 6편의 변호 연설들(forensic speeches). Against Lochites, Aegineticus, Against Euthynus, Trapeziticus, the Span of Horses, Callimachus. 이상의 글들은 그의 초기 작품들이며, 노년기에 와서 그는 이 글들을 별로 가치가 없는 글로 간주하였다. ② 3편의 충고들(hortatory). To Demonicus, To Nicocles, Nicocles or the Cyprians. 이 글들은 윤리를 다룬 글들이며, 그 시대의 실제적 윤리도덕 뿐만 아니라 저자 자신의 시대를 앞선 이념들과 생각들을 다루고 있다. ③ 4편의 찬사들(encomia). Busiris, Helen, Evagoras, Pananthenaicus(342-339). 부시리스와 헬렌은 신화적 주제를 가볍게 다룬 글이다. 판 아테나이쿠스는 비록 글의 내용이 대단히 교육적이고 정치적이기는 하나 찬사의 성격을 띠고 있어서 여기 포함시켰다. ④ 2편의 교육론. Against the Sophists(ca 390), Antidosis(353). 이 글

미 있는 문헌들은 그가 학교의 설립을 예고하고 그 자신의 교육
이념을 변호한 일종의 기획적인 글인 『소피스트들에 대항하여』,
수사학적 문학의 원숙성을 보여 준 『판에기리코스』, 영주와 제
후들을 묘사하여 이 분야의 서구 문학의 범례가 된 『니코클레
스』, 82세의 이소크라테스가 그의 생애와 교육업적에 관하여 자
신을 옹호한 위대한 글인 『안티도시스』, 거의 100세가 다된 이
소크라테스가 지나간 삶을 회고하며 백조의 노래를 부른 『판아
테나이코스』이다.

3. 수사학적 인본주의

이소크라테스는 우리가 플라톤 이래로 philosophia라는 말에
특별한 의미를 부여한 그런 의미에 있어서 철인은 아니었다. 그
러나 이소크라테스는 당시의 아테네 시민들로부터 이 말이 가지
고 있었던 의미에 있어서 '필로소피아'라고, 다시 말하면 '지혜의
벗'이라고 불리웠으며, 이러한 최고의 존칭에 걸맞는 위대한 교사
였다. 아테네 시민들은 이소크라테스가 죽자 그의 무덤에다 교육
의 완전성을 상징하는 시레네(Sirene, seiren)를 부조하여 그의 교

에서 그는 다른 입장에 서있는 사람들을 비판하고 자신의 주장과 입장
을 변호하고 있다. ⑤ 6편의 정치적인, 아테네의 내적 그리고 외적 문제
들을 다룬 글들. Panegyricus(380), Philip, Plataicus, Peace, Archidamus,
Areapagiticus. ⑥ 9편의 편지들. Dionysius에게, Philip에게(두편), Antipater
에게, Alexander에게, Jason의 아들들에게, Timotheus에게, Mytilene의 통치
자에게, 그리고 Archidamus에게. 이 편지들은 대부분이 사적이고 특수한
내용 보다는 공적이고 보편적인 내용들을 담고 있으며, 정치적 내용을
많이 담고 있어서, 흔히 그의 정치적 글들로 분류되기도 한다.

육 업적을 찬양하였다.[31] 그는 전통적으로 서구의 역사에 흐르고 있는 교육정신을 누구보다도 더 확실하게 예감하고 영향을 준 사람이었다.[32]

이소크라테스의 수사학은 사회문화적 교육의 의미와 기능이라는 점에 있어서, 그가 자신의 교육이론을 소피스트적 천박성과 구별하였으나, 소피스트들의 교육활동과 교육이론의 완성이었다. 그는 그가 세운 학교의 교육원리와 교육방법을 선전하는 글의 제목을 의도적으로 『소피스트들에 대항하여』라고 달았다.[33] 이러한 표현으로 그는 그 자신을 쓸데없는 논리적 언어의 유희에 젖어있는 논쟁술사들(Eristiker)로부터 구별하였을 뿐만 아니라 동시에 언어 지배의 고상한 지적 능력을 자아 주장의 투쟁적 기술로 전락시키고 있는 수사가들로부터 구별하였다. 소피스트들은 사이비 논쟁술과 명목적 자아 주장의 수사학에 젖어있는 못된 교사들이었다. 그들은 교육과 도야의 진실하고 고차원적인 과제를 오도한 사람들이었다. 이소크라테스는 그들과 구별하여 자신을 참된 지혜론(Sophistik)의 관리자로 여겼다.

이소크라테스는 소피스트들의 잘못된 교육에 대항하여 참된 교육을 강조하며 정신의 쇄신과 교육의 개혁을 위하여 노력하는 일종의 운동가였다. 그는 플라톤이 프로타고라스의 대화편에서 서술한 문화의 역사를 인간의 자연 생활로부터 인간의 욕구 충족의 기예들로, 그리고 도야에로 끌어올렸다. 인간은 도덕적이고 이

---

31) Marrou, S.162. 시레네는 그리스의 신화에 나오는 여신들로서, 그들의 노래를 듣는 사람은 마음이 온통 노래에 빼앗겨 죽게 된다고 한다. 사이렌이라는 경고음을 발하는 기계 장치의 이름이 여기에서 나왔다.

32) a.a.O., S.122.

33) *Kata ton sophiston*. In: George Norlin, Isocrates, II, S.161-177.

성적인 가치를 공유하고 있으며, 이를 통하여 사회를 합리적으로 보존하고 발전시키고 있다. 그러나 이러한 모든 인간에게 주어져 있는 도덕성과 지성을 인간은 자기 자신을 위하여선 높이 내세우고 남을 위하여선 유보하는 경향을 가지고 있다. 더구나 도덕성과 지성은 인간의 현존을 위한 기본 조건이기 때문에 이러한 경향은 인간 본질의 대단히 치명적인 결함으로 확인되고 있다. 플라톤은 대화편 『프로타고라스』에 있는 인간 창조의 신화에서 이 문제를 "문화"의 개념과 연결하여 다루고 있다.34)

『프로타고라스』에 나오는 그리스의 인간 창조의 신화에 의하면 모든 생명체들을 창조하는 과정에서 다른 생명체들과는 달리 생존을 위한 아무런 무장도 없이 유일하게 벌거벗은 채로 남겨진 인간에게 프로메테우스는 신들의 세계에서 불과 또 그것을 다룰 수 있는 지혜를 훔쳐다 줌으로서, 인간이 생존을 위하여 필요한 모든 조건들을 이로써 충족할 수 있게 하였다. 그러나 공동체를 형성하고 관리하는 능력이 없는 인간은 서로 물고 뜯어 고난을 자초하였다. 이를 안타깝게 여긴 제우스는 인간에게 "존경(aidos)과 정의(dike)"를 주어서 인류의 공유 이념이 되게 하였다. 이렇게 하여 인간은 시민 사회를 이룩하게 되었다. 따라서 정상적 인간이라면, 다시 말하면 정신병이 있거나 비사회적이지 않은 인간이라면, 누구든지 인간은 사회와 국가를 건설하는 덕을 배워서 의롭게 될 수 있는 과제와 의무를 갖게 되었다. 이러한 인간에게 절대적으로 요청되는 덕이 그러나 인간에게는 천부적으로 그리고 본래적으로 주어져 있지 않기 때문에, 인간은 교육을 통하여 이러한 덕들을 비로소 획득하지 않으면 안 된다.

---

34) *Protagoras*, 320c-323a.

그는 논쟁술과 정신의 조화로운 다면적 도야를 자유시민의 자질과 의무로, 국가와 사회가 요구하는 과제를 수행하기 위한 필수적 무장으로, 정신적 바탕 위에서 요청되는 도야의 총괄 개념으로 파악하였다.[35]

이소크라테스는 플라톤을 향한 논쟁적인 글 『판아테나이쿠스』에서 "만약에 내가 기술(techne)과 과학(episteme)과 특수 연구들을 제외한다면, 나는 누구를 도야된 자라고 하겠는가?"라고 묻고 다음과 같이 대답하였다.[36] 첫째, 일상 생활에서 늘 만나는 사물들과 문제들을 적절하게 처리하며, 상황을 적절하게 관리하고 판단하는 자이다. 둘째, 다른 사람들과 재치있게 그리고 올바르게 대화할 수 있으며 다른 사람들의 불쾌하고 모욕적인 언사를 가볍게 수용하며, 다른 사람들에 대하여 자신을 기분 좋게 그리고 명예롭게 처신하는 사람이다. 셋째, 자신을 언제나 자제하며 불행한 경지에 빠졌을 때에 좌절하지 않고 용기 있게 처신하며 품위를 잃지 않는 자이다. 넷째, 그리고 가장 중요한 것으로, 성공했다고 해서 자만하거나 나태해지지 않고, 자신의 참된 자아를 상실하지 않고, 우연히 갖게된 소유가 아니라 자신의 본성과 의지를 통하여 획득한 소유를 즐거워하는 자이다. 이상의 네 가지 자질을 모두 갖추고 있는 자가 현명한 자요 모든 덕을 소유한 완전한 자이다. 이러한 자가 교육받은 자요 도야된 자이다.[37]

이소크라테스는 인간을 위에서 언급한 바와 같이 도야하는 것이 "철학"이라고 보았다. 그래서 그는 플라톤이 철학이라는 말을 그의 제자들로 이루어진 소수의 집단에서 이론적 이념을 위한 용

---

35) Lichtenstein, S.119.
36) *Panathenaicus* 30-32. G. Norlin, II, S.390-393.
37) *Panathenaicus*, 33.

어로만 사용하는 것에 대하여 의도적으로 비판을 가하였다. 이소
크라테스는 『안티도시스』에서 이렇게 말하고 있다. "사람들이 현
재 우리를 도와주지도 않고 우리의 언어와 행동에 도움도 못되는
그러한 훈련에 '철학'이라는 용어를 사용하는 것에 나는 동의할
수 없다. … 나는 오히려 이를 정신의 체육이나 철학을 위한 준비
라고 부르고 싶다. … 철학에 대한 나의 견해는 지극히 단순하다.
인간의 본성에는 우리가 무엇을 행하며 말하여야 할지를 타당하게
알 수 있도록 하는 과학에 이를 수 있는 능력이 주어져 있지 않다.
그러므로 나는 추측을 통하여 최선의 것을 찾아낼 수 있는 자를
현명한 자로 여기고, 그러한 통찰력을 가장 빨리 획득할 수 있는
바른 길을 찾기 위하여 몰두하는 것을 철학이라고 여긴다."[38] 키
케로는 이소크라테스의 이러한 생각을 수용하여 가르침과 생각함
의 일원성을 도야의 이념으로 파악하였다. 이소크라테스에게 있
어서 지혜의 벗들은 도야의 벗들이다. 왜냐하면 지혜의 벗들은
일상과 유용을 넘어서서 보다 고차원적인 생활의 관점을 가지고
있으면서 교제의 풍속을 순화하고 언어적 의사 소통을 연마하며
자신의 문화관을 공개적 사회 생활에서 강조하고 실천할 준비가
되어있기 때문이다.

이소크라테스는 정신 문화의 개념을 도야의 이념으로 고양시
켰다. 파이데이아는 그에게 있어서는 도야에로의 교육이다. 여기
서 도야에로의 교육이라는 말은 플라톤이 의미하는 파이데이아의
개념과는 다른 개념이다. 플라톤에게 교육으로서의 파이데이아가
진리 인식의 절대적 요청 아래서 사유의 형식의 혁명을 강조하는
개념이었다면, 이소크라테스에게 파이데이아는 자연의 관리와 고

---

38) *Antidosis* 266-271. G. Norlin, II, S.332-335.

양이요 정신적 힘들의 작용과 개발이며 공동적이요 문화적인 현존의 질의 성취이다. 이러한 의미에서 우리는 이소크라테스의 교육을 문화 교육의 개념으로 파악할 수 있다.[39]

그의 철학은 범헬라적 통일을 강조하는 그의 정치적 이상과 아테네가 정신적 영도자의 위치를 다시 차지하여 이를 통하여 그리스의 희망이요 중심이 되기를 강조하는 그의 문화적 이상에서 같은 비중으로 표현되었다. 그의 시대에, 이는 동시에 플라톤의 시대이기도 하다. 그리스는 거대 도시의 발전과 모든 시민을 대상으로 한 직접적 민주주의를 통하여 향락을 추구하고 돈벌이에 집착하는 정신적 혼탁과 교육적 위기에 빠져 있었다. 아테네는 이미 도시국가의 내적 정신적 통일을 상실하고 있었다. 그리하여 문화의 보존과 발전은 청소년 교육에서 이미 위기에 직면하고 있었다. 교육의 본질적 과제들 가운데 하나가 바로 문화의 전수이다. 이 위기를 플라톤과 이소크라테스는 동시에 그러나 서로 다른 관점에서 보았다. 그리고 그들은 서로 다른, 지극히 대조적인 길을 걸어갔다.

플라톤은 다른 사람들의 눈에 대단히 이상적이요 유토피아적인, 교육을 통하여 인간과 국가를 쇄신하고 최선의 경지에 도달하도록 하며 최선의 경지에서 계속하여 보존하고자 하였으며, 그리하여 방법론적이고 원리론적인 길을 걸어갔다. 반면에 이소크라테스는 후세의 사람들의 눈에 지극히 실용적이고 실천적인, 동시대적 문화의 보존과 발전을 위하여 과거의 지식을 종합하여 현재의 생활을 가꾸어가는 길을 걸어갔다. 그래서 이소크라테스는 위대한 조상들의 모범을 따라서 그들의 덕, 공동체 의식, 국가관,

---

39) Lichtenstein, S.121.

민족관을 가르치는 교육 프로그램을 제시하였다. 여기서 우리는 이소크라테스가 의미하는 일반 도야에 대한 또 하나의 다른 이해와 접하게 된다. 플라톤의 일반 도야가 인간 개개인의 지적 능력의 다면적 도야를 통하여 바른 인식 능력과 진리 인식에 도달하는 종합적 프로그램이라고 한다면, 이소크라테스의 일반 도야는 사회와 국가가 필요로 하고 요구하는 일상 생활의 능력을 종합적으로 제고함으로서 국가의 발전을 도모하는 일종의 실용적 민족 교육의 성격을 가진 프로그램이라고 하겠다.

고대 그리스는 정치적으로 통일된 단일 국가가 아니었다. 고대에 정치적으로 하나의 통치 체제를 갖춘 그리스라는 국가는 없었다. 그러나 고대 그리스는 숱한 도시국가들로 구성되어 있으면서도 그들이 공유하고 있는 하나의 도야와 교육의 이념으로 얽혀져 있었고, 하나의 문화 국가라는 이해를 공유하고 있었다. 이소크라테스는 이와 같은 하나의 공유적 도야의 이념을 "철학"이라는 말로 표현하였다. 여기서 우리는 이소크라테스가 참된 소피스트로서 소피스트들의 유산을 물려받아서 그들의 도야 운동을 완성하였음을 다시 확인하게 된다. 그는 소피스트들의 문화 이론을 역사적으로 그리고 교육적으로 구체화하였다. 그리하여 정신의 기능이요 형성으로써 도야의 사상을 객관적이요 윤리적-규범적으로 재구성하였다. 이소크라테스는 보편적 형식적 정신 도야라는 근대적 교육사상을 전형적이고 이상적인 호머적 교육이념이라는 전승되어 내려온 교육사상에 접목하여 종합함으로써 헬레니즘의 시대에 학교를 지배하였던 고전주의의 이상적 그리스인 상이 탄생하도록 하는데 크게 기여하였다.[40]

---

40) Lichtenstein, S.121.

  그리스 민족이 세계의 다른 민족들 보다 더 우월한 것은 이소
크라테스에 의하면 다만 그리스 민족의 정신 문화가 더 우월하기
때문이다. 다시 말하면 그리스 민족의 우월성은 그리스의 정치
제도와 법치국가의 본질에 근거하고 있는 것이 아니라 언어 문화
의 본질에 근거하고 있다는 말이다. 이를 이소크라테스는 이렇게
표현하였다. "너희들은 이 세계의 다른 모든 것들 보다 더 뛰어
나고 탁월하다. 이는 전쟁을 수행할 수 있는 너희들의 능력이 뛰
어나거나, 너희가 너희 스스로를 탁월하게 지배할 수 있기 때문
이거나, 너희의 조상이 너희들에게 물려준 율법을 다른 사람들
보다 더 잘 보존하기 때문이 아니라, 이러한 자질들에서 인간의
본성이 다른 동물들 보다 뛰어나며, 그리스의 인종이 다른 야만
인들 보다 더 뛰어나기 때문에, 다시 말하면 사실상 너희가 이
세상의 어떤 사람들 보다 지혜와 언어에서 더 잘 교육되었기 때
문이다."41) 자연이 인간을 다른 모든 생물들 보다, 그리고 그리스
인을 다른 모든 야만인들 보다 특히 더 뛰어나게 한 것은 그들이
이성적 인식의 능력과 언어적 의사 소통의 능력에서 다른 모든
것들 보다 더 나은 교육을 받았기 때문이다. 이렇게 하여 이소크
라테스에 의하여 수사학적 정신 도야의 왕도가 시작되었으며 이
를 통하여 아테네는 '그리스의 학교'가 되었다. 이소크라테스에
의하여 공동 사회의 전체에 근거하고 있던 교육은 권위 있는 유
명한 한 개인에 의하여 제창되는 교육이념과 수행되는 교육 실천
으로 변모되고, 이소크라테스의 수사학적 도야의 이념은 플라톤의
진리를 통한 도야의 이념 못지 않게 고대 도시국가라는 역사적이
고 지정학적인 한계를 넘어서서 보편적이고 인간적인 교육의 이

---

41) *Antidosis*, 293-294. G. Norlin, II, S.346-349.

넘으로 확산되었다. 그래서 이소크라테스는 이렇게 말하였다. "우리들의 파이데이아에 참여하는 자는 다만 우리와 혈통만 공유하고 있는 자보다 더 높은 의미에 있어서 그리스인이다."[42] 종족적 특성에서가 아니라 지성적 특성에서 그리스인의 명칭을 확인하려는 이러한 생각은 교육 사회학적으로 대단히 큰 의미가 있다.

그리스 문화가 세계 문화로 변형되어가면서 이소크라테스적 의미에서 헬레니즘에서 고전적 문학적 도야에 대한 거의 종교적인 숭배의 현상이 전개되었다. 그리고 이러한 현상은 언어 연구가 자유 교육의 거의 유일하고 품위 있는 대상으로 되어버린 데서 확인되고 있다. 언어 연구만이 인간적 가치가 확인되며 대중으로부터 개체를 구별하게 하는 교육의 형식이다. 도야된 자와 도야되지 못한 자는 그의 언어에서, 그의 학교에서, 그의 문화에서 확인되는 것이다. 이러한 새로운 교육 귀족주의는 헬레니즘의 정신적 얼굴을 각인하였다. 뿐만 아니라 이러한 새로운 교육 귀족주의는 키케로에 의하여 강조되었으며, 그 후에 키케로를 문학적-미학적 도야의 정경으로 만든 다음에 정경의 내용이 다양하게 변천되어 왔음에도 불구하고 언제나 다시금 오늘에 이르기까지 서구의 인본주의의 도야와 교육의 이해를 각인하여 오고 있다.

이소크라테스는 한때에 그의 학생이었던 키오스(Chios)의 폭군 니코클레스(Nicocles)에게 보내는 서한에서 이 새로운 교육의 과제를 폴리스 교육에서 인격 도야에로의 이행으로, 다시 말하면 군주의 교육의 특별한 의미로, 여기에서 군주는 개인으로서 전체의 교육보다 더 포괄적인 교육을 필요로 하는 인격으로, 민족 전

---

42) *Panegyricus* 50. G. Norlin, I, S.149. 이를 마로는 이렇게 번역하였다. 우리는 우리와 혈통을 공유하고 있는 자보다 오히려 우리와 문화를 공유하고 있는 자를 그리스인이라고 한다. Marrou, S.174.

체의 복지가 그 자신의 정신 문화와 이해 능력에 의하여 결정되
는 인격으로 설명하였다. 이소크라테스의 사상은 인간과 인간의
문화와 교육의 이해를 위한 언어성의 구성적 의미에 관한 일반적
이고 깊이 있는 의식으로부터 나왔다. 그리하여 이소크라테스의
수사학적 도야 이념이 결국에는 인본주의적 도야 개념의 역사적
원천이 되었으며 "학교 인본주의의 거대한 흐름의 원천"[43]이 되
었다. 이소크라테스는 인간의 언어 능력에서 인간에 있어서 본래
적으로 인간적인 것을, 사람의 참으로 사람다움을, 인간의 아레테
를, 이를 통하여 인간을 인간 이하의 피조물로부터 구별하게 하
는 고유성을 보았다. 바로 이러한 인간을 자연으로부터 보려는,
다시 말하면 아래로부터 위를 향하여 보려는 시각이 인간의 본질
을 구별하게 하는 문화의 이해를 가져왔으며, 이것이 인본주의적
인간상의 의미 있는 내용이 되었다. 언어와 이성을 인간의 역사
의 표현으로서 동일시하는 시각도 여기서 소홀히 다루어서는 안
될 것이다. 헤르더가 인간의 사유 능력을 그의 언어성에서 확인
한 것처럼, 이성(ratio)과 언어(oratio)는 그리스어 로고스(Logos)의
개념에서 하나가 된다. 언어의 로고스는 이소크라테스에게 있어
서 파이데이아의 상징이요 문화의 본래적인 창조자이다.

"우리는 어떤 면에 있어서도 다른 살아있는 피조물 보다 더 우
월한 것을 소유하고 있지 않다. 우리는 많은 것들 보다 민첩하지
도 않고 다른 자원도 갖고 있지 않다. 그러나 우리에게는 서로가
서로를 설득할 수 있는 힘이, 우리가 추구하는 바를 서로 서로
분명히 알게 할 수 있는 힘이 이식되어 있어서, 우리는 우리 스
스로를 짐승과 비슷한 야만 생활로부터 해방시킬 수 있었으며,

---

43) Marrou, S.176.

공동 사회를 이루고, 국가를 세우며, 법을 정립하고, 예술을 창출
할 수 있었다. 일반적으로 말하면, 어떤 제도도 언어의 힘의 공동
작업이 없이 이루어진 것이 없다. 옳음과 그름에 관한 그리고 선
과 악에 관한 법을 세운 것은 언어이다. 만약에 법이 없었다면,
우리는 서로 함께 살아갈 수 없었을 것이다. 언어로 우리는 악을
벌하고 선을 찬양한다. 언어로 우리는 이해가 모자라는 자를 가
르치고 현명한 자를 찬양한다. 잘 말할 수 있는 능력(eu legein)은
건강한 이해 능력(phronein)의 가장 확실한 내용이다. 그리고 참
(alethes)되고 법률적(nomimos)이고 의로운(dikaios) 말(logos)44)은
선하고 신뢰할만한 영혼의 모상(Abbild, eidolon)이다. 바로 이 능
력으로 우리는 문제들을 토론하여 밝혀내고, 미지의 사물들을 탐
구해 낸다. 우리가 공중 앞에서 연설할 때에 다른 사람들을 설득
하는 데에 사용하는 꼭 같은 논리를 우리는 우리 자신의 생각을
다른 사람들에게 전달할 때에도 사용한다. 우리는 군중 앞에서
공개적으로 말할 수 있는 자를 능변이라고 하는 반면에, 자신의
마음에 있는 문제에 관하여 고도의 수사적 문장을 동원하여 설명
하는 자를 숙변이라고 한다.45) 이 능력에 관한 묘사를 요약하면,
이 세상에서 지성(intelligence)으로 이루어지는 것 중에서 언어 없
이 이루어지는 것을 찾아볼 수 없다. 우리들의 모든 행동들과 우
리들의 모든 사유들에 있어서 언어가 우리의 인도자이다. 따라서
가장 지혜로운 자가 가장 언어 능력이 뛰어난 자이다."46)

---

44) G. Norlin은 logos를 담론 discourse으로 번역하였다.
45) 능변(能辯)을 Lichtenstein은 beredt로, Norlin은 eloquent로 번역하였다. 숙변
    (熟辯)은 wohlberaten, sage로, 문화적으로 고양되고 잘 숙고된 언어 행위를
    의미한다.
46) *Antidosis*, 253-257.

이상의 긴 그러나 대단히 논리 정연하고 설득력이 있는 문장에서 알 수 있듯이, 이소크라테스에 의하면, 언어는 모든 사유와 활동의 인도자이다. 언어를 가장 많이 필요로 하는 자는 정신을 가장 높은 수준에서 소유한 자요 가장 지혜로운 자이다. 그러므로 교육과 도야를 경멸하는 자는, 이소크라테스의 표현을 빌리면, 마치 신성을 모독하는 자와 같아서, 신성모독자를 증오하듯이 그렇게 꼭 같이 증오할 가치가 있는 자로 여기지 않으면 안 된다.

이소크라테스에게 있어서 언어는 교육의 본질적 주체이다. 교육은 언어에 거기에 근거하고 있으며 언어에서 완성된다. 여기서 객관적 정신의 사상은 일단 유보되고 있다. 언어는 교육의 가능 조건으로서 먼저 "이해시킴"의 매개요 수단으로 파악되고 있다. 서로 서로 말할 수 있음이 비로소 인간에게 사회 생활을, 평화스러운 공존을, 정치적 현존을, 의지와 추구의 공유를 가능하게 하여준다. 그러므로 언어의 도야에서 인간성(Humanum)은 일차적으로 인간을 사회적 대화에 참여할 수 있는 능력에로 교육하는 일이요, 윤리적-정치적 실존의 능력을 갖도록 도와주는 일이다.

이소크라테스에게 있어서 언어의 지평에서 사유보다는 행위가 분명하게 우선적 위치를 차지하고 있다. 그리고 더 나아가서 이소크라테스는 영혼의 순수화(Verfeinerung)에서 이미 특수한 인간애(philanthropia)의 고양을 생각하고 있었다. 인간의 영혼은 농도 짙은 간인간적 관계의 경험을 통하여 단련되고 순수해지며, 인간의 사람다움의 요구 조건으로 제고된다. 이러한 영혼의 순수화에서 모든 인간적 욕구, 관용, 부드러움과 좋은 뜻이, 온화함과 선한 의지가 도야의 과제로 드러난다.

후에 키케로에게서 '휴마니타스'의 개념으로 수용된 이러한 사람다움의 동기는 이소크라테스의 언어 교육이 단지 언어학적으로

논거되지 않았음을, 다른 말로 표현하면, 부분적으로는 언어학적
이지만 전체적으로는 절대로 그 이상임을 확실히 보여주고 있다.
이소크라테스에게는 인간의 대화 능력의 목표는 인간의 숙변
(Wohlberatenheit)에 있다. 바로 이 점에서 우리는 그의 교육동기
의 다양성에 접하게 된다. 말은 의미를 열어주고 밝혀준다. 얽혀
진 것들을 정리하여 주고 분명하게 만들어 준다. 있는 것을 이해
하게 하며 보게 한다. 정신적 내용은 적절한 언어로 표현되며, 이
를 통하여 비로소 사유되는 바의 내면적 진리가 투시 가능하게
된다. 그러한 한에 있어서 언어의 수업은 사실상 생활의 실재와
의미의 해석학이며, 이러한 해석학으로서 철학이다. 그러나 이소
크라테스의 이와 같은 이해는 말을 개념과 정의(Definition)를 통
하여 합리적으로 설명한 플라톤의 이해와는 거리가 멀다. 자문
(Beratung)의 수사학적 요소는 오히려 인간이 말의 매개를 통하여
상호간에 확신하게 되는 것에서, 다시 말하면 말함과 응대함에
있어서 나타나는 서로 말을 거는 현상에서 분명히 드러난다. 여
기에 말함의, 즉 설명함의 큰 내적 관련이 있으며 또한 말의 심
리적 작용이 있다.

　고르기아스는 그의 수사학 이론을 오직 설득을 통하여 인간을
인도하는 힘으로만 논거하였다. 이소크라테스에게 있어서 그러나
수사학의 교육학적 전환이 분명해진다. 언어의 인도에 의하여 인
간은 자신의 소원과 목적을, 과제와 계획을 자기 자신에게 이해
시키며, 자신의 생활을 반성하고 신념을 가지고 행동하는 인간이
된다. 여기서 언어에 귀를 기울일 수 있는 그와 같은 능력이 인
간을 말하는 자와 듣는 자로 나눈다. 그리고 이소크라테스에 의
하면, 이러한 언어 능력의 획득은 특별히 이를 위하여 계획된 교
육을 필요로 하며, 인간이라고 해서 누구나 다 그러한 언어 능력

을 갖게 되는 것이 아니다. 여기서 이소크라테스는 다시금 고르기아스에 가까이 있다. 이러한 과정은 외부로부터 내부에로의, 공개적 토론이 개체의 의식 안으로 전이되는 과정으로 일어나며, 더 나아가서 이러한 숙변의 경지(Wohlberatensein)에서 논리적 논증이 아니라, 파악들, 신뢰를 갖게 해주는 설명들(pisteis), 입장의 표명들 그리고 가치의 평가들이 척도로 작용하는 결정적인 요인들로 확인된다.

인간의 현존에 대한 언어의 해석학적 기능을 전제하고 있는 이소크라테스의 이러한 기본 개념과 착상은 그의 교육적 주요 관심사에서 삼중적으로 반영되고 있다. 첫째, 개개인의 고독한 사유가 아니라 사회적 차원에서 이루어지는 대화가 문화를 번영하게 하므로, 도야의 고유한 장은 공동의 언어로 묶여져 있는, 형태지어진, 그리고 규범화된 사회적-도덕적이고 정신적-역사적인 세계이며, 이러한 세계 안에서의 공동 생활에 대한 이해이다. 소크라테스도 이러한 세계 안에 있다. 연구의 주 대상은 그러므로 언어이다. 연구의 주 대상은 형태를 묘사하고 형성하는 언어의 능력과 표현의 세계요, 시와 문학에서, 공개적 연설에서 말로 표현되고 설명되며 주석되는 도야의 세계요 교육하는 말이지, 어떤 전문 지식이나 고독한 추상적 사변의 축적이 아니다.

둘째, 언어에 의한 정신 교육은 실천 생활의 성공적 이행을 목표로 삼고 있으므로, 그 효과적인 내용과 수단은 보편 타당한 과학의 이론이 아니라, 개별적으로 자기 것이 된 특수한 언어적 교제의 기술이다. 이러한 개별화된 언어 능력이 인류 전체에게 지각 능력과 판단 능력과 섬세한 사고 능력을 가능하게 한다. 이소크라테스는 그의 학생들에게 견해와 의견을 주도하고 바르게 형성하는 결정의 정신을, 복잡한 직관의 능력을, 예측 불가능한 것

을 파악하는 능력을 개발하려고 하였다. 따라서 이소크라테스의
이와 같은 건강한 인간 이해 능력에 있어서 지혜로운 자는 플라
톤의 철학에서처럼 존재하고 있는 것들을 관조하는 자가 아니라,
일정한 상황 안에서 본능적으로 딱 맞아떨어지는 판단 능력을 가
진 자로서 여기서 지금 말하고 행하여야 할 것을 정확하게 그리
고 바르게 떠올리는 자이다. 그런 자에게 있어서 그의 정신 활동
은 그러한 상황 이해의 감각(phronesis)을 길러주어서, 이 감각이,
마치 정신적 박자(Takt)처럼 그에게 작용하고 있다.47)

셋째로, 말의 형성하는 힘에 대한, 언어의 표상이 만들어 주는
심층 작용에 대한, 그리고 범례적인 것의 움직이는 힘에 대한 이
소크라테스의 신념은 너무나 커서, 그는 어떤 심각한 문제도 언
어 능력의 고양을 통하여 해결할 수 있다는 확신을 가지고 있었
다. 만약에 누가 위대한 찬양 받을 만한 대상들과 고상한 사상들
과 윤리적인 이상들에 그렇게나 집중적으로, 그렇게나 깊이 있게
파고들어서, 그가 확실하게 그것들에 관하여 말할 수 있다면, 그
는 이를 통하여 개선되었으며 그의 정신에 있어서도 고상해졌다
고 하겠다.

그는 그것들의 영향을 이러한 대상들에 관한 그의 연설의 준
비뿐만 아니라, 그의 생활 전체에서 느끼게 될 것이다. 그리하여

---

47) *Antidosis*, 270f, Pananthenaicus, 30-32. 헤르바르트가 『일반교육학』(1806)에
서 말하는 "교육학적 박자"의 개념과 가다머가 『진리와 방법』(1965)에서
말하는 방법론적 박자의 개념을 참조하시오. '박자'(Takt)는 라틴어 tactus
에서 온 말이다. tactus는 접촉, 작용, 감정에 미치는 영향 등을 의미한다.
이 말은 후에 리듬의 단위를 말하는 박자, 그리고 올바른 행동을 할 때
에 갖게되는 감정을 의미하게 되었다. 박자라는 의미의 Takt와 전술이라
는 의미의 Taktik을 같은 어원에서 온 말들로 알고 있는 사람들이 있다.
그러나 이 두 말은 어원이 다르다. Taktik은 그리스어 taktikos에서 온 말
로서, 어원이 뜻하는 군대의 전술이라는 의미로 여전히 사용되고 있다.

연설의 예술을 사적인 말다툼에서가 아니라 인류의 복지와 공동의 선을 위하여 사용하며 지혜와 명예로 가꾸어 가는 자와 뜻을 함께 하게 될 것이다.[48] 그러므로 "찬양할만한 것들에 관하여 말하도록 노력하라. 그리하여 네가 말하는 것처럼 생각하는 습관을 갖게하라."[49] 이소크라테스는 말의 길로부터 교육내용의 길로 나가고, 의미에 의해서 발상 된 언어의 그림으로부터 상상의 능력에로 나가며, 사상을 형성하는 내용으로부터 가치에 익숙하여짐에로 나간다고 확신하였다. 이러한 인본주의적 원리는 그 이후에 오늘에 이르기까지 다소간에 차이는 있으나 인본주의적 김나지움 교육학의 자명한 전제가 되었다. 고전적 문헌 안에 담겨있는 사상을 길러주는 내용들을 공부하는 언어적 도야를 통하여 가치를 도야하고 인격을 도야하는 어문 교육이 바로 그것이다. 이소크라테스의 이론은 학교에 대한 도덕적 칭의론이 되었다.

4. 수사학적 도야

이소크라테스는 앞에서 언급한 소피스트들에 대한 그의 학교 교육선언에서 이미 교사의 약속에 관한, 교수 목표에 관한, 그리고 교수방법에 관한 물음을 다루고 있다. 그는 이 물음들에서 소피스트적인, 다시 말하면 근대적인 수업방법이 보여주고 있는 두 가지 방향들로부터 자신의 학교 교육을 구별하고 있다. 그는 이렇게 말하고 있다. 논쟁술사들과 소피스트들은 개념의 지식을 통

---

48) *Antidosis*, 275-277. G. Norlin, II, S.336-339.
49) Nicocles, 38.

하여 덕을 만들어 낼 수 있다고 주지주의적으로 확신하고 있다. 그들은 그리하여 생활의 현실에도 구체적인 인간에도 접근하지 못하고 있다. 이와는 대조적으로 연설을 가르치는 일상적인 교사들은 수공업자들(banausos)처럼 예술적 감각이 결여된 단순한 기술자들이어서, 마치 모국어 수업에서 종합적-창조적으로 이루어지는 읽기 교육에 기계적 방법을 맹목적으로 적용하는 것처럼, 학생의 개성이나 수업의 상황과 동기를 고려하지 않는다. 그들은 적절한 순간에 바로 그 적절한 것을 집어내어 가르치는 것이나, 내용과 교수 영역 전체의 고유한 구조에 대한 고려가 없다.

  이소크라테스의 고유한 교수학적 개념을 여기서 개략적으로 서술하면 다음과 같다. 언어 도야적 수업은 어떤 테마를 탐구함에 있어서, 언어적 표현 능력을 개발하여 정신을 능률적으로 그리고 민첩하게 만들어서 우회로를 피해서 설명할 수 있도록 하는 것이다. 그러나 언어 도야적 수업은 소질을 스스로 발휘해보고 경험을 통하여 능력을 개발하는 것을 대체할 수는 없다. 언어적 도야는 연설의 능력을 완벽하게 소유한 연설가를 목표로 삼지 않고, 인간의 전체적 개발을 목표로 삼고 있다. 여기에는 정신적 작업과 윤리적 결단과 생동적 상상력이, 그리고 교사가 필요하고 요청이 된다. 교사는 모든 교수 가능한 것들을 조직적으로 탐구하고, 더 나아가서 예술 영역처럼 교수 가능성을 벗어나 있는 것들을 자신의 고유한 모범을 통하여 자극하고 각인시키는 역할을 한다. 그래서 이소크라테스는 소피스트들의 교육활동을 비판하면서 자신의 교육활동을 다음과 같이 말하고 있다. "누구든지 이 도야와 교육의 프로그램을 이수하기를 원하는 자는 말 잘하는 허풍쟁이가 아니라 윤리적 인격으로 빠르게 성장하게 될 것이다. 내가 다만 생활만을 가르칠 수 있다고 말했다고 추측하지 말아라. 나는 다만, 한마디로 표현하면, 윤리적으로 타락한 자들에게 척도와 정의를 심어줄 수 있는 완전한 교수의 예술은 없다고 주장하였을 뿐이다. 그럼에도 불구하고 정치적 연설을 진지하게 공부하는 사람들은 그러한 태도들에로 각성하게 되고 척도와 정의가 그들 안에 확고하게 자리잡게 될 수 있다고 나는 생각한다."[50]

이소크라테스는 『안티도시스』에서 이를 다시 강조하고 있다. "나는 정직과 정의를 타락한 본성에 이식할 수 있는 예술의 종류는 이제까지 전혀 없었으며 앞으로도 없으리라고 생각한다. … 그러나 나는, 만약에 사람들이 말을 잘 하려는 야심을 갖는다면, 만약에 사람들이 그들의 청중을 설득시킬 수 있는 능력을 소유하기를 갈망한다면, 그리고 최종적으로, 만약에 사람들이 그들의 마음을 그들의 이익에, … 그 말의 참된 의미에 있어서 이익에 둔다면, 사람들은 선하여지고 더 가치 있어지리라고 주장하겠다."[51] 여기서 이소크라테스가 말하고 있는 수사적 도야의 핵심은 "말을 잘 하는 것(legein ey)"이다. 말을 잘 하는 것은 그에게 있어서 어떤 수사적 능변이나 달변을, 어떤 묘사의 기교를, 어떤 논쟁과 논파의 기술을 의미하는 것이 아니라, 주제를 정확하게 파고드는 언어의 능력을, 사물을 투시적으로 서술하는 능력을, 영혼을 일깨우고 변화시키는 말의 힘을 의미하는 것이다.

이소크라테스는 학교를 40년 동안 성공적으로 운영한 후에, "나의 존재, 나의 생활, 그리고 내가 헌신한 파이데이아"[52]에 관한 변증적 글인 『안티도시스』를 발표하였다. 이 글은 서구의 정신사에서 아마도 최초로 쓰여진 자서전적인 회고록일 것이다. 이

---

50) *Gegen die Sophisten*, 21. G. Norlin, II, S.177.
51) *Antidosis*, 274-276. G. Norlin, II, S.337.
52) *Antidosis*, 6.

소크라테스는, 마치 플라톤이 『소크라테스의 변명』에서 소크라테스에게 가진, 그가 청소년들을 오도하고 있다는 고소를 변증하듯이, 그를 둘러싼 경쟁적인 시각들을 의식하고 변증 형식으로 이 글을 썼다. 그는 살아오는 동안 동시대인으로부터, 마치 소크라테스가 그런 경우에 처하였던 것처럼, 여러 가지 잘못된 편견과 판단에 시달려왔다. 그에게 향한 주된 편견은 그가 학생들을 틀린 그리고 나쁜 이성을 바른 그리고 좋은 이성으로 드러나도록 만들게 가르침으로써, 학생들이 정의(justice) 대신에 자신의 이익을 취하도록 하여, 그들을 타락시키고 있다는 것이다. 이러한 편견과 질타에 직면하여 그는 "나의 생각과 나의 삶 전체에 관한 참된 이미지"[53]를 서술하여, 그 자신에 관한 진실을 알리는 최선의 수단인 동시에 그가 죽은 후에 그의 모습을 구리로 조작한 동상 보다 더 고상한 기념비가 될 수 있도록 하였다. 이렇게 해서 『안티도시스』가 탄생하였다. 그는 이 글을 82세(354-353 BC)의 고령에 썼다. 비록 그는 이 글에서 자신의 정신적 허약을 양해해 달라고 하였으나, 이 글의 힘찬 흐름과 날카로운 서술은 그가 35년 전에 쓴 『소피스트들에 대항하여』에 못지 않다.[54] 그는 이 글에서 아테네 시민들이 그에 대하여 품고 있는 편견을 날카롭게 공격하고, 그와 경쟁 관계에 있는 다른 교사들이 갖고 있는 교육이해의 편협성과 비실천성을 비판하고 있다. 이러한 부정적 측면과 함께 그는 긍정적 측면으로서 동시에 그가 늘 강조하여 왔던 철학과 문화의 개념을 정의하고 설명하고 있다.[55]

이소크라테스의 관심의 중심에는 도야하는 수업의 문제가 자리

---

53) *Antidosis*, 7.
54) G. Norlin, II, S.183.
55) G. Norlin, II, S.182.

잡고 있다. 그는 언어적 정신 활동의 본질을, 그 의미를, 그 교육
의 본질과 교육받은 결과로 확인되는 유용성, 그리고 이에 대한
자신의 약속을 이해시키려고 노력하였다.56) 그는 그의 「교수 모델
(typos didaches)」57)을 전통적인 그리스의 교육이해 안에서 정립하
려고 시도하였다. 플라톤이 『폴리테이아』에서 시도하였던 것처럼,
이소크라테스도 「옛 교육(archaia paideia)」의 범례로부터 교수 모
형의 정립을 꾀하였다. 그는 학생이 되기를 원하는 사람들을 다음
과 같은 세 가지 교육방법 아래 묶어놓았다.58) 첫째, 그들은 그들
이 하지 않으면 안되도록 선택된 것을 하기 위하여 자연스러운
적성을 가지고 있어야 한다. 둘째, 그들은 그들에게 주어진 특별
한 주제의 지식을 훈련하고 학습하도록 자신을 복종시켜야 한다.
그리고 셋째, 그들은 그들의 기예를 일상 생활에 사용하고 적용하
도록 인용구를 암송하고 말하며 그렇게 행동하여야 한다.

그리스의 조상들은 인간의 본질을 신체와 영혼으로 이루어진,
신체보다는 영혼을 우위 또는 본질적 가치로 인식한 가치 체계적
종합 존재로 파악하고, 도야의 길을 체육과 철학에서 찾았다. 플라
톤이 영혼을 형성하는 힘으로 종합적으로 파악한 음악적 교육을
이소크라테스는 특징적으로 정신 문화로 제한하여 음악적 요소를
배제한 독자적 교육형식으로 파악하였다. 여기서 더 나아가서 그
는 체육과 철학을, 다시 말하면 정신 도야를 방법적이고 교수학적
인 관점에서 상호 보완적으로 비교 가능한 대상들로, "이 두 종류
의 교육이 날카롭게 분리되지 않고, 유사한 수업의, 연습의, 그리고
다른 형식들의 여러 과목들의 방법을 사용하는"59) 것으로 보았다.

56) *Antidosis*, 178-182. G. Norlin, II, S.286-289.
57) *Antidosis*, 186-188. G. Norlin, II, S.290-293.
58) *Antidosis*, 187.

이러한 체육과 철학의 두 쌍둥이적 교육형식으로 교사는 학생의 마음을 보다 이지적이 되게 하고 몸을 보다 봉사적이 되게 한다. 바로 여기에 「김나지움」이라는 이름과 연결되어 있는 정신의 연습 장 또는 훈련장으로서의 학교 이해가 근거하고 있다.[60]

체육은 신체가 자유로운 운동 능력을 갖도록 만드는 것을 목적하며, 정신 활동은 영혼이 합리적이고 실제적인 이해 능력을 갖도록 만드는 것을 목적한다. 체육과 정신 도야는 모두 생활 실천적 목적을 가지고 있다. 마치 체육이 경기에서 몸의 기본 자세와 운동 형식들과 그 응용을 가르치듯이, 언어 수업은 연설의 범례적 기본 형식들과 응용 방법들을 실제 상황에서 생동적으로 사용할 수 있는 준비로 가르치고 있다. 이 두 경우에 있어서 수업과 연습의 특수한 연결이, 이론과 실천의 통합적 관계가, 도야 과정의 종합적 얽힘이 관건이 되고 있다. 정신적 도야와 연습은 법칙들의 적용이 아니라, 정신적 대상들과 교제하고 이들을 이해하는 관계 속에서 획득된 능력이요, 경험 안에서 숙련된 지각 능력(sensus recti)이다. 그리고 정신적-실천적 의미에 있어서 도야됨은 자기 것으로 만든 어떤 이론적 전문 지식이 아니라, 통찰과 사유로 획득한 영적 정신적 박자(Takt)를 의미하는 것이다.[61]

이소크라테스는 체육과 철학 또는 정신 도야에 관한 그의 비교에서 단순한 기술적 수공업적 교수의 모형이나 응용 과학의 모형을 교육학적으로 거부하고 있다. 이 두 모형들은 도야와 생활

---

59) *Antidosis*, 182-185. G. Norlin, II, S.288-291. 인용은 182, 놀린의 책 S.289.
60) 예를 들면, 헤르더가 행한 두개의 김나지움 연설들인 "학교의 연습들에 관하여" (Von Schulübungen, 1781)와 "정신의 훈련장으로서의, 즉 김나지움으로서의 학교"(1799).
61) *Antidosis*, 271.

의 관계를 설명하지 못하고 있다. 학습된 지식은 예측 불가능하고 변화 무쌍한 상황 앞에서 효과 없는 지식으로 머물러 있다. 그 대신에 정신을 집중하고 만나는 것을 정확히 직시하고 파악하면 대체로 훨씬 더 효과적이다.62) 소피스트들을 통하여 도야의 과정에서 변인으로 작용하는 요인들의 예측에 대한 문제가 교육적 토론의 시대적 쟁점으로 부각되었었다. 그들은 성취에 소질과 연습과 수업이 함께 작용하고 있다는 관점에는 일치하였으나, 이것들이 어떤 비중으로 작용하고 있으며 어떤 의미가 있는가에 대하여선 서로간에 대단히 상이한 견해를 가지고 있었다. 그러나 일반적으로 소피스트들은 지적 요인들과 교사의 가르치는 기술에 관한 지식과 준비를 대단히 강조하고 학생들에겐 교사의 가르침을 수용하는 수동적 역할을 강조하였다. 이소크라테스는 이러한 교육학적 논쟁점들에 대하여 도야의 과제에 관한 다른 이해와 입장을 가지고 접근하였다.63) 그는 정신의 생산적 성취에 높은 기대를 걸고 있기 때문에, 그의 교육하고 도야하는 수업에서 소질, 재능, 관심과 흥미를 어떤 것으로도 대체 불가능한 전제로 간주하고 있다. 그는 수업에서 학생들의 일정한 감정 이입의 능력과 예술적 지각의 능력, 섬세한 정서와 상상의 능력 그리고 정신적 집중력을 필수 불가결한 것으로 간주하였다. 여기에서 이소크라테스는 플라톤의 선별 사상, 그가 말하는 인간의 좋은 유형의 강조, 그리고 철학적 도야 과정에 있어서 자연의 조건들에 대한 생각과 근본적으로는 일치하고 있다.64)

이소크라테스는 플라톤과 대조적으로 선의 이데아가 아니라,

---

62) *Antidosis*, 184f.
63) Antidosis, 193-198. *Kata sophiston*, 14-18.
64) 플라톤에 관하여선 *Politeia*, VI, 2와 플라톤 장을 참조할 것.

정신적 도야의 과정에서 인간이 가지고 있는 종합하고 판단하는
이해 능력의 요인 자체를 강조함으로써 경험을 획득하고 연습과
실천을 통하여 자신을 연마하는 길을 택하였다. 따라서 이소크라
테스에게 있어서는 가르침(Unterweisung)이 아니라 연습(Übung)이
두번째로 중요한 요인이다. 교사와 학생이 구체적이고 집중적으
로 함께 연구하도록 조직된 장소가 바로 교육의 장이다. 이러한
교육의 장에서 상호교호적인 경험의 교환과 비판이 일어나고, 바
로 여기에 교육학적 관계의 유실한 순간이 자리잡고 있다. 교사
와 학생은 각자의 일정한 역할과 과제를 책임 있게 수행하면서
교사의 의식 있는 의도적인 지도와 학생의 끈기 있는 학습을 통
하여 양자의 관계가 책임 있는 구속의 관계로 성숙해진다.65) 여
기서 플라톤에 대한 대립 명제가 분명히 드러난다. 합리적이고
이성적인 지식을 대상화하는 영역에서 교수 가능성은 사물 자체
와 대상 자체가 되고, 교수와 수업은 교수학적 매개의 대표적 형
식이 된다. 그러나 언어를 통하여 상호이해를 도모하는 교제의
영역에서 문학, 예술, 인간의 생활 관계들이 교수학적 매개의 중
심 대상으로 부각된다. 결정적으로 중요한, 교수 내용을 도대체
교수 가능하게 그리고 이를 어느 정도로 합리적으로 이해 가능하
게 만들 수 있는가 라는 문제는 이소크라테스에게는 따라서 참
된, 열려진, 그리고 근본적으로 해결하기가 불가능한 문제이다.
그래서 그는 형식적 이론적 수업의 의미를 부정하거나 이를 특수
한 지식의 전달 영역에서 거부하지는 않는다. 그러나 일반적 정
신의 도야 영역에서는, 다시 말하면 언어의 교육에서는(ton logon
paidiea) 형식적으로 설명하고 매개하는 수업을 소질의 요인과 교

---

65) *Antidosis*, 290.

제(사귐)의 요인 같은 도야의 요인들 다음에 있는 세번째 요인으로 간주하고 있다. 비록 소질이 적은 사람이라도 열심히 연습하고 실천하면 상당한 발전이 있을 뿐만 아니라, 대단히 뛰어난 소질을 타고났으면서도 자신의 소질을 경시하는 사람보다도 더 뛰어날 수 있다. 그러므로 이 두 요인들 중에 어떤 한 요인이 유능한 변사나 전문인을 만들어 내는 것이 아니라, 이 두 요인이 한 사람 안에서 함께 작용하여서 무리들 가운데서 뛰어난 변사와 전문인이 탄생하는 것이다.66) "이것이 소질과 경험의 상대적 의미에 대한 나의 견해이다. 그러나 나는 교육에 있어서는 똑같은 확신을 가지고 말할 수 없다. 왜냐하면 교육의 힘들은 그것들의(소질이나 경험의-저자) 힘들과 동일하거나 이에 상당하지 않기 때문이다."67) 이상의 내용을 종합하여 정리하면, 이소크라테스에 의하면 소질 (physis), 경험(empeiria)과 연습(chrheia), 그리고 교육(paideia)의 세 가지 전제 조건들이 함께 조화와 균형을 이루어 작용함으로써 인간은 좋은 수사가로 형성되어 간다. 자연과 학습과 연습을 모든 교육의 세 가지 기본 요인들로 본 소피스트들의 교육관은 이소크라테스에 의하여 재확인되었으며, 그 중에서도 특히 소질이, 즉 자연이 더 결정적인 요인으로 강조되었다.68)

　우리는 이소크라테스의 글에 언급되어 있는 내용으로부터 그가 세운 학교 교육의 계획에 관하여 알 수 있다. 우리는 이소크라테스의 교육 계획으로부터 그의 교수 활동에 관한 그림을 그릴 수 있다. 이소크라테스는 학교를 그의 "철학"에 근거하여 처음부터

---

66) *Antidosis*, 191, G. Norlin, II, S.295.

67) *Antidosis*, 192.

68) 이소크라테스에 의하면 도야가 없는 높은 소질이 소질이 없는 맹목적 도야 보다 훨씬 더 의미가 있다. W. Jaeger, III, S.122.

도야와 교육의 학교로 구상하였다. 교육의 중심 영역과 내용은 수
사학이다. 그러나 이소크라테스의 수사학은 그 의미, 목적, 과제,
그리고 구성에 있어서 소피스트들이 같은 말로 강조하여 온 형식
적 훈련으로서의 수사학과는 전혀 다른 것이었다. 이소크라테스는
수사학을 도구가 아니라 예술로 이해하였다. 이소크라테스는 그의
스승 고르기아스로부터 수사학의 개념을 받아들였으며 발전시켰
다. 수사학은 「교과서」에 있는 법칙들을 암기하고 범례들을 학습
하여 그 결과로 획득하게 되는 어떤 매개 가능한 기술(Techne)이
아니다. 수사학은 수사학을 배우고자 하는 자나 가르치고자 하는
자에게 언제나 생산적인 능력들을 전제하고 있다. 여기서 생산적
능력이란 공동관심을 가지고 동일한 목표를 추구하는 사람들로
이루어진 공동체 안에서 독창적인 인격을 지닌 교사의 지도와 영
감(Inspiration) 아래서 정신적 대상을 연구하는 능력을 말한다. 그
러므로 수사학은 자신의 이익을 추구하는 사람들이 목표를 달성
하기 위하여 분주하게 사용하는 목적 추구적 기예가 아니라, 전적
으로 인간의 인간적 인격이 그 안에서 도야되는, 목적과 의도로부
터 자유로운 여가의 영역에 속하는 것이다. 수사학의 고유한 과제
는 그러므로 "영혼의 도야"이다.[69] 영혼의 도야로써 수사학은 역
시 일종의 형식적 도야의 수단이기는 하나, 그러나 이를 넘어서서
윤리 도덕적이고 정치적인 능력과 자질을 부여하기 위한 교육의
길이요, 이런 의미에서 보편적인 도야의 힘이다.

그리스인들에게 있어서 언어 교육의 선위성(Primat)은 문화에
대한 그들의 이해 내용 전체와 인간 정신의 본질에 대한 그들의
형이상학적 기초와 연관되어 있다. 다시 말하면 그리스인들은 교

---

69) Lichtenstein, S.130: psyches epimeleia, Kultivierung der Seele.

육의 선위성을 시인들에 의하여 전승되어 내려온 민족의 교육과 폴리스 공동체의 민주주의적 정치적 실제와 연관하여 찾았다. 형식(Form)은 사물의 본질을 들어올려서 인식하는 기능이요, 연설(Rede)은 인간의 정신 활동을 밝히 드러내어 도야하는 기능이었다. 따라서 연설할 수 있는 능력을 갖추는 것은 윤리적-정치적 현실에 속하였다. 이소크라테스는 그의 수사학을 이와 같은 그리스적 정신 안에서 이해하였다. 바로 그렇기 때문에 그는 형식주의에 빠져버리고 젖어버린 소피스트들의 수사학으로부터 결별하였다. 그러한 수사학은 권력 투쟁으로 물든 대중 민주주의의 수사학으로서, 연설에서 서로 분리되어서는 안 되는 일원성인 내용과 형식이 분리되어있다. 바로 그렇기 때문에 그는 이성과 언어의 일원성으로서, 생각과 표현의 통일로서, 공공적 정치적 숙변(Wohlberatenheit)과 개인적 인격적 숙변의 하나됨으로서의 로고스에 관한 문화의 이상을 확신하고 있었다. 그래서 그는 수사학의 윤리적-교육적 의미를, 수사학적 수업의 교육적 가치를 강조하고 변호하였다.

수사학적 수업은 이소크라테스의 의도에 있어서 형식적 도야의 한 수단이다. 수사학적 수업은 연설의 자연스러운 능력을 말의 지배 능력으로 끌어올리는 것을 목표하고 있다. 수사학적 수업은 수업의 가능성을 최대한으로 개발하여 표현을 투시적으로 이해 가능하게 만들고, 용이하게 만들고, 여기에 품위 있게 만들어서, 말하는 자의 말들에 확신의 힘을 부여하고 말하는 자에게는 다른 사람들에 대한 우월과 존경을 부여한다. 그러나 무엇보다도 이소크라테스에게는 수사학적 수업은 인격 도야의 수단이요 윤리 도덕 교육의 기관이며, 인간을 개선하는 도구이다. 형식적 정신 도야는 사상을 형성하는 힘을 가지고 있는 가치가 있는 내용들을 추구하여야 한다. 연설의 형식과 내용은 결코 분리되서는 안 된다. 형식은 대상이 언어가 되고 대상을 묘사하는 적절한 표현을 찾아내어서 완전히 이해된 후에 비로소 이 이해된 대상으로부터 성장하는 것이다. 그리고 적절한 표현은 사물 자체가 정신 안에서 움직이고 사유되고 해명되면, 다시 말하면, 언어 수업에서 동시에 내용이 밝혀지고 설명되어지면, 그러면 비로소 적절하게 발견되는 것이다. 다루어야 하는 문제가 되는 내용이 고상하고 높으면 높을수록, 중요하고 품위가 있으면 있을수록, 내용은 언어의 확신시키는 힘을 그만큼 더 요청하게 마련이다. 그러므로 도야의 수단으로서의 수사학은 이소크라테스에게 있어서 좁은 의미에 있어서 언어 수업 이상의 의미가 있다. 여기서 결코 언어의 형식 문제가 관건이 아니다. 수사학은 오히려 윤리적-문학적 종합 과목이다. 이소크라테스의 학교에서 인간적 사유와 의지의 위대한 대상들이 논의되고, 윤리적 정치적 역사적 문제들이, 일상 생활의 물음들 자체가, 다시 말하면 도야된 세계의 관심권 전체가 토론되었다. 그리하여 수사학은 이소크라테스의 손에서 논쟁과 변론과 웅변을 위한 변증법의 단순한 응용학에서 윤리와 도야를 위한 고도의 언어문화적 예술로 변모하였다. 그리고 이러한 수사학적 수업이 교육적으로 가치 있는 내용을 담은 교재의 편찬에 근거하고 있으므로, 수업 내용은 실제로 김나지움의 교육과정에 가까운 것이었다.70) 수사학은 이렇게 하여 이소크라테스의 수사학적 도야 이론의 확실한 기초 위에서 칠 자유 교과의 중심 과목이요 윤리적 도야의 정경으로 자리잡게 되었다.

---

70) Lichtenstein, S.131. Marrou, S.168.

5. 균형과 평형의 유지

수사학적 수업의 문학적 기초와 관련하여 우리는 이소크라테스가 그의 학교수업에서 "교육과 시인에 관하여" 어떤 생각을 가지고 있었는가를 알아볼 필요가 있다. 아테네에서 4년마다 열리는 「범 아테네 대축제」71)를 앞두고 이소크라테스는 리케움에서 그의 친구들과 대화를 나누었다. 이 대화에서 친구들은 이소크라테스에게 다음과 같은 말을 들려주었다. 전혀 명성이 없는 소피스트 서넛이, 그들은 무엇이나 다 알고 있다고 주장하고 어디서나 자신의 현재함을 과시하지 않고는 못 배기는 무리들인데, 헤시오드와 호머의 시를 토론하면서, 그들의 시문학 자체에 관해서는 어떤 독창적인 생각도 말하지 않고, 과거에 그들에 관하여 말한 사람들의 말 중에서 가장 그럴듯한 내용들을 기억해 내어 앵무새처럼 반복하고 있었다는 것이다. 그런데 청중들이 그들의 이러한 성취를 찬탄하는 것처럼 보이자, 그 중의 한 사람이 이소크라테스에 관하여 말문을 돌려서, 이소크라테스가 그의 수업에 참석하는 자들을 제외하고는 모든 다른 사람들이 다 시시한 것들을 이야기한다고 하면서 다른 사람들의 가르침과 학습을 비난하였다는 것이다.72) 이러한 편견에 직면하여 그리고 적지 않은 사람들이 이러한 비난을 사실로 받아들이는 것을 보면서, 이소크라테스는 어떻게 해야할지 망설이다가,73) 결국엔 자신의 신념에 따라

---

71) 「범 아테네 대축제」는 아테네에서 매년마다 열렸다. 그러나 매 4년마다 열렸던 특별한 그리고 웅장한 축제를 「범 아테네 대축제」(Pananthenaion ton megalon, The great Pananthenaia)라고 불렀다.

72) *Panathenaicus*, 18-19. G. Norlin, II, S.385.

73) *Pananthenaicus*, 22.

행동하고 비난에 흔들리지 않기로 결심한다. "내가 교육과 시에
관하여 나의 견해를 밝히고 쓰기를 계속하면, 나는 나의 적들이
나를 근거 없이 비난하고 작위적으로 나에게 관하여 말하는 것을
중지시킬 수 있을 것이다."74)

그는 호머와 헤시오드의 글들을 문법 과목에서 다루지는 않았
으나, 그러나 그들의 글들의 도야적 가치에 대해서는 강조하였
다.75) 위대한 시인들은 "인간 행동에 관한 최선의 상담자"76)이기
때문이다. 그의 학교의 고학년에서는 많은 정선된 텍스트들을 가
르쳤으며, 삶의 의미가 있는 테마들의 토론이 강조되었다. 이러한
수업에서 우리는 이미 소피스트들의, 철인들의 그리고 동시대인
들의 문헌에 대한 해박한 지식이 그 기초를 이루고 있었음을 알
수 있다. 이소크라테스는 수업에서 과거에 관한, 과거의 역사적
사건들에 관한 그리고 그 결과에 관한 지식을 강조하였으며, 동
시대의 문화의 발전을 함께 호흡하게 하였다. 그리하여 헤로도트
나 투키디데스 같은 역사가들의 작품이 꼭 읽어야 할 문헌 목록
에 채택되었으며, 이로써 역사가들의 작품을 처음으로 고전의 반
열에 올려놓았다.77) 이소크라테스는 문학적 수사학의 전형이요
직접적인 원천으로서 "그리스와 왕들과 국가들의 위대한 업적들
을"78) 선택하였으며, 이로써 "다른 사람들 보다 더 위대하고 더
고상한 테마들을"79) 가지고 연설문을 만들었다. 그는 자신의 연
설문을 수사학의 범례로 만들어서 그의 교육 수업의 기초로 삼았

---

74) *Panathenaicus*, 25. G. Norlin, II, S.389.
75) *Nikokles*, 13, 42-44.
76) *Nikokles*, 43.
77) Marrou, S.167.
78) *Panathenaicus*, 11. G. Norlin, II, S.379-381.
79) ibid.

다. 그는 연설의 내용을 시인들이 교육의 과제에 관하여 이미 노래한 내용에서 많이 수용하였다. 이는 다만 연설의 멋을 살리기 위해서가 아니라, '청소년 지도'의 책임을 통감하는 그의 지극히 개인적인 의식에 의하여 동반된 것이었다. "만약에 청소년들이 이러한 원리들에 의하여 자신을 지배하게 된다면, 그들은 ⋯ 가장 건전한 정신을 가진 최고의 젊은이들로 인정받게 되지 않겠는가?"[80]

수사학적 수업방법의 구조에 관하여 우리는 다음과 같은 내용을 정리해 볼 수 있다. 바르고 권위 있는 언어들 자체에 접촉하고 익숙하여 짐으로써 학생들은 말의 실천적 지배 능력을 갖게 되고, 이와 함께 윤리적 관습을 형성하게 된다. 다시 말하면, 교육은 언어 안에서의 교육이어야 하며, 이러한 언어 안에서의 교육은 언어를 통한 교육을 목표로 하고 있다. 이소크라테스는 이 양면적 관점을 수사학 수업의 기본으로 삼았다. 이소크라테스는 수업에서 철학 자체에는 확실히 의미 있기는 하나 다만 예비적인 역할을 부여하였다. 그는 수업에서 먼저 그가 '이데아들'이라고 말하는 일정한 관점들에 관한 설명으로부터 시작한다. 관점들로서 그는 연설의 상이한 형식들을 학습하게 하고, 언어적 표현의 상이한 수단들을 연습하게 하였으며, 이렇게 하여 작문의 원리를 이해하고 정리하게 하였다.[81] 그는 여기서 직접적 예시를 통하여 가르치는 기술(Technik)을 포기하고, 후에 수사학에서 대단히 애용된 이러한 기술에 관한 이론도 다루지 않았다. 그리하여 학생들이 이미 수사학의 입문 단계에서부터 이러한 수업의

---

80) *Antidosis*, 290. G. Norlin, II, S.347.
81) *Gegen die Sophisten*, 16-17. G. Norlin, II, S.173-175.

형식에서 이론적으로 잘 무장된 마이스터의 교수 경험을 영감
(Inspiration)으로 지각하도록 하였다. 그리고 이소크라테스는 언
어 현상의 창조적 생활을 법칙과 형식으로 정리하는 것은 언어
의 창조력과 생동력을 박탈하는 것이라고 생각하였다. 언어적
표현의 이미 제시된 카테고리들은 다만 학생들이 언어라는 대상
에 독자적으로 접근하도록 자극하고 언어의 본질에로 시각을 돌
리도록 인도하는 역할을 할 뿐이다. 이소크라테스에게는 이 '연
구 수업'이, 다시 말하면 학생들의 참여적 학습이 중심이 되는
수업이 중요하고 관건이었다. 그래서 그는 자유로운 "자발적인
교육"[82]을 강조하였다.

　교육의 역사에서 자발성의 원리가 이소크라테스의 수사학적 언
어 수업에서처럼 그렇게나 힘있게 강조되어진 적은 별로 없었다.
그리고 이것은 결코 우연이 아니었다. 학생들은 언어적 표현의 매
개로 민족의 정신적 유산들과 대결하고, 이를 소화함에 있어서 언
제나 생동적이고 새롭게, 다시 말하면 개성있게 재구성하였으며,
내용을 투시적으로 만들었다. 드레루프는 이렇게 말하였다.[83]

　"실제적 학교 수업에서 기본적으로 다음과 같은 교육관이 작용
하였다. 소피스트들이 만들어 놓은, 텍스트의 목록들과 내용들을
기계적으로 암기하는 학습을, 이소크라테스는 주어진 테마에 관
하여 학생들이 독자적으로 고유하게 탐구하는 학습으로 대체하였
다. 그는 학교 작문(Schulaufsatz) 교육의 창안자이다. 교사는 테마
를 제시하고, 학생들과 함께 테마의 내용, 문장의 형식, 전개의

82) *Antidosis*, 290: "paideia eggignomenois". 이를 Norlin은 그의 책 II,
　　S.347에서 "자유로운 교육"(a liberal education)으로 번역하였다.
83) Engelbert Drerup: *Der Humanismus in seiner Geschichte, seinen Kulturwerten
　　und seiner Vorbereitungen im Unterrichtswesen der Griechen*. Paderborn 1934.

구성에 관하여 대화를 나눈다. 그리고 나서 테마를 다루는 바른 형식을 찾는 일을 학생들 개개인에게 맡겨버린다. 이와 같은 작문 연습은 실제적인 연설 연습이 된다. 왜냐하면 학생들은 그들이 수사학적으로 연구하여 만들어 놓은 작문을 다만 구두적으로 표현하기만 하면 되기 때문이다. 그리고 나서 학생들이 교사의 지도 아래서(그들의 작품을-저자) 함께 비판하도록 하였다. 교사는 심지어는 자기 자신의 수사학적 대표작까지도 학생들이 비판하도록 함으로써, 심미적으로 예술을 고찰할 수 있는 능력을 더욱 더 키워주었다. 이소크라테스는 여기서 더 나아가서 이와 같은 연습들을 경쟁에 붙임으로써 명예심을 교육적 동기로 활용하였다. 그는 명예의 상을 제정하고 가장 우수한 작품을 만들어 낸 학생에게 매달마다 명예의 상으로 화환을 걸어주었다."

이소크라테스는 이렇게 도야의 단계와 과정과 요소들을 비교적 자세하게 서술하였다. 그러나 그는 도야 내용이 인간의 정신 안에서 어떻게 형성되는가에 관하여선, 다시 말하면 인간의 형성과 자아 실현의 문제는 하나의 신비로 남겨두었다. 우리는 인간의 형성에서 인간의 자연적 바탕을 완전히 배제할 수도 없고 그렇다고 자연적 바탕에 완전히 맡겨둘 수도 없다. "따라서 도야에 있어서 자연과 예술의 바른 상호 간섭에 의하여 모든 것이 결정된다."[84]

주전 4세기에 있었던 학교 교육을 둘러싼 투쟁에서 이소크라테스는 사방으로부터 그의 수사학적 도야의 개념에 대한 공박에 접하게 되었으며 이에 대한 변증과 방어에 많은 노력을 기울이지 않을 수 없게 되었다. 이러한 공격과 비판의 중요한 원인은 정치

---

84) W. Jaeger, III, S.124.

적 무대에 대한 관심의 저하에 있었다. 청소년들은 최근의 전문 지식에 대하여 매력을 갖게 되었으며 플라톤이 아카데미아에서 베푸는 철학적 교육과 도야가 이소크라테스가 베푸는 수사학적 교육과 도야에 대한 강력한 경쟁 대상으로 부상하였다. 이소크라 테스는 이러한 현실적인 문제들을 회피할 수가 없었다. 82세의 고령에 접어든 이소크라테스는 자신의 수사학적 도야 프로그램이 가지고 있는 일방성이 문제시되고 있는 것을 그냥 보고 있을 수 만은 없었으며, 철학적 전문 수업의 '현실적인' 요구와 대결할 수 밖에 없었다.[85] 그래서 그는 다음과 같이 말하였다. "… 천문학과 기하학 같은 종류의 공부는 … 공허한 말이요 머리카락을 가르는 짓과 같다. 이러한 과목들의 어떤 것도 어떠한 사적이거나 공적 인 문제들에도 유용하게 적용할 수 없다."[86], "(기하학, 천문학, 변 증법 같은) 과목들은 더 이상 적합하지 않다. 이러한 과목들을 철 저히 공부한 사람들은 … 그들의 학생들보다도 덜 계몽되어 있다. 나는 그들의 노예들보다도 덜 계몽되어 있다고 말하기를 주저해 서 이렇게 말한다. … 내가 알기로는 이들의 다수가 그들 자신의 집조차도 제대로 관리하질 못하고 있다."[87] 그는 수사학적 도야 를 범례와 모방을 통하여 교육하였던 옛 시인들의 전통을 높이 평가하였으며, 이러한 "조상들로부터 물려받은 교육"을 옹호하였 다. 그러나 최근에 플라톤이 제시한 수학적 도야의 가치를 전혀 부정할 수는 없었다. 문제는 다만 교육 안에서 수학이 어떤 위치 를 차지하느냐에 있는 것이다. 따라서 교육과정 자체를 포기하지

---

85) *Antidosis*, 261-269. G. Norlin, II, S.330-335; *Pananthenaicus*, 26-28. G. Norlin, II, S.388-391.
86) *Antidosis*, 261-262.
87) *Pananthenaicus*, 28-29.

않으면 안될 정도로 위험을 느끼진 않았으나 이소크라테스는 그의 교육과정을 확대하고 개선할 필요를 느꼈다. 수학과 변증법은 그 자체가 대단히 어려울 뿐만 아니라 일상 생활과는 낯선 것이어서 학습과 사고 훈련에 있어서 정신적 집중 능력을 시험하는 형식과 수단으로 권장할 만하다고 간주되었다. 사고의 훈련과 사고 능력의 배양으로서는 수학과 변증법이 더없이 좋은 수단이었다. 그러나 수학과 변증법은 다만 지적 정신적 체육(Gymnastik)이요 고도의 도야를 위한 준비로 간주되었을 뿐, 고도의 도야 그 자체로 인정되진 않았다. 왜냐하면 가치의 도야(Wertbildung)만이 참된 도야일 수 있기 때문이다. 이소크라테스는 솔직히 말하면 추상적 사고 능력의 배양을 권장할 만하지 못할 뿐 아니라, 오히려 해롭다고 여겼다. 왜냐하면 추상적 사유가 정신을 메마르게 하고 강퍅하게 만들어주기 때문이다. 그러므로 수학과 변증법은 이소크라테스의 견해에 의하면 자유롭고 넓게 만들어 주어야 할 도야를 자유롭지 못하고 좁게 만들어주는 특수한 지식 이외에 아무 것도 아니다. 플라톤에게 있어서 사유의 순수한 대상들에 대한 자아를 망각하는 몰두와 집중이 도야의 최고의 단계들로 확인되고 있는 반면에, 이소크라테스에 있어서는 어떤 고유한 가치 관련이 없는, 다만 지식을 위한 지식은 진지한 인간이 소유하여야 할 인생의 관심이 아니라, 어린 소년들에게나 적당한 집중거리일 뿐이다. 주체의 가치 추구에 있어서 자신의 감성을 충족시켜주는 가치 모델들을 요구하는 것은 청소년의 본질에 속한다. 여기서 우리는 청소년 심리에 대한 이소크라테스의 이해를 엿보게 된다.

플라톤의 『고르기아스』에 보면, 철학을 어린 소년들을 위한 것이라고 경멸하는 자로 권력 추구형 인간인 칼리클레스(Kallikles)

가 묘사되어 있다.[88] 산수, 기하, 변증법 같은 순수한 철학의 과목들에 대한 이소크라테스의 이의 제기는 도야의 이론적 의미를 내포하고 있는 신중하게 논거된 것이었다. 그의 교육적 이의는 다음과 같이 요약될 수 있다. 이 어려운 과목들은 실제적 생활에는 불필요하며 따라서 '필수 불가결한 것들의 밖에' 있다. 그것들은, 그것들의 공부가 생활을 동반하지도 않고 행위에 도움을 주지도 못하기 때문에, 쉽게 그리고 빨리 망각하게 된다. 그것들의 필요성은 먼저 학습한 후에 추후적으로 제시될 수 있을 뿐이다. 학습 자체에 있어서 그것들은 어떤 도야의 의미도 충족시켜주지 못하고 있다. 도야하는 지식은 언제나 이미 가치에 대한 선행적 태도에 의하여 확인되는 것이다. 교육에 앞서서 이미 교육받는 주체는 그가 배우길 기대하는 것이 그의 생활에 결정적으로 도움이 될 것을 미리 보고, 교육을 받을 준비를 하고 결정할 수 있지 않으면 안 된다.

이소크라테스의 학교와 플라톤의 아카데미는 나란히 공존하고 있었다. 두 학교는 인간의 정신을 도야하는 서로 상이한 교육의 길을 제시하였으며 추구하였다. 그럼에도 불구하고 이 두 학교는 상호간에 영향을 주고받았으며 이를 통하여 더욱 충실해 질 수 있었고 발전할 수 있었다. 이소크라테스가 아카데미아의 교육과정의 핵심을 이루고 있는 수학적 교과들을, 비록 예비 과목이라는 낮은 위치에로 수용하기는 하였으나, 그의 문학적 수사학적 도야 과정에 수용하여 중요한 교육과정으로 만든 것처럼, 플라톤도 수사학의 철학적 성격을 인정하고, 비록 예비 교육적 관점이기는 하나, 아카데미아의 엄격한 수학적-철학적 교육과정에 수사

---

88) *Gorgias*, 484c ff.

학을 도야의 통합적 정신적 영역으로 수용하였다. 플라톤도 수사
학에 대한 자신의 부정적 태도를, 이소크라테스가 그에게 보여준
도야와 교육을 추구하는 성실한 자세에 감동을 받아서, 수정하였
다. 이를 우리는 플라톤이 대화편 『파이드로스』에서 보여주고 있
는 이소크라테스에 대한 인정하는 말들에서 확인하게 된다.89) 플
라톤의 표현에 의하면, 소크라테스는 "이 사람(이소크라테스)의 영
혼에서 어떤 철학적인 것을" 발견하였다. 플라톤은 그의 대화편
『고르기아스』에서 그가 수사학에 대하여 내린 판단을 결코 철회
하거나 수정한 적이 없다. 그러나 그의 대화편 『파이드로스』에
의하면, 그는 수사학이 인간과 정신 세계의 철학적 인식에서 변
증법적으로 논거되고 있으며 규범의 과학과 지식을 섬기고 있는
한, 수사학을 인정하려는 자세를 보여주고 있다.90) 『파이드로스』
에서 플라톤이 소크라테스의 입을 빌려서 내린 수사학의 본질에
관한 그의 기본 관점은 다음과 같다. 수사학이라는 "예술의 섬세
한 수단(kompha tes technes)"의 목록을 보면, 서두, 예를 든 설명,
증거, 비교, 확인, 추후적 확인, 논파, 부차적 논파, 부차적 설명,
부차적 찬사, 부차적 질타, 비판 등이 있다. 이러한 수사학은 의
사, 교사, 시인들이 예술에 앞서서 필요로 하는 것, 고유한 예술
을 위해선 필요로 하지 않는 것이다.91) 따라서 여기서, 수사학의
기술들이 전체에 적합한 한, 이와 같은 개체적 수단들을 전체와
관련하여 바르게 응용하는 것이 중요하다.92)

　아리스토텔레스는 367년에 아카데미아에 들어가서, 플라톤의

---

89) *Phaidros*, 279b.
90) *Phaidros*, 269d ff.
91) *Phaidros*, 269b.
92) *Phaidros*, 268d.

지시에 따라서 수사학을 아카데미아의 정규 과목으로 조직하였으며, 347년에 플라톤이 사망할 때까지 수사학을 가르쳤다.[93] 아리스토텔레스는 그의 고유한 영역에 있어서 이소크라테스의 경쟁자로서 그의 망실된 대화편 『그릴로스 또는 수사학에 관하여』에서 수사학의 본질과 과제에 대한 플라톤의 파악을 타당한 것으로 서술하였으나, 그러나 그의 정치적 확신과 실천적 경향에 있어서 그의 노년의 철학에서는 플라톤보다도 오히려 이소크라테스에 더 가깝게 서있다. 이소크라테스가 사망한지 3년 후에 아리스토텔레스는 소아시아에서 아테네로 돌아와서, 이소크라테스가 활약한 바로 같은 장소인 리케이온에서 그 자신의 학교를 시작하였다. 그리고 그는 수사학을 청소년 교육의 통합적 부분으로 만들었으며 수사학에 관한 그의 후기 작품에서 언제나 이소크라테스의 변증법의 교육적 가치를 인정하였을 뿐만 아니라 그의 위대한 범례를 찬양하고 높이 평가하였다.[94]

　이소크라테스가 수사학의 유일무이한 원천은 아니다. 이와 마찬가지로 플라톤도 철학의 유일무이한 원천이 아니다. 그러나 이 두 사람은 고전 고대(Klassische Antike)의 수사학과 철학을 완성 가능한 최고의 경지에까지 끌어올림으로서, 고대에서 근세에 이르기까지 서양의 정신과 교육을 지배한 두 거대한 봉우리였다. 두 사람 사이에는 날카로운 비판과 경쟁이 있었으며, 상호간에 서로를 자극하고 어떤 의미에서 격려하는 보완이 있었다. 두 흐름은 당시엔 서로 적대적이었으나, 오늘날 우리의 눈에는 서로 경쟁적인, 그러나 동시에 공동의 뿌리로부터 성장

---

93) Lichtenstein, S.135.
94) R. Starke: *Rhetorika*. Schriften zur aristotelischen und hellenistischen Rhetorik. Hildesheim 1968 참조.

하였으며 평행적이고 같은 목표를 가지고 있는 두 라이벌인 것이다. 다시 말하면, 수사학과 철학은 같은 교육과 도야의 두 상이한 형식들이다. 이 두 형식들의 공존과 번영을 통하여 교육은 성숙해지고 풍부해진다. 이소크라테스와 플라톤의 갈등을 통하여 수사학과 철학은 각각 자체의 내적 일원성과 통일성을 상실하지 않고 계속 가꾸어 나가면서 고전 고대의 문화적 정신적 전통을 풍부하게 만들어 주었다. 수사학과 철학은, 이소크라테스의 표현대로, "균형과 평형을 유지하면서 그리고 서로 보완적 쌍을 이루어"[95] 교육의 두 거인이요 학교의 두 기둥으로 서있다.

6. 고대 수사학의 구조

지금까지 우리는 이소크라테스의 수사학적 도야 이론을 살펴보았다. 현재 우리가 알고 있고 일상 생활에서 익숙하게 사용하고 있는 정치적, 법률적, 축제적 수사의 주요 형식들과 방법들이 이미 고대에 이소크라테스와 같은 위대한 수사학자에 의하여 탐구되었으며 정리되었다. 수사학은 인간이 국가와 사회를 이루고 있는 모든 곳에서 확인되는 언어 생활의 중심을 차지하고 있는 연설의 예술이요 이와 같은 실천으로써의 연설 예술의 이론이다. 수사학은 인류의 역사에서 오늘날처럼 정치와 법률의 구조가 일상생활의 무대와 분리된, 그 자체의 전문성을 가지고 있지 않았던 시대에, 또한 직접적 의사소통의 형식 외에는 오늘날처럼 다

---

95) *Antidosis*, 182, "antistrhophoys kai syzygas".

양한 의사소통의 수단과 통로를 가지고 있지 않았던 시대에 절대적인 의미가 있었다. 게다가 아테네처럼 모든 시민이 직접 참여하는 직접민주주의체제 아래서 수사학적 능력은 국가와 사회의 지도자가 갖추어야 할 가장 중요한 능력이었다.

수사학은 주어진 상황과 확보된 정보를 최적적인 언어효과를 통하여 사용함으로써 관련된 청중의 의견과 태도를 변화시키고 일정한 행동을 하게 하는 연설의 예술이다. 그래서 수사학에서 설득력있는 논거, 예증과 관점(Topik)의 해명하는 힘, 청중의 태도, 청중의 관심, 이의와 반응의 처리 등이 이론의 주요 내용을 이루고 있다. 고대의 수사학은 이소크라테스 이후에 아리스토텔레스, 키케로(Cicero), 퀸틸리안(Quintilian) 등으로 이어져 내려오면서 계속하여 다듬어졌다. 소피스트들에 의하여 인간을 지배하기 위한 수단으로 이용되었던 수사학이 이들에 의하여 인간의 도덕성과 언어문화 전체를 포괄하는 학문으로 발전하였으며 고대에 교육의 방법 이론의 총괄개념(Inbegriff)이 되었다.

여기서는 고대 그리스와 로마 시대에 수사학의 이론이 어떤 구조를 가지고 있었는가에 대하여 간단히 설명하고 이소크라테스를 맺으려고 한다. 고대에 사람들은 수사학을 구성하고 있는 기본 요소들과 내용들을 크게 전제 조건, 획득의 방법, 연설의 종류, 연설자의 준비단계, 증명, 법률적 확정, 연설의 구성요소, 문장의 질, 문장의 유형, 종합적 결론으로 정리하였다. 이를 하나씩 간결하게 살펴보자.

첫째, 전제 조건(yposcheseis, praesuppositiones)은 수사학의 대가가 될 수 있는 조건을 말하며, 여기에는 자연적 바탕(physis, natura), 수업(paideia, doctrina), 경험(empeiria, usus, exercitatio)이 있

다. 자연적 바탕이란 체격과 목소리 같은 자연조건을 말한다. 키가 크고 잘 생겼으며 우렁찬 목소리를 가진 사람은 언제나 이미 뛰어난 연설가가 될 신체적 바탕을 갖고 태어났다. 수업은 교수학습을 말하며, 수사학에 관한 지식, 이론, 기술의 교수학습이 여기에 속한다. 경험이란 실제적 상황이나 가상적 상황에서 이루어지는 수사학적 연습과 경험을 말한다.

둘째, 획득의 방법(methodoi, res / rationes)은 수사적 능력을 획득하는 교육적 방법을 말하며, 여기에는 수업(techne, ars), 모방(mimesis, imitatio), 연습(aschesis, exercitatio)이 있다. 수사학의 전제 조건에서 말하는 수업은 수사학의 이론과 지식의 전체적 전달을 도모하는 교육활동을 말하나, 수사적 능력의 획득방법에서 말하는 수업은 글자 그대로 수사적 기술의 학습을 말한다. 획득의 방법은 수사적 표현과 묘사 기술의 이해, 범례적 문장의 모방, 실제적 사례에서의 수사적 연습의 삼박자로 구성되어 있다. 이는 그 구조에 있어서 소피스트가 제시한 영혼의 도야의 형식들인 문법, 수사학, 변증법의 삼박자를 연상하게 한다. 수업은 제조술에, 모방은 사용술에, 연습은 실전술에 해당한다.

셋째, 연설의 종류(gene ton logon, genera causarum / dicendi)는 국가와 사회에서 확인되는 수사적 기능을 말하며, 여기엔 재판정에서의 재판 연설(genos dikanikon, genus iudiciale), 정치판에서의 국가연설(genos demegorikon, genus deliberativum), 그리고 인생의 희로애락에서 발생하는 여러 가지 모임에서의 축제연설(genos epideiktikon, genus demonstrativum)이 있다. 이와 같은 분류는 아리스토텔레스가 수사학적 언어의 종류를 청중을 중심으로 연설을 단지 듣고 즐기기만 하는 자의 언어, 연설을 듣고 일정한 판단으로 몰아붙이되, 과거의 삶에 관하여 판단하도록 하는 언어, 그리

고 미래의 삶에 관하여 판단하게 하는 언어, 이렇게 셋으로 나눈
데에서 기원한다.

넷째, 연설자의 준비단계(erga toy rhetoros, officia oratoris)는 연설
자가 연설을 만들어가는 단계를 말하며, 여기에는 ① 주 관점의
발견(eyresis, inventio), ② 내용의 구분(taksis, dispositio), ③ 묘사
(leksis(ermeneia), elocutio), 묘사는 묘사의, 표현의, 문장의 스타일로
나눈다, ④ 암기(mneme, memoria), ⑤ 강연(ypokrisis, pronuntiatio)
등이 있다.

다섯째, 증명(pisteis, probationes)은 정치적 연설이나 법률적 연
설이나 축제적 연설이나를 막론하고 모든 연설에서 요청되는 내
용의 참됨을 주장하기 위한 증거의 제시방법을 말하며, 여기에는
직접적 증명(pisteis atechnoi, probationes inartificiales)과 간접적 인
위적 증명(pisteis entechnoi, probationes artificiales)이 있다.

여섯째로, 법률적 확정(staseis, constitutiones)은 주로 재판정에
서 정죄하고 변호하며 판결하는 수사적 표현에서 요청되는 범
죄사실에 대한 질문, 범죄사실의 정의, 판단, 해명 등을 말하며,
여기엔 ① 사건의 진위에 대한 질문(stochasmos, constitutiones
coniecturalis), ② 사건의 정의(oros, constitutiones definitiva), ③
사건의 판결(poiotes, constitutiones generalis), ④ 해명(metalephis,
constitutiones translativa)이 있다.

일곱번째, 연설의 구성 요소(mere toy logoy, partes orationis)는
연설문 전체의 구성 구조를 말하며, 여기에는 ① 서론(prooimion,
exordium), ② 경과의 설명(diegesis, narratio), ③ 내용의 치밀한
묘사(prothesis, divisio), ④ 적극적 증명(pistosis pistis, confirmatio
argumentatio), ⑤ 소극적 증명(elegchosis pistis, confutatio argumen
-tatio), ⑥ 결론(epilogos, peroratio argumentatio)이 있다.

여덟번째, 문장의 질(aretai tes lekseos, virtutes dicendi)은 문장이 취하고 있는 형식의 수준을 말하며, 여기에는 ① 언어성(Hellenismos, Latinitas), ② 명료성(sapheneia, perspicuitas), ③ 적절성(prepon, aptum), ④ 묘사성(chosmos, ornatus), ⑤ 간결성(syntomia, brevitas)이 있다.

아홉번째, 문장의 유형(Charakteres tes lekseos, genera elocutionis)에는 ① 소박한 문장형(charakteres ischnos, genus subtile), ② 혼합적 문장형(charakteres mesos / miktos, genus medium / mixtum), ③ 고양된 문장형(charakteres megaloprepes / yphelos, genus grande / sublime)이 있다.

열번째로, 종합적 결론(harmoniai / syntheseis, structurae / compositiones)은 연설을 맺는 형식으로, ① 매끄러운 맺음(syntheseis glaphyra, structura polita), ② 중간적 맺음(syntheseis mese, structura media), ③ 거친 맺음(syntheseis aystera, structura aspera)이 있다.

수사학은 고대 그리스와 고대 로마에서 교육의 절대적 내용과 형식으로 작용하였을 뿐만 아니라, 중세를 거쳐서 근세의 보카치오(Boccaccio)와 페트라르카(Petrarca)로 이어졌다. 수사학은 현대로 접어들면서 교육학이 응용학으로 이해되고 발전됨과 더불어 제2선으로 물러나게 되었으며, 수사학의 자리를 경험분석적 교육의 연구가 차지하게 되었다. 그리하여 교육과 수업의 법칙을 합리적으로 탐구하고 조건을 과학적으로 재구성하는 교육학이 교육을 지배하게 되었다. 그러나 20세기 후반으로 접어들면서 교육에 있어서 계획가능성과 실현가능성의 한계 인식과 교육의 위기 의식과 더불어 수사학의 의미가 서구에서 다시 발견되고 있다.

이러한 수사학의 현대적 르네상스에서 수사학은 순수한 수학적이고 분석적인 논리에 대항하여 거리를 두고 있는 논리로 확인되고 있다. 분석적 논리에 대한 대항 논리로 수사학은 일정한 주제에 대하여 찬반의 이론을 전개하는 언어 능력이요 판단의 논리이며, 문제해결의 논리요 결정도출의 논리이며, 결정해명의 논리이다. 수사학은 한 마디로 이러한 논리들을 종합한 이성의 논리이다. 현대의 수사학은 선거, 신앙고백, 판단과 결정, 가치평가 등, 정치, 종교, 사회의 여러 영역에서 문제 자체에 일정한 정의적 태도가 언제나 이미 함께 작용하고 있기 때문에 순수하게 합리적인 논리로 설명되어질 수 없는 역사적 판단이나 실천적 결정에서 사람을 확신시키고 설득시키는 모든 언어적 능력이 동원되는 곳에서 확인되는 이론과 실천이다. 그래서 수사학은 단순히 규범적 연역적 논리의 구조에 체포되어 있지 않고, 상이한 생각과 이념들 사이에서 개방적이고 몰지배적인 대화를 통하여 합의에 도달하기를 꾀하는 합리적 지성의 논리로 수용되고 있다.

수사학은 고대에서 현대까지 말하는 사람이 듣는 사람에게 뛰어난 말솜씨로 일정한 목적을 달성하는 예술로, 글자 그대로 수사의 기술(techne rhetorike, ars oratoria)이다. 논쟁에서 이긴다거나, 감동적인 연설로 청중을 설득한다거나, 정죄와 변호의 법정 투쟁에서 최선의 효과를 거둔다거나, 결혼, 은퇴, 장례 같은 일이나 학문과 예술에서 수상하고 학위를 받는 일 따위와 연관되어 있는 일상생활의 축제에서 축사, 찬사, 조사 등을 하는 일은 모두 수사의 기술을 어떻게 어느 수준으로 발휘하느냐에 따라서 상이한 효과를 거둔다. 아무렇게나 말하는 것이 아니라 일정한 수사적 형

식들로 말하는 것이 효과적이다. 그래서 수사의 형식들은 오늘날
에도 여전히 탐구되고 있으며 교수되고 있다.[96]

---

96) 잘 알려진 현대의 수사학적 연구를 예로 들면, M. Foucault의 *L'ordre du*
discours 「언설의 질서」(Paris 1970)가 있다. 그리고 독일의 Tübingen 대
학교 1992년 여름학기 요람을 보면, 인문학부에서 '일반 수사
학'(Allgemeine Rhetorik)을 전담한 정교수 Joachim Knape 박사의 「15세
기 수사학사」라는 제목의 세미나를 비롯하여 세 과목의 수사학 세미나
들이 설강되어 있다. Eberhard-Karls-Universität Tübingen, *Namens- und*
Vorlesungsverzeichnis Sommersemester, 1992. Tübingen: Attepto.

아리스토텔레스의 교육사상

1. 파이데이아의 인간학

아리스토텔레스(BC 384-322)는 트라키아 지방의 스타기라(Stagira)
에서 태어났다. 아버지는 마케도니아 왕궁의 시의였다. 아리스
토텔레스는 약 20년 동안(BC 367-347) 아카데미아에서 플라톤이
죽을 때까지 그의 제자로 있었다. 플라톤이 죽은 후에 아카데미
아의 새 학원장이자 플라톤의 후계자인 스페우시푸스와 학문적
관심이 맞지 않아 아리스토텔레스는 아테네를 떠났다. 그는 BC
342년에 14세가 된 소년 알렉산더의 그리스어 선생이 되어, 펠라
에 있는 궁전에서 그와 함께 거주하며 가르쳤다. 사료에 의한 검
증은 없으나 아리스토텔레스는 약 3년 동안 알렉산더를 가르쳤다
고 한다. 알렉산더는 주전 336년에 20세의 청년으로 마케도니아
의 왕이 되었다.

아리스토텔레스는 주전 334년에 플라톤처럼 아테네에 리케이
온(Lykeoin)이라는 학교를 설립하였다. 리케이온은 후에 플라톤의

아카데미아와 함께 대학의 원형이 되었다.[1] 이 학교에서 아리스
토텔레스는 학생들과 거닐면서 토론하고 탐구하며 가르쳤기에,
사람들은 아리스토텔레스와 그의 제자들을 소요학파(Peripatetiker)
라고 불렀다. 플라톤과 아리스토텔레스는 서로 상이한 형식으로
저술하였다. 플라톤은 대단히 생동적이고 예술적인 형식으로 문
학적 가치가 높은 대화편의 걸작들을 저술하였으며 세계에 대한
하나의 통일된 관념적 이론을 제시하였다. 그러나 아리스토텔레
스는 대단히 냉정하고 교수적인 성격의 소유자답게 체계적인 논
문들을 저술하였다. "플라톤이 극적인 효과가 높은 걸작을 쓴 반
면, 아리스토텔레스는 무미건조한 교과서를 만들었다."[2] 그는
"교과서를 최초로 저술한 사람"[3]이다. 그의 대표적인 저서들로
는 『형이상학(Metaphysik)』, 『정치학(Politik)』, 『니코마코스 윤리학
(Nikomachische Ethik)』, 『시학(Poetik)』 등이 있다.

아리스토텔레스는 그리스 철학의 최고봉을 이루고 있다. 그의
저서는 당대의 모든 학문 영역들을 포괄하고 있다. 그는 고전 고
대의 창조적 그리스 문화의 완결을 의미한다. 그는 아직 분화되
지 않고 하나의 필로소피아(Philosophia)라는 명칭으로 불리고 있
던 학문을 자연학(physika)과 형이상학(Metaphysika)으로 분류함으
로써 이후에 자연과학과 정신과학으로 대별되고, 다시 자연과학

---

1) 고대 그리스에서 이소크라테스와 그의 학교는 플라톤과 그의 학교보다도
   당대의 사회에 더 많은 영향력을 행사하였으나 대학의 원형으로 인식되
   고 있지 않다. 그 이유는 이소크라테스가 가졌었고 추구하였던 교육의
   개념과 목적이 수사학적 도야, 다시 말하면 정치적이고 법률적인 문장과
   논쟁의 능력에 있었지, 플라톤이나 아리스토텔레스처럼 철학적 도야, 다
   시 말하면 진리의 탐구에 있지 않았기 때문이다.
2) B. 러셀 지음, 이명숙·곽강제 옮김, 서양의 지혜. 서광사 1990, 122쪽.
3) B. 러셀, 위의 책, 같은 쪽.

과 기술공학, 그리고 인문과학과 사회과학으로 세분화되는 학문의 개별 과학화의 길을 열었다. 그는 철학을 직업전문적으로 연구한 최초의 철학자이다. 그가 서양 학문의 발전사에 끼친 영향은 중세 스콜라학에서 시작하여 현대 철학에 이르기까지 지속적으로 확인되고 있다.

아리스토텔레스는 과학적 사고의 시작이다. 그는 사유에 새로운 수단과 방법을 제공하였다. 그의 논리학을 통하여 서구의 정신사에서 개념과 분석이 사유의 형식으로 정착하였다. 중세에 아리스토텔레스의 「카테고리」의 개념보다도 더 많이 그리고 철저히 연구된 테마는 없다.[4] 형상과 질료, 실체(Substanz), 양과 질, 적극적(aktiv)과 소극적(passiv), 에네르기, 힘(Kraft), 행동(Akt), 카테고리, 보편과 특수, 비결정적(unbestimmt) 같은 인식의 기본 카테고리를 이루고 있는 개념들에서 확인할 수 있듯이, 우리는 오늘날에도 아리스토텔레스의 언어를 일상적으로 사용하고 있다.

근세에 들어와서 교육학의 역사에서 이론적 기초의 정립이 루소, 피히테, 슐라이에르마허, 나토르프 등에 의하여 눈부시게 이루어졌다. 그들은 모두 플라톤을 그들의 교육철학적 이론 정립의 원천으로 삼고 있다. 그래서 근세의 교육철학의 체계적 이론 정

---

4) 카테고리(kategoria)는 원래 재판 언어로, 고소, 고발, 정죄, 진술 등을 의미하였다. 동사 카테고리는 고발하다, 밝히다, 무엇을 밝은 곳으로 드러내다, 등을 의미하였다. 이 말이 아리스토텔레스에 의하여 엄격한 철학적 의미를 갖게 되었다. 그에 의하여 카테고리가 무엇으로 드러내고 밝히는 방법, 말걸는 것을 통하여 말걸어진 자가 비로소 광명으로 들어오고, 공개성 안으로 놓이게 하는 방법을 의미하게 되었다. 그래서 철학에서 카테고리가 개념과 진술의 보편적 형식이 되었다. 아리스토텔레스는 카테고리 이론을 정립한 철인으로 실체(Substanz), 질(Qualität), 양(Quantität), 관계(Relation), 장소(Ort), 시간(Zeit), 행위(Tun), 고난(Leiden), 태도(Sichverhalten), 상황(Sichbefinden)의 10개 카테고리들을 가정하였다.

립이 플라톤의 철학이라는 토대 위에서 이루어진 것처럼 간주되고는 하였다. 그러나 우리가 근세에서 현대에 이르는 교육학에 있어서의 조직적 이론 정립의 주요 흐름을 냉정하게 고찰하여 보면, 여기엔 언제나 다시금 아리스토텔레스적인 이해가 흐르고 있음을 본다. 자연적이고 합자연적인 교육의 개념과 방법의 이해, 그러한 자연적 교육개념에 기초한 교육학의 이론 정립이 코메니우스, 로크, 루소, 페스탈로찌 등의 교육사상가에 있어서 늘 교육학의 주제로서 지속적으로 확인되고 있으며, 비록 각 사상의 상이성과 다양성에도 불구하고 논거 관련과 조직 이론의 전개에서 사유와 이해의 착점으로 공통적으로 확인되고 있다. 그들은 스토아의 합리주의와 자연 주의를 거쳐서 아리스토텔레스의 원리론, 현실의 목적론적 구조, 활동력과 잠재력의 사고, 유기체의 철학 등을 이루고 있다.

아리스토텔레스는 17, 18세기의 교육철학에서 비교적 성글게 수용되었다. 그러나 18세기의 헤겔에 이르러 역사적 사회적 현실 문제와 관련하여, 정신적인 것의 구체성과 관련하여, 형성의 구조와 관련하여, 발달의 문제와 관련하여 아리스토텔레스가 새롭게 해석되었으며 중요성이 강조되었다. 19세기에 들어와서 트렌델렌부르크(Adolf Trendelenburg)에 의하여 아리스토텔레스 연구가 본격적으로 이루어졌다. 그리하여 딜타이의 삶의 철학에서 정신 생활의 목적론과 교육 현실의 구조 이론으로서 교육학에 새로운 의미를 부여하였다. 헤르더, 괴테, 훔볼트의 도야 사상에서 아리스토텔레스의 형식원리(Formprinzip)는 유기체적 발달을, 정신의 자아 실현을, 몸과 영혼의 일원성을, 유기적 상품론을, 실체적 목적론을 이해하는 해명의 카테고리로 작용하였으며, 보편적이고 일반적인 교육과학의 조직론 또는 도야 이론으로 교수학의 기초 정립에 기여하였다. 아리스토텔레스는 교육학의 역사에서 사실적 연구와 원리적 이론의 차이를, 이론적 철학과 실천적 철학의 차이를, 과학과 도야의 차이를 근본적으로 구별한 첫 사람이다.

아리스토텔레스는 위대한 학자였다. 그러나 그는 그가 살았던 시대가 공유하고 있었던 세계관을 극복하지는 못하였다.[5] 그를 둘러싼 에피소드 중에서 다음과 같은 이야기가 전해져 내려오고 있다. 위대한 알렉산더 대왕이 동방원정에 나서기 전에 어렸을 때에 궁중에서 그를 가르쳤던 아리스토텔레스를 찾아왔다. 그리고 이렇게 말하였다. "스승이시여, 제가 이제 동방원정에 임하려고 합니다. 저에게 원정의 좌우명을 주십시오." 이에 대하여 아리스토텔레스는 이렇게 대답하였다고 한다. "대왕이시여, 당신은 그리스의 군주이시니, 문화인인 그리스인들에게는 군주로 임하시고 대왕이 정복하시고자 하는 야만인들에게는 폭군으로 임하소서. 그리하여 그들을 동물이나 식물처럼 처리하소서."라고 말하였다. 이렇게 아리스토텔레스는 오늘날까지 우리를 사로잡고 있어서 인간의 사고와 의식의 한계를 이루고 있는 종족중심주의(Ethnozentrismus)를 벗어나지 못하였다.[6]

만약에 그리스가 하나의 국가로 통일될 수만 있다면 그리스는 세계를 지배할 수 있다는 생각이 아리스토텔레스에게 일종의 신조처럼 자리잡고 있었다.[7] 그는 철인으로서 당시의 세계에서 그

---

5) 그리스인들은 그들은 처음부터 주인이요 지배자로, 외국인들은 처음부터 노예로 운명지어졌다고 보았다. 그래서 그리스어로 외국인을 칭하는 barbaros는 '이해할 수 없는', '페르시아적인', '거친', '무지한', 따라서 종 노릇을 할 수밖에 없는 사람을 의미하였다.

6) Michael Landmann, *Philosophische Anthropoogie*. Menschliche selbstdeutung in Geschichte und Gegenwart. Berlin 1969, S.19.

7) Werner Jaeger, *Aristoteles*. 1923, S.122.

리스가 누리고 있는 문화적 헤게모니를 정확하게 인식하고 있었다. 그는 농촌의 가부장적 왕정과 도시의 민주적 자유의 대립 명제(Antinomie)는 그리스 문화로 체화된(verkörpert) 탁월한 인물이 왕으로 등장할 경우에 종합되고 극복될 수 있다고 보았다. 그러한 인물은 아리스토텔레스에 의하면 오직 신의 선물로서만 가능하다. 그는 알렉산더에게서 이러한 천부적 왕의 모습을 보았다. 그러나 알렉산더는 페르시아를 비롯하여 그가 정복한 모든 다른 민족과 그들의 문화를 그리스의 문화와 융합시키는 정책을 폄으로써 후에 사학자들이 헬레니즘이라고 칭한 하나의 새로운 세계 문화가 탄생하도록 하였다. 알렉산더는 민족 간의 화해와 종족 간의 평등 및 상이한 문화들의 혼용 정책을 폄으로써, 아리스토텔레스가 가르치고 키워온 범위를 훨씬 넘어섰다.

아리스토텔레스는 논리학의 아버지이다. 그는 사유의 기본 도구인 개념, 판단, 결론의 이론을 정립하였다. 그는 형이상학에서 플라톤의 이원론을 극복하는 시도를 하였다. 플라톤이 세계를 현상과 이데아로 날카롭게 분리하였음에 비하여, 아리스토텔레스는 세계를 하나로 보고 종합적 사유를 전개하였다. 개체는 질료(Materie)와 형상(Form)의 종합이다. 형상은 이데아이다. 형상은 사물의 본질이다. 형상이 물질에 형태를 제공한다. 그리고 형상은 그 자신의 고유한 형태를 실현하려고 하는 힘이요 질서이다. 그래서 그는 형상을 엔텔레히(Entelechie, Entelecheia)[8]라고 칭하였다. 엔텔레히는 형상력, 형상원리, 자아 실현 등으로 번역 가능한 그리스어이며, 내적 성장의 질서라는 의미의 말이다. 엔텔레히는

---

8) Entelechie는 en(안에)+telei(목적)+echein(가지다)라는 그리스어의 합성어로서, '완전한 성장을 이루다' 또는 '완전한 성장에 도달하다'라는 의미이며 내적 '성장 질서'라고 번역할 수 있다.

아리스토텔레스의 존재론에서 형성 이해의 열쇠 개념이다. 엔텔레히는 어떤 운동자의 운동이 완성된 모습이다. 따라서 모든 생명체가 각 생명체의 고유한 내적 성장 질서에 따라서 자아를 완성에까지 형성한 결과로 확인되는 형태, 다시 말하면 형성자의 완성형태이다. 아리스토텔레스는 오직 신(神)만이 최고의 형상으로써 질료를 가지고 있지 않다고 생각하였다.

이 세상에 있는 모든 생명체는 각각 서로 다른 신체를 가지고 있다. 신체의 엔텔레히는 영혼이다. 식물은 식물적 영혼을9), 동물은 감각적 영혼을10), 그리고 인간은 사유의 영혼을11) 가졌다. 동물은 식물의 엔텔레히를, 인간은 동물의 엔텔레히를 가지고 있으며 동물과 인간은 식물과 동물을 넘어서는 엔텔레히를 가지고 있음으로써, 서로 한 단계씩 위에 있다. 인간은 인간을 동물로부터 구별하게 하는 이성(nous)을 가지고 있다. 그리고 이성은 불멸이다.

덕은 인간이 서로 상충하고 대립적인 것들 사이에서 중용을 선택함으로써 발생한다. 덕은 중용의 가치이다. 예를 들면, 절제(Sparsamkeit)는 인색과 낭비의 중간이며, 용기(Tapferkeit)는 공포(Ängstlichkeit)와 만용(Tollkühnkeit)의 중간이다. 독자적이고 합리적인 사유는 윤리적 의지를 주관하며 개인을 인격인으로 형성한다.

인간은 자연(Natur)과 습관(Gewöhnung)과 통찰(Einsicht)을 통하여 선하게 그리고 도덕적 인간으로 성장한다. 신체적 정신적 바탕인 자연은 양육(Pflege)을 통하여 발달한다. 덕은 습관이나 훈련을 통하여 형성된다. 그래서 습관은 제2의 자연이다. 인간은 통찰

---

9) anima vegetativa-자아 보존과 종족 보존의 엔텔레히.
10) anima sensitiva-감각 활동과 본능의 엔텔레히.
11) anima rationalis-이성의 엔텔레히.

의 능력으로 수업을 통하여 지식을 획득한다. 아리스토텔레스는 인간을 자연(physis)과 습관(ethos)과 이성(logos)이라는 삼체를 통하여 파악함으로써 교육인간학적 삼체론을 제시하였다.

교육은 개인적 활동이며 사회적 활동이다. 인간은 사회적 동물(zoon politikon)이다. 인간은 공동체적 존재이다. 인간은 국가라고 하는 공동체 안으로 태어나고 이 공동체 안에서 생활함으로써, 모든 개체들이 공동체를 이루고, 이를 보존해 간다. 따라서 국가는 자연에 있어서 가정과 개인보다 먼저이다. 왜냐하면 전체는 부분보다 먼저 있기 때문이다. 인간은 국가라는 공동체를 필요로 한다. 국가는 질서와 정의를 만들며 인간의 공동 생활을 가능하게 한다. 그러므로 시민은 국가를 위하여 살아야 한다. 시민이 자기 자신을 위하여 현존할 뿐이라는 말은 성립할 수 없다. 부분은 전체를 보존하고 발전시키기에 적절한 한도 안에서 양육과 훈련의 대상이 될 수 있을 뿐이다. 국가의 모든 지체들은 국가라는 공동체를 보존하고 발전시키기 위하여 있다. 국가의 이러한 공동체적 목적은 모든 사람을 위한 하나의 동일한 교육을 요청한다. 아리스토텔레스는 그래서 일종의 국가 중심 교육을 주장하였다. 그러나 그는 교육의 형식으로 스파르타적 훈련 대신에 수업을 강조하였다. 그래서 그는 플라톤과는 대조적으로 가정 교육을 국가 보존의 기초 형식으로 높이 평가하였다.

그의 교육이론은 인간학적 존재론이다. 교육학은 국가론과 윤리학과 더불어 인간 중심의, 인간을 염려하는 철학에(e peri ta anthropeia philosophia) 속한다. 우리는 교육을 조각가의 작업에 비유할 수 있다. 교육에는 4원인들이 있다. ① 무엇으로부터(Woraus), 이는 질료(Stoff)를 의미하며 질료인(質料因, causa materialis)이다. ② 무엇으로(Woraufhin), 이는 조각의 내적 형상 또는 본질상을 의미하며, 조각가가 재료로부터 그의 내심에 언제나 이미 가지고 있었던 형상을 조각해 내듯이, 교육자가 학생으로부터 형성해 내는 인간상을 의미하며 형상인(形狀因, causa formalis)이다. ③ 무엇을 위하여(Umwillen), 이는 그렇게 교육하는 교육행위의 목적을 의미하여 목적인(目的因, causa finalis)이다. 그리고 ④ 무엇을 통하여(Wodurch), 이는 조각가의 조각 방법을 의미하며 작용인(作用因, causa efficiens)이다. 아리스토텔레스는 교육을 이렇게 질료(Stoff)와 형상(Form)의 사이에서 시도되는 기술(techne)로 파악하였다.

그러나 기술로서의 교육이해는 분명히 한계를 안고 있다. 하나의 생명체는 그 안에 언제나 이미 주어져 있는 엔텔레히에 따라서, 다시 말하면 성장의 설계도와 질서에 따라서 성장한다. 그러나 이러한 성장은 목수가 침대의 이데아나 설계도에 따라서 침대를 만들거나 대장장이가 쇳물을 주형에 부어 연장을 만드는 것처럼, 그렇게 기계적으로 만들어지는 과정이 아니라, 외부에서 가하는 다양한 경험의 내용에 따라서 지극히 자연스럽게 그러나 특수하게 유기체적 발달을 하는 것이다. 우리는 소크라테스가 그 자신의 내적 성장 질서에 따라서 소크라테스가 되었다고 말할 수는 없고 말해서도 안 된다. 소크라테스는 델포이의 신탁이라는 특별한 실존적 경험을 통하여 소크라테스가 되었다고 말해야 한다. 다시 말하면, 인간의 성장 발달은 결코 저절로 형성되고 완성되는 자연적인 과정으로 파악되어질 수 없다.

자연에 있어서 질료는 없는 가운데서 외적 성장을 위하여 마련되고 주어진 것이 아니라, 언제나 이미 성장질서와 함께 주어져 있는 것이다. 그리고 성장의 질서라는 목적은 외부로부터 비로소 주어지는 것이 아니라, 오히려 언제나 이미 생명체에 내재하고 있기 때문에 안으로부터 솟아 나오는 것이다. 외부로부터

가하여지는 작용도 생명체가 기계적으로 받고 이에 따라서 성장
이라는 반응을 하는 것이 아니라, 성장을 위한 자극을 받을 때에
언제나 동시에 내면으로부터 외적 자극에 대한 반작용이 성장의
작용으로 함께 일어나고 있는 것이다. 이 성장의 작용은 객관적
이 아니라 지극히 주관적이고 일회적이며 고유한 것이다. 하나의
생명체에서 "무엇으로부터"와 "무엇으로"를 구분할 수 있는 것은,
다시 말하면 질료(ule)와 형상(eidos)을 구별할 수 있음은 질료와
형상이 언제나 이미 시간과 공간의 역사성을 가지고 전체적으로
(holistic) 함께 형성되고 이러한 형성의 다이나믹에서 생명체가
자아를 실현하기 때문이다.

아리스토텔레스가 처음으로 라이브니쯔를 통하여 후에 독일
의 고전적 도야론으로 수용된 유기체적 도야의 개념을 제시하였
다. 라이브니쯔도 아리스토텔레스처럼 잠재 능력(dynamis)과 활동
능력(energeia)을 구별하고, 이러한 구별을 기초로 하여 모든 생명
체의 형성 과정을 파악하였다. 만약에 내가 어린이 같은 하나의
형성 도상에 있는 생명체가 "있다"고 말한다면, 이는 이 생명체
가 그렇게 있을 수 있는 모든 것으로 지금 이미 있다는 의미가
아니라, 이 생명체가 후에 비로소 그렇게 될 수 있는 것으로 지
금 "있다"는 의미이다. 이 생명체는 형성 도상의 존재로서 생명
체의 본성으로부터 앞으로 "있을 수 있는" 그러나 "아직 있지 않
은" 상태를 통하여 지금 규정되고 있는 것이다. 다시 말하면, 이
생명체는 최종적 형상으로 형성되어야 할 존재로서, 생명체의 존
재 가능(Seinkönnen)이 또는 잠재력(Potenz)이 생명체의 존재 현실
에 함께 속하여 있다는 말이다. 그러나 지금 바로 존재하는 것은
그의 존재력(Seinskraft)의 활동이다. 다시 말하면 존재력이 활동
하고 있는 존재(am Werksein)이다. 그의 존재력은 생명체의 자연

스럽고 자발적인 표현에서 드러나고, 생명체에 내재하고 있는 소질의 실현으로 활성화되는 것이다. 따라서 모든 형성체는 그 자신의 최고의 실현이라는 목적을 향하는 간단없는 시도를 하는 "도상의" 존재이며, 가능 존재와 현실 존재의 사이에서 과도기적으로 있는 존재이다. 생명체는 그의 자연스러운 소질과 바탕(dynamei on)을 온전히 실현하려고 하며, 이러한 과정에서 그 안에 간직하고 있는 그의 신체와 자연(physis)을 활용하여 자아를 존재의 온전한 형상으로 실현하려고 애쓰고 있다.

"모든 실천적 능력(techne)과 모든 연구의 길(methodos) 그리고 모든 실천 행위(Praxis)와 모든 선택(proairesis)은 하나의 선(agathon)을 추구하고 있다. 그래서 사람들은 선을 정당하게도 모든 것이 그것을 향하고 있는 것이라고 규정하였다. 그러나, 목적(telos)과 목적 사이에는 구별이 있다. 한편으로 목적은 추구하는 힘(energeia) 자체에 있으며, 다른 한편으로 목적은 추구한 결과(ergon)에 있다."12)

이상의 문장에서 아리스토텔레스는 인간의 능력, 연구 방법, 실천, 그리고 다양한 선호의 경향들이 모두 선을 추구하고 있으며, 선을 추구하는 것을 목적이라고 할 때에, 목적은 그 추구의 성격에 따라서 추구하는 과정인 에네르게이아와 추구한 결과로서의 작품인 에르곤으로 구별된다고 하였다. 이러한 구별은 후에 교육에서뿐만 아니라 언어와 예술을 포함하여 인간의 삶의 존재와 형식에 대한 모든 이해의 노력을 조종하여 온 두 관점으로 작용하여 왔다. 예를 들면, 우리가 교사가 가르치고 학생들이 배우는 과

---

12) NE I, 1, 1094a. *Aristoteles und die Paideia*. Besorgt und übersetzt von Edmund Braun. Schöningh 1974, S.30.

정 자체 안에서 교육의 목적을 찾으면, 가르치고 배우는 즐거움
이 끝나는 곳에서 교육은 이미 잘못되고 있기 때문에, 이러한 기
준 안에서 교육의 합리적이고 최적적인 재구성을 시도하게 될 것
이다. 그러나 교육의 목적이 가르치고 배운 결과에 맞추어지면,
평가가 교수 학습의 타당성을 판단하는 최종적 주무 관청이 되
고, 교육은 교육받은 결과로 학생이 제시하고 사회가 객관적으로
인정하는 성적이나 자격이나 기술 등으로 확인된다.

그러므로 무엇으로든지 형성될 수 있는 중립적 바탕이나 소질
은 있을 수 없다. 소질에는 이미 그 생명체가 자신의 형성 가능
성을 최고의 상태로 실현하는 것을 최종 목표로 삼고 이를 지향
하고 있는 일정한 삶의 지도가 들어있다. 그래서 아리스토텔레스
는 신체(physis)를 알면서 행하는 존재로 보았다. 그러나 어느 단
계에 이를 때까지는 자연의 능력이 의지의 배후에 머물러 있다.
그러다가 자연과 기술의 사이에서 일종의 아날로기가 의미 있게
전개된다. 기술은, 여기서 아리스토텔레스도 소크라테스와 플라톤
처럼 교육을 의술에 대한 아날로기로 설명하는 것을 볼 수 있는
데, 자연의 "결함(Lücke)"을 메꾸어 주는 동시에 자연을 모방하는,
자연의 지원과 협력에 동원되는 수단을 사용하는 과제를 가지고
있다. "만약에 기술(Kunst)이 자연(Natur)을 도와준다면, 기술은
자연이 완성시키지 못하고 남겨둔 것을 완성시킬 것이다." 여기
서 아리스토텔레스가 말하는 기술은 교육을 의미하며 자연은 성
장 발달을 의미한다. 그래서 아리스토텔레스는 교육을 어린이의
자연스러운 성장을 돕는 기술로 보고, 어린이의 성숙 단계에 따
라서 교육의 계획을 세웠다. 그는 1세, 2세에서 5세, 6세에서 7세,
8세에서 14세, 그리고 15세에서 21세의 단계적 교육계획을 제시
하였다. 교육 계획을 세울 때에 "우리는 자연의 구분을 따라야

한다. 왜냐하면, 모든 기술과 교육(para techne kai paideia)은 단지 자연이 남겨 놓은 결함을 채우려는"[13] 노력이기 때문이다. 서양에서 스토아를 거쳐서 코메니우스에서 루소와 페스탈로찌에 이르는 근세 교육학의 이론 정립에 지속적으로 영향을 준 합자연적 교육방법의 사상적 뿌리는 아리스토텔레스의 이러한 발달 이론에까지 거슬러 올라간다.

아리스토텔레스는 어린이의 교육에서 어린이가 자연적으로 보여주고 있는 현재의 존재와 아직 실현되지 않은, 그러나 후에 교육을 통하여 실현될 최종적 존재 형태를 함께 보고, 현 존재는 최종적 존재 형태를 내포하고 있다고 보았다. 그리하여 자아 실현의 개념을 제시하였다. 어린이를 교육하지 않은 상태로 놓아두면, 어린이는 교육을 통하여 자아 실현을 할 수 있는 길에서 제외되어 버림으로써, 스파르타에서 보듯이, 기성세대에 의하여 공동체의 일원으로 오로지 공동체를 위하여 필요한 삶을 살도록 훈련된다. 그리하여 "기계적 인간(banaysos)"이 된다.[14] 이러한 인간은 최악의 인간이다. 여기서 잠재 능력(Potenz)은 존재 가능의 바탕으로서 다이나믹하며, 자아 실현의 행동(Akt)을 실천에 옮기는 존재의 힘, 다시 말하면 에네르게이아를 가지고 있다. 여기서 디나미스(dynamis)와 에네르게이아(energeia)의 구별과 관련이 제시되었다. 이렇게 아리스토텔레스는 교육을 자연적 바탕(physis)과 교수(mathesis)와 연습(askesis)의 셋으로 이루어지고 있는 활동으로 보았다. 이것이 아리스토텔레스의 교육의 삼체(三體, ternar)이다.[15]

---

13) *Politik* VII, 1337A.
14) *Politik*, VIII, 4. 1338b, E. Braun, a.a.O., S.79.
15) Ernst Lichtenstein, *Aristoteles*: Über Erziehung. in: H.-T. Johann(Hrsg.), Erziehung und Bildung in der heidlischen und christlichen Antike. Darmstadt 1976, S.326.

2. 교육의 기본 구조

교육의 삼체론에는 아리스토텔레스가 말하고 있는 교육현상의
구조에 관한 본질적 의미가 들어있다. 아리스토텔레스가 말하는
교육의 삼체를 다시 한번 들여다 보자. 교육과 도야에는 피지스
(physis, 바탕), 마테시스(mathesis, 가르침), 아스케시스(askesis, 연
습, 공부)의 세 가지가 본질적으로 필요하다. 피지스는 교육의 가
능성을 가지고 태어난 인간의 자연적 바탕을, 마테시스는 우리
가 교수학습, 교과과정, 교재 등으로 세분화하여 다루고 있는 모
든 가르침의 덩어리를, 아스케시스는 3R의 연습으로부터 시작하
여 전문적 지식의 심오한 탐구에까지 이르는 모든 공부의 현상
을 의미한다. 그러므로 피지스, 마테시스, 아스케시스가 교육이
이루어지기 위한 본질적 조건이다. 그러나 이러한 교육개념은
아리스토텔레스의 독창적 생각은 아니었고 이미 당시의 지식인
들 사이에서 일반적으로 수용되고 있었던 개념이다. 아리스토텔
레스가 교육에 대한 일반적 이해를 하나의 체계적 개념으로 종
합하였다.

소피스트들은 위에서 이미 서술한 바와 같이 교육과 도야를
쓸모있는 지식과 솜씨의 전달 내지 매개로 보았다. 그래서 그들
은 "기술(techne)"로서의 수업 방법에 관한 생각으로부터 교육에
대한 이론적 첫 접근을 시도하였다. 그리고 테크네라는 말 아래
서 소피스트들은 수사학(Rhetorik)을 강조하였다. 이를 고르기아스
는 특히 수업(Unterricht)의 요소와 관련하여, 데모크리트나 이소
크라테스는 능력의 성취와 관련하여 수용하였다.

소피스트들과 그들의 제자들은 소질, 연습, 지식의 상호 관련에
대한 교육적 질문들을 표준화하여 질문의 목록으로 만들어 가지고

활동하였는데, 플라톤도 소피스트들의 질문 목록을 그의 『메논』, 『테에테트』, 『파이드로스』 같은 대화편에서 수용하였다. 예를 들면, 『메논』은 이렇게 시작하고 있다. "덕을 가르칠 수 있는가? 또는 덕을 가르칠 수는 없으며, 이는 다만 연습의 문제인가? 또는 덕은 연습의 문제도 학습의 문제도 아니고, 인간의 본성에 또는 어떤 방법으로든지 주어져 있는 것인가?"16) 플라톤이 소피스트들의 질문 목록에서 수용한 이 유명한 질문은 "덕"에 초점이 맞추어져서 고찰되곤 하였다. 그러나 우리가 이 질문을 자세히 들여다보면, 초점이 덕의 인식에 있지 아니하고, '교육이란 무엇인가?'라는 물음에 대한 답을 덕을 테마로 하여 시도하고 있음을 알 수 있다. 여기서 대화는 덕을 예로 들어서 교수와 연습과 학습이라는 교육의 여러 다양한 형식들에 대한 이해를 도모하고 있다.

또 다른 예를 들면, 『테에테트』에서 플라톤은 『메논』에서처럼 소크라테스로 하여금 다음과 같은 질문을 던지게 하고 있다. "'온몸의 상태는, 휴식과 게으름으로 나빠지지 않는 한, 체육과 운동을 통하여 전체적으로 잘 보존될 수 있는 것이 아닌가?' '그렇다'. '그리고 영혼의 상태도, 지식을 획득하고 간직하며 보다 좋아지려고 영혼의 운동인 학습과 근면으로 가꾸질 않고, 아무런 생각도 하지 않는 상태에서 게으름을 피우고 휴식하고 있으면 아무 것도 배울 수 없을 뿐만 아니라, 배운 것도 잊어버릴 것이 아닌가?' '물론이다'."17) 여기서도 운동과 학습의 연관관계를 고찰하여 교육에 대한 이해를 심화하고 있다. 플라톤은 이미 교육의 문제를

---

16) *Menon*, 70a. Platon Sämmtliche Werke. Erster Band. Heidelberg o.J., S.413. (Menon Übersetzt von L. Georgii).

17) *Theätet*, 153b. *Platon Sämmtliche Werke*. Zweiter Band. Heidelberg o.J., S.153b. (Theaitetos übersetzt von Friedrich Schleiermacher).

학교 교육의 좁은 울타리에서 해방시켜서 인간과 국가의 넓은
지평으로 가지고 나갔으며, 파이데이아의 본질, 법칙, 질서 자체
에 관한 형이상학적이고 인간학적인 숙고를 철저하게 전개하였
다. 아리스토텔레스는 한편으로 소피스트들의 경험적 입장에 가
깝게 서있으면서, 다른 한편으로 소피스트들로부터 얻은 인식을
교육의 현상에 대한 조직적 사유와 분석으로 심화시켜서 교육적
기본 구조에 대한 체계적 인식을 시도하였다.

　"인간은 세 가지 것들을 통하여 선하고 귀하게(다른 말로 표현
하면, 유능하게-저자) 된다. 이 세 가지 것들은 자연(physis), 습관
(ethos), 이성(logos)이다. 먼저 사람들은 어떤 다른 생명체가 아니
라 인간으로 태어난다. 그리곤 몸과 마음의 일정한 고유 특성들
로 무장하게 된다. 많은 것들에 있어서 자연의 바탕은 변화된 습
관을 통하여 통제되고 소용없게 된다. 왜냐하면 많은 것들에 있
어서 자연적 성향들이 중립적이기 때문에 보다 나쁜 또는 보다
좋은 성향들로 바꾸어지게 되기 때문이다. 다른 생명체들은 주로
그의 자연이 결정하는 대로 그렇게 살며, 소수의 생명체들은 습
관의 영향 아래서 산다. 그러나 인간만은 또한 이성을[18] 통하여
살아간다. 왜냐하면 인간만이 이성을 가지고 있기 때문이다. 따라
서 인간은 이러한 세 가지 것들을 서로 서로 조화롭게 하지 않으
면 안 된다. 왜냐하면 인간은 많은 것들을 그의 습관과 자연에
거슬러 행하며, 이러한 행동은 인간이 자신의 열어놓는 말을 통
하여 달리 행하는 것이 더 좋다고 확신하게 되었기 때문이다. 이
러한 합리적 숙고를 통한 행동은 교육의 결과이다. 교육의 힘으
로 인간은 부분적으로 습관을 통하여, 부분적으로 수업을 통하여

---

18) 브라운은 이성을 '열어놓는 말'(das eröffnende Wort)이라고 번역하였다.

필요한 것을 배우게 된다."19)

　아리스토텔레스가 교육을 사회적 과제로 서술한『정치학』의 제7권과 8권의 첫 단락인 위의 문장에서 우리는 그가 교육을 공동체 안에서 이해하고 있음을 알 수 있다. 다시 말하면, 그에게 있어서 교육은 처음부터 지배하고 지배받는 공동체(politike koinonia)의 과제이다. 그래서 그는 계속하여 이렇게 주장하고 있다.

　"우리는 자연의 바탕이, 습관이, 그리고 이성이 필요함을 구별하여 확인하였다. 이제 다음과 같은 문제가 제기된다. 인간을 보다 이성적으로 교육하여야 할 것인가 아니면 보다 습관적으로 교육하여야 할 것인가? … 먼저 분명한 것은, 모든 성장은 일반적으로 시작이 있다는 사실이며 최종의 목표는 시작할 때부터 이미 제시되는 법이며, 시작 자체가 다른 것을 위한 목표라는 사실이다. 이성과 정신은 자연의 목표이다. 따라서 인간은 성장과 습관을 위한 염려를 하지 않으면 안 된다. 더 나아가서 영혼과 몸은 두 가지 것들이며 영혼 안에는 두 가지 부분들이, 이성이 없는 부분과 이성적 소질이 많은 부분이 있어서, 이것들이 다시금 추구와 인식이라는 두 가지 행동 양식들을 보여주고 있다. 마치 이성이 없는 부분이 이성이 많은 부분보다 더 먼저 성장하는 것처럼, 이와 같이 신체는 그의 성장에 따라서 영혼보다 더 먼저 성숙하여진다. 이것은 우리에게 다음과 같은 사실을 보여준다. 분노와 의지와 욕망을 어린이는 태어날 때부터 가지고 있다. 숙고와 정신은 그러나 상당한 연령에 이르러서야 나타난다. 그래서 인간은 먼저 신체를 위하여 염려하여야 하며 그리고 나서 영혼을, 그리고 나서 정신을 위하여 욕망을, 영혼을 위하여 신체를 염려하

19) *Politik*, VII, 13, 1332a ff. Edmund Braun, S.64.

여야 한다."[20]

　이상의 긴 인용에서 우리는 아리스토텔레스의 교육론이 인간
학적 기초와 존재론적 기초 위에 정립되어 있음을 알 수 있다.
아리스토텔레스는 어떤 객관적 선의 이념으로부터가 아니라, 교
육하지 않으면 안 되는 생명체인 인간에게 내재되어 있는 것으로
확인되는 최종적 목적으로부터 교육을 파악하였다. 다시 말하면,
교육은 본질적으로 인간의 고유한 성취요 작품으로서,[21] 인간은
본성에 있어서 그의 정신 작용에 따라서 자연적 본능을 선에로,
공동체에로, 알려고 하는 인식의 의지에로 고양시키는 존재이며,
이러한 과정을 동반하는 것이 교육이다. 그러나 교육은 소질의
점진적 발휘에 맞추어 아래서부터 위로 계층적 단계의 질서에 따
라서 제시된 목적을 하나하나 성취하여가는 활동이다. 교육은 그
래서 인간의 본성 전체의 신체적 정신적 영적 존재 구조에 따라
서 구상되어야 한다. 교육은 그러므로 자연의 질서에 따라서 체
육으로부터, 다시 말하면 신체의 단련으로부터 시작하여야 한다.
왜냐하면 체육에는 이미 신체의 엔텔레히인 영혼의 질서가 강조
되어 있기 때문이다.

　교육의 핵심적이고 고유한 과제 영역은 영혼의 중간지점에
놓여 있다. 영혼의 중간지점에서 몰이성적이고 무질서한 본능

---

20) *Politik*, VII, 15, 1334b 1ff.
21) 아리스토텔레스는 그의 『니코마코스 윤리학』에서 인간의 행복에 대하여
　　이렇게 말하였다. "최고선(das höchste Gut)이 무엇인가에 대하여 아직
　　정확히 설명하지 않은 상태에서 행복을 최고선으로 규정하고 이를 고집
　　하는 경향이 일반화되어 있다. 그러나 우리는 '인간에게 고유한 작
　　품'(ergon tou anthropou)을 고찰한 후에야 이러한 행복의 규정에 도달할
　　수 있다". Nichomachische Ethik I, 6, 1097b 22. Edmund Braun, a.a.O.,
　　S.32.

적 추동이 이성의 객관적 요청과 만나게, 다시 말하면 도덕 교육에 직면하게 된다. 여기에서 우선적으로 인간성 전체의 일치(Zusammenstimmung)가 관건이 된다. 그래서 인간의 개체적 특성의 도야들뿐만 아니라 전체적인 인간의 방향 결정과 행동 형성과 행위 능력이, 그리고 이러한 인간 전체를 사회적 질서 안으로 인도하여 들이는 일이 문제가 된다. 그러나 이와 나란히 교육의 두 번째 과제 영역이 있으니, 이 영역은 인간 개개인의 영혼의 질서를 염려하고 인간의 공동 생활의 조건들을 다루는 것을 우선적인 과제로 삼지 않고, 정신의 요청에 방향이 맞추어져 있다. 왜냐하면, 인간의 규정은 인간에 내재하고 있는 최고의 존재 능력을 활성화하고 작용하게 하는 것이기 때문이다. 최고의 존재 능력은 관조하는 인식의 능력으로, 언제나 최고의 대상들을 향하고 있다. 최고의 존재 능력은 현실을 초월하여 신적인 세계와 연결하는 인식의 능력으로, 생활의 온전한 성취를 목표하고 있다.

니코마티코스 윤리학의 마지막 장에서 아리스토텔레스는 윤리적 물음에서 정치적 물음으로 문제를 옮겨가고 있으며, 자신의 입장을 다음과 같은 물음으로 종합적으로 밝히고 있다. "어떻게 인간은 선하게 될 수 있는가?" 다시 말하면 인간은 어떻게 하면 선을 알게 되고 동시에 실현하게 되는가? 아리스토텔레스는 이러한 물음 앞에서 인간이 선하게 될 수 있다고 전제하고, 그 방법을 다음과 같이 세 가지로 제시하고 있다. "인간은, 사람들이 그렇게 가정하고 있듯이, 부분적으로는 자연의 바탕(physei)을 통하여, 부분적으로는 습관(edei)을 통하여, 부분적으로는 수업(didache)을 통하여 선하게 된다."[22] 인간의 선은 인간의 교육 가능성에

---

22) NE X 10, 1179 b 20, Edmund Braun, a.a.O., S.60.

근거하고 있다.

그러면 도대체 누가 인간을 교육하는가? 개인이 교사의 역할을 수행하고 있는가 아니면 공동체가 그러한 역할을 하는가? 직업적 교사가 교육하는가 아니면 생활 세계의 질서가 그러한 역할을 하는가? 아니면 법의 관습이 인간을 교육하는가? 아리스토텔레스는 그 시대를 풍미하였던 플라톤적, 소피스트적, 국가권위적, 자유민주적, 보수적, 그리고 개혁적 교육관들을 두루 직시하고, 이 교육관들을 논의하였다.

"교육에 관한 법을 정하고 이 법을 보편 타당하게 만들어야 한다는 것은 분명하다. 그러나 어디에 교육이 근거하고 있어야 하며, 어떻게 교육하여야 하는지도 역시 밝혀지지 않으면 안 된다. 현재로는 교육의 작품(ergon)이 성취한 결과에 관하여 여러 가지 견해들이 분분하다. 유용성과 관련하여 또는 최선의 생활과 관련하여 젊은이들이 무엇을 배워야 하는지(manthanein)에 대하여서도 서로들 견해가 다르다. 그리고 교육이 오성(dianoia)을 도야하여야 하는지, 아니면 영혼의 자세(ethos)를 바로 세워주어야 하는지도 분명하지가 않다. 현재의 교육방법으로부터는 심지어는 이에 관한 탐구조차도 혼란스러울 정도이다. 그리고 인생에 유용한 것을 연습하여야 할지, 아니면 능력의 향상을 꾀하여야 할지, 아니면 어떤 비상한 것(peritta)을 추구하여야 할지도 애매하다. 왜냐하면 이상의 견해들에는 모두 그 대표적 주장자들이 있기 때문이다."23)

교육의 힘이 가장 잘 발휘되는 영역은 사회 질서의 교육영역이다. "젊은이들을 윤리적으로 높은 수준으로 끌어올리는 것은

---

23) *Politik*, VIII, 2, 1337 a 33-35, Edmund Braun, a.a.O., s.75.

대단히 어렵다. 이는 다만 그들이 적절한 법제 아래서 성장할 경우에만 가능하다. 왜냐하면 아버지의 훈계는 강요하는 힘이 없으나 법은 강요하는 힘(anagkastike)을 소유하고 있다. 법은 윤리적 통찰(phronesis)과 이성(nous)으로부터 나온 말(logos)로서, 젊은이들이 그 안에서 성장할 경우에 그들을 변화시키는 힘이 있기 때문이다."24) 이러한 가치와 행동의 공개적 질서는 어렸을 때부터 성장의 방향을 의미 있게 조종하며 이후의 생활이 보람으로 가득 차게 만들어 준다. 아리스토텔레스는 이와 같은 입장에 서서 교육제도의 사회적 정착을 강조하였다.

"법제자(nomothetes)들이 우선적으로 젊은이들의 교육에 관심을 쏟아야 한다는 사실에 대하여선 의심할 사람이 아무도 없다. 왜냐하면 공동체에서 교육이 이루어지지 않으면, 이는 국가(politeia)를 손상시키기 때문이다. 인간들은 일정한 국가의 시민이지 않으면 안 된다. 모든 국가의 기본 의지는 국가의 법과 제도를 보호하도록 되어있다. 그래서 처음부터 민주적 국가는 민주 지배 체제(Demokratie)를, 과두적 국가는 과두 지배 체제(Oligarchie)를 정당화하도록 되어있다. 언제나 보다 좋은 기본 의지는 보다 좋은 헌법의 기초이다. 더 나아가서 사람들은 모든 능력들(dynameis)과 모든 솜씨들(techne)에 있어서 연습이 필요하며, 이에 이미 익숙해져 있다. … 공동 사회의 최종 목적은 단 하나이기 때문에, 이처럼 모두를 위한 교육도 필연적으로 하나요 동일하지 않으면 안 된다. 그리고 이러한 교육을 위한 보호조치

---

24) NE X 10, Edmund Braun, a.a.O., S.62. 아리스토텔레스는 법을 통찰하는 힘을 가진 이성으로부터 나온 것으로 보았다. 법은 정치적 존재인 인간에게 보편타당한 구속력을 행사하고 있다. 그러나 인간을 교화하는 말로서의 로고스도 이러한 의미에서 또한 법의 성격을 가지고 있다.

(Fürsorge)는 공동적(gemeinsam)이어야지 사적(privat)이어선 안 된다. 왜냐하면 공동의 과제는 공동으로 수행되어야 하기 때문 이다. 더 나아가서 시민이 독자적으로 있는 것이 아니라 모두 공동체에 속해있는 것이다. 왜냐하면 누구나 공동체의 일부이기 때문이다. 그리고 부분을 위한 조치는 자연의 질서에 따라서 전 체를 위한 조치의 이해를 가져온다. 바로 이 점에 있어서 사람 들은(스파르타의-저자) 시민들(Lakedaimonier)을 칭송할 수 있을 것이다. 그들은 어린이를 위한 모든 염려를 국가 때문에 하고 있다."25)

아리스토텔레스는 플라톤과는 달리 국가의 법을 교육의 규범 과 척도로 보지 않았다. 아리스토텔레스는 오히려 윤리적으로 성숙한 인격(spoudaios)의 판단 능력을 교육의 척도로 보았다. 아리스토텔레스는 마치 의사가 일반적 치료 지식으로부터 환자 를 치료하나, 그러나 환자 개개인의 특수한 질병 상태에 따라서 의술을 베풀 경우에 가장 뛰어난 치료 효과를 보여주듯이, 따라 서 탁월한 의사는 보편적 지식 위에서 특수한 지식을 수행하는 자인 것 같이, 교육의 영역에서도 그러하며 따라서 교육의 전문 가가 있어야 한다고 보았다. 이러한 전제 아래서 아리스토텔레 스는 교육이 개별적으로 이루어지면 개개인이 보다 더 정확하 게 파악될 수 있으며 그에게 필요한 교육을 받게 될 것이라고 보았다.26)

---

25) *Politik*, VIII, 1, 1337 a. Edmund Braun, a.a.O., S.74f.
26) NE X 10., Besorgt und übersetzt von Edmund Braun, a.a.O., S.62.

3. 에토스와 로고스

아리스토텔레스의 교육학은 개인의 자아 형성에 있어서 에토스와 로고스의 조화를, 확실한 성격과 개방적인 정신의 형성을, 태도와 지식의 연결을, 훈련과 도야의 조화를 지향하고 있다. 교육과 도야의 관계는 플라톤에 의하여 이미 문제로 제시되었다. 플라톤은 『파이돈』에서 소위 영혼의 덕을 이성(phronesis)의 철학적 덕으로부터 구별하였다.27) 지혜에 대한 사랑과 통찰이 없이 습관으로부터 얻을 수 있는 시민적 영혼의 덕은 지혜에 대한 사랑으로 가득 찬 순수한 영혼이 신들에게 가까이 갈 수 있는 철학적 영혼의 덕으로부터 구별된다. 여기서 그러나 플라톤적인 것과 아리스토텔레스적인 것의 차이가 드러난다. 아리스토텔레스적인 것은 현상학적 심리학적 분석이다. 마치 아버지의 음성을 우리가 일상 생활 속에서 늘 듣듯이 그렇게 우리는 이성의 소리도 듣는다. 그러나 이성은 그 본질에 있어서 통찰로부터 말할 뿐, 감성으로부터 말하진 않는다. 이성은 질책, 훈련, 경고 같은 교육의 수단뿐만 아니라, 의무화되어있는 윤리 도덕적 질서와 합리적 법률의 작용이 보여주듯이, 흥미의 있고 없음에 관계없이 영혼을 지배하지 않으면 안 된다. 이성의 이러한 지배력은 본능적 추동의 통제에서, 감정의 정리와 조절에서, 가치 있는 습관들의 획득에서 분명하게 드러나고 있다. 이성적인 것은 객관적이어서 무엇보다도 그 자체 내에 자체의 의미를 가지고 있으며 관조하며 인식하는 태도를 장려하고 있다. 정신의 힘은 그러나 연습과 습관으로

---

27) *Phaidon* 82, B 2. Ottomar Wichmann, *Platon Ideelle Gesamtdarstellung und Studienwerk*. Darmstadt 1966, S.195f.

부터가 아니라, 교육으로부터(ek didaskalias) 솟아나고 증가하는
것이다.28) 정신의 힘 자체가 시작이요 목적이다.29) 그러므로 인
간은 한편으로 습관으로부터 배우며, 다른 한편으로 들음으로부
터 배운다. 만약에 여기서 아리스토텔레스가 교육과 도야의 기능
을 의식적으로 구별하고자 하였다면, 이는 결코 교육과 도야의
분리를 의미하는 것이 아니라, 교육학적 의도의 구조적 상이성과
교육학적 기초 정립의 관계를 의미하는 것이다. 플라톤이 그의
국가론에서 수호자의 교육과 통치자의 도야를 인간이 탄생시에
보여주는 영혼의 상태에 따라서 논거하고 체계화한 것을 아리스
토텔레스는 교육학적 심리학적으로 논거하고 있으며 체계화하고
있다. "이성과 교육은 모든 경우에 다 효과가 있는 것이 아니다.
듣는 자의 영혼은 마치 땅이 씨를 싹트게 하듯이, 참된 지각에
익숙하여짐을 통하여 준비되어져야 한다.30)

영혼의 밭에 대한 메타퍼는 소피스트가 이를 논쟁의 장으로
끌어들인 이래로31) 플라톤32)을 거기서 아리스토텔레스33)와 스토
아와 사이비프루타크34)와 키케로35)를 거쳐서 오늘날의 문화 개
념에 이르기까지 교육학적 반성의 중요한 비유 언어가 되었다.
기독교에서도 씨뿌리는 농부를 비유로 삼아서 천국의 비밀을 설
명한 예수의 가르침36) 이후에 인간을 밭으로 말씀을 씨로 비유

28) NE II, 1.
29) NE VI, 11, 6.
30) NE X 9, 6.
31) *Antiphon*, Diels p. 602,4.
32) *Politeia*, 491d.
33) *Protreptikos*, 11.
34) *De educatione liberorum*, 2, Aff.
35) Tusc. Disp. "cultura animi".
36) 마태복음, 13장 1절에서 23절. 씨뿌리는 농부의 비유.

하여 교육을 이해하여 왔다. 인간의 돌봄과 솜씨를 통한 자연의 개선에 관한 이러한 그림은 경작을 필요로 하는 밭과 가르침을 상징하는 씨에 결정적인 힘을 부여하고 있다. 아리스토텔레스는 분명히 경작에, 다시 말하면 인간의 에토스 형성에 교육에 우선순위를 두었다. 에토스의 도야는 우리들의 윤리적 교육으로서 성격의 도야와 본질의 형성이라는 의미가 있다. 에토스는 원래 현존의 틀 안에 인간이 거주함을 의미하며, 감성에 의하여 지배되는 파토스와 대립적으로 내적 본질의 견고성을, 로고스와 구별하여 그러나 관습의 타당성 안에 머물러 있음을 의미한다.

아리스토텔레스는 이와 같은 사유를 거쳐서 자연적 바탕 위에서 획득한 태도들, 고유한 성격들, 확고하게 굳어진 사고의 구조들 같은 교육학적 심리학적 문제를 접근하고 있다. 덕들은 아리스토텔레스에겐 의도적이요 가치 있는 목적을 지향하는 행동의 형식이요 성향이다. 여기서 일정한 가치를 추구하고 일정한 덕목과 의지를 다지는 지속성과 방향성이, 일정한 가치를 선호하는 질서가 습관적이 된다. 그래서 덕은 전형적인 상황에 대하여 언제나 생활의 일정한 태도로, 다시 말하면 습관(habitus, ekseis)으로 표현되는 것이다. 우리는 "자연"으로부터 보고 들을 수 있으며, 이 능력과 소질을 다만 사용하면 되는 반면에, 그러한 의도와 의지의 행동을 동일한 형식으로 반복하게 되는 것이다.

"아레테는 한편으로 사유적(dianoetike)이고, 다른 한편으로 윤리적(ethike)인 양면성을 지니고 있어서, 사유적 아레테의 형성(genesis)과 성장(auksesis)은 모두 가르침(Belehrung)을 통하여 이루어진다. 그래서 경험(empeiria)과 시간(chronos)이 필요한 것이다. 그러나 윤리적 아레테는 습관(ethos)을 통하여 성장한다. 그래서 (그리스에서-저자) 윤리(ethike)는 습관(ethos)으로부터(말과 철자에 있어서-저자) 약간 다른 이름을 가지고 있는 것이다.

여기서 그러나 아주 분명한 것은, 어떤 윤리적 아레테도 자연적으로(physei) 태어나는 것이 아니라는 사실이다. 왜냐하면 자연으로부터 존재하는 것은 아무 것도 습관으로 변화될 수 없기 때문이다. … 그러므로 아레테는 자연으로부터도 자연을 거슬러서도 형성되지 않으며, 우리는 자연으로부터 아레테를 받아들이도록 되어있을 뿐이다. 그러나 우리는 아레테를 습관을 통하여(dia tou ethous) 비로소 완성시킨다."37)

우리는 그러므로 아레테를 배우지 않으면 안 된다. 그러나 아리스토텔레스는 습관의 수용에서 이미 데모크리트가 직면하였던 문제에 직면하게 되었으니, 자연의 형성력과 교육의 형성력 사이의 아날로기 문제이다. 이 두 경우를 데모크리트는 비교하는 묘사를 통하여 성공적으로 처리하였다. "습관과 자연은 마치 자주와 언제나 서로 가까이 있는 것처럼 서로서로 가깝다."38) 왜냐하면 습관화된 것은 마치 자연적인 것처럼 되어버리기 때문이다. 교육은 따라서 습관성의 도야에서 특별한 힘을 발휘한다. 교육은 "제2의 자연"39)을 창조한다.

여기서 교육에 있어서 습관화의, 다시 말하면, 낯선 가치의 내면화와 변형(Transformation)의 의미가 주요한 교육의 원리로 제시된다. 어린이는 흥미와 무관심에 의하여 좌우되기 때문에, 아직 목적 지향적인 행동의 능력이 없다. 그리고 모든 무의식적 반복

---

37) NE II, 1. 1103 a 14. Edmund Braun, s.37.

38) Demokrit, *Rhetorik* I, 11, 3. Ernst Lichtenstein, *Aristoteles*: Über Erziehung. In: Erziehung und Bildung in der heidnischen und christlichen Antike. Hrsg. von Horst-Theodor Johann, S.333.

39) 이미 플라톤도 그의 Politeia에서 모방은 습관으로, 습관은 자연으로 전이된다고 하였다. Politeia 395d.

적으로 반응하는 행동은 이를 미리미리 발견하고 이에 대하여 적절하게 조치를 취하지 않을 경우에는 잘못된 습관이라는 행동의 유형으로 발전하게 된다. 그러므로 청소년은 플라톤이 말하였듯이 처음부터 기분 좋게 또는 기분 나쁘게 느껴야 할 것을 그렇게 느끼도록 교육되어야 한다. 바로 여기에 바른 교육이 근거하고 있다.40) 바른 행동은 기술이나 솜씨처럼 수업을 열심히 청취함을 통하여선 매개될 수 없고, 구체적인 행동의 상황에서 스스로 판단하고 행동함을 통하여서만 매개될 수 있다. 아리스토텔레스는 여기서 도덕 교육을 위한 인간학적 기초와 바른 도야의 과정을 말하고 있다. 인간은 그가 의식적으로나 무의식적으로 결단하고 행하는 것을 통하여 그 자신의 현존의 모습을 가장 잘 보여준다. 아리스토텔레스는 인간의 행동을 교육의 관점 아래서 파악하고 있다. 인간의 행동은 개개인의 행동 자체의 추상적 도덕성이나 규범적 타당성을 통하여서가 아니라, 오히려 그 행동에 근거하고 있는 인간의 가치 지향성 전체로부터 파악되어져야 한다.

우리는 흔히 여러 가지로 서로 다른 생각을 가지고 부(富)나 귀(貴)를 선택하고 피리나 칠현금을 선택한다. 이와 같이 다양하게 선택하는 것은 서로 다른 동기와 이해를 통하여 정립된 서로 다른 목적들이 많이 있기 때문이다. 이렇게 서로 상이한 목적들이 여럿 있다는 사실은 이것들이 모두 온전한 목적(teleia)이 아님

---

40) 아리스토텔레스는 에토스를 파이데이아의 제1과제로 보았다. 따라서 바른 가치의 내면화는 교육의 본질적 과제이다. 아리스토텔레스에 의하면 의인이 행동을 한다면 이렇게 할 것이라고 생각되는 행동을 범인이 모방한다고 해서 그가 바른 행동을 하고 있다고 할 수는 없고, 다만 "의인이 행동하듯이 그렇게 행동하는 자만이 의롭다"고 할 수 있다. 따라서 의로운 자는 그의 행동으로 의로운자가 된다. NE II, 3, 2.

을 말해준다. 아리스토텔레스는 그래서 최고의 선(to ariston)은 확실하고 온전한 목적으로 상정하였다. 만약에 오직 하나의 온전한 목적(en teleion)만이 있을 수 있다면, 그렇다면 우리는 이 목적을 바로 찾아야 한다. 그러나 만약에 찾는 것들이 많이 있다면, 우리는 온전한 목적을 이 많은 목적들 속에서 찾아내야 한다.

하나의 온전한 목적은 최고의 선으로 확인될 뿐이다. 따라서 최고의 선을 찾기 위해서 지식(gnosis)이 필요하다. 이는 마치 궁사가 목표(skopos)에 명중할 수 있도록 화살을 정확히 쏘기 위해서 활, 화살, 시위를 당기는 기술에 관한 지식(episteme)과 적절한 힘과 속도로 시위를 당기는 능력(dynamis)이 필요한 것과 같다.[41]

자기 자신의 의지로 추구하는 것이 다른 사람의 의지 때문에 추구하는 것보다 더 온전한 것(teleioteron)이다. 그렇다면 다른 사람의 의지 때문에 추구하는 일이 결코 없는 것이 자기 자신의 의지 때문에 추구하고 또한 다른 사람의 의지 때문에 추구하기도 하는 것과 비교하여 더 온전한 것이다. 그러므로 한마디로 말하면, 언제나 오직 자기 자신의 의지 때문에 선택하고 결코 다른 사람의 의지 때문에 선택하는 일을 하지 않는 것이 온전한 것이다.

삶의 목표 가운데서 자기 자신의 의지로 선택하고 결코 다른 사람의 의지에 따라서 선택하지 않는 종류의 목표로 두드러진 것은 행복(eudaimonia)이다.[42] 이와는 대조적으로 명예, 즐거움, 이성, 유용성 따위는 그것들 자체 때문에 선택하고 추구하기도 하지만, 그것들이 행복을 가져다주리라고 믿고, 행복하기 위하여 그것들을 추구하는 것이다. 그러나 우리는 다른 것들을 위하여 행

---

41) NE. I, 1. 1094 a 26, Edmund Braun, a.a.O., S.31.
42) NE. I, 5, 1097 b 1, E. Braun, a.a.O., S.31.

복을 선택하고 추구하지는 않는다. 그러므로 아리스토텔레스의 논리를 따르면 행복이 최고의 선이 된다. 행복하기 위하여 인간은 끊임없이 각자의 내면에 내재하고 있는 다양한 목표들을 추구한다. 행복으로 인하여 인간의 생동성과 잠재가능성은 극대화된다. 행복은 내면적 목표들의 항상적 현재 상태이다. 브라운의 표현을 빌리면, "행복은 최선의 그리고 온전한 아레테에 따른 영혼의 에네르게이아이다."[43]

행복에 버금가는 것으로 자족성(autarkeia)이 있다. 완전한 목적, 온전한 선(teleion agathon)은 확실히 그 자체로 자족적(autarkes)이다. 우리는 그러나 자족성이라는 말을 홀로 사는 사람에게가 아니라, 부모와 자녀들과 부인과 함께 가족을 이루고 사는 사람에게, 그리고 친구들과 시민들과 함께 생활공동체를 이루고 사는 사람에게 사용한다. 왜냐하면 인간은 본성에 있어서 "공동체적 존재(politikos anthropos)"이기 때문이다.[44] 인생의 최고의 존재형식인 행복은 언제나 이미 인간의 공동체적 공존(Mitsein)을 내포하고 있다. 공동체적 존재로서 인간은 공동체가 표방하고 있는 최고의 목표를 추구할 뿐만 아니라, 동시에 행복한 삶을 살 수 있는 최고의 수준을 추구하고 있다. 그러므로 인생의 최고 목표로서의 행복을 좀더 분명히 규정하는 일은 '인간이 인간으로 성취하고 이룩하여야 할 최고로 선한 작품은 무엇인가?' 라는 물음에 대한 답이 된다. 다시 말하면, 최고선이 곧 행복임엔 틀림없으나, 행복으로서의 최고선이 무엇인가에 대한 설명은 여전히 필요하다. 그래서 아리스토텔레스는 "인간에게 고유한 작품(ergon toy

---

43) Edmund Braun, a.a.O., S.133.
44) NE I, 5, 1097a 25. Edmund Braun, a.a.O., S.31f.

anthropoy)"[45]에 관하여 고찰하기 시작한다.

　인간에게 고유한 것은 식물과 동물에게 고유한 것과 같은 것
이어선 안 된다. 모든 식물은 공통적으로 영양물의 섭취와 성장
의 능력을 갖고 있다. 모든 동물은 공통적으로 지각하는 능력
(aisthetike tis)을 갖고 있다. 이에 반하여 모든 인간은 실천하는 능
력(praktike tis)을 갖고 있다. 인간은 이 능력으로 자신의 존재를
만들어 간다. 인간은 실천의 능력을 언어의 능력으로 발휘한다.
인간은 그 본질에 있어서 실천에 기초한 삶을 사는 존재이며, 언
어를 소유한 존재이다. 언어의 소유는 인간을 식물과 동물로부터
근본적으로 구별하는 인간의 고유한 특성이다. 그래서 인간은 '언
어를 소유한 존재(zoon legon echon)'이다. 언어를 소유한다는 것은
이중적 의미가 있다. 한편으로 인간의 실천은 철저히 언어에 의하
여 지배받고 있다. 다른 한편으로 인간은 언어를 통하여 모든 것
을 열어놓는다. 그리하여 언어로 인간은 존재하는 것 전체를 열어
가고 있다. 따라서 인간의 작품은 언어에 의하여 비로소 가능한
것으로, 언어로 열어가는 '영혼의 에네르게이아(energeia psyches)'[46]
이다. 인간은 각자 자기 자신의 참 자기다움에 있어서 상이하므
로, 자신의 아레테(arete)[47]에 따라서 각자의 영혼은 자신의 작품
을 만들고 있다. 그리고 아레테가 여럿이고 다양하다면, 인간은
최고로 온전한 아레테를 척도로 삼아서 자신의 작품을 만들어갈
것이다.

---

45) NE, I, 6, 1097b, E. Braun, a.a.O., S.32.
46) NE, I, 6, E. Braun, a.a.O., S.33.
47) arete를 플라톤적 의미로 '자기다움'으로 표현하였다. 아레테는 그 외에
　　도 유용성, 잠재 능력 등으로 이해될 수 있다. 아리스토텔레스는 파이데
　　이아의 기초로 몸의 아레테가 아니라 영혼의 아레테를 말하고 있다. 아
　　레테에 관하여 다시 자세히 다룰 것이다.

자기 자신의 작품을 스스로 만들어 가는 인간은 행동하는 자
이다. 행동하는 자는 첫째, 의식적이며, 둘째, 문제에 대한 그 자
신의 판단을 따르고, 그리고 셋째, 확실하고 흔들림이 없다.[48] 인
간에겐 안으로부터 밖으로 분출되어 나오는 생명의 근본적 힘인
추동이 있다. 추동(orexis)은 행동의 무한한 가능성 공간이다. 추
동은 동시에 성장의 원인으로 작용하고 퇴행의 원인으로 작용하
기도 한다. 따라서 추동이 이성(logos)과 만나서 합음이 되어야
한다. 그러므로 이러한 합음의 수준에서 행동을 습관화하는 일이
목적이다. 합음을 이루지 못할 때에 행동은 절도 없음으로 빠져
버리거나, 경직된 절도의 울타리 안에 갇혀버리던가 하기 때문이
다. 따라서 그 중간을, 너무 많게도 너무 적게도 아닌, 그 중간의
지속성을 획득하는 것이 중요하다. 습관은 중간의 내면화를 지향
하는 행동으로, 적합(Anmessung)과 정돈(Ausrichtung)의 성격을
갖고 있다.

인간에게 주어져 있는 선택의 능력, 선한 것을 지향하는 인간
의 자연적 성향, 바른 선택과 행동을 지원하고 숙달시키는 일반
적 경향, 윤리적 습관과 법적 질서는 윤리적 통찰과 바른 이성
이 거기서 작용하고 있는 것을 확인시켜 주며, 그러한 한에 있
어서 덕은 형성되는 것이다. 소크라테스가 주장하였듯이 덕을
가르칠 수 있다면, 이는 다만 덕의 본질이 도덕적 지식을 지향
하고 있지 않고 도덕적 행위를 지향하고 있을 뿐임을, 그리하여
지식이 동시에 행위 안으로 용해되어 버리고 있음을 의미한다.
이러한 의미에서 아리스토텔레스에게 있어선 에토스 없는 선이
나 통찰은 없다.

---

48) NE II, 4, 3.

가치 있는 인간에로의 교육이 어떤 경우에도 진리를 지향하면서 이성을 통한 통찰의 측면에서 동의와 거부를 그리고 심성을 통한 추구의 측면에서 집착과 초연을 알맞게 조화시키는 교육이라면, 교육은 윤리적(ethisch) 측면이나 인식적(dianoetisch) 측면 중 어느 측면을 보다 더 지향하고 있느냐에 따라서 상이한 관점, 상이한 이해, 상이한 과제, 상이한 지식의 구조, 상이한 교수 학습의 방법으로 표현될 것이다. 우리는 이렇게 말할 수 있다. 교육은 한쪽으론 치우치지 않는, 윤리적으로 확고한, 사회적으로 성숙한 시민의 태도 형성을 지향하는 방향과, 다른 한쪽으론 지적으로 세분화된, 다면적으로 정신이 열려있는, 판단 능력이 있는, 그리고 개성 있게 도야된 세계인의 정신을 지향하는 방향이라는 두 방향의 중간이 되는 점에 자리잡고 있다. 미선성(Kalokagathia)은, 아리스토텔레스가 이상적인 국가 윤리의 척도에 따라서 그의 도덕 현상학에서 강조한 이념으로, 정의, 용기, 안정, 친절, 복지, 포용, 자비 따위뿐만 아니라, 예의, 애정, 개방성까지 포괄하고 있는 가치의 개념이다. 이러한 미선성을 실현한 정신의 내용을 아리스토텔레스는 그의 날카로운 지식 현상학적 시각으로 열거하고 있다. 과학적 진리 탐구의 정신(episteme), 예술적 오성(techne), 윤리적 세계관(phronesis), 세계관적 원리들의 인식(sophia), 슬기(euboulia), 확실성(eustochia), 날카로운 정신(agchinoia), 숙고(dianoia), 비판적 판단 능력(synesis), 인간적 인식 능력(gnome) 등등. 이런 능력들은 모두 도야인이 갖고 닦은 정신들이다. 그렇기 때문에 도야된 인간은 무엇보다도 지식의 모든 영역을 섭렵하고 있을 뿐만 아니라, 자기 자신의 고유한 사유의 형식과 방법을 소유하고 있는 자이다. 제한된 지식의 영역에서는 그 영역 안에서 도야된 자가 바르게 판단한다. 그러나 포괄적 지식

의 영역에서는 다면적으로 도야된 자가 바르게 판단한다.[49] 여기
서 아리스토텔레스가 추구하는, 교육을 통하여 실현하고자 하는
이상적 인간상은 플라톤에게서 확인되는 철인 지배자가 아니라
그의 사회적 삶의 장소를 자유로운 사회적 교제 안에 그리고 국
가의 대화 공동체 안에 가지고 있는 자이다. "도야된 자는 사변
적이기 때문에 참여적이다."[50]

---

49) NE I, 1.

50) Rhet. II, 8, Ernst Lichtenstein, *Aristoteles*: Über Erziehung. in: H.-T. Johann
    (Hrsg.), *Erziehung und Bildung in der heidlischen und christlichen Antike*.
    Darmstadt 1976, S.336에서 재인용.

고대 그리스의 유산

1. 교육개념의 쇄신과 확대

　고대 그리스는 고대 로마와 함께 문화사에서 일반적으로 "고전 고대"로 표현되고 있다. 이 시기에 학문과 예술에 있어서 영원한 모델이요 원천이 되고 있는 인간 정신의 위대한 작품이 쏟아져 나왔기 때문이다. 그러나 우리가 교육의 관점 아래서 인류의 역사를 고찰하면 교육사상의 "고전 고대"는 고대 그리스이다. 고대 로마는, 강한 군사적 통치력으로 이루어낸 정치적 평화인 '로마의 평화(pax romana)'라는 말에서 확인하게 되듯이, 정치적으로 세계를 지배하였다. 그래서 정치엔 대제국을 이루었으나, 학문과 예술엔 로마의 고유한 창조물이라고 할만한 것이 별로 없었다. 교육의 영역에서 고대 로마는 수사학의 교육에선 찬란하였으나, 지식을 탐구하고 교육하기 위한 대학을 세우는 일에는 등한하였다. 그래서 교육의 역사에서 고대 그리스는 그만큼 더 찬란하다.

　일반적으로 역사학에서 시대 구분은 통치의 시기에 따라서 또는 지배의 관점에서 이루어져 왔다. 그러나 교육의 역사에서 시

453

대 구분은 "오로지 교육의 관점 아래서" 시도되어야 한다. 그래
서 이 책에서 나는 고대 그리스를 호머의 시대, 소피스트들의 시
대, 위대한 철인들의 시대, 그리고 헬레니즘의 시대로 구분하고
그 교육철학적 의미를 고찰하였다.

교육의 역사는 교육의 개념을 끊임없이 쇄신하고 확대하여 온
역사이다. 교육개념의 쇄신은 곧 인간 이해의 폭과 깊이의 확대
를 의미하며, 교육을 통한 잠재 능력의 발휘 가능성과 자아의 실
현 가능성의 확장을 의미한다. 이를 우리는 고대 그리스의 교육
사상에서 분명히 확인할 수 있었다. 호머의 시대에 사람들은 교
육을 한마디로 미와 선의 조화를 이룬 영웅의 양성으로 이해하였
다. 사냥과 전투에 능한 일당백의 영웅과 무사가 세계를 지배하
였던 시대에, 영웅과 무사는 그 시대를 살았던 사람들이 모두 추
구하였던 최고의 인간상이었음에 틀림이 없다. 그래서 우리는 호
머시대의 교육이념을 미선성(Kalokagathia)이라는 개념으로 정리
하였다.

호머의 미선성의 교육이념은 그러나 신체적 도야의 차원에서
강조된 개념이었으며, 아직 정신적 도야의 차원에서 이해된 것은
아니었다. 이를 소피스트들이 정신적 도야의 차원으로 받아들여
끌어올렸다. 소피스트들이 발전시킨 정신적 도야의 내용은 크게
언어적 도야와 수학적 도야로 정리된다. 문법, 수사학, 변증법은
언어적 도야의 과목으로, 영혼을 도야한다. 산수, 기하, 천문학,
음악은 수학적 도야의 과목으로, 일상적 경제 생활을 효과적으로
운영하는 기예를 매개한다. 소피스트들은 이렇게 주전 5세기에
그 시초적 형태와 의미가 중세기를 거쳐서 근세 초기에 이르기까
지 거의 변함이 없었던 "자유 교과(Artes liberales)"를 정립하였다.
이 자유 교과는 11세기에 '7 자유 교과'라는 이름으로 개념화되어

신학에 종속되었다. 자유 교과를 다시 한번 정리하면 다음과 같다. 3 형식 과목(Trivium)은 주로 말(Wort)의 개념을 중심으로 언어적 도야를 하는 과목으로, 문법(Grammatik), 수사학(Rhetorik), 변증법(Dialektik)을 말하며, 4 내용 과목(Quadrivium)은 주로 수(Zahl)의 개념을 중심으로 수학적 도야를 하는 과목으로 기하(Geometrie), 산수(Arithmetik), 천문학(Astronomie), 음악(Musik)을 말한다.[1]

고대 그리스의 교육의 유산을 한마디로 묶어서 표현하면 '파이데이아'이다. 파이데이아는 첫째, 호머적 영웅과 무사의 교육에서 체육 교육과 음악 교육을 통하여 신체와 영혼이 도달가능한 최고의 경지에까지 도달하여 조화를 이룬 자아의 개성있는 이상적 통일성(Einheit)을 의미하였다. 파이데이아는 둘째, 도시국가가 시민들에게 제시한 생활 질서의 테두리 안에서 시민들이 신체적, 음악적, 정치적, 도덕적 교육을 통하여 자아를 하나의 폴리스 중심적 인격을 가진 시민으로 실현한 이상적 통일성을 의미하였다. 파이데이아의 개념을 전체적으로 종합해 보면, 파이데이아는 인간 개개인의 신체적, 정신적, 영적 능력들이 조화롭게 개발되어, 탁월한 경지에서 완전하게 자아를 실현한 상태를 의미한다. 완전한 개인과 완전한 시민으로의 인간 도야가 파이데이아의 개념에

---

1) 현재 학계에서 사용하고 있는 표현은 삼과(三科) 사학(四學)이다. 7 자유 교과는 이미 소피스트의 시대에 삼과 사로 나누어졌으며, 중세의 스콜라 철학을 거쳐서 오늘에 이르기까지 이러한 나눔과 묶음엔 변함이 없다. 다만 우리말 표현이 한 묶음은 '과'로 또 한 묶음은 '학'으로 되어있어서, 이해와 표현이 모두 적절치 않다. 7 자유 교과는 글자 그대로 교과들이다. 그래서 나는 소피스트적 이해에 따라서 Trivium을 3 형식 과목, Quadrivium을 4 내용 과목이라고 표현하였다. 왜냐하면 Trivium은 인간의 영혼을 도야하는 형식들이며, Quadrivium은 직업적 사회 생활에서 유용한 지식을 매개하는 내용들이기 때문이다. 이 책의 3장 3절 참조.

담겨있다. 고대 그리스의 파이데이아의 개념에는 그 시대에 그들이 수용하고 있었던 도시국가의 문화에 대한 포괄적인 이해와 폴리스의 시민으로 도달 가능한 개인의 성취에 대한 이상적 이해가 함께 들어 있다.

　이러한 파이데이아의 개념은 소크라테스로부터 시작하는 위대한 철인의 시대에 세 가지 서로 두드러지게 구별이 되는 개념으로 정립되어졌다. 파이데이아를 플라톤은 철학적 파이데이아로, 이소크라테스는 수사학적 파이데이아로, 그리고 아리스토텔레스는 공동체적 파이데이아로 이해하였다.

2. 파이데이아의 개념

　고대 그리스 시대의 교육을 의미하는 그리스어는 파이데이아이다. 이 파이데이아의 개념을 한 문장으로 표현하면, 교육은 인간을 인간답게(arete) 하는 모든 활동이다. 인간을 돼지답게 만든다든가, 여자를 남자답게 키우고, 너를 나를 닮도록 해서 나처럼 만들거나, 자식을 아빠나 엄마답게 키우는 것은 잘못된 교육이요 교육의 비참이다. 아레테는 각자의 영혼에 알맞은 명예를 주는 것이다. "각자의 영혼에 알맞은 명예"란, 현대적으로 표현하면, "각자의 잠재 능력과 소질에 따라서 탁월하게"란 의미이다. 이러한 교육의 본질적 이해 아래서 고대 그리스의 교육의 개념은 미와 선의 조화, 지복성과 유용성의 조화, 적성과 적절성의 조화의 세 가지 개념으로 특징적으로 정리된다.

　교육은 첫째, 미(美)와 선(善)의 조화이다. 이는 호머의 교육이념에서 이상적 인간상인 영웅과 무사에서 확인되는 신체의 아름다음과 영혼의 빛남을 의미하였다. 미선성은 영웅과 무사의 시대가 만들어 낸, 인류의 교육의 역사에서 가장 오래된, 그리고 교육의 본질을 꿰뚫고 있는 대단히 탁월한 교육의 이해이다. 플라톤은 영혼의 선함이 신체의 아름다움을 비로소 가능하게 한다고 보고, 미와 선의 조화에서 선과 영혼의 개념을 미와 신체의 개념보다 우선하였다.

둘째, 교육은 지복성(至福性)과 유용성(有用性)의 조화이다. 개체성은 전체성과 조화를 이룸으로써 비로소 가치가 있으며, 나의 삶의 즐거움이 너의 마음에도 들 때에 비로소 타당하다. 그러므로 교육도 개인의 삶이 의미 있고 행복할 수 있도록 개인을 도와하는 일일뿐만 아니라, 이러한 행복한 개인생활이 동시에 국가와 사회의 유용한 시민생활로 확인될 수 있어야 한다. 유용성으로 확인되지 않는 지복성은 타당하지 않다.

셋째, 교육은 적성(適性)과 적절성(適切性)의 조화이다. 이는 자연(physis)과 법(nomos)의 조화의 개념이다. 개개인의 적성은 인간의 도야에서 교육이 이를 놓쳐서는 안 되는 중요한 요인이긴 하나, 적성도 집단과 전체의 규범 안에서 적절하게 자극을 받아서 실현될 때에야 비로소 타당하다. 이는 Hypokrates의 체질 의학을 소피스트들이 교육의 영역에 받아들여서 발전시킨 개념이요, 교육에 있어서 개인차의 의미에 눈뜬 개념으로, 대단히 탁월한 이해이다. 마치 병을 치료할 때에, 환자 개개인의 체질에 따라서 특수하게 접근하여야 치료가 효과적이듯이, 교육도 개개인의 적성과 관심에 따라서 특수하게 접근하여야 효과적이다. 만일에 우리가 규범을 획일적으로 적용하면, 이는 규범을 의롭지 못하게 적용하는 것이다. 그러므로 규범도 인간 개개인의 적성에 적절하게 적용되어야 한다. 이는 적성의 존중과 수용에 있어서도 그렇다.

적성의 강조도 그것이 규범의 한계를 벗어날 경우에는 이미 설
자리를 잃는다. 인간 개개인이라는 부분의 적성을 발견하고 개발
하는 일은 그러므로 국가라는 전체의 정신 안에서 적절하게 이루
어져야 한다.

3. 생활의 에토스

　　고대 그리스 민족은 일정한 삶의 에토스를 가꾸어냈다. 삶의 에
토스는 고대 그리스의 문화가 공유하고 있었던 이상과 가치들의
결정(結晶)이었다. 그리하여 고대 그리스의 교육은 그 시대를 살았
던 시민들을 시대가 가꾸어 내고 공유하였던 삶의 에토스로 도야
하였다. 고대 그리스 문화에는 시민들을 교육한 이상적 삶의 에토
스들이 다양한 모습으로 침전되어 있다. 이를 나는 네 가지로 정
리하였다. 삶의 에토스를 정리하기 위하여 나는 그 시대를 살았으
며 문화를 가장 이상적으로 체화하고 범례적으로 대변해 주고 있
는 신화적 인물 아폴로, 특별한 문화적 범례의 폴리스 스파르타,
시대 문화의 이상적 결정인 소크라테스, 그리고 정치적 결정인 솔
론을 문화가 이상적으로 실현된 모습들로 범례화하였다.
　　삶의 첫번째 에토스는 절도 있는 생활의 아폴로적 에토스이다.
아폴로적 에토스는 신체와 영혼이 조화를 이룬 삶을 말한다. 프
로타고라스가 '인간은 만물의 척도이다'라는 말로 우주 안에 있어
서의 인간의 위치를 규정한 후에, 법과 질서의 조화가, 개인의 일
상적 사생활과 사회와 직장에서의 일반적 공생활의 조화가 요청
되었다. 이러한 조화의 모습이 '나는 우주의 척도요 중심이다'라
는 문장형식으로 정리되었다. 그리고 절도있는 아폴로적 삶의 태

도는 시대적 생활문화를 고유한 주체적 삶의 에토스로 내면화한 결과이다. 아폴로적 삶의 에토스에는 주체성, 자족성, 개성 같은 개념에 대한 이해가 이미 내포되어 있다.

삶의 두번째 에토스는 폴리스 절대적 무사생활의 스파르타적 에토스이다. 스파르타적 에토스는 군사적 도덕성으로 구현된 삶을 말한다. 스파르타는 모든 시민들이 국가를 위하여 태어나고 살았으며 죽었던 유일한 나라이다. 그래서 스파르타에서 최고의 덕은 국가라는 전체를 위하여 개인을 투신하는 군사적 기개였으며, 이것이 사나이다움의 에토스를 보여주는 극치로 찬양되었다. 이를 보편적인 문장으로 정리하면 다음과 같다. 인간 개개인은 오로지 국가 전체를 위하여 개인을 희생하는 정신으로 무장하고 있어야 하며, 또 그렇게 살아야 한다. 그리하여 스파르타는 동성애조차도 군사적 아레테로 승화시켰다.

삶의 세번째 에토스는 삶의 이상과 진리를 추구하는 소크라테스적 에토스이다. 소크라테스적 에토스는 인간에게 본질적으로 요청되는 존재의 덕을 실현하는 삶을 말한다. 존재의 덕은, 한마디로 표현하면, 인간의 덕이다. 진리란 무엇인가? 진리만이 인간을 세상의 온갖 상대적인 가치들로부터 자유롭게 할 수 있다. 그래서 소크라테스는 그에게 있어서 지혜인 진리를 찾아서 끝없이 질문을 던졌고, 그의 마음속에서 속삭이는 진리의 소리에 귀를 기울였다. 이러한 삶의 에토스에 사로잡힌 자는 언제나 이미 영원성에 붙들려 있는 존재이다. 이 세상의 지배적 가치들인 재물, 권력, 명예, 애정 따위의 소유를 삶의 목표로 삼는 것이 아니라, 절제, 용기, 지혜, 정의 같은 영원하고 절대적인 가치를 인식하고 그렇게 존재하는 것을 삶의 목표로 삼는 것이다. 이러한 에토스는 아폴로적 절도나 스파르타적 기개를 초월하고 있다. 아폴로적 절도나 스파르타적 기개는 사회가 현재 공유하고 있는 가치들이기 때문에 교육이 추구하여야 할 가치들로 확인되고 있다. 그러나 소크라테스적 지혜는 그러한 가치들이 비록 정치적 경제적 생활의 성공을 보장해 준다고 하더라도, 그것이 진리가 아닌 것으로 확인될 때에는 미련없이 버리고, 사회가 비록 공유하고 있지 않다고 하더라도 그것이 최종적 가치이기 때문에 교육이 추구하여야 할 것으로 확인되고 있다. 진리를 추구하는 것만이 인생을 성공적으로 실현하는 것이 된다.

그리고 삶의 네번째 에토스는 정의와 평등과 법지배의 솔론적 에토스이다. 솔론적 에토스는 국가의 덕을 구현하는 시민의 삶을 말한다. 나의 발견은, 너의 발견도 그래야 하겠으나, 질서의 창출과 유지로 확인되어야 한다. 인간 관계의 법질서는 보편성을 근간으로 삼고 있다. 따라서 나의 주관적 삶의 척도는 전체적 덕으로 확인되는 정의와 평등의 삶 안에 근거하고 있어야 한다. 인간의 덕과 국가의 덕이 서로 충돌할 경우에, 인간의 덕은 언제나 이미 국가의 덕 안에서 덕으로 확인될 수 있고 정당화될 수 있기 때문에, 국가의 덕이 인간의 덕을 끌어안고 세워주어야 한다. 그러므로 국가의 한 시민인 인간이 자신의 주관적 덕을 진리라고 고집하고 국가의 덕을 상대화하며 이를 부정하고 어기는 것은 정의가 아니다. 비록 나의 덕이 옳고 국가의 덕이 틀리다고 해도, 국가의 덕 안으로 나는 태어났고 자랐으며 살고 있기 때문에, 국가의 덕이 덕으로 서있는 법의 테두리 안에서 이를 알리고 개혁하는 활동을 벌이는 것이 마땅한 것이다. 시민은 자신의 개인 생활의 에토스가 국가의 덕으로 언제나 확인될 수 있는 삶을 살아야 한다.

4. 바위와 거울

고대 그리스는 고대 히브리와 더불어 교육사상의 두 원천을 이루고 있다. 우리는 지금까지 고대 그리스의 주요 교육사상을 살펴보았다. 이제 이 책을 덮기 전에 고대 그리스의 교육사상을 고대 히브리의 교육사상과 기초적 특성에 있어서 비교하여 보려고 한다.

히브리적인 교육은 유일하신 하나님 신앙과 이 신앙으로부터 나온 하나님의 형상으로서의 인간 이해로부터 시작하고 있다. 인간은 하나님의 특별한 피조물이기 때문에, 하나님 앞에서 실존하면서 하나님께서 인간에게 주시는 말씀을 들으면서 살아야 한다. 그래서 히브리 민족은 듣는 것을 강조하였다. 히브리적 전통으로 표현하면, 인간은 들음으로써 안다. 앎의 가능 조건을 들음으로부터 찾은 것이 히브리 민족의 위대성이다.

인간이 들을 때에 듣는 인간은 말을 걸어오는 하나님 앞에 선 대상이 된다. 히브리 사람들은 이렇게 생각하였다. 오직 하나님만이 진리의 주인이시며 인간에게 진리를 들려주는 주체이시다. 인간은 다만 신의 음성을 듣고 들은 바 안에 굳게 서서 흔들리지 말아야 할 대상이 될 수 있을 뿐이다. 인간은 진리를 스스로 창출할 수 없고, 다만 인식할 수 있을 뿐이다. 하나님만이 진리의, 참된 지식의 근원이다. 그래서 히브리 사람들은 교육의 본질과 형식을 신의 뜻을 귀기울여 듣는 데서 찾았으며, 이 들음 안에 머물러 있는 데서 찾았고, 들은 바를 전달하는 일을 생활화하는 데서 찾았다. 그래서 그들은 지혜(sapientia)의 훈련(paideia)을 중히 여겼다. 그리하여 그들은 신앙의 민족이 되었으며 가정 중심의 종교적 교육을 탄생시켰다.

그러나 그리스 민족은 보는 것을 강조하였다. 그들의 눈에 비친 인간은 신들의 피조물이긴 하나, 신들과 끊임없이 어깨를 겨루는 존재였다. 그들은 이렇게 생각하였다. 본다는 것은 인식한다는 것이다. 인간은 사물을 스스로 볼 수 있는 인식의 능력을 가지고 있다. 이것이 이성이다. 인간은 봄으로써 안다. 그러나 인간은 바르게 볼 줄을 모른다. 이것이 볼 줄 아는 인간에게서 확인되는 봄의 문제이다. 그래서 저마다 자기가 본 것이 참이라고 우긴다. 그리하여, "어떻게 보는 것이 바르게 보는 것인가?", 이것이 철학의 가장 중요한 문제가 되었다. 그들은 인간이 사물을 그림자만, 또는 겉만 보지 않고 그 본질을, 또는 이데아를 꿰뚫어 볼 때에, 그렇게 보는 인간이 사물을 바르게 본다고 생각하였다. 그래서 바르게 보는 방법을 찾았으며, 이렇게 하여 찾아낸 바르게 보는 방법이 인식의 변증법이고, 바르게 보는 생활이 철학이다. 이렇게 그들은 앎의 가능 조건을 봄으로부터 찾았다. 그래서 그리스 민족은 위대한 민족이 되었다. 그리고 변증법 초기의 역사가 논쟁술, 산파술, 대화술 등으로 이해되고 전개된 연유가 여기에 있다.

그러면 다시 한번 인간이 본다는 것은 무엇인가? 인간이 볼 때에, 인간은 보는 주체가 된다. 다시 말하면 인간은 진리를 알고 전하는 주체가 된다. 그리고 우주 만물은, 하나님까지 포함하여, 다만 보여지고 인식되는 대상이 될 뿐이다. 인간이 진리의 주인이, 참된 지식의 주인이 되는 것이다. 인간은 다만 인식할 뿐만 아니라, 인식의 대상과 내용을, 그리고 인식의 참됨과 거짓됨을 판단하는 존재가 된다. 이러한 인식으로부터 그리스 민족은 지식(scientia)의 수업(institutio)을 중히 여겼으며, 철학(philosophia)과 이론(theoria)을 탄생시켰다. 철학은 곧 인간이 연구하고 분석하며 응용하는 모든 지식과 기술의 전체인 과학을 의미하였다.

이렇게 하여 히브리 민족은 가정을 중심으로 한 지혜의 종교 교육을, 그리스 민족은 학교를 중심으로 한 지식의 철학 교육을 낳았다. 전자는 먼저 듣고, 그리곤 들은 바대로 굳게 믿고 그렇게 살기를 훈련하며, 믿음 안에서 믿음을 통하여 모르는 바를 깨우치고 터득하였다. 반면에 후자는 먼저 보고, 그리고 본바에 기초하여 확실하게 알고, 앎 안에서 앎을 통하여 수용 가능한 믿음을 받아들였다. 히브리 민족은 가정을 하나님이 인간에게 주신 교육의 집으로 발견하였다. 히브리 민족에겐 교육은 거리에서 뛰어 노는 자녀를 가정 안으로 불러들임으로써 시작되고 있다. 그러나 그리스 민족은 학교를 교육의 집으로 창조하였다. 그리스 민족에겐 교육은 가정과 부모의 슬하에서 자녀를 불러내어 학교에 집어넣음으로써 시작되고 있다. 이렇게 교육은 이미 고대에 한편으론 가정에서 부모에 의한 직접적 삶의 지혜 훈련으로, 다른 한편으론 학교에서 교사에 의한 간접적 삶의 지식수업으로 전개되었다.

이를 우리는 바위와 거울로 표현할 수 있다. 듣는 자는 들음 안에 흔들리지 않고 굳게 머물러 있으므로 아무리 세파가 심하게 몰아쳐도 바위와 같이 요지부동이며, 영혼은 여전히 안정과 평안을 누린다. 반면에 보는 자는 외부의 사물을, 마치 거울이 빛에 의하여 사물을 있는 그대로 반사하듯이, 그가 소유하고 있는 봄의 능력을 통하여 다시 비쳐줄 수 있을 뿐이다. 거울의 반사면이 찌그러져 있거나 더럽고 탁하면, 거울은 사물을 패리시키고 희미하게 반사한다. 이와 마찬가지로 인간이 비록 볼 수 있는 능력을 소유하고 있어도, 그 보는 방법이 철학적 인식의 논리에 따라서 타당하게 이루어지지 않고 주관적 경험과 감정에 따라서 이루어질 경우에는, 사물의 본질을 꿰뚫어 보거나 사물의 전체를 보지 못하고, 사물의 표면을 경험적으로 보거나 사물의 부분을 전체로 잘못 보게 된다. 그리하여 패리와 왜곡과 독단으로 이어지는 자기 중심적 이해를 벗어나지 못하게 된다. 그래서 그가 본 것이 확실한 인식(episteme)이요 헛된 억견(doxa)이 아닌 것을 확인하는 문제가 철학의 관심과 과제가 되었다. 인간은 이러한 문제에 직면하여 두 가지 잘못된 모습을 보여주고 있다. 하나는 끊임없이 의심하며 인식의 바른 방법을 찾아서 방황하면서, 절대적인 진리는 없다고 주장하고 진리와 지식의 상대성을 강조하는 것이다. 다른 하나는 자신의 보는 방법과 이를 통하여 획득한 지식의 절대적인 보편 타당성을 주장하면서 도그마에 빠지는 것이다.

교육은 원래부터 진리를 듣게 하고, 들음 안에 머물러 있게 하며, 들은 바대로 그렇게 살게 하는 것이다. 그래서 교육은 그 본질에 있어서 들을 수 있는 능력에로의 교육이요, 진리를 체화할 수 있는 능력에로의 교육이다. 이러한 들을 수 있는 능력 안에서 비로소 볼 수 있는 능력도 함께 바르게 갈고 닦을 수 있는 것이다. 그래서 기독교적 인간 이해에 따라서 "인간은 알기 때문에 믿는 것이 아니라, 믿기 때문에 아는 것이다." 인간은 이성적 존재가 아니다. 이성이 인간의 감성과 의지를 관리하고 지배하지 못한다. 감성과 의지가 이성을 지배한다. 그리하여 이성에게 일정하게 보고 이해하게 한다. 이렇게 인간의 이성이 신앙을 섬긴다. 이 순서가 뒤바뀌면, 인간은 하나님까지도 다만 인식의 대상으로 삼게 되고 인간을 만물의 주인으로 높이게 된다.

오늘날 우리가 실천하고 있으며 연구하고 있는 교육과 교육학은 그리스적 전통에 의하여 지배적으로 영향을 받아서 이론과 실천의 옷을 입게 된 결과이다. 그리스적 전통의 특징은 위에서 논의한 바와 같이 거울로 비유되는 철학이다. 그래서 교육과 교육학은 끊임없는 과학화의 길을 걸어왔다. 그리하여 오늘날 사람들은 과학적인 것을 좋은 것, 선한 것, 참된 것, 그리고 위대한 것으로 알고 있다. 이렇게 과학적인 것의 의미를 어떤 사물에 대한 지식과 인간에 대한 이해와 진리와 지혜에 대한 체득으로 알고 있는 데에 문제의 심각성이 있다.

우리는 사물을 연구하고, 사물에 관한 지식을 획득하여, 이 지식으로 사물을 지배하고 있다. 우리는 인간을 이해하고, 이 인간의 이해로 정치와 경제를 도모하고, 인간을 훈련하고 교육하며, 서로 사랑하고 결혼하며, 자녀를 양육한다. 이렇게 우리는 인간이 공유하고 있는 자아 이해와 인류 이해의 한계 안에서 삶을 만들어가고 있다. 그런가 하면 우리는 진리를 깨닫고 이 진리에 따라서 삶을 그렇게 살고 있다. 이렇게 사물에 대한 지식, 인생관, 진리관, 이 셋은 서로 다르다. 그러나 교육의 과학화는 이 셋을 우선 동의미적인 것인냥 혼동하게 만들었고, 사물에 대한 지식으로 융합시켰으며, 교육의 이론과 실천에서 신앙과 지혜를 몰아내고, 도덕과 지식을 분리시켰으며, 철학과 생명의 자리에 과학과 구조를 갖다 놓았다. 고대 그리스의 교육사상에 대한 이해는 현재 우리가 붙들고 씨름하고 있는 학교 교육의 위기를 극복하고 문제를 푸는 해법을 그러한 위기와 문제를 초래한 사유와 이론으로가 아니라, 그것은 하나의 쇄신과 개혁이 또 하나의 새로운 위기와 문제를 초래하는 끊임없는 악순환을 낳고 있기 때문에, 고대로 돌아가서 교육에 대한 깊은 생각으로부터 근본적으로 접근하도록 우리를 자극하고 있다.

참 고 문 헌

박종현. 희랍 사상의 이해. 종로서적.

성기산. 서양 고대의 교육사상. 대은출판사.

신득렬. 소크라테스, 플라톤, 아리스토텔레스: 교육사상가 연구. 계명대학교
　　출판부.

연세교육철학연구회 편, 위대한 교육사상가들 Ⅰ. 교육과학사.

오인탁. "교양 교육의 역사와 정신". 대학교육, 22(1986, 7), 13-17면.

오인탁. 현대 교육철학. 서광사.

오인탁·김창환·윤재흥, 한국 현대 교육철학과 교육사학의 전개. 학지사.

윌리암 바클레이 저. 유재덕 역, 고대세계의 교육사상. 기독교문서선교회.

임태평. 플라톤철학과 교육. 교육과학사.

조우현 역. 플라톤, 국가 소크라테스의 변명. 삼성출판사.

최명관 역. 에우튀프론, 소크라테스의 변명, 크리톤, 파이돈, 향연: 플라톤
　　의 대화. 종로서적.

코라 메이슨 저. 최명관 역, 소설 소크라테스. 끊임없이 질문을 던진 사람.
　　서광사.

G. C. Field 저. 양문흠 역, 플라톤의 철학. 서광사.

G. Martin 저. 박갑성 역, 소크라테스 평전. 삼성미술문화재단.

R. Barrow 저. 박재문·서영현 역, 플라톤과 교육. 문음사.

R. L. 네틀쉽 저. 김안중 역, 플라톤의 교육론. 서광사.

R. S. Peters 저. 정희숙 역, 교육철학자 비평론. 서광사.

Ⅰ. Morrish 저. 이용남 역, 교육이론의 선구자들. 교육과학사.

Arends, J. F. M. *Die Einheit der Polis*. Eine Studie über Platons Staat.
　　Leiden: Brill 1988.

Aristoteles, *Werke,* in deutscher Übersetzung. Deutsche Aristoteles-
　　Gesamtausgabe. Begr. von Ernst Grumach. Hrsg. von Hellmut

Flashar. 20 Bände. Darmstadt 1986ff.

Aubenque, Pierre / Jean Bernhardt / François Châtelet, *Die heidnische Philosophie* (6. Jh.v.Chr.-3. Jh.n.Chr.). Frankfurt: Ullstein 1973. (Geschichte der Philosophie Ideen, Lehren. Hrsg. von François Châtelet. Band I).

Ballauff, Th., *Pädagogik*. Eine Geschichte der Bildung und Erziehung. 3 Bände., München 1969.

Ballauff, Theodor, *Die Idee der Paideia*. Eine Studie zu Platons' "Höhlengleichnis" und Parmenides' "Lehrgedicht". Meisenheim / G.: Anton Hain 1963.

Ballauff, Theodor: *Philosophische Begründungen der Pädagogik*. Die Frage nach Ursprung und Mass der Bildung. Berlin: Duncker & Humblot 1966.

Barnes, Jonathan, *Aristoteles*. Eine Einführung. Aus dem Englischen übers. von Christiana Goldmann. Stuttgart: Reclam 1992.

Braun, Edmund (Besorgt u. übers.), *Aristoteles und die Paideia*. Paderborn 1974.

Bubner, Rüdiger, *Antike Themen und ihre moderne Verwandlung*. Frankfurt 1992.

Christes, Johannes, *Bildung und Gesellschaft*. Die Einschätzung der Bildung und ihrer Vermittler in der griechisch-römischen Antike. Darmstadt 1975.

Derbolav, Josef, *Von den Bedingungen gerechter Herrschaft*. Studien zu Platon und Aristoteles. Stuttgart: Klett-Cotta 1980.

Dolch, Josef, *Lehrplan des Abendlandes*. Ratingen 1959.

Eisenhut, Werner, *Einführung in die antike Rhetorik und ihre Geschichte*. Darmstadt 1990.

Engelhardt, Viktor, *Die geistige Kultur der Antike*. Stuttgart: Reclam 1981.

Ferber, Rafael, *Platos Idee des Guten*. Sankt Augustin: Richarz 1984.

Figal, Günter: *Das Untier und die Liebe*. Sieben Platonische Essays. Stuttgart 1991.

Fink, Eugen, *Metaphysik der Erziehung im Weltverständnis von Platon und Aristoteles*. 1970.

Fischer, Wolfgang, *Kleine Texte zur Pädagogik in der Antike*. Schneider 1997.

Geyer, Carl-Friedrich, *Einführung in die Philosophie der Antike*. Darmstadt 1978.

Graeser, Andreas, *Die Philosophie der Antike*. Band 2: Sophistik und Sokratik, Plato und Aristoteles. München 1983. (Geschichte der Philosophie. Hrsg. von Wolfgang Röd. Band II)

Graeser, Andreas, *Hauptwerke der Philosophie der Antike*. Stuttgart: Reclam 1992.

Graeser, Andreas: *Platons Ideenlehre*. Sprache, Logik und Metaphysik. Stuttgart 1975.

Guardini, R., *Der Tod des Sokrates*. Berlin 1943.

Hager, Fritz-Peter, *Plato Paedagogus*. Aufsätze zur Geschichte und Aktualität des pädagogischen Platonismus. Bern; Stuttgart: Haupt 1981.

Harth, Helene, *Dichtung und Arete*. Untersuchungen zur Bedeutung der musischen Erziehung bei Plato. o.O. 1967. Diss., Frankfurt 1965.

Heidegger, Martin, *Platons Lehre von der Wahrheit*. Mit einem Brief über den "Humanismus". Bern: Francke 1954.

Heinimann, Felix, *Nomos und Physis*. Herkunft und Bedeutung einer Antithese im Griechischen Denken des 5. Jahrhunderts. Diss. phil., Basel 1945. Darmstadt 1987.

Homer, *Illias*. Griechisch und deutsch hrsg. von Hans Rupe. Darmstadt 1989.

Homer, *Odysee*. Griechisch und deutsch hrsg. von Anton Weiher.

Darmstadt 1990.

Jaeger, Werner, *Aristoteles*. Grundlegung einer Geschichte seiner Entwicklung. Berlin 1923. Zweite veränderte Auflage 1955.

Jaeger, Werner, *Paideia*. Die Formung des griechischen Menschen. 1933/47. Ungekürzter Photomechanischer Nachdruck in einem Band 1973, 1989.

Jaeger, Werner, *Platos Stellung im Aufbau der griechischen Bildung.* Ein Entwurf. Berlin und Leipzig: Gruyter 1928.

Jaspers, K., *Plato*. München: Piper 1976.

Johann, Horst-Theodor (Hrsg.), *Erziehung und Bildung in der heidnischen und christlichen Antike*. Darmstadt 1976.

Jäger, Gerhard, *"Nus" im Platons Dialogen*. Göttingen 1967.

Kierkegaard, Sören, *Über den Begriff der Ironie mit ständiger Rücksicht auf Sokrates*. Düsseldorf / Köln 1961.

Konstantinou, Ioanna K., *Delphi*. Das Orakel und seine Rolle im sozialpolitischen Leben der griechischen Antike. Athen: Hannibal o.J. 1999.

Kornexl, Elmar, *Leibesübungen bei Homer und Platon*. Frankfurt / M.: Limpert 1969.

Krämer, Hans Joachim, *Arete bei Platon und Aristoteles*. Zum wesen und zur Geschichte der platonischen Ontologie. Heidelberg 1959.

Kühnert, Friedmar, *Allgemeinbildung und Fachbildung in der Antike*. Berlin: Akademie-Verl. 1961.

Lichtenstein, Ernst, *Der Ursprung der Pädagogik im griechischen Denken*. Hannover 1970.

Marrou, Henri Irenee, *Geschichte der Erziehung im klassischen Altertum*. München: dtv 1977.

Martin, G., *Platon mit Selbstzeugnissen und Bilddokumenten*. Hamburg:

Rowohlt 1969.

Martin, G., *Sokrates mit Selbstzeugnissen und Bilddokumenten.* Hamburg: Rowohlt 1967.

Müller, Walter, Zur Bedeutung und Legitimation des Eros in der Pädagogik. In: Vjschrift für wissenschaftl. Pädagogik, 57(1981), S.21-43.

Nettleship, R. L., *The Theory of Education in Plato's Republic.* Oxford Uni. Press 1935.

Perls, Hugo, *Lexikon der Platonischen Begriffe.* München: Francke 1973.

Peters, R. S., *Essays on Educators.* George Allen & Unwin 1981.

Pfafferott, G., *Politik und Dialektik am Beispiel Platons.* Methodische Rechenschaftsleistung und latentes Rechtfertigungsdenken im Aufbau der "Politeia". Kastellaun 1976.

Picht, Georg, *Platons Dialoge.* <Nomoi> und <Symposion>. Stuttgart: Klett-Cotta 1990.

Platon Sämtliche Werke. Hrsg. von Walter F. Otto / Ernesto Grassi / Gert Plamböck. Hamburg: Rowohlt 1957-1959. 6 Bände.

Platon, *Apologie des Sokrates. Kriton.* Übers., Anm. und Nachwort von Manfred Fuhrmann. Stuttgart: Reclam 1991.

Platon, *Der Staat.* Bearbeitet von Dietrich Kurz. Darmstadt 1971. Platon. Paperback-Ausgabe. Griechisch und deutsch. Hrsg. und bearb. von Gunther Eigler unter Mitarbeit von Heinz Hofmann / Dietrich Kurz / Klaus Schöpsdau / Peter Staudacher / Klaus Widdra, Kassette mit 8 Bänden. Darmstadt 1990. 2. Aufl., Band IV.

Platon, *Laches.* Griechisch / Deutsch. Übers. und mit einem Nachwort hrsg. von Jula Kerschensteiner. Stuttgart: Reclam 1982.

Popplow, Ulrich, *Leibesübungen und Leibeserziehung in der griechischen Antike.* Schorndorf: Hofmann 1967.

Rabbow, Paul, *Paidagogia.* Die Grundlegung der abendländischen

Erziehungskunst in der Sokratik. Göttingen: V & R 1960.

Schadewaldt, Wolfgang, *Vom Homers Welt und Werk*. Aufsätze und Auslegungen zur Homerschen Frage. Leipzig 1944.

Sokrates in der griechischen Bildniskunst. Konzeption und Texte von Ingeborg Scheibler. Glyptothek München 1989.

Stemmer, Peter, *Platons Dialektik*. Die frühen und mittleren Dialoge. Berlin / New York: de Gruyter 1992.

Stenzel, Julius, *Platon der Erzieher*. Leipzig: Felix Meiner 1928.

Weeber, Karl-Wilhelm: *Die unheiligen Spielen*: das antike Olympia zwischen Legende und Wirklichkeit. Zürich: Artemis & Winkler 1991.

Wichmann, Ottomar, *Platon*. Ideelle Gesamtdarstellung und Studienwerk. 2 Bde., Darmstadt 1966.

Wieland, Wolfgang, *Platon und die Formen des Wissens*. Göttingen: V&R 1982.

Wilamowitz-Moellendorf, Ulrich von, *Platon*. Sein Leben und seine Werke. 5.Aufl., Bearb. und mit einem Nachwort versehen von Bruno Snell. Berlin 1959.

Xenophon, *Erinnerungen an Sokrates*. Übers. und Anm. von Rudolf Preiswerk. Nachwort von Walter Burkert. Stuttgart: Reclam 1985.

Zemb, J.-M., *Aristoteles mit Selbstzeugnissen und Bilddokumenten*. Hamburg: Rowohlt 1961.

찾아보기

인 명

고르기아스 75, 77, 79, 80, 83, 110,
    157, 363, 366, 386
글라우콘 320

나토르프 421
니코라토스 43
니코클레스 382
니키아스 142, 144

다이달로스 262
데모크리트 444
디오게네스 80

라우스베르크 89
라이브니쯔 428
라케스 142, 144
로크 161
루소 161, 162, 421
리히텐슈타인 54, 63

보에티우스 93
보카치오 415

사이비프루타크 442
소크라테스 12, 15, 31, 37, 62, 77,
    78, 81, 84, 105, 106, 107, 108,
    109, 110, 111, 112, 113, 114,
    115, 117, 119, 120, 121, 125,
    126, 127, 129, 131, 133, 134,
    135, 136, 137, 138, 140, 142,
    144, 146, 147, 150, 151, 153,
    154, 156, 157, 158, 159, 160,
    176, 187

솔론 52, 55, 56, 63, 70, 155
쉘링과 162
슐라이에르마허 35, 107, 108, 162,
    421
스텐젤 180
스토아 442
스팽글러 17
스페우시푸스 419
스프랑거 18
시모니데스 70

아데이만토스 320, 323
아레테 38
아리스타크 16
아리스토게이톤 117
아리스토텔레스 15, 21, 31, 39, 41,
    42, 52, 54, 62, 85, 90, 99,
    121, 122, 153, 370, 409, 412,
    419, 420, 421, 422, 423, 424,
    428, 430, 431, 432, 434, 435,
    437, 440, 442, 444, 445, 447,
    450
아리스토파네스 14, 69, 117
아리스톤 154
아메잎시아스 107
안드로마헤 50
안티폰 77
알렉산더 대왕 15
알키다마스 99
알키메데스 16
알키비아데스 113, 114, 118, 130, 131
에라스무스 121
에라토스테네스 16
예거 125
오딧세우스 47

유폴리스 107
이소크라테스 12, 21, 42, 121, 161, 357, 358, 359, 360, 363, 364, 365, 367, 368, 369, 370, 371, 372, 373, 374, 377, 378, 380, 385, 389, 391, 392, 394, 401, 403, 404, 405, 406, 407, 408, 409, 410, 411, 412

제우스 102

카르미데스 155
카시오도로스 93
칼리클레스 99, 407
케팔로스 309
코논 369
코메니우스 95
콜러 91
퀸틸리안 412
크리톤 111
크리티아스 99, 155
크산티페 109, 110, 111
크세노파네스 363
크세노폰 112, 118
키메라 167
키케로 92, 93, 362, 372, 382, 385, 412
테오그니스 70
테이시아스 366
투키디데스 14, 200, 402
트라시마코스 244, 309
트렌델렌부르크 422
티모테우스 373
티피아스 363

파이아켄 47
페리클레스 64, 154
페트라르카 415
포키리데스 70
포킬리데스 54
폴레마르코스 309
프로디코스 75, 77, 83, 363

프로메테우스 102
프로타고라스 31, 67, 75, 77, 78, 79, 80, 81, 83, 102, 157, 363, 370
프로타고라스 110
플라톤 12, 15, 21, 31, 41, 42, 49, 54, 62, 63, 65, 68, 77, 84, 85, 86, 99, 108, 121, 127, 139, 153, 154, 155, 156, 157, 159, 162, 164, 167, 168, 170, 171, 174, 175, 266, 270, 273, 288, 299, 311, 319, 343, 349, 357, 359, 361, 363, 364, 366, 377, 379
플루타크 57, 58
피타고라스 159
피히테 162, 421
필론 362

하르모디오스 117
헤겔 53, 162, 422
헤라클레스 31
헤라클리트 98
헤로도트 14, 402
헤시오드 70, 401, 402
헥토르 50
호머 21, 31, 33, 42, 43, 49, 70, 82, 366, 401, 402, 454
홉스 53
히파르코스 117
히포크라테스 16, 100, 157
히피아스 75, 77, 92, 99
힐데브란트 156

내 용

가르침 251, 396
가소성 97
가장 치밀한 교육 326
가장 큰 학문 326
강요 215
개연성 241

건강   297
경기장   63
경험   397, 412
고대   23
고르기아스   139, 407, 409
고전 고대   11, 28, 410, 453
공관   347
공유   314
관습   252
교과 교사   94
교사   65
교수   431
교양   66
교육   190, 191, 358, 397
교육과정   331, 332, 333, 339, 343,
    346
교육의 삼체   431
교육의 삼체론   432
교육적 사랑   160
교육적 체벌   170
구별   347
구성 요소   414
국가   163, 164, 165, 166, 167, 273
국가 이념   155
국가연설   413
국가의 사원덕   266
궤변론   157
근본 덕   145
근세   23
기계적 인간   431
기술   87
기억   290
기초 교육   335
기하   92, 339, 342
김나지움   370, 394, 400

난문   135
남색 행위   63
내용 원리   84
네메이   49
노래   292
논쟁술   80, 84

다의미성   108
다이모니온   147
대화술   135, 136, 137
덕   316
델포이의 신탁   132
도그마   352, 354
도덕률   351
도시국가   25
도야   371, 378
도야된 자   377
도야된 존재   19
도야재   17
독학자   110
동굴의 비유   184, 190, 196, 200, 202,
    205, 206, 207, 215, 353, 354
동등권   37
다나미스   431

라케스   138, 139, 145
레스케   58
로고스   89, 147, 159, 441
로마의 평화   453
리듬   293
리케움   401
리케이온   121, 370, 410, 419

마르쉬아스   119
마테시스   432
메논   433
명예 지배 체제   49
모방   256, 287, 291, 413
모사   100
목적인   427
묘사   288
무교육   190, 191
무사   69
무지의 지   85, 132
문법   87, 88, 92, 339, 342
문법 교사   64
문화 기술   27
미선성   42, 49, 73, 74, 119, 255, 299,
    450, 454

민족사회주의 52
민족주의 29

바칼로레아 94
바탕 431
반어 135, 143
반어법 138
방법 413
방위자 280, 291, 295, 301, 310
방향의 전환 216
범 아테네 대축제 401
범교육 95
범지혜 95
법 37, 69
변증법 84, 87, 88, 92, 240, 241, 269, 340, 343
분별력 130, 297
비난 21
비오스 159

사회적 동물 426
산수 92, 339, 342
산파술 135, 136, 137
삼원성 253
생성 241
선 85, 133, 144, 328
선의 이념 154
선의 이데아 198, 238, 252, 326, 341, 348, 349
소년 59
소요학파 420
소질 397
소크라테스의 학교 122
소피스트 21, 31, 62, 68, 73, 74, 75, 76, 77, 78, 79, 81, 83, 85, 87, 88, 89, 93, 94, 95, 97, 98, 99, 101, 102, 106, 123, 124, 131, 133, 134, 309, 363, 366, 367, 375, 380, 395, 397, 401, 402, 404, 412, 432, 433, 434, 442, 454
수사학 87, 88, 92, 339, 342, 363, 365, 366, 375, 411
수사학적 도야 357, 360, 383, 389
수사학적 수업 방법 403
수업 412, 413
숙변 385, 387, 399
스콜레 71
스토아 학파 15
스파르타 44, 56, 59, 60, 61, 63, 65, 83, 313, 431
습관 426, 434, 443
승리 116
신념 197, 241, 346
신체 295
신화 265
실레노스 115, 118, 120
실습 교육 342, 339, 344
실천 335
심포지온 160

아고게 58, 59, 60
아고라 36, 117
아레테 48, 116, 159, 444, 448
아스케시스 432
아우라 51
아우토디닥토스 100
아카데미 408
아카데미아 121, 159, 160, 409, 419
아테네 56, 61, 64, 65, 83, 117, 365, 372
아포리 227
아포테타에 58
안티도시스 378, 391
알렉산더 대왕 423
어린이 371, 431
억견 197, 214, 341
억견의 벗 355
언어 265, 385, 387, 388
언어 적대자 296
언어를 소유한 조재 448
에네르게이아 429, 431
에로스 231
에르곤 429

에밀 162
에이도스 261
에토스 42, 52, 69, 154, 174, 342,
   441, 443, 458
에페보스 65
엔키클리오스 파이데이아 81, 87, 90,
   91, 92, 95
엔텔레히 424, 425, 427, 436
연습 396, 397, 413, 431
열린 교육 356
영혼 178, 241
영혼의 덕 295
영혼의 에네르게이아 448
영혼의 전환 216, 217, 218
예비 교육 91, 335, 342
예술 적대자 296
옛 교육 62, 68, 343, 393
오성 56, 197, 241, 296, 326
올림피아 49
올림픽 경기 49, 62
완전한 방위자 302
완전한 영혼 295
용기 49, 169, 303, 305, 326
우라노스 283
유용성 338
윤리학 92
은사 129
음악 92, 299
음악 교사 64
음악 교육 281, 291, 294, 343
의견 241, 262, 360
이론 339
이성 52, 197, 426, 434, 449
이스트미 49
인간 166, 177, 269, 273
인간-척도-명제 78
인문주의 18
인본성 19
인본주의 29
인식 241, 341
일리아스 289
일반 교양 교육 92

일반 교육 91

자발성 404
자애 48
자연 426, 434
자연학 92, 420
자유 교과 92, 454
자족 169
자족성 40, 447
작업 지식 89
작용인 427
작은 소년 59
잘 사는 것 257
재판 연설 413
전문 교육 339, 343, 345
전제 조건 412
절제 52, 169, 303, 305
정신 교육 387
정의 37, 55, 74, 169, 172, 234, 237,
   242, 243, 244, 246, 248, 249,
   250, 264, 271, 272, 303, 306
조상 115
조장 60
존재 241
종류 413
종족중심주의 423
좋은 탄생주의 58
준비단계 414
중간 52
중세 23
중용 425
증명 414
지도자 60
지복성 125, 338
지성 197, 241
지평 213
지혜 169, 303, 304
진리 130, 196, 214
진리의 벗 355
질료 428
질료인 426
질문법 81

천문학 92, 339, 342
철인 321, 322, 323, 325, 327
철인 통치 330
철학 교육 324
철학성 311
철학적 도야 357, 361
철학적 문답법 340, 341
청년 59, 371
청소년 371
체육 297, 299, 394
체육 교사 64
체육 교육 294, 295, 301, 343
체질 100
최대의 학문 252
최선자 196
최선자 지배 체제 154, 266
추동 52, 449
축제연설 413
치밀한 교육 346

카테고리 421
칸트 350
칼로카가티아 51, 69, 73
크로노스 283
크리세스 289
키오스 369, 382

태도 67
태양 349
테아이테토스 135
테에테트 433
테크네 88, 89, 102
통일성 154, 273, 455

파리스 46
파이다고고스 82
파이데이아 19, 52, 54, 74, 81, 82,
          86, 196, 205, 214, 215, 217,
          219, 220, 222, 223, 224, 225,
          228, 229, 230, 232, 233, 327,
          335, 351, 378, 456

파이도노모스 59
파이드로스 160, 409
파토스 443
판아테나이쿠스 377
팔레스트라 68
페넬로페 46
펠로폰네소스 전쟁 64, 113, 126, 154,
          199
평화 249
폴리스 32, 34, 35, 36, 37, 38, 39,
          40, 41, 54, 70
폴리테이아 160, 162
폴리티케 아레테 53
프로메테우스 235
프로타고라스 139, 157, 158, 264
플라톤적 사랑 160
피지스 100, 432
피티아 49

학교 71
학교 작문 404
학습 71
해방 215
행복 446
향락주의 122
향연 118
허깨비 197, 346
헬레니즘 15
현대 23
형상 428
형상인 427
형식 84
형이상학 420
화성학 339, 342
확정 414
회상 223
휴마니타스 385
히마티온 316

3형식 과목 88, 93, 455
4내용 과목 93, 455

저자약력

오인탁은 연세대학교와 독일 튀빙겐대학교에서 교육철학을 전공하고 박사 학위를 받았다. 장로회신학대학교 교수를 거쳐 1981년부터 연세대학교 교수로 재직하고 있으며, 주 연구 영역은 고대 그리스와 고대 히브리 및 현대 서양교육철학이다. 저서에는 『기독교 교육』, 『현대 교육철학』, 『위대한 교육사상가들』, 『한국 현대교육철학과 교육사학의 전개』 등이 있다.

파이데이아

2001년 9월 22일 1판 1쇄 발행
2017년 3월 20일 1판 6쇄 발행

지은이 • 오 인 탁
펴낸이 • 김 진 환
펴낸곳 • (주) 학지사

04031 서울특별시 마포구 양화로 15길 20 마인드월드빌딩 5층

대표전화 • 02) 330-5114   팩스 • 02) 324-2345

등록번호 • 제313-2006-000265호

홈페이지 • http://www.hakjisa.co.kr
페이스북 • https://www.facebook.com/hakjisabook

ISBN 978-89-7548-636-4 93370

정가 15,000원

교육문화출판미디어그룹 학지사

학술논문서비스 뉴논문 www.newnonmun.com
심리검사연구소 인싸이트 www.inpsyt.co.kr
원격교육연수원 카운피아 www.counpia.com